기호로 읽는 한국 문화

서강학술총서
001

기호로 읽는 한국 문화

김열규 지음

서강대학교출판부

서강학술총서 001

기호로 읽는 한국 문화

초판발행 | 2008년 10월 30일
초판2쇄 | 2009년 8월 30일
지 은 이 | 김열규
발 행 인 | 이종욱
편 집 인 | 우찬제
발 행 처 | 서강대학교 출판부
등록번호 | 1978년 9월 28일 제313-2002-170호

주 소 | 서울특별시 마포구 신수동 1번지
전 화 | (02) 705-8212
팩 스 | (02) 705-8612

ISBN 978-89-7273-140-5 94000
ISBN 978-89-7273-139-9(세트)

값 20,000원

* '서강학술총서'는 SK SUPEX 기금의 후원으로 제작됩니다.

서문

'한국, 한국인 그리고 한국 문화'는 나의 평생의 관심거리였다. 근 오십 년, 반세기에 걸쳐서, 내내 거기에 마음을 쏟아왔다. 특히나 서강대학교 교수로 재직한 그 세월, 삼십 년에서 단 일 년이 모자라는 그, 길고 긴 세월은 나로 하여금 마음껏 내 관심거리에 달라붙게 해주었다. 그 사이, 줄곧 몇 분의 총장을 비롯해서 관리직을 맡아 계셨던 분들은 알게 모르게 큰 도움을 주셨다. 그 사이 내내 서강대학교는 내가 '한국, 한국인, 한국 문화'에 바치는 관심을 키워주고 열정에 불기운을 더해주었다. 도서관은 내가 청하는 대로, 외국 원서들을 무더기로 서가에 채워주기도 했다.

그래서도 '한국, 한국인, 한국 문화', 그 셋은 내 삶의 이정표가 되어주었고 또 생업으로서 자리하게 되었던 것이다.

아무려나 그렇게 공부하고 가르치고 일이라고 하다 보니, 저서들도 전공과 교양, 양면에 걸쳐서 바로 그 분야, 이를테면 '한국, 한국인, 한국 문화'의 세 분야에 집중되다시피 했다. 시각(視覺)이나 방법론도 신화론을 비롯해서 민속학 · 문화인류학 · 문학 · 분석심리학 등의 사이를 오라가락 들락거리게 되었다.

한데 그동안의 별것 아닌, 성과나마 그것들을 발판삼아서 이제 바야흐로 기호론에 초점을 모으고 싶다. '한국, 한국인 그리고 한국 문화'의 기호론적인 양상을 주된 탐색의 대상으로 삼고 싶다. 구체적으로는 한국인의 혼례, 남/여, 수 개념, 음식문화, 육체관(肉體觀) 이외에 암각화 등을 일종의 기호 또는 기호 체계로서 다루어보고자 한다. 소재나 화제는 되도록 다양하게 많게 잡으려 했으나, 이미 갖고 있는 식견의 제약을 받지 않을 수 없었던 것은 필자 스스로도 유감스럽다. 또한 그 모두 해서 여섯 가지의 소재나 화제들 사이에 무슨 일관된 연줄이 쉽사리 잡히지 않는 것 또한 적잖게 유감스럽다. 다만 그것들에 똑같이, '한국', 그 한마디를 관형사로서 덮씌울 수 있는 것을 요행으로 삼는 게, 지금으로서는 고작이다.

다만 오늘날, 문화란 말이 가령, 벤야민(W. Benjamin)이나 윌리엄스(R. Williams)가 지적하였듯이 극도로 다양화하고 또 포괄적이라는 것을 내세워서 그것에다가 여섯 개의 주제 사이의 무슨 연줄을 매기는 것으로 자위하고 싶다.

그렇다. 문화는 이제 너무나도 범칭(汎稱)적이다. 인간이 창조하고 만들고 그래서는 소유하고 있고 관장하고 있고, 더 나아가서는 관리하고 경영하고 있는 일체의 것, 더, 더 나아가서는 내일에 전해질 그 온갖 것, 그것들이야말로 오늘날은 문화란 말에 포섭되고 있다. 문화는 인간과 그 생활과 그 역사의 모든 것이다. 그 전부고 총체(總體)이다. 인간 있는 곳에 언제 어디에나 문화가 있다. 문화는 인간의 전부고 인간의 조건이다. '문화혼돈'이라고나 번역될 것도 같은 'Culture Jam'이란 말을 만들어낸, 라슨(K. Lasn)이 가령, 상표, 생산품, 패션, (대중예술의) 스타, 엔터테인먼트, 그리고 스펙터클 등등을 모두 포괄하는, 전칭(全稱)적인 개념으로 문화를 일컬은 것은 이와 무관하지 않을 것이다. 아무려나, 문화의 이런 면이 조금은 고려된 나머지 위에 보인 여섯 가지의 주제가 택해진 것이다.

암각화로 해서는 그림 또는 도형이라는 기호 및 그 체계를 통해서 선사시대까지 거슬러 올라간 셈이다. 혼례를 통해서는 상고대에서 중세를 거쳐서 근세까지, 그리고 부분적으로는 당대에까지 통시적으로 다다를 수 있었다. 그런 한편으로 수 개념이나 육체관 그리고 음식을 통해서는 범시대적인, 그래서 공시적인 관찰을 한국인을 대상으로 살펴나간 셈이다.

그런 작업 과정에서 기호라는 것은 줄곧 키워드 노릇을 다하였다. 이른바, 기표(記標, signifier)와 기의(記意, signified)가 있는 곳, 있는 것에서는 기호가 존립할 수 있다. 의미하는 것이 있고 의미되는 것이 짝을 짓고 있는 객체나 대상은 무엇이나 기호다. 언어는 기호의 일부에 지나지 않는다.

따라서 기호에서는 기표와 기의를 관계 짓는 주체가, 그래서 그 양자 사이에 해석의 다리를 놓는 주체가 중요해진다. 그런 존재, 그런 주체가 없으면 기호는 순간으로 사라진다. 다만 물건이나 물상(物象)이 남고, 현상이나 작용이 이 지상에 남는 것뿐이다. 이 세계는 문득 무(無)가 된다. 이것은 기호가 이 세계를 세계답게 해주고 거기에 '세계성'(世界性)을 부여해준다는 것을 의미할 수 있다. 우리 인간은 기호 속에 기호 해석자로서 생존하고 있다. 이 말은 '한국과 한국인과 한국 문화'의 속성(屬性)이 기호를 통해서 존립하고 또 풀이된다는 것을 의미할 수 있다. 이 책은 이 점에 특히 유념한 것이 되기를 감히 바라고 있고 또 그러기를 바라고 싶다.

한데 기호가 있고 그것들의 연관이 있으면 어디에나 거기 이른바, 텍스추얼리티가 문제될 수 있다. 그 소식, 그 연관으로 우리 눈앞의 현상, 물체 그리고 세계는 문득 텍스트가 될 것이다. 기호론에서는 세계는 다름 아닌, 텍스트다. 인간 자체는 물론이고 그의 행위도 그의 사색도 그의 상상도 마찬가지다.

그래서 이 책은 궁극적으로는 '한국과 한국인과 한국 문화'를 텍스트로 환원하고자 기도한 것이다. 혼례라는 그 막중한 통과의례, 암각화라는 그 소중한 '도형 작품', 음식이라는 절대적인 수요(需要) 그리고 수리는 추상적인 체계(體系), 육체라는 우리들 누구나의 구상(具象) 등등, 그 모두를 두루 텍스트로 되돌려놓고자 든 것이다. 물론 그 결과는 장담할 게 못된다. 다만 그러한 필자의 심중의 의도나마 우리 시대의 한국인들에 의해서 받아들여졌으면 하고 바라고 있을 뿐이다. 그런 마음의 속내가 독자들에 의해서 받아들여지기 바라는 것으로 서문을 위한, 하나의 주제로 삼고 싶다.

이 책이 나오기까지, 다시금 또 서강대학교의 신세를 막중하게 지고 말았다. 서강학술총서 기획위원회와 서강대학교 출판부의 배려가 없었더라면 이 책의 기획과 출간은 어림도 없었을 것이다. 그래서 두 기관의 책임을 맡고 있는 우찬제 교수에게 고개 숙이는 것으로 서문을 마감하고 싶다.

2008년 늦은 가을, 고성 자란만 물가에서

김열규

차례

제1부

한국인의 혼례

제1장
근세의 전통 혼례

1. 퍼포먼스의 텍스트

시중에서는 혼인 · 혼사 · 혼례가 점점 약식(略式)이 되어가고 있다. 용어도 전통적으로 우리가 많이 쓰던 낱말들, 예컨대 바로 앞의 세 가지 낱말들은 뒤로 밀려나고 일본인들이 관습적으로 더 많이 쓰는 결혼이란 낱말이 보편적으로 쓰이고 있다.

그러다 보니 혼인 · 혼사 · 혼례는 대사(大事)가 아닌 소사가 되어간다는 인상마저 받게 된다. '인륜(人倫) 내사(大事)'란 말이 오늘날의 혼사에 얼마나 어울릴지 미심쩍기조차 한다. 인륜이면 크게는 인간이 인간이기 위해서 지켜 마땅한 윤리고 규범이다. 인간이 인간일 수 있는 '인간 조건' 같은 것이다. 그게 혈윤(血胤) 사이에서 더 한층 강조되면서 가족 관계를 두고 사용되어왔다. 그런 한편 인륜이라는 말이 인간으로서 마땅히 감당하고 치러내어야 할 의식(儀式) 또는 의례(儀禮)와 관련되면서 혼사와 장사(葬事)를 두고도 '인륜대사'라고 일컬어왔다.

이것은 물론 크게는 혈통과 가문 또는 집안이 전통 한국 사회에서 누리고 있던 막중한 비중에 대해서 말하게 되겠지만, 좁게는 인간 또는 인간성 그 자체, '사람다움'과 '사람 되기'가 전통 한국 사회 및 문화에서 지켜낸 막대한 비중에 대해서도 말하게 될 것이다. 그러나 그런 경향이 이제 아주 허물어져갔거나 가고 있는 중인 듯한 느낌을 진하게 받게 된다. 그렇다고 해서 이 글을 이를테면 '폐허에 대한 애착'으로 끝내고 싶지는 않다. 지나간 영화에 부치는 그리움으로 마무리하고 말 일도 아니다.

인륜이란 말에는 윤리며 도덕의 무게 말고도 '사랑'이며 '정'에 대한 소망도 짙게 사무쳐 있다는 것을 강조하고 싶다. 사랑 가꾸고 정 닦아가는 기틀로서, 동기로서 인륜대사인 혼사가 도맡아낸 구실을 오늘에 새삼 되살피고자 하는 의도를 이 글은 강하게 품고 있다고 굳이 말하고 싶다.

장가가고 시집가기.
시집가고 장가들기.

이것을 위한 앞뒤 모든 절차, 곧 혼인 절차가 다름 아닌 혼사(婚事)다. 의혼(議婚)과 약혼을 거치고 대례(大禮)와 소례를 거쳐서 후례(後禮)까지에 걸친 의례(儀禮)가 모두 혼사다. 대체로 의혼과 약혼—대례와 소례—후례 등으로 삼분절(三分節)되어 있는 것으로 보이는 그 절차가 모두 혼사다. 혼례의 의미 범주를 가장 크게 잡을 때, 이 같은 뜻의 혼사와 같아진다고 보아도 괜찮을 것 같다.

한국인이 지키고 또 치러야 했던 통과의례 중에서도 가장 규모가 크고 절차가 까다롭고 복잡한 것이 혼사라고 해도 좋을 것이다. 인륜대사라고 부르고 혼인대사라고 일컬어온 것은 이 때문이다. 혼례라는 통과의례는 으레 관례(冠禮)와 계례(笄禮)라는 이름의 남녀의 성년식 또는 '성숙의 의례'를 겸하게 되는 만큼, 그것으로 미성년은 성년이 된다. 전통적인 관념으로는 어른이 되는 것이다. 그것은 무엇보다 단군신화가 잘 보여주고 있다.

> 웅녀(熊女)는 사람 몸을 얻고자 해서 3·7일 또는 백 일 동안 굴속에 갇힌다. 햇빛을 못본 채, 어둔 굴 안에서 오직 쑥과 마늘만 먹고서 그 기간을 견뎌낸 웅녀는 마침내 사람 몸을 얻는다. 그리고는 환웅과 혼사를 올린다.

이런 단군신화의 줄거리에서 동굴은 모태 상징이다. 거기에 들기는 죽음이지만 새로운 몸을 얻어서 나오는 것은 재생이다. 오늘날에도 아기가 태어나서 최초로 겪는 통과의례가, 3·7일, 곧 '세이레'다. 그 다음은 백 일이다. 유아기 성장 과정에서 두 날짜 모두는 중요한, 그리고 결정적인 전환기라고 간주된 것이다. 웅녀가 그 일자를 겪고는 새 몸을 얻었다는 것은 이와 무관하지 않을 것이다.

바로 그 과정이 미성년이 성년이 되는 절차라고 인지될 수 있다면, 거기서 성년식을 보아낼 수 있을 것이다. 쑥과 마늘은 그 같은 변신(變身)을 위한 주술적인 약물로 간주되어도 좋을 것이다. 그 강한 향과 맛이 심신을 정화(淨化)해서 새롭게 하는 것이라고 믿고 있었을 가능성은 매우 크다. 새 몸을 얻은 웅녀는 혼사를 치르게 되는 것이지만 이것은 성년식과 혼례라는 두 가지 통과의례가 앞뒤로 중첩되어 있었다는 것을 일러주고 있는 것 같다.

이래서 우리들은 단군신화를 통해서라도 한 개인의 삶의 역사에서 가장 중요한 '리미노이드'(liminoid),[1] 곧 고비요 관문이기도 한 것이 혼인대사란 것을 알게 된다. 혼례는 통과의례 중의 통과의례다. 그만큼 한 인간

1 Victor Turner, *From Ritual to Theatre: The Human Seriousness of Play*, New York, 1982.

이 살아가면서 겪는 가장 요긴한 과도기 또는 전환기를 넘기는 것이 혼사고 혼례다.

그것은 이미 상고대의 사례들이 웅변하고 있다. 단군신화, 부여 신화에서 치러진 반신(半神) · 반인의 남녀간의 '신성혼'(神聖婚) 말고도 온달이며 무왕(백제)의 혼사에서 신랑 후보자만이 아니라 신부 후보자까지도 격심한 시련과 난관의 고비를 넘기고 있는 것은 그 전형적인 보기들이다.

격리/수용, 갈등/화합, 시련/성취 등등의 이분법이 각기 등가(等價) 또는 같은 의미이며 기능을 지닌 패러다임(paradigm)의 무리를 이루되, 그 패러다임 하나하나가 신태그마(syntagma)의 축에 다시금 연접(連接)되는 절차가 혼사라는 것을 이들 신화와 전설은 보여주고 있다. 야콥슨의 도식을 연상해도 좋을 이 같은 사실만 가지고도 신화에서 또는 상고대 전설에서 남녀가 치러내는 혼사의 절차를 기호론으로 풀이하는 좋은 단서를 얻게 된다.

한편 이 같은 혼사에 관한 전설 또는 신화라는 차원의 이야기, 곧 '내러티브'는 일부 중국 문헌이 남기고 있는 실제의 고구려인들이 실행한 혼사에 관한 '퍼포먼스의 내러티브'[2]와 꼭 같은 구조를 갖추고 있음이 지적될 수 있다. 양쪽의 내러티브나 신화나 전설이 비록 그 전부는 아니라 해도 적어도 그 상당한 부분에 걸쳐서 실제로 행하여진 각종 의례(儀禮) 또는 의식(儀式) 그 자체라는 점에 대해서 증언하고 있는 셈이다. 말하자면 내러티브가 퍼포먼스이고 퍼포먼스가 곧 내러티브인 것을 우리는 보게 된다. 오늘날 퍼포먼스는 고루 모든 장르의 예술에 침투해 있음이 지적되곤 하지만 그 지적은 퍼포먼스의 개념 속에 내러티브도 함축된다는 것을 시

2 Jerome Rothenberg, "New Models, New Visions: Some Notes Toward a Poetics of Performance," in Michel Benamou & Chrles Caramello (ed.), *Performance in Post-Modern Culture, Madison,* Wisconsin, 1977, p. 11.

사하고도 남을 것이다.[3]

사내아이와 계집아이, 또는 남아와 여아가 어린 허물을 벗고 신랑이 되고 신부가 되고 겸해서 사위가 되고 며느리가 되어서 새로이 거듭나는 것이 혼사라서 그것은 당연히 '재생의 의례'를 겸하게 된다. 제2의 탄생이나 다를 바 없다. 그래서 혼사는 당연히 인륜대사가 되어야 했던 것이다.

혼례는 이미 지적된 바와 같이 이벤트이면서 퍼포먼스이고 그리고 또 내러티브, 곧 서사(敍事)다. 퍼포먼스와 내러티브에만 중점을 두고 혼사를 본다고 해도 그것은 능히 텍스트가 되고도 남을 것이다. 오늘날 우리들은 여기서 들어 보인 각종 장르 사이에 그것들을 서로 격리하는 벽을 치지 않아도 좋다. 그것들은 서로 그야말로 '퓨전'(fusion)하고 있다.

혼사는 잔치다. '혼인 잔치'란 말이 따로 있을 정도로 혼사는 한국인이 치르는 잔치 중의 잔치다. 그야말로 축제다. 이벤트다. 시끌벅적하고도 가다듬어져 있고 요란하면서도 정숙하고 들떠 있으면서도 진중한 게 혼사의 잔치판이다. 멋 부리고 농탕 치고 하는, 한편으로 엄숙한 것이 혼례라는 잔치판이다. 긴장과 이완(弛緩)이 번갈아서 반복된다. 이렇듯이 혼례는 엎치락뒤치락한다. 서로 모순되는 두 가지 징표로 잔치는 특징지어져 있다. 적잖은 무리의 양지와 음지가, 또는 긍정과 부정이, 아니면 '+/−'가 교차해 있다. 그래야만 비로소 잔치판이다. 전통 한국 사회에서는 혼사 잔치는 신랑 · 신부며 그들 가족 사이에 국한되지 않았다. 집안, 곧 가문의 일이고 더 나아가서는 마을이라는 공동체의 일이던 것이 혼사라는 잔치판이다.

혈연(血緣)에 더해서 '인연'(姻緣), 곧 '혼인에 의한 인연'(因緣)에 의한 인간관계가 굳건하게 엮어졌다. 친척(親戚)이란 말에는 누구나 알다시피

3 *ibid.*, p. 13.

혈연이 하나인 친족과 혼사로 맺어진 외척(外戚)과 인척(姻戚)이 포함되어 있었다. 친외척(親外戚)과 친인척(親姻戚)이란 말은 그래서 생긴 것이다. 그렇게 겹겹으로 새로운 인간관계가 맺어진다는 것은 새로운 공동체, 그리고 더 나아가서는 새로운 세상이 열리는 것을 의미했다. 신천지의 개척, 그것이야말로 혼사라는 대사였다.

그러니 그 잔치판은 규모가 크고 절차가 복잡할 수밖에 없었고 그러자니 잔치판은 몇 겹의 '+/−'로 점철(點綴)되어야 했다. 아우성과 엄정함이, '취기(醉氣) 만만'과 '점잖음 만만'이 사이좋게 짝을 지었던 것이다. 비틀대고 흥청대는 한편으로는 장중하고 까다로웠던 것이다.

그런 한편으로 혼사를 두고는 동네잔치 또는 마을잔치란 말이 거리낌 없이 사람들 입길에 오르내리곤 했다. 온 집안, 그리고 온 마을의 그만그만한 사람들이 더러는 품앗이를 하고 더러는 두레를 하면서 혼사에 가담했다. 그러니 혼사는 여성들로서는 품앗이 판이고 사내들로서는 두레 판이기도 했던 것이다. 조금 작은 규모의 마을 굿, 그나마 '별신굿'에 견줄 만한 것이었다고 해도 좋을 게, 혼사라는 잔치요 축제였다. 그러자니 혼사의 '잔치' 또는 '잔치판'은 규모가 클 수밖에 없었고, 따라서 그것은 능히 이벤트(event)라고 부를 만한 것이었다. 사건이고 사업이라고 해도 좋을 일대 '일거리'고 행사였던 것이다.

이벤트라서 혼사는 퍼포먼스이기도 했던 것이다. 아주 넓게 규정하자면, 퍼포먼스는 인간이 그의 육체며 행위로 나타내는 모든 것을 의미한다고 해도 무방하다. 그것이야말로 오늘날 어떤 문화적인 범주나 양식 또는 장르를 넘어서서 '범칭'(汎稱)적으로 사용되고 있는 퍼포먼스의 개념 내용이다.

거의 모든 이벤트는 퍼포먼스를 겸한다. 그렇듯이 혼사라는 이벤트는 퍼포먼스이기도 하다. 참여하는 악탕(actant)들이 몸짓과 행위로 극적인 상황과 줄거리를 엮어나가고 있다는 뜻에서도 혼사라는 이벤트는 퍼포먼스다. 혼례는 신랑 후보자와 신부 후보자 사이, 신랑 후보자와 신부 후보자 가족 사이의 갈등이 겪어질 대로 겪어지고, 또 벌어질 대로는 벌어진 다음에야 비로소 대단원을 맞이하게 되는 것이지만, 그러자니 그 사이 줄곧 극적인 상황이 전개된다. 혼례 현장은 연극 무대가 되기도 한다. 우리의 전통 혼례는 여간 풍부하게, 또 다양하게 극적인 갈등을 펼쳐가는 게 아니다.

따라서 극히 자연스럽게 혼례는 퍼포먼스가 된다. 그렇다고 해서 연극적인 퍼포먼스로만 그치는 것은 아니다. 의례적인 퍼포먼스가 거기에 가세하게 된다. 양자는 서로 보완하고 도우면서 혼례가 지닌 퍼포먼스의 속성을 드높이고 더 크게 증폭해나간다. 물론 종국적으로는 의례가 앞서게 되지만 그것은 연극적 상황이며 진행에 기대어서 소기의 성과를 거두게 된다. 그래서 혼례라는 퍼포먼스는 시종 갈등과 화해에 겹친 단절과 결합이라는 두 가지 이원적 대립항의 모티브를 동력으로 삼아서 수행된다.

한데, 혼례는 위에서 말한 대로 일정한 줄거리를 갖춘, 인간 행위의 연쇄라는 점에서만 퍼포먼스가 되는 것은 아니다. 또 다른 속성이 첨가된다. 각자가 가진 언어적 자질을 실연(實演)하는 것을 퍼포먼스라고 규정한 것은 촘스키(N. Chomsky)지만, 그런 뜻에서라면 이미 잠재되어 있는 어떤 시나리오를 실천에 옮기는 일련의 인간 행위인 혼례는 당연히 퍼포먼스가 될 것이다.

그런 한편 이벤트와 퍼포먼스의 연계선상에서 혼례는 텍스트를 이루게 될 것이다. 그 나머지 혼례는 '텍스트성을 띤 퍼포먼스'이면서 동시에 '퍼포먼스의 텍스트'일 수 있게 된다. 이 명제는 이 글이 마무리되는 동안 내내 지켜질 것이지만 그 명제에 의해서 뒷받침되고서야 비로소 혼례의 기호학적 읽기가 가능해지고 또 용납될 것이다.

2. 혼례 절차 개관(이론 전개를 위한 자료)

1) 의혼(議婚)

ⓐ 중신아비 / 중신할미를 통해서 혼담이 오고 간다.

ⓑ 양가에서 그 부모들이 신랑 후보자와 신부 후보자의 궁합을 본다.

ⓒ 혼사가 정해지고 나면 남자 측에서 여자 쪽으로 납채(納采), 곧 사주(四柱)/사성(四星)을 보낸다. 다섯으로 접은 사성을 흰 봉지에 넣은 다음, 싸릿대를 잘라서 그 틈새에 꽂는다. 그리고는 청홍 두 빛깔의 실로 싸릿대를 감아올리고는 양 끝을 엮어 맨다. 이것을 다시 청 · 홍 두 빛깔의 보자기에 싸서 신부 댁으로 보낸다.

ⓓ 사성이 보내질 때, 남자 측에서는 청혼서(請婚書)를 함께 보내기도 하는데 이에 대해서 신부 측에서는 허혼서(許婚書)를 남자 측에 보낸다. 이로써 혼약(婚約)이 성립된다.

ⓔ '날 받이', 곧 택일은 여자 측에서 정해서 남자 측에 알리는 것이 보편적이나 남자 측에서 택일한 결과를 신부 측에 알리는 경우도 없지 않다.

ⓕ 택일이 되면 남자 측에서 여자 측으로 납채(納采)를 하는데 이를 봉치 또는 봉채라고 한다. 이에는 신부의 대례복(大禮服)을 만들 옷감과 패물 이외에 약간의 현금도 포함되는데 이것들은 함(혼수함)에 넣어서 보내진다. 옷감은 '떡설', 현금은 '조급 돈'이라고 부른다. 옷감은 저고리와 치마, 각각 세 벌씩이다.

ⓖ 함에는 예장지(禮狀紙) 또는 혼서지(婚書紙)가 넣어져 있는데, 이에는 신랑 · 신부의 본관, 이름, 생년월일시가 적혀 있으되, 신랑은 왼쪽에, 신부는 오른쪽에 넣어져 있다.

ⓗ 혼수 함은 함진아비가 지고 가는데, 이것이 신부 측에 전달되기까지

는 상당한 옥신각신이 따르게 마련이다.

2) 신랑 초행

ⓐ 신랑이 신부 집으로 초행길에 오른다. 이에는 후행(後行)이 동반하게 되는데, 이들은 상객(上客)·중방(中房)·소동(小童) 등 세 부류로 나뉜다. 또 함진아비도 따른다. 옛 시절에는 신랑은 가마를 이용했다.

ⓑ 신랑 일행이 신부 측 마을에 도착하면 신부 측 사람들이 일행을 '정방'에 안내한다. 정방은 신랑 일행이 오는 길목이되, 신부 집에 못 미친 곳이라야 한다. 신부 집이 마을의 맨 가장자리의 외딴집이고 이웃에 다른 머물 만한 집이 없을 때는 하다못해 신부가 있는 안방을 지나치지 않는 다른 방에 들어야 한다. 정방에서는 신랑이 예복으로 갈아입는다.

ⓒ 신랑이 정방에 들었다는 전갈이 오게 되면 신부 측에서는 신랑 일행에게 간단한 요깃거리를 상차림해서는 내간다. 그리고는 비로소 초례청(醮禮廳), 곧 식장을 차리기 시작하면서 신부 집안은 분주해진다.

3) 신랑 입장

ⓐ 함진아비는 초례가 치러지기 전에 얼굴에 숯 검댕이나 먹칠을 하고는 신부 집 안으로 들어가서 혼주(婚主)에게 함을 전하는데 이때, 그는 여간 짓궂지 않다. 장난도 심하게 친다.

ⓑ 함진아비 뒤를 따라서 신랑이 대문 안으로 들어서게 된다. 이때 신부 측에서는 신랑에게 수수밥이나 재를 끼얹는다.

ⓒ 홀재비(홀기 부르는 사회자)가 '하마'(下馬) 하고 소리를 지르면 신랑은 그 구령에 맞추어서 마치 말에서 내리서는 것처럼 시늉을 하면서 미리 쌓

여져 있는 등겨 더미를 밟고는 뜰 안으로 들어선다.

ⓓ 이어서 신부 측 혼주인, 신부의 아버지가 신랑을 맞아서 그와 마주선다. 서로 반절을 나누고는 신랑은 대례상(大禮床) 앞에 가서 꿇어앉는다.

ⓔ 그리고는 신랑은 신부가 나타나기까지 대기 상태에 들어간다. 그것은 상당히 오래 계속된다.

4) 대례(大禮)

ⓐ 신랑 입장과 때를 같이 해서 대례상이 격식을 갖춰서 차려진다. 상의 동쪽은 신랑 몫이고 서쪽은 신부 몫으로 배정된다. 동쪽에 놓이는 신랑을 위한 꽃병에는 팥을 넣고 서쪽에 놓인 신부를 위한 화병에는 참깨를 넣는다. 그리고는 대나무 · 치자나무 · 사철나무 따위의 가지를 꽂는다.

ⓑ 대례상에는 가래떡을 말아 올린 용떡을 놓되, 동쪽의 용의 머리에는 밤을, 서쪽의 용의 머리에는 대추를 꽂아 넣는다.

ⓒ 대례상에는 동서로 촛대를 하나씩 차리되, 그 아래 동편에는 생률을, 서쪽에는 대추와 깨를 깔아놓는다.

ⓓ 대례상에는 그 동서 양편을 갈라서 수탉과 암탉이 놓이고 청실홍실이 놓인다.

ⓔ 이상으로 대례 상차림이 끝나면 홀기(笏記) 부르는 '홀재비' 또는 '홀애비'가 등장한다.

ⓕ 신랑은 대반(對盤), 곧 도우미에게서 나무로 만든 오리를 받아서는 신부 측 혼주에게 바친다. 혼주가 그것을 상 위에 놓게 되면 이어서 신랑이 일어서서는 두 발자국 물러나 두 번 큰절을 한다. 이것을 전안지례(奠雁之禮), 곧 오리 바치는 예라고 한다.

ⓖ 다음은 친영례(親迎禮), 곧 친히 정중하게 (신부를) 맞아들이는 예가

치러진다. 이때 둘러선 사람들이 신랑의 흉을 보고 놀리곤 한다. 이때, 신랑이 웃으면 첫 아기로 딸을 낳게 된다는 민간의 속신(俗信) 때문에 웃지 않고 오히려 근엄한 표정을 짓는 것으로 되어 있다.

ⓗ 드디어 신부가 안방에서 식장으로 나타나는데 전신을 오색 찬연한 옷과 장신구로 치장해 있다. 흰 한삼(汗衫)으로 가려진 두 손을 들어서는 얼굴을 가리고 대반의 부축을 받으면서 천천히 걸음을 옮긴다.

ⓘ 동서로 갈라서서 마주보고 있다가 이내 신랑은 남향, 신부는 북향을 하고는 작은 푼주에 대고는 손을 씻는다. 신랑은 손가락을 물에 담갔다가 푼주 밑에 깔린 종이에 물을 튕기고 신부 측에서는 신부를 대신해서 도우미가 세 번 물을 튕긴다.

ⓙ 다시금 마주보고 서서는 신부가 신랑에게 큰절을 두 번 한다. 이에 답해서 신랑은 꿇어앉아서 고개를 가볍게 한번 숙인다. 같은 절하기가 다시 반복되고 난 다음, 둘은 마주보고 꿇어앉는다. 이를 상배지례(相拜之禮)라고 한다.

ⓚ 신랑신부는 앞에 놓인 술잔에서 두 번 술 마시는 흉내를 내고는 세 번째로는 홍실이 감긴 신랑의 술잔과 청실이 감긴 신부의 술잔을 서로 교환한다. 이때 신랑의 술잔이 먼저 건네진다. 이것이 바로 교배지례(交杯之禮)인데 이로써 내례의 성규 절차가 다 끝난다.

5) 대례 이후

ⓐ 대례를 마치고 신랑은 큰방에 들어가 정해진 방위를 잡아 앉고 신부는 안방에 들어가 앉는다. 신랑 상객은 사랑채의 상객 방에 들어간다. 신부 측에서는 작은 상을 보이서 신랑 방과 상객 방에 들여놓는다. 얼마쯤 지난 뒤에 신랑과 상객은 푸짐하게 음식이 차려진 큰상을 받는다.

ⓑ 이어서 처가 측에서는 신랑의 상, 곧 동상(東床)에 차려낸 음식 값인 동상례 비용을 청구하는 문서가 얹힌 작은 상을 상객 방에 들여보낸다. 상객은 약간의 현금을 넣은 봉투, 혹은 언제까지 얼마를 갚겠노라고 적힌 종이를 봉투에 넣고 상에 얹어서 내보낸다.

6) 신방 차리기

ⓐ 저녁이 되면 그 사이 각자 따로 다른 방에 있던 신랑과 신부가 신방에 들게 된다.

ⓑ 병풍이 쳐지고 솜을 바닥에 깐 요강이 미리 마련된 신방에 신부가 먼저 들어가서 윗목에 앉는다. 이어서 신랑이 방으로 들어서면 간소하게 차린 주안상이 들어온다. 신부는 신랑 술잔에 술을 따른다.

ⓒ 이런 사이 내내 '신방 엿보기'가 진행된다. 신부 측 가족 중에 젊은 패들이 창호지를 손가락으로 뚫고는 두 사람의 동정을 엿본다.

ⓓ 주안상을 물리고 나면 신랑이 먼저 자기의 겉옷을 벗는다. 그 다음 신부의 옷을 벗겨주는데, 이때 신부 가슴을 만지거나 머리를 만지는 것은 금기다. 신부가 유종(乳腫)을 앓거나 신부가 일찍 죽게 된다는 것이다.

ⓔ 신랑은 신부 저고리 고름을 풀어주는데 이것을 '가슴풀이'라고 한다. 그런 다음, 신부가 자기 손으로 겉옷을 벗으면 신랑은 신부를 안아서 자리에 뉜다.

7) 동상례(신랑 다루기)

ⓐ 첫날밤이 새면 신랑은 아침에 신부 마을 사람들을 맞아서 한바탕 대접한다.

ⓑ 그러다가 오후가 되면서 처갓집 식구들과 마을 사람들이 신랑 다루기를 한다. 신랑 팔다리를 묶고는 죄인 다루듯 하는데 갖가지 어려운 물음이며 수수께끼를 던져서는 트집을 잡는다. 그렇게 신랑을 애먹이고 들볶는다. 장난도 친다. 발바닥에다 매질을 하기도 한다. 시끄럽고 요란하고 그래서 신이 나고 재미가 있어야 한다. 그렇지 못하면 신부 집이 마을이나 근린에서 인심을 잃은 게 된다.

8) 신행

ⓐ 사흘을 넘기고는 신부는 신랑은 따라서 시가를 향해서 신행을 떠난다. 그러나 그전 같으면 신부 집에서 3개월을 묵힌 다음, 또는 한 해를 묵힌 다음에야 비로소 신행을 떠났다.

ⓑ 신부는 떠나기에 앞서서 자기 집과 식구들에게 영이별을 고한다. 부엌에 들어가서 솥뚜껑을 세 번 들어 올렸다 내렸다 하면서 들썩거린다. 신부 어머니는 딸에게 흰 종이쪽지 몇 장을 주면서 물을 건너거나 서낭당 앞을 지날 적마다 그 종이를 던져서 부정이나 잡귀를 물리치라고 한다.

ⓒ 가마 타고 신행 가는 신부에게는 상객(신부 아버지), 웃각시(올케나 언니), 히님(언니니 친구)이 따른다. 일행은 시가 식구들에세 바칠 선물이 는 예단함(禮單函)과 예단 음식을 가지고 간다.

이상은 한국 전통 혼례를 기호론으로 보아감에 있어서 활용하게 될 자료이지만, 이것은 부산광역시 동래구 두구동에서 채록된 것이다. 그러나 1)에서 8)까지로 분류하고 ⓐ, ⓑ 등의 세목을 정한 것은 필자가 나름대로 재정리한 것이다.[4]

부산광역시의 동래구 두구동의 혼례를 먼저 제시한 데는 특별난 의도는 없다. 혼례는 지역을 넘어선 보편성과 나란히 지역에 따르는 편차도 크다. 심지어 같은 도 내에서도 지역 차가 생긴다. 동서 간의 거리, 남북 간의 상거만큼 차이가 나기도 한다. 심지어는 가문에 따라서 달라질 수도 있다. 이래서 혼례는 가례(家禮)란 말로 써도 괜찮을 것 같다.

그런 한편 평지 마을, 산골 마을, 섬 마을에 따라 차이가 생기는 것은 혼사가 생태환경을 일부 반영하고 있다고까지 말할 수 있게 유도하고 있다. 그야말로 같고도 다르고, 다르고도 같은 것이 이 땅의 전통 혼례들이다.

그렇기 때문에, 어느 한곳의 혼례 절차에만 의존해서 한국의 전통 혼례의 '규범 형식'을 이끌어낸다는 것은 옳은 일이 못 된다. 그렇다고 해서 지역 차를 두루 다 보이게 각지의 혼례를 그 절차 전반에 걸쳐서 제시하거나 여기에 옮겨 기재할 수도 없다. 그래서 다만 필자 개인의 편의상, 앞에 보인 부산광역시 동래구 두구동의 혼례 절차를 본보기로 제시하는 것뿐이다.

그러나 되도록 시야를 넓혀서 범지역적으로 혼례를 관찰하고자 하는 의도 또는 기획을 위해서는 지역적인 편차들을 되도록 광범위하게 포괄하여야 할 것이기 때문에 다음에 그 구체적인 양상을 하나하나 따로 나열하기로 한다. 그래서 같은 보고서에서 다루고 있는 경남 지역 안의 다른 마을의 혼사에 관한 제보(提報)만이 아니라 거의 전국적 규모에 걸친 제보들 가운데서 위의 두구동의 것과 다른 편차를 나열한다. 이 여러 항목들을 '변이'(變異)라고 부르기로 한다. 다음에서 괄호 안에 지명이 표기된 자료들은 모두 '문화공보부 문화재관리국, 『한국민속종합조사보고서』'에서 인용된 것이다.

4 문화공보부 문호화재관리국, 『한국 민속 종합 조사 보고서(경상남도 편)』, pp. 143~150.

1)–ⓐ

(1) 선을 볼 때, 여자 측에서 남자(신랑 후보자)를 오라고 할 수는 있으나 그 반대는 없다. (충청남도)

(2) 선을 보고 나면 남자 측에서 여자 측에게 '장가를 받겠는가, 안 받겠는가?'를 묻되, 받는다고 하면 신부 집에서 혼례를 올리게 되고 받지 못하겠다면 신랑 집에서 혼례를 치르게 된다. 이건 주로 경제 사정 때문에 그런데, 특히 섬 지역에서 더 강하게 이런 현상이 관찰된다. (충청남도)

1)–ⓒ

신랑 집에서 사주를 보내되, 사주가 든 봉투를 대나무 사이에 껴서 보낸다. (충청남도)

1)–ⓓ

(1) 신부 집에서 허혼서를 신랑 집에 보내면 신랑 집에서는 '강서'(剛書)라는 편지를 신부 집에 보내는데 이 안에는 사성(四星)을 동봉한다. 신부 집에서는 이에 답해서 택일과 의양(衣樣), 곧 옷의 치수를 정하는 문서를 보내었다. (경상북도 안동)

(2) 허혼이 오는 날, 신랑은 관례(冠禮), 곧 성년식을 올리게 되는데, 이 날을 '작은 아버지의 날' 또는 '상투 쪼는 날'이라고 한다. (경상북도 월성군)

(3) 허혼서를 가져온 신부 측 하인에게 신랑 측에서는 떡과 음식을 해 보내면 신부 측에서는 모든 일가친척이 모여서 잔치판을 벌인다. 신랑 집에서는 자체적으로 장만한 떡과 음식으로 일가친척 모여서 역시 잔치판을 벌인다. (경상북도 월성군)

1)-ⓔ

신랑 집에서 결정해서 보낸 택일에 대해서 마음에 들면 신부 측에서 '맞택일'을 해서 보낸다. (경상북도 월성군)

1)-ⓕ

(1) 택일(날 받이)이 결정되면 신랑 집에서 신부 집으로 '송복'(送服)을 보낸다. 이것은 돈, 이부자리, 솜, 신부 옷감 등등을 보내는 것을 의미한다. (경상북도 성주군)

(2) 혼례일 전에 신랑 집에서 신부 집으로 혼수 함을 보내는데, 거기에는 혼서지(婚書紙)를 비롯해서 신부 예복을 넣는다. 그것들을 청홍포로 덮고는 다시 그 위에 수수깡 세 가닥을 넣는데 그 끝에는 고추 세 개가 감겨 있다. (경상북도 성주군)

1)-ⓗ

혼례식 전날, 신랑 친구들이 함을 지고 가는데 함진아비는 첫아들을 낳은 사람으로, 함을 메고 가는 동안 벙어리며 소경 행세를 한다. 신부 집에 도착하면 '함 팔기'로 흥정이 오고 가고 옥신각신도 벌어진다. (서울)

2)-ⓐ

(1) 신랑이 초행길을 나서기 전에 그 부친과 신랑 사이에 차려진 술상을 가운데 두고, 신랑은 아버지에게 큰절을 올린다. 그리고 동쪽을 바라보고 꿇어앉는 아들에게 '우리 집안의 종사(宗事)를 이어 받으라'고 엄하게 분부한다. (경상북도 월성군)

(2) 상객(신랑 집안 어른) 말고도 별도로 후행(後行)(친척 중의 몇 사람)이 신랑을 따르되, 그 수는 꼭 홀수로 한다. (경상북도 영덕)

(3) 함에는 예장(禮狀) 이외에 고추 · 서숙 · 실 등을 함께 넣었다. (경상북도 영덕)

(4) 신랑이 초행길을 떠나가기 직전에 동이에 물을 떠놓고는 바가지치기를 하고 손도 비빈다. (전라남도)

2)-ⓑ

(1) 점방 또는 주점, 또는 사처(私處)라고도 한다. 그밖에 사처 · 중점 · 경방청 등으로 일컬어지기도 한다. (경상북도) 제주에는 이들과 같은 방이 없다. 충청남도에서는 '반네집'이라고 한다.

(2) 정방을 신랑이 나서서 신부 집으로 오는 사이에, 신부 가족은 신랑을 상대로 '마상풍월', 곧 시나 글짓기 재주를 알아본다. (전라남도)

(3) 정방을 나선 신랑을 상대로 신부의 마을 청년들이 신랑 가마를 흔들면서 붓과 종이를 주면서 학식을 시험한다. 흔들리고 있는 가마 속에 앉아서 한 일(一) 자나 착할 선(善) 자를 붓으로 쓰되, 얼마나 반듯하게 쓰는가를 시험한다. (충청남도)

(4) 신랑은 신부 집 앞에 놓인 왕겨 가마를 밟고는 가마에서 내린다. (충청남도)

(5) 신랑이 대문에 들어서면 북향재배한 뒤에 동향해서 서게 한다. 신랑이 방위를 잘못 잡으면, '동쪽도 모르는 바보'라고들 놀려댄다. 이때 둘러서 있는 사람들이 신랑을 품평하는데, 가령, '코가 큰 걸 보면 그 물건도 크겠다' 등이다. 이에 따라 신랑이 웃으면 '첫딸 보겠다'고 조롱한다. (충청남도)

3)-ⓐ

신랑 측의 함진아비가 내려놓은 함을 신부 아버지가 받아서 안으로 들어가서는 눈을 감고 함 안에서 옷감을 집어내는데, 그게 진한 색깔이면

딸의 시집살이가 고될 것이고, 엷은 색깔이면 그렇지 않을 것이라고 점을 친다. (충청북도)

3)–ⓑ

(1) 신랑이 예식장에 들어올 때, 불 지른 짚단을 넘어오게 한다. (충청북도)

(2) 충청남도의 도서(島嶼) 지방에서 혼례가 신랑 집에서 시행되는 경우, 신부 가마가 도착하면 문 앞에 불을 피워놓고 그걸 넘어서 안으로 들어오게 한다. (충청남도)

3)–ⓒ

신랑은 가마에 탄 채로 신부 집 문 앞에 피워놓은 짚불을 넘어서 문 안에 든다. 그렇게 해서 문을 들어선 신랑은 다시 또 곡식 가마니를 밟고 가마에서 내려선다. (사량도 옥동의 보기)

3)–ⓔ

(1) 신랑이 뜰에 드는 것을 보고는 겨우 신부는 머리를 틀게 되기 때문에 신랑은 무척 오래 기다리게 된다. (전라남도)

(2) 대문 안에 들어서는 사이, 초례청에서 신부 나오기를 기다리는 사이, 합죽선으로 얼굴을 가리고는 침묵을 지켜야 한다. (전라남도)

4)–ⓐ

대례는 소례와 짝이 되어서 진행된다. 소례는 이른바, 전안지례(奠雁之禮)고 대례는 신랑신부가 서로 절을 주고받는 교배지례(交拜之禮)인데 이를 합근지례(合巹之禮)라고도 한다. 전안지례에서는 신랑이 나무오리를 신부 측 뜰 안, 곧 대례상이 차려진 곳에 들고 들어와서는 북쪽을 향해서 꿇어앉아서는 앞에 놓는다. 이어서 엎드린 다음, 조금 뒤로 물러나서 두 번 절한다. 그것을 신부 집의 주인이 받아들인다. (경상북도 영덕)

4)–ⓑ

초례상 위의 신랑 쪽에는 굵은 젓가락과 살점이 붙은 소뼈를 차려놓는다. (충청남도 신도안)

4)–ⓒ

대례상에는 밤 · 대추 · 곶감 · 포 · 쌀 · 명태 · 송죽이 꽂힌 병을 놓되, 이 가운데는 꼭 쌍으로 놓이는 것도 있다. 가령 쌀 두 사발, 촛대 둘 등이다. 이밖에 청실홍실이 감긴 수숫대를 쌀그릇에 꽂는다. (경상북도)

4)–ⓕ

(1) 신랑이 탁자 위에 놓는 나무오리를 신부 어머니가 치마로 싸서는 안으로 들어가서 쌀독에 감춘다. (충청남도)

(2) 신랑이 초례상 옆에 따로 놓인 상위에 나무오리를 놓고는 절을 하는데 북향재배, 동방예배, 북향사배 등, 같은 도 안에서도 서로 다르다. 이때 오리는 수벙이 신 것으로 빋어져 있다. (충청북도)

4)–ⓗ

신부가 초례상 앞에 와서 서면, 신랑은 천이나 부채로 앞을 가리고는 초례상 앞에 선다. (충청남도)

4)–ⓘ

신부가 양쪽으로 부축을 받아서 나와서는 초례상 앞에 동향을 하고 서

면 신랑은 서향을 하고 선다. 그리고는 남자가 먼저 재배(再拜)하면 여자는 사배(四拜)한다. (충청북도)

4)-ⓙ

신랑이 초례상 앞에 무릎 꿇고 앉으면 신부가 하님의 부축을 받아서 신랑에게 다섯 번 절한다. 그리고는 신부가 무릎을 꿇고 앉으면 신랑은 두 번 절하고는 일어선다. (충청남도)

4)-ⓚ

(1) 신랑신부가 쪽바가지로 잔을 교환하되, 신랑의 것은 상 위로, 신부의 것은 상 아래로 해서 옮겨진다. (경상북도)

(2) 교배례를 주고받는데 신부는 서쪽, 신랑은 동쪽에 자리 잡는다. 신부가 먼저 네 번 절하면 신랑은 두 번 절로 신부 절을 받는다. 신부가 또 사배하면 신랑은 재배로 답한다.

교수례(交酬禮), 곧 잔 돌림의 예를 행하는데, 신랑이 신부에게 읍(揖)하고는 자리에 앉힌다. 주인 식구들이 술을 따르고 찬을 내놓으면 신랑은 신부에게 읍하고는 술을 마시고 찬을 먹는다. 주인 가족이 다시 술을 따르면 신부는 신랑에게 읍하고는 술을 마시고 찬을 먹는다. 그리고는 합근례(合巹禮)를 행하는데, 이것은 합환주(合歡酒), 곧 즐거움을 함께 하는 술을 나누어 마시는 예절이란 뜻이다.

먼저 술잔이 신랑과 신부 앞에 놓이면, 주인 식구가 술을 따르는데 신랑이 신부에게 읍하고는 술을 마시고 찬을 먹는다. 신랑이 먼저 두 번 절하면 신부가 네 번 절한다. 잔이 거두어지고 예는 끝이 난다. (경상북도 안동 토계)

(3) 합근례를 행하는데 술잔이 신랑과 신부 앞에 나누어놓이면 신랑이

신부에게 읍하고는 자리를 잡는다. 시중드는 사람이 술을 따르면, 신랑이 신부에게 읍하고는 술잔에 제사 드린다. 시중드는 사람이 또 술을 따르면 신랑은 신부에게 읍하고는 술을 마신다. 시중드는 사람이 찬을 권한다. 이어서 시중드는 사람이 또 술을 따르면 신랑은 신부에게 읍하고는 술을 들고 찬을 먹는다. (경상북도 안동 금소동)

(4) 교배례가 끝나고 나면 신랑은 남쪽에서 대야에 손을 씻고 신부는 북쪽에서 손을 씻는다. (경상북도 월성군)

(5) 신부 측에서 술잔을 오른쪽으로 돌려서 신랑에게 주면 신랑은 입만 대고는 퇴주잔에 술을 부어버린다. 그 빈 잔에 하님들이 술을 따라서는 역시 오른쪽으로 돌려서 신부에게 건네준다. 신부 역시 술잔에 입술을 대기만 한다. 다시 또 신랑에게 술잔이 건네지면 조금 마시기도 하는데, 이때 초례청에 모여 있던 사람들이 신랑 입에 밤과 대추를 넣어준다. (충청남도)

(6) 신랑 측에서 신부에게로 먼저 술잔을 건네면 신부는 입만 대고 다른 그릇에 쏟는다. 그리고는 다른 술잔에 술을 부어서 신랑에게 건네면 신랑 역시 입만 댔다가 그릇에 술을 붓는다. 같은 동작이 두 번 반복된 뒤에 세 번째로는 신랑신부가 각기 자기 앞의 술잔에 술을 따라서는 이 두 잔의 술을 또 다른 술잔에서 합친다. 그걸 다시 각자의 잔으로 나누어 마신다. (충청남도 신도안)

(7) 교배가 끝나면 옆에 둘러선 사람들이 굵은 나무젓가락으로 살점 붙은 소뼈를 집어서는 신랑 입속에 밀어 넣어주면서 먹으라며 놀린다. 그러면서도 잘 살라고 오곡과 과일을 신랑 옷 주머니나 옷소매 속에 넣어준다. (충청남도 신도안)

(8) 교배례와 합근례(合巹禮)가 끝나면, 도우미가 산 닭은 상 위로 날리고 산 오리는 신부 어머니에게 던져준다. 신부 어머니는 그걸 받아서 치

마에 싼다. 오리 머리가 앞쪽을 보고 있으면 신랑이 처가의 사랑을 받을 것이지만 머리가 뒤를 보고 있으면 그 반대가 될 것이라고 믿어져 있다. (충청북도)

(9) 신랑신부의 합근례는 두 번 행해지는데, 처음은 술잔으로 하고 다음은 '조배 바가지'에 청실홍실 감은 것으로 세 번 반복한다. (충청북도)

5)-ⓐ

(1) 대례를 마치고 신부와 신랑은 각기 다른 방에 들어가서 옷을 갈아입는다. (경상북도 성주)

(2) 신부는 안방에 신랑은 건넛방에 들어가서 신부 측에서 마련한 옷을 갈아입는다. (경상북도 안동 토계)

(3) 신부는 구석방인 도당방에 들고 신랑은 바야흐로 신방이 될 방에 들어가서 옷을 갈아입는다. (경상북도 영덕)

6)-ⓐ

(1) 신방에 '단물 상'을 들여놓는데, 그걸로 장차 신랑신부의 의가 좋아지리라고 믿어져 있다. (경상북도 성주)

(2) 신방을 신랑 집에 차리고 첫날밤을 보낸다. (사량도 옥동의 보기)

6)-ⓑ

신방이 차려질 방에 신부가 먼저 들어가서 뒤에 들어오는 신랑을 맞아 잠시 상면하고는 이내 신부는 나간다. 그런 뒤에 신방이 제대로 차려지면 신랑이 먼저 들어가서 나중 들어오는 신부를 맞는다. 이때 신랑은 돌아서서 맞이한다. (개평리의 보기)

신방이 차려지면 신랑이 먼저 들어가서 신부를 맞되, 돌아서서 맞는다.

들어온 신부가 돌아앉으면 신랑은 돌려 앉히고 비로소 맞대면 하게 된다. (사량도 옥동의 보기)

6)–ⓒ

신방 엿보기를 망보기라고 한다. (충청남도)

7)–ⓐ

(1) 첫날밤을 치르고 나면, 다음날 아침 신랑은 신부 집이 보이지 않는 곳에 가서 하룻밤 자고 다음날 신부 집에 온다. 이것을 인재행(引再行)이라고 한다. 오늘날에는 인재행을 신랑 다루기라고 한다. (경상북도 안동 토계)

(2) 대례를 마치고 동상례가 바로 시행된다. 그런 다음 초야의 신방이 차려진다. (충청남도)

7)–ⓑ

(1) 초야보다 먼저 시행되는 신랑 다루기에서 신부 가족들은 신랑을 거꾸로 매달아놓은 채로 갖가지 물음을 던진다. '육례(六禮)가 무엇이냐?', '여기 무엇 하러 왔느냐?', '장가드는 게 무엇이냐?', '왜 새색시를 도둑질해 가느냐?' 등등 물어서 신랑이 대납을 못하면 매실을 한다. (충청남도)

(2) 질문 공세가 끝나고 음식상이 들어오면 신부 가족들은 즐기고 논다. "북두칠성이 앵돌아졌네. 가실 손님 가시고 노실 손님은 놀아보세"라는 「파연곡」을 부르면서 흥청댄다. (충청남도)

8)–ⓐ

(1) 신랑의 집이 멀 경우는 '인재행'이라는 것을 하게 되는데, 그것은 신행을 늦추는 것이다. 이 경우, 신랑은 신부 집이 아닌, 이웃 마을의 남

의 집에서 따로 혼자서 잠을 자게 된다. 최근에는 잠깐 이웃집에 머물렀다가 오는 정도로 간소화되었다. (당목리의 보기)

(2) 동상례를 마치고 신랑은 5~6일 간 신부 집에 머문다. 그리고는 신랑은 혼자서 자기 집으로 돌아간다. 신부의 신행은 우귀(于歸)라고도 하는데 이것은 해묵히는 경우가 허다하다. 이것을 '묵신행'이라고 하는데 1년 아니면 3년이 지나서 하게 된다. (경상북도 안동 토계)

8)–ⓐ

요즘은 '달 신행'이라고 해서 한 달 만에 신행을 가기도 한다. (경상북도 안동 금소동)

(1) 신방 차리는 밤, 인재행한 그날 밤, 그리고 우귀 전날 밤, 사흘 밤 말고는 신랑은 그가 인재행 후에 신부 집에서 5~6일 간 머무는 동안 장인과 함께 사랑채에서 잠잔다. (경상북도 안동 토계)

(2) 삼일신행은 상놈들이나 하는 짓이라고 해서 양반으로 자처하는 집안에서는 신랑이 신부 신행할 날짜를 잡아주고 혼자 집으로 간다. 따라서 해묵히기 신행을 하게 되는 게 원칙이다. 해묵히기를 못할 형편이면 인재행을 하는데, 이때 신랑은 근처의 잘 아는 집에서 하룻밤을 자고 다음날 신부로 하여금 신행을 떠나게 한다. (함양군 지곡면 개평리의 보기)

(3) 동상례가 끝난 다음날 신랑만 제 집으로 돌아간다. 그리고 사흘 뒤에 처가에 가서 하루를 쉬고 또 혼자서 집으로 돌아온다. 그런 다음 따로 날을 잡아서 신랑이 처가로 가서 신부와 함께 신행을 하게 된다. (사량도 옥동의 보기)

(4) 신부는 신행으로 일단 시가에 왔다가 뒤이어 친정으로 돌아간다. 그리고 다시 또 신행을 간다. 이로써 혼례가 전체로 마무리되는 것으로 간주된다. (경상북도)

(5) 신행 가는 신부는 바로 시가에 가지 않고 정방에 잠시 들렀다가 시가에 가서 시부모를 뵙는다. 그때 절을 올리고는 엿을 바친다. 말을 많이 하지 말라는 뜻이라고 한다. (경상북도 성주)

8)-ⓒ

(1) 신행 가는 신부 가마에는 호랑이 가죽 또는 호랑이 그림이 그려진 방석이 깔려 있다. (경상남도)

(2) 신부 가마는 '삽바'라고 일컬어지고 있는 무명천으로 앞 문 일부를 제외하고는 X자로 엮는다. 이 천은 후에 속옷을 만들어 입는 데 쓰인다. (경상북도 안동 토계)

(3) 신행 가는 신부 가마는 그 옆과 뒤와 위를 무명으로 X자로 묶는다. 이것을 '석바배'라고 일컫고 있다. (경상북도 안동 소금동)

(4) 신부 가마 위에는 애호피를 얹는다. (경상북도 영덕)

(5) 신부는 친정에서 가지고 온 물병의 물을 시가 마을 우물에 붓는다. (경상남도 하동)

(6) 주당살(혼사에 끼어든다는 살, 곧 나쁜 독 기운)이 낄까봐서 시가 집 문 앞에 짚불을 피우고 문 안으로 들어서는 가마에 콩을 뿌린다. 신랑이 가마 문을 열어주면 시가 식구들이 신부에게 감주를 마시게 한다. 가마에 깔았던 짚방석은 지붕 위에 얹는다. (경상북도 안동 토계)

(7) 신부는 도착하자말자 큰상을 받는다. 그리고는 시아버지 · 시어머님께 절을 올린다. 이때 예물도 바친다. 가까운 시가 친척들과 맞절을 주고받는다. (경상북도 안동 토계)

(8) 신부는 시가에 도착한 다음날 아침과 저녁에 시부모께 인사를 드리는데, 이를 '조석사관'(朝夕伺觀)'이라고 한다. 그것은 보통 사흘 동안 계속된다. 시가에 도착한 다음 삼 일이 지나서 비로소 신부는 친정에서 가져

온 양념으로 음식을 장만해서 시부모께 바친다. 그렇게 삼 일이 지나면 '회가'(回家)라는 이름으로 시가의 근친 집을 두루 찾아서 인사드린다. (경상북도 안동 토계)

(9) 시가 동리에 닿으면 사처 방에 들려서는 화장이나 옷차림을 고치고 난 다음, 시가의 '새 각시 방'에 든다. 들어갈 때, 소금이나 팥이 뿌려지고 신부는 바가지를 깨고는 들어선다. 시부모께 폐백을 드리고는 신랑과 둘이서 조상제사를 올린다. 그런 다음 그날 밤, 곧 초야에는 '수직을 한다' 면서 신랑 식구들이 문틈으로 엿보기를 한다. (충청북도)

(10) 신부는 일 년 뒤에 친정으로 근친을 간다. (충청북도)

(11) 신부는 신행 온 그 달 안에, 또는 3개월 만에 근친을 간다. (경상북도 안동 토계)

이것들은 어마어마한 변이의 무리다. 혼사는 인륜대사 중의 대사(大事)라고들 하는 말이 실감나게 느껴질 것이다.

3-1. 상징과 속신의 연쇄

앞의 두구동의 보기와 함께 이들 모든 변이들은 한국 전토에 걸쳐서 각 지방 언어의 차이만큼 혼례 절차에도 차이가 있다는 것을 보여주고 있거니와, 이들을 자료로 삼아서 이 글은 이하에서

첫째, 상징론과 속신/금기론을 추구하고

둘째, 혼례라는 퍼포먼스의 절차에 겹쳐서 혼례라는 내러티브의 줄거리(스토리 라인)를 이끌어내고자 시도할 것이다. 상징론은 특정한 구체적인 사물 또는 행위가 기호로서 갖는 의미를 추구하되,

'Sf(Signifier) ········· Sd(Signified) ········· Sm(Symbol)'

이들 삼자의 관계에서 세 번째의 관념적 · 추상적 의미 내용을 읽어내는 것을 주안점으로 삼게 된다.

Sd는 원칙적으로 Sf가 직접 지시하고 있는 구체적인 사물이거나 아니면 Sd가 갖는 이른바, 사전적 의미(lexical meaning)가 될 것임에 비해서 Sm은 Sf 단독으로 또는 Sf와 Sd가 상보해서 갖게 되는 추상적이거나 관념적인 의미이지만, 그것이 꼭 일부의 소견대로 관습적인 것이라고 한정시킬 수는 없다. 상당한 정도로 언어 사용자에 의해서 매겨질 자의적(恣意的)인 의미와 문맥에 따르는 의미를 함축하게도 된다. 전자를 '관습적인 Sm'이라고 한다면 후자는 '자의적인 Sm' 또는 '문맥의 Sm'이라고 일컬어도 좋을 것이다. 한국 전통 혼례의 각종 Sm들은 이 양자를 겸전하고 있다.

가령, 1)-ⓒ에서 보듯이 사주를 신랑 측에서 신부 측으로 보내되, 사주가 든 봉투를 대나무의 일부를 수직으로 잘라서 생긴 그 틈새에 껴서 보내는 지역이 있는가 하면 싸릿대 일부를 같은 방식으로 갈라서 난 틈새에 껴서 보내는 지역도 있다.

이 경우, 왜 하필 대나무라야 하는가? 아니면 왜 굳이 싸릿대라야 하는가? 하는 물음이 생기게 되고 그 답으로 무엇인가의 의미가 매겨져야 할 것이다. 대나무나 싸리나무는 각각 Sf 구실을 맡아 하되, 그것은 어떤 관념 체계와 맺어져 있을 것이다. 대나무는 이 경우 그 상징성이 복합적이다. 흔히 '송죽'(松竹)이 지조와 절개를 상징하지만 사주와 관련된 대나무에서도 물론 이를 전적으로 무시하기는 어려울 것이다. 하지만 그것만은 아닐 것 같다. 대나무의 푸른색에 기대어서 혼사 그 자체에 끼치게 될 활기 말고도 혼사에서 청색이 신랑을 상징하고 있다는 것도 묵과할 수는 없다. 그러나 싸릿대는 그 상징성을 풀어내기 쉽지 않을 것 같다. 그 무성한 생기 말고도 질기고 끈끈한, 그러면서도 탄력성이 강한 그 기운에 사주를 보내는 사람들이 기대를 걸고 있을 가능성이 헤아려지긴 하지만 이것은 잘라 말할 게 못될 것 같다.

한데, 혼례와 관련된 상징물은 모두 다 헤아려내기 어려울 정도로 가짓수가 지천이다. 그 종류며 숫자가 너무나도 많다. 혼례의 목적, 기능, 의미 그리고 그것에 거는 기대 등등이 이들에 얽혀 있다. 한데, 상징물 또는 상징들은 거의 예외 없이 이른바, '마나'(mana), 곧 마술적인 힘 또는 주력(呪力)이 그 안에 내재된 '마나 객체'이거나 '페티시'(fetisch)가 될 속성을 겸전하고 있다. 그래서 이들을 '마나 상징', 또는 '페티시 상징'이라고 부를 수 있을 것이다.

따라서 그것들은 대개가 좁게는 속칭, 징크스며 금기와 얽혀 있고 넓게는 속신(folk belief)과 맺어져 있다. 그래서 혼례는 금기/속신의 고리로 엮어지는 몫이, 또는 그것들의 연쇄로 이루어지고 또 진행되는 몫이 압도적으로 커져 있다. 절차마다, 행위마다 또는 물품마다, 마디마디 '마나 상징'과 속신/금기로 매듭지어져 있다. 뿐만 아니라 사람과 사물이 취하거나 놓일 방위며 자세와도 상관되어서 혼사 전체의 진행에 절대적인 영향력을 미치고 있다. 요컨대 혼사는 '마나 상징'과 금기/속신의 연쇄고 퍼포먼스고 또 내러티브다.

1)의 의혼(議婚) 이하, 8)의 신행(新行)에 이르는 혼사의 절차를 따라서 이들 상징물과 속신/금기를 열거하면 다음과 같다.

(1) 대나무, 싸릿대, 청실홍실, 청색 보와 홍색 보, 수수깡 세 가닥과 고추 세 개.

'함진아비는 신랑 친구 가운데 첫아들 낳은 사람으로 한다.'

'함진아비는 신부 집으로 가는 동안, 벙어리며 소경인 척한다.'

‘신부 집에 함을 넘길 때, 옥신각신한다.’

(2) 실, 고추, 서숙, 홀수, 동쪽

‘신랑 후행(後行)은 상객, 중방, 소동 등 세 부류로 이루어진다.’

‘정방은 신부 집으로 가는 중간 길목에 있어야 한다. 그런 지점에 알맞은 집이 없거나 신부 집 이웃에도 없으면, 신부 집 한쪽에 머물되, 신부가 있는 안방을 넘지 말아야 한다.’

‘상객과 별도로 후행이 신랑과 동행하되, 그 수는 반드시 홀수(기수[奇數])라야 한다.’

‘신랑은 초행길을 떠나가기 전에 동이에 물을 떠놓고 바가지치기를 하고 축수한다.’

‘신부 측 사람들이 신랑을 상대로 마상풍월을 한다.’

‘신랑 글씨 쓰는 솜씨를 시험한다.’

‘신랑은 동쪽으로 선다.’

(3) 숯검정, 먹물, 수수밥, 재, 등겨 가마니, 불 지른 짚단, 빛의 농담(濃淡)

‘함진아비는 얼굴에 숯검정이나 먹물을 칠하고는 짓궂게 군다.’

‘신랑에게 수수밥이나 재를 끼얹는다.’

‘신랑은 등겨 가마니를 밟고는 신부 집의 뜰 안으로 들어선다.’

‘신랑은 불 지른 짚단을 밟고 문 안으로 들어서서는 곡식 가마니를 발고 뜰 안으로 들어선 다.’

‘신랑은 대례상 앞에 꿇어앉아서 신부가 나오기를 기다린다.’

‘신랑이 신부를 기다리는 동안 신부 가족은 신랑의 얼굴, 인상 등을 두고 놀려댄다.’

‘옷감 색깔의 진함과 옅음으로 신부의 시집살이의 고됨과 편함을 예견

해본다.'

'신랑이 뜰에 들어서고 나서야 신부는 머리를 틀게 되기 때문에 신랑은 무척 오래 기다려야 한다.'

'신랑은 초례청에 신부가 나오기까지 합죽선으로 얼굴을 가리고 있어야 한다.'

(4) 동/서, 남/북, 팥/깨, 밤/대추, 쌀, 대나무, 치자나무, 사철나무, 수숫대, 용떡, 수탉/암탉, 나무오리, 청실홍실, 굵은 나무젓가락, 소뼈, 웃음, 얼굴 가림

'신랑 동쪽, 신부 서쪽.'

'신랑 꽃병에는 팥, 신부 꽃병에는 깨.'

'꽃병에는 대나무 · 치자나무 · 사철나무 등의 가지를 꽂는다.'

'대례상에는 용떡을 차려놓되, 용떡의 동쪽 머리에는 밤을, 서쪽 머리에는 대추를 꽂는다.'

'동쪽 촛대 아래에는 밤을, 서쪽 촛대 아래에는 대추와 깨를 뿌려놓는다.'

'동서로 수탉과 암탉을 놓고 청실홍실도 놓는다.'

'나무오리를 차려놓는다.'

'신랑 쪽에는 굵은 나무젓가락과 소뼈를 차려놓는다.'

'대례상에는 밤, 대추, 곶감, 포, 쌀, 청실홍실 감긴 수숫대 등이 차려진다.'

'신부가 나오기 직전에 신부 측에서는 신랑을 놀려대도 신랑은 끝내 근엄해야 한다.'

'신랑이 웃으면 첫딸을 낳는다.'

'신부는 두 손 들어서 얼굴 가리고 나타난다.'

'신부가 나타나면 신랑은 부채나 천으로 얼굴과 몸을 가린다.'

'신랑은 남향, 신부는 북향을 하고는 손을 씻는다.'

'신랑과 신부는 손을 물에 담가서는 세 번 튕긴다.'

'교배례 또는 합근례를 세 번 교환한다.'

'신랑은 재배, 신부는 사배(四拜) 한다.'

'신부가 다섯 번 절하면 신랑은 두 번 절한다.'

(5) 감주

'대례를 마치고 신랑신부는 딴 방에 든다.'

'신부에게 감주를 먹인다.'

(6) 가슴

'신랑이 신부 옷을 벗길 때, 신부의 가슴과 머리를 만지면 안 된다. 그러면 유종(乳腫)을 앓게 된다고 믿는다.'

(7) 수수께끼

'초야를 치르고 난 다음날, 신랑은 신부 집이 보이지 않는 먼 곳의 남의 집에서 하룻밤을 자고 그 다음날에 신부 집으로 돌아온다.'

'신부 측에서 신랑에게 수수께끼 문제를 내고 갖가지 어려운 물음을 던진다.'

(8) 3, 1, 흰 종이, 묶인 가마, 호랑이 그림 또는 껍질, 감주, 짚불, 콩, 짚방석, 바가지

'초야 다음날부터 신랑이 5~6일 간 신부 집에 머무는 동안, 사랑채의 장인 방에서 잠을 잔다.'

'동상례를 마치고 신랑은 신부를 처가에 둔 채로 혼자서 자기 집으로 돌아간다.'

‘3일 또는 3개월 묵혀서, 또는 한 해를 묵혀서 신행을 간다.’

‘신부는 부엌에 가서 솥뚜껑을 세 번 들썩거린다.’

‘신부 어머니는 신행 떠나는 딸에게 흰 종이를 몇 장을 주며 강을 건널 때, 서낭당 앞을 지날 때, 부정풀이나 액풀이를 하라고 말한다.’

‘신행을 가는 신부에게는 상객, 웃각시, 하님, 세 종류의 사람들이 동행한다.’

‘신행을 가는 중간에 신부도 정방에 머물렀다 간다.’

‘신부 가마는 X자로 묶는다.’

‘신행을 가는 신부의 가마의 자리에는 호랑이 방석이 깔린다. 가마 위에는 아기 호랑이 껍질이 얹히기도 한다.’

‘신부는 친정에서 들고 온 물병의 물을 시가 마을 우물에 붓는다.’

‘신부가 신랑 집에 들어서기 전에 집 앞에 짚불을 피운다.’

‘신부가 시가 문 안으로 들어서기 전, 신부 가마에 콩이 뿌려진다.’

‘신부가 시가에 들어서기 전에 소금이나 팥이 뿌려진다.’

‘신부는 바가지를 깨고는 문 안으로 든다.’

‘가마에서 내리는 신부에게 감주를 마시게 한다.’

‘도착한 다음, 가마에 깔았던 짚방석은 시가 지붕에 얹는다.’

‘신부는 3일 동안 아침저녁으로 시부모께 인사드린다.’

‘신부는 시가에 도착하고 3일 지난 다음에 친정에서 가지고 온 양념으로 음식을 만들어서 시부모께 바친다.’

3-2. 상징의 그물에 얽힌 혼사

위에 열거된 항목들 가운데는 ‘마나 상징’들과 속신 또는 금기(속신/금기)들이 포함되어 있다. 상징이 자그마치 47개 이상이고 속신/금기는 62개다. 한데 상징들 가운데는 그 자체로 금기의 대상이 되어 있는 것이 있는가 하면, 후자의 속신/ 금기들 가운데는 그 자체 속에 상징을 함유하고 있는 것들이 있어서 그 두 가지 항목들은 부분적으로는 서로 중첩되어 있기도 하는 셈이다.

그렇다면 상징이 47개 이상이 되듯이 속신/금기도 그 수효가 62개 이상으로 늘어날 것이다. 이런 계산은 결국 혼례가 상징의 연쇄로 엮어져 있는 한편, 속신/금기들로 줄줄이 엮여 있다는 것을 헤아리게 해주고 있다. 혼례는 '상징례'고 동시에 '속신/금기례'라고 일컬어도 과장이 아닐 정도다.

그 어느 것이나 예컨대, 상징이나 속신/금기나 모두가 혼례라는 퍼포먼스의 내러티브 속에서 거의 자격이나 기능이 같은 그래서 의미도 같은 공시적으로 또 은유법으로 패러다임의 커다란 묶음을 이루고 있음을 지적해도 좋을 것이다. 그와 동시에 그것들이 혼례라는 텍스트를 통시적으로 또 대유법(代喩法)으로 고리 짓는 신태그마를 조직하고 있다는 것도 지적할 수 있을 것이다. 요컨대, 어마어마하게 수효가 많은 상징과 속신/금기의 패러다임의 묶음이 존재하고 있으되, 그것들이 그때그때 주어진 문맥에 맞게 신대그미의 축에 따라 신댁직으로 배열되면서 혼례라는 퍼포먼스의 내러티브가 전개되는 셈이다.

이것은 상징과 속신/금기로 혼례가 주박(呪縛)당하고 있다고, 이를테면 신비스런 주술(呪術)에 꼼짝 없이 묶이듯 하고 있다고 해도 하등 과장이 아니란 것을 익히 말해주게 된다. 그것은 혼례가 얼마나 살얼음판을 걸어가듯이, 가시밭을 헤쳐 가듯이 조심스럽게 진행되는가에 대해서 말해주고 있기도 한 것이다. 삼갈 것 삼가고 지킬 것 지키고 피할 것 피하면서 엄정하고 또 엄밀하게 진행되는 인륜대사가, 그나마 최대 최고의 인륜대사가 다름 아닌 혼례고 혼사다.

상징들은 대체로 그 바탕에 갖가지 다양한 '양분법'(兩分法), 곧 듀얼리즘(dualism)을 깔고 있다. 이를테면 '길(吉)/흉(凶)', '풍(豊)/겸(歉)', '낙(樂)/고(苦)', '행(幸)/화(禍)' 등등의 서로 대조적인, 또는 대립적인 두 가지 징후의 짝을 통해서 상징들은 신랑신부 그리고 그 가족들에 의해서 풀이되고 받아들여지고 또 축수(祝手)되고 있다. 물론 민간에서 관습적으로 말하듯이 '잘 살고 못 사는 것', '얻고 잃는 것', '복 받고 못 받는 것', '부정 타고 안 타는 것' 등의 양분법도 이들 상징의 풀이에서는 절대적인 비중을 갖는다. 이것은 혼례가 당사자들에 의해서 인생행로의 새로운 전기라고 굳게 믿어지고 있는 것을 의미할 것이다.

말할 것도 없이 이들 몇 겹의 양분법은 적극적으로는 '좋게 받아들여질 것/좋게 받아들여지지 않는 것'으로 '징표화'(徵標化, marked)되는 한편 이와 짝지어서 소극적으로는 '흉하게 받아들여질 것/흉하게 받아들여지지 않는 것'으로 징표화되면서 기호론적인 체계를 이루게 된다.

한데 이들 여러 가지의 양분법은 따로따로 고립되어 있지는 않다.

길 ―――― 흉
풍 ―――― 겸
낙 ―――― 고
행 ―――― 화

1차적으로는 길/흉, 풍/겸, 낙/고, 행/화 등 네 가지에 걸쳐서, 상반되는 두 항이 맞물려 있음이 수평의 횡선(橫線)으로 각기 표시될 것이지만, 2차적으로는 길과 행과 낙과 행이 수직의 종선(縱線)으로 표시될 수 있다. 그러나 3차적으로는 가령, 길이 겸, 고, 화 등과 사선으로 얽히게 되는데,

이렇게 얽힌 사선은 나머지 낙과 풍과 행의 경우도 반대쪽의 항들 사이에서 그어져야 한다. 그렇게 모두 8항은 서로 얽히고 물리고 하는 것이다. 위에 보인 그림에다가 수직의 선과 빗금(사선)을 그려 넣는다면 그 서로 얽힘과 물림이 드러나게 될 것이다.

이들 사이에는 눈에 안 보이는 사선이 시사하고 있듯이 8항끼리 서로 얽히고설킨 관계가 성립되어 있다. 가령 길은 길대로 수직의 축에 자리하고 있는 나머지 셋과 함께 같은 패러다임의 묶음을 이루는 한편, 우측의 겸 · 고 · 화와는 서로 대조적인 징표를 가진 것으로서 연관을 짓고 있다. 결국 이들 여덟 항목은 전체로 거미집을 닮은 망(網)을 엮어내고 있다고 보아도 좋을 것이다. 혼사는 그 그물에 얽히고 매인 한 마리 곤충 같은 것일지도 모른다.

한데, 이들 각종 양분법 가운데서 특별히 따로 언급해야 할 게 있다. 그것은 3과 1이 이미 행운의 수 또는 정화된 수로 간주되어 있는 것을 발판으로 해서 제기될 양분법인데 이에서는 '기수/우수'의 짝이 따로 문제될 수 있다. 물론 이 경우, 우수는 불길 또는 부정으로 간주된 것이다. 따라서 혼사에서 신랑신부가 같은 행동을 되풀이하는 횟수, 신랑 집과 신부 집 사이에서 주고받는 물건의 개수 등등은 거의 절대적일 만큼 홀수여야 한다. 가령, 신랑 측에서 신부 측으로 보내는 사주가 적힌 백지도 다섯 번 접게 되어 있을 정도다.

그러나 같은 '길수'(吉數)라도 5, 7, 9 등에 비추어서 1과 3이 자주 문제되는 빈도가 높다는 것이 위의 보기들에서 드러난다. 그런 가운데서도 3이 압도적으로 우세하다. 반복이면 으레 3 반복이고, 뭣인가 복수면 으레 또 3이다.

한데 이치럼 홀수와 찍수의 듀얼리즘은 다음과 같은 몇 가지 층위에 걸쳐서 다른 종류의 양분론(듀얼리즘)과 공존하고 있다.

홀수		짝수
남		북
동		서
청		홍
앞(먼저)		뒤(나중)
남		여

이들 여섯 층위에 걸친 듀얼리즘에서 수직의 축을 따른 항목들은 그들대로 크게 보아서 동일한 패러다임에 속하고 있어서 서로 교환 또는 교체가 가능하다. 이것은 물론 수가 방위와 위치 그리고 성별과도 맺어져서 혼사의 전체 진행 또는 구조를 결정짓는 데에 힘을 끼치고 있다는 것을 말해줄 것이다.

이처럼 혼사에서 수(數)가 갖는 의미 또는 기능은 민간의 다른 속신에서도 곧잘 드러난다. 가령, 젖먹이의 사망률이 높았던 시절에 유아의 통과의례는 중요하다고 판단되는 고비마다 세 번에 걸쳐서 치러진 것인데, 이 '유아 통과의례'는 '첫 이레', '두 이레' 그리고 '세 이레'로 일컬어졌던 것이다. 그 세 번의 이레마다 고사를 올리면서 젖먹이가 부정 타지 말고 재앙당하지 말고 쑥쑥 잘 자라주기를 빌고 또 빈 것이다.

그 세 번에 걸친 위기가 무사히 넘겨지면, 그 뒤는 소위 '백일'이고 그리고는 '첫돌'이다. 이로써 유아 통과의례는 일단 마무리되거니와, 이 일련의 과정에서 두드러져 보이는 숫자는 1(첫), 3, 7이다. 이처럼 유아 통과의례에서 길수로 다루어진 기수는 그냥 그대로 혼례라는 성년식 또는 통과의례에서도 같은 구실을 도맡아낸 것이다.

이같이 홀수와 짝수의 듀얼리즘은 위에서 이미 지적된 바와 같이 방위로는 좌(左)와 동(東)과 짝을 이루고 또 순차(順次)로는 앞뒤와 짝을 이루고 민간의 시간론과 공간론에까지 영향을 미치게 되는 한편, 남녀 간의 성차별에도 관여하게 된다는 것을 특히 크게 부각시키고 싶다.

이들 다양한 상징 또는 상징물들 가운데서는 곡물과 식료(쌀 · 서숙 · 등겨 · 팥 · 콩 · 깨 · 밤 · 대추 · 고추 · 떡 · 수수 · 감주 · 소금 따위)를 비롯해서 실 · 젓가락 · 연장 등등의 생활필수품이 가장 크게 눈에 띈다. 그와 함께 가마니나 재나 먹물 따위, 집 안에서 자주 쓰이는 물건들이 보이고 있다. 그런가 하면, 동물(닭 · 오리)과 푸나무(솔 · 대 · 싸리 · 수수깡) 등이 보이고 있다. 또한 인간 표정과 몸짓, 인간 육체의 일부 등도 포함되어 있다. 이들 가운데 어느 것이든 한결같이 일상적인 것이고 세속적인 것들이다. 그 일부는 생활필수품이기도 한 것이 크게 눈에 띈다. 이런 일상적인 것을 상징화 또는 주물(呪物)화 함으로써 혼례는 그 모든 것들을 의례화(儀禮化, ritualization)하는 데 기대어서 의미 있는 것으로 기호화하고 있다고 말해도 무방할 것 같다.

이런 여러 부류의 상징들은 크게는 농경사회가 그것들의 콘텍스트(context)로 관여하고 있다는 것을 보여주면서 동시에 작게는 일상생활 그 자체며 그 주변 환경 및 그와 밀착되어 있는 생태환경이 역시 콘텍스트의 자리에 있다는 것을 일러주고 있다. 이것은 새삼 말할 필요도 없이 혼례가 새로운 살림살이의 시작이고 그 기틀이란 사실에서 유연(由緣)하고 있을 것이다. 신랑신부는 그것들을 새로운 관심으로 대하게 하면서, 그들 생활의 이법을 그것들과 연관 짓게 될 것이다. 그리하여 성인으로서의 새로운 사물관이며 인생관 그리고 세계관을 갖도록 이들 상징물은 유도하게 될 것이다. 이를테면 이들 상징물은 신랑과 신부의 살림살이에서 갖가지로 지표가 되면서 그들 인생행로의 행방을 결정짓게 될 것이다.

3-3. 속신/금기의 고리

이처럼 혼례에서 상징은 막중한 기능을 도맡아 있는 것이지만, 속신과 금기 또한 그에 못지않는 의미며 구실을 감당해내고 있다. 상징과 속신/금기가 다 같이 홀기만큼, 또는 '홀재비'나 '홀애비'만큼, 곧 홀기 부르는 사람만큼 혼례의 진행을 좌지우지 한다. 그러한 속신/금기들, 이를테면 위에서 62가지로 추출된 바 있는 것들 가운데서 특별히 그 의미가 강조될 만한 것을 다시금 골라내면 다음과 같다.

(1) 혼례식 전날 신랑 측에서는 신부 집으로 함을 보내는데, 함진아비는 신랑 친구 중에 서 첫아들 낳은 사람을 고른다.

(2) 신랑의 초행길에는 상객 이외에 후행이 동행하게 되는데 그 수는 홀수라야 한다.

(3) 초례청에서 신부가 나오기를 기다리는 동안, 신부 측에서 놀려도 신랑은 웃으면 안 된다. 웃으면, 그는 첫딸을 낳게 될 것이다

(4) 신랑이 초례청이 차려진 신부 집의 문을 들어설 때, 신부 측에서 불 붙여놓은 짚단을 넘어야 한다.

(5) 문을 들어선 신랑은 곡식 가마니 또는 왕겨 가마니를 밟고는 가마에서 내려선다. 가마를 타고 오지 않았을 경우는 그 흉내라도 내야 한다.

(6) 신랑 측에서 보내온 함을 받은 신부 아버지는 눈을 감고는 함 안의 옷감을 집어내는데, 그게 진한 색깔일 때는 신부의 시집살이가 고될 징조고, 그게 엷은 색깔일 때는 시집살이가 편할 징조다.

(7) 신랑은 초례청에서 신부가 나오기를 기다리는 사이에 합죽선으로 얼굴을 가리고 침묵을 지켜야 한다.

(8) 대례상에는 밤 · 곶감 · 대추 · 포 등이 차려지는데, 이 가운데는 꼭

쌍으로 차리는 게 있다.

(9) 신랑이 대례상 위에 놓은 나무오리를 신부 어머니는 안으로 가지고 들어가서 꼭 쌀독에 감춘다.

(10) 합근례(合巹禮)를 할 때, 신랑신부는 각기 술잔을 오른쪽으로 돌려서 상대방에게 건넨다.

(11) 교배례가 끝나면 신부 가족은 부부가 잘 살라는 뜻으로 신랑 옷 속에 오곡과 과일을 넣어준다.

(12) 교배례와 합근례가 끝나면 신부 어머니는 도우미가 던져주는 산 오리를 치마에 감싼다.

(13) 대례를 마친 뒤, 신랑신부는 서로 다른 방에 들어간다.

(14) 초야에 신랑이 신부 옷을 벗길 때, 신부 젖가슴을 만지면 신부는 유종(乳腫)을 앓게 된다고 믿는다.

(15) 초야에 신방에 '단물 상'을 들여놓는데, 그것으로 신랑신부는 의좋게 지내게 된다고 한다.

(16) 신방이 차려지면 신랑이 먼저 들어가서 신부를 맞되, 돌아서서 맞는다.

(17) 신방에 들어온 신부도 처음엔 돌아앉는다.

(18) 신방에서 초야를 치른 다음날 신랑은 신부 집이 보이지 않는 곳에 가서 자고 그 다음날 아침에 신부 집에 돌아온다.

(19) 신랑이 4~5일 신부 집에 머무는 동안 신랑은 사랑채의 장인 방에서 잔다.

(20) 신부의 묵은 신행은 1년 또는 3년이 지난 뒤에나 가게 된다.

(21) 신행을 떠나기 전 신부는 부엌에 가서 솥뚜껑을 세 번 들었다 놓았다를 반복한다.

(22) 신행을 가는 신부 가마 자리에는 호랑이 껍질을 깔거나 가마 지붕

에 아기 호랑이 가죽을 얹어놓는다.

(23) 신행을 가는 신부 가마는 흰 천으로 X자로 묶는다.

(24) 신부 가마가 시가에 다다르면 시가에서는 문 앞에 짚불을 피운다. 신부 가마가 문을 들어설 때, 콩을 흩뿌린다.

(25) 신부가 뜰에 들어서면 신랑이 가마 문을 열어서 신부를 맞이하되, 신부로 하여금 감주를 마시게 한다.

(26) 시가 마을에 도착한 신부는 큰 우물에 들려서 친정집에서 가지고 온 물병에 든 친정 마을의 우물의 물을 쏟아붓는다.

(27) 신부가 시가의 '새 각시 방'에 들어갈 때 소금이나 팥이 뿌려진다. 신부는 문 앞에 놓인 바가지를 밟아서 깨고는 방에 들어선다.

(28) 시가에 도착한 신부는 사흘을 지낸 다음에야 비로소 친정에서 가지고 온 양념으로 음식을 만들어서 시가 식구들에게 바친다.

모두 해서 28항목이지만 이것들이 기능하고 있지 않는 전통 혼례는 상상도 할 수 없다. 혼사가 전체적으로 상징에 얽혀 있듯이 속신/금기로도 제약을 당하고 있는 것을 거듭 확인하게 된다. 상징물을 일정한 자리에 놓고 일정한 상황에서 차리고 보이고 하는 한편으로 속신을 믿고 금기를 지키는 절차가 곧 혼사라고 말해도 괜찮을 정도다.

물론 상징과 속신/금기는 서로 맞물려서 혼사에 관여하고 있다. 가령, 신부의 가마가 신행 와서 시가에 도착하고는 대문을 들어설 때, 거기다 대고 콩을 흩뿌릴 때, 그것은 부정 물림이라서 속신을 따르는 게 될 것이지만, 이때 팥은 동지 팥죽을 집 안팎에 흩뿌릴 때의 그 팥과 다를 바 없이 붉은빛의 곡령(穀靈)의 주력(呪力)을 상징하게 된다. 이를테면 곡령의 마나요 페티시다.

따라서 위에 따로 문제 삼은 28항에 걸친 속신/금기에는 여섯 가지의 주술 원리 또는 원칙이 작용하고 있는 것은 당연하다.

ⓐ 유사 법칙의 주술: (8), (15), (25), (26)

ⓑ 인과 법칙의 주술: (1), (3), (22), (11)

ⓒ 부정 털기의 주술: (4), (24), (27)

ⓓ 신랑신부 역할의 주술: (3), (4), (5), (7), (13), (14), (16), (17), (18), (19), (20), (21), (23), (26), (28)

ⓔ 길운 택하기의 주술: (1), (2), (6), (8), (9), (10), (12)

ⓕ 점치기의 주술: (3), (6)

항목에 따라서는 두 가지의 주술에 관련된 것도 보이고 있지만, 이들 여섯 가지 주술 가운데 ⓓ항은 따로 설명이 필요할 것 같다. 이 ⓓ는 혼례가 극적으로 또 서사적으로 진행되는 동안, 신랑과 신부의 '극적 역할' 또는 '서사적 역할'을 보다 더 선명하게 대조적으로 돋보이게 하고 증폭시키고 하는 데 관여하고 있는, 매우 중요한 항목이다. 이것은 뒤에서 혼례의 서사적 진행을 다룰 때, 다시 한 번 더 크게 부각될 것이다.

4. 혼례라는 '서사적 퍼포먼스' 또는 '퍼포먼스적 서사'

전통 혼례는 위에서 보인 바와 같이 '마나 상징'과 속신/금기의 연쇄 또는 순열(順列)로 연행된다. 거기에서는 극적 역할을 맡은 악탕(actant)들이 서사, 곧 내러티브를 전개시키고 있다. 이를테면 혼례는 '퍼포먼스적인 내러티브'(performancial narrative)이자 동시에 '내러티브적인 퍼포먼스'(narrative performance)이다. 거기 스토리가 있는 것은 당연하다.

이 경우, 주목해야 할 대목이 있다. 그것은 혼사라는 '의례적인 극' 또는 '극적인 의례'의 뒤에는 대본 또는 시나리오가 있다는 사실이다. 시나리오는 두 가지로 형성되어 있다. 하나는 초례청에서 사회자 격인 '홀아비'가 부르는 홀기다. 대례와 소례의 절차는 이 홀기에 따라서 진행된다. 다른 또 하나의 시나리오는 전통이고 관례다.

이 대본은 오랜 관습이 지켜온 것이지만 그것이 현실화되는 것으로 우리는 혼례라는 퍼포먼스를 목격하게 된다. 이 경우 퍼포먼스의 개념은 언어학자 촘스키의 것에서 유추한 것인데 그 때문에 전통 혼례는 극적인 연행이라는 차원에 겹쳐서 또 다른 차원으로도 퍼포먼스가 되는 셈이다.

'퍼포먼스적인 내러티브'로서 연행되는 혼례가 갖고 있는 '메타 스토리', 곧 '기층(基層) 이야기'는 본질적으로 '찾음의 이야기', 곧 '퀘스트 스토리'(quest story)다. 주인공이 적대자나 훼방꾼을 무찌르고는 간난과 시련을 넘어서서는 마침내 무엇인가 소중한 객체, 곧 '찾음의 대상'(quest object)을 손에 넣게 되는 일련의 과정을 일러주고 있는 이야기다. 그런 면에서 혼사는 동화와 그 기층 구조를 함께하고 있다. 아니 혼사는 동화를 그 자체를 위한 '메타 스토리'로서 갖추고 있다고 말하는 것이 더 적절할 것 같다. 동화의 주인공은

(1) 어느 날 집을 나서서 길에 오른다.

(2) 험한 길은 난관으로 점철(點綴)된다.

(3) 방해꾼을 물리친다.

(4) 구원자 또는 보조자의 도움을 받는다.

(5) 마침내 적대자를 물리치고는 부잣집 또는 귀한 집 딸을 구해내고 장가든다.

크게 보아서 이처럼 다섯 개의 신태그마의 연쇄로 조직되어 있는 것이 곧 동화의 줄거리다. 가령, '지하 대적 이야기'라면 이를 증명하는 가장 전형적인 보기라고 보아도 좋을 것이다.

이 줄거리에는 주인공인 주체와 그가 마지막으로 얻게 되는 객체라는 듀얼리즘을 비롯해서 주체/적대자, 주체/훼방꾼, 주체/보조자의 듀얼리즘이 갖추어져 있다. 그러면서 주인공을 시켜서, 또는 요구해서 보내는 사람, 곧 파송자(派送者) 그리고 주인공이 구해온 객체를 받아들이는 사람, 곧 수납자(受納者)가 각기 주체와의 사이에서 듀얼리즘을 이루고 있다. 이런 몇 겹의 듀얼리즘은 그레이마스의 이 방면 이론이며 도식을 연상케 해줄 것이다.

한데, 위의 다섯 토막으로 엮어지는 동화의 줄거리는 그대로 혼사로 옮겨져 지적되어도 괜찮을 것이다. 동화는 혼사라는 내러티브의 메타 구조를 이루고 있는 셈이다. 뿐만 아니다. 동화에 등장해서 활약하고 있는 행위자들 사이의 몇 겹의 듀얼리즘 또한 혼사에서도 발견된다. 동화를 보다 더 길게 또 복잡하게 해서 전개하고 연행하는 퍼포먼스가 곧 혼사다.

(1) 신랑은 장가들기 위해서 초행길을 떠난다.

(2) 더러는 일부러 고개를 택하고, 일부러 돌아가는 먼 길을 택해서 가는 신랑에게 신부 측에서는 시련을 안기고 욕을 보이곤 한다.

(3) 신랑은 그 훼방꾼들을 물리친다.

(4) 신부 측에서는 부분적으로 신랑을 돕는다.

(5) 마침내 모든 어려움을 이기고 신랑은 신부를 얻어온다.

이런 혼사 줄거리의 5개 항목은 동화의 그것을 베끼다시피 하고 있다. 혼례와 동화는 동일한 메타 구조의 서로 다른 변이(version)다. 거시적 차원으로 본 혼사의 퍼포먼스의 서사는 동화의 서사와 차이가 없다. 동화 주인공이 시련과 모험 끝에 마침내 귀한 처녀를 얻듯이 신랑은 별의별 신고(辛苦)로 점철된 혼사를 치르고는 남의 집 귀한 딸을 얻게 된다.

하지만 혼례는 장편의 서사고 동화는 단편의 서사다. 이것은 미시적으로는 거시적인 차원의 상호 동질성을 까마득히 넘어선, 커다란 차이가 있음을 시사하고 있다. 동화가 직선의 단일 줄거리를 따라서 이야기되는 데 비해서 혼례라는 서사는 제법 복잡하게 얽힌 다원적인 복선을 따라서 그 줄거리가 이야기되고 있다. 혼례를 속속들이 이해하자고 드는 서사론(narratology)은 혼례라는 퍼포먼스의 서사가 다원적인 복선으로 그 줄거리가 엮어진다는 점에 각별히 유념해야 한다.

가령, 동화 주인공이 집을 나서서 목적지를 향해서 가는 길에는 난관과 신고(辛苦)가 기다리고 있다. 이 점은 신랑의 초행길에서도 마찬가지다. 신랑은 지역에 따라서는 가령, 고갯길과 평지길이 갈라지는 양 갈래 길목에 다다르면, 으레 고개 쪽으로 발길을 돌리게 되어 있다. 돌아서 우회하는 길과 질러가는 지름길, 이 둘 중에서 하나를 고를 때도 당연히 전자를 택해야 한다. 그만큼 초행길은 고통의 길이고 신고의 길이다. 이 대목까지는 동화 주인공의 초행길이나 신랑의 초행길이나 하등 다를 것 없다.

이 대목에서만 해도 '우회(迂廻)/지름길'이라는 듀얼리즘에서 택일하게 되어 있는 것이지만, 이 점은 '고갯길/평지길'의 듀얼리즘에서도 마찬가지다. 이처럼 일부러 힘들게 가는 쪽으로 길을 택하는 것은 매우 상징적이다. 이 같은 신랑의 초행길의 고난은 그가 바야흐로 치르게 될 혼례의 전체 과정을 두고 볼 때, 그것은 겨우 시작이고 예징(豫徵)에 불과한 것이다. 장차의 일에 관해서 미리 조금 일러주는 귀띔 같은 것에 불과하다.

그러나 혼례의 초행에는 이와는 또 다른 차원의 말썽거리가 신랑을 기다리고 있다. 신랑이 지켜야 할 금기는 매우 엄하다. 누가 말을 걸어와도 입을 열면 안 된다. 침묵으로 일관하게 될 신랑은 곁눈질을 하는 것도 금지되어 있다. 부채로 얼굴을 가리게도 되어 있다. 누구나 그 당사자가 되면 갑갑하고 힘겨울 것이다. 그래도 신랑이 된 자는 그 모든 걸 지켜야 한다.

이것은 세 가지 층위에 걸쳐서 그 의미작용을 하게 된다. 첫째는 '부정막이'의 의미를 갖는 것이지만 또 다른 두 가지의 의미가 이보다는 한층 더 긴요하다.

둘째는, 바야흐로 혼례가 치러지는 동안 내내 신랑이 자기를 방어(防禦)하는 수세(守勢)를 지키게 되어 있다는 것에 대한 예비 신호 같은 구실을 지적할 수 있다. 이것은 말할 것도 없이 혼사의 과정에서 신부 측이 공세(攻勢)를 가하는 공격자의 처지에 있다는 것과 짝을 을 이루게 된다.

신부 및 신부 측과 신랑 사이의 '공세/방어'의 양분 대립은 혼사의 전체 절차에서 그 서사적인 진행을 이끌고 나갈, 각종 양분 대립 가운데서도 가장 기층에서 작용하게 된다. 이 양분론은 신부 및 신부 측과 신랑이 혼사에서 갖게 될 기본적인 신분이며 신원에 관련되면서 그들의 처신, 처지 그리고 그들이 도맡아낼, 각종 극적 역할을 결정짓는 가장 결정적인 구실을 맡고 있다.

그러나 혼사가 치러지는 그 무대에서 신랑과 신부 및 신부 측은 또 다른 극적인 역할을 맡아내게 된다. 신랑은 신부라는 '잦음의 객체'를 쟁취해서 얻어가는 자임에 비해서 신부 측은 되도록 그 '빼앗김'을 늦추거나 아니면 어렵게 만들 처지를 취하게 된다. 최소한, 방해자가 되어서 신랑을 성가시게 만들 역할을 연출하게 된다.

이 대목에서 신부 및 신부 측과 신랑 사이에는 또 다른 양분론이 성립된다. '고수자(固守者)/쟁취자(爭取者)'의 짝이 바로 그것이다. 이렇게 해서 혼사라는 드라마 전체 진행에서 '신부 및 신부 측/신랑' 사이에는 다음과 같은 관계가 연출된다.

'공세/방어 : 고수/쟁취.' 이것은 '단원(單元) 양분론'이 둘 겹쳐서는 '복합(複合) 양분론'을 이루고 있음을 보여주고 있다. 이에서는 혼사의 세부의 단위들 사이의 어느 두 항목 끼리만의 양분론은 단원적인 것이라 지목되고 있는 한편으로 그 단원적인 양분론 가운데 어느 둘이 어울려서 또 다른 차원의 양분론을 이룩하고 있는 것이 다름 아닌, '복합적인 양분론'이라고 일컬어지고 있다.

'공세/방어(ⓐ) : 고수/쟁취(ⓑ)'의 복합 양분론에서는 일별해서 알 수 있듯이, ⓐ / ⓑ 사이에서는 상호 역전관계가 이룩되고 있다. 극적 역할의 상호 전환이 이룩되어 있는 것이다. ⓐ에서 지키고 막는 자가 ⓑ에서는 덤비고 시비 거는 자가 되어 있다. 그런가 하면 ⓐ에서는 덤비고 욕보이는 축이 거꾸로 ⓑ에서는 막고 가리고 하는 자로 뒤바뀌어져 있다. 이 같은 극적 역할의 상호 교체 또는 전환은 혼례라는 드라마의 '드라마투르기'(dramaturgie)를 형성하는 기본 문법이자 코드라고 해도 좋을 것이다. 이것을 한마디로 엎치락뒤치락 또는 뒤죽박죽이라고 하고 엇갈림이라고 못 부를 것은 없는데, 이것은 빅터 터너(Victor Turner)가 '의례적 뒤집힘'(Ritual Reversion)이라고 명명한 통과의례가 갖춘 기본적 징표의 하나다.[5]

신랑 초행길에서 연행되는 이 같은 의례적인 뒤집힘에는 또 다른 보기를 제시할 수 있다. 신랑은 부채로 얼굴을 가리고는 근엄하게 말을 타고 오는 것이 원칙인데 이에 호응하듯이 신부 측에서는 신랑에게 으레 정중하게 대접해야 할 것으로 기대된다. 한데도 신부 측 사람들은 거꾸로 시련과 고통을 안겨주는 한편으로는 이와 거꾸로 예상된 대로 정중하게 대접하기도 한다.

이래서 신랑의 초행길에는 또 다른 듀얼리즘이 말썽을 피운다. 신랑 초

---

5 cf, Victor Turner, *From Ritual to Theater*, New York, p. 35.

행길은 '박대(薄待)/후대(厚待)'의 듀얼리즘으로도 점철된다. 이에서는 양자택일이 일어나지 않는다. 그 듀얼리즘이 한 덩치가 되어서 신랑에게 달려든다. 모순의 갈등이 신랑을 기다리고 있는 것이다. 이 점에서는 동화 주인공의 초행길은 단순소박하다고 해야 한다.

이제 신랑이 얼굴을 가리고 침묵을 지키고 곁눈질함이 없이 초행길을 가는 것이 갖게 될 세 번째 의미작용에 화제를 옮길 차례다. 그것은 다름 아니라 신랑이 혼례 치르는 동안 시종일관 지켜내어야 하는 자세고 몸가짐이다. 엄숙과 근엄(謹嚴), 또는 점잖음은 전통 한국 사회에서 남성에게 요구한 최대한의 인격과 품성의 지표다. 혼례에 임하는 신랑에게 바로 그것이 강하게 요구된 것이다.

5. 뒤집고 뒤집히는 초행길

신랑의 초행길에서 드러나게 되는 듀얼리즘과 의례적 뒤집힘은 초행길 그 자체로 끝나지 않는다. 그 뒤에 계속될 혼사의 전 과정에서 그것은 문제되고 있다. 그것들이 잇따라 일어나고 계속되고 겹치고 하는 것으로 혼사라는 퍼포먼스의 서사가 이야기된다고 해도 지나친 말은 아니다.

가령, 신랑의 초행길이 신부 마을에 들어서고, 그래서 신부 집이 가까워지면 신랑이 일시 들리게 되어 있는 '중방' 또는 '정방'만 해도 그렇다. 겉으로는 신랑 일행이 잠시 쉬면서 요기를 하고 옷을 갈아입고 하는 것으로 중방 들기가 설명되어 있다. 하지만 그것만은 아니다. 숨겨진 의미며 기능이 있다.

이것도 제의적 뒤집힘이다. 계속 전진해서 신부 집에 다다르는 것이 예상되거나 기대되고 있는 터에 중단 또는 정지가 일어나 있다. 신부 측으로서는 신랑이 감히 멈춤 없이, 지체 없이 단숨에는 오지 말라는 것이다. 순조로운 전진이 있을 법한 대목에서 정지가 말썽을 피우고 있다. 여기서 정지는 신부 측의 무의식적인 기도라는 비중이 크다고 보인다. 그러기에 이 또한 멀쩡한 '제의적 뒤집힘'이다. 그러면서 거기에는 '계속 전진/일단 정지'의 듀얼리즘이 작용하고 있기도 한 것이다.

이런 경향은 초행이 마무리로 다가가는 과정에서 더 한층 격화된다. 무려 세 고비에 걸쳐서 점층법(漸層法)으로 심화되어나간다. 그야말로 갈수록 태산이다. 한 고개 넘고 나면 더 높은 재가 버티고 나서고 마침내는 태산준령이 신랑을 가로막는다.

첫째는 신랑 일행이 중방을 나서서 신부 집으로 향하는 길목에 우뚝 서 있는 고개 같은 것이다. 문경새재 같은 것이기도 하다. 신부 측에서는 신랑 일행이 중방을 나섰다는 전갈을 받고서야 비로소 초례청을 차리기 시작한다. 으레 멀쩡하게 차려지게 마련인 것이 초례상이다. 한데도 고의적인 지연으로 신랑을 기다리게 하자는 암수(暗數)가 거기에 작용하고 있다.

신랑의 초례청 입장이 즉각적인 영입으로 시행될 법한 데도 신부 측에서는 그걸 우종 지연시키자는 것이다. 활짝 열려 있어서 마땅한 문이 일부러 꽁꽁 자물쇠로 잠겨 있는 것이나 마찬가지 꼴이다. 따라서 여기에서도 '즉각적 영입/의도적 지연' 사이의 듀얼리즘이 인지될 수 있을 것이다. 그에 겹쳐서 신랑은 의례적 뒤집기의 수모를 당하고 있다.

뿐만 아니다. 첫째 고비는 더 계속된다. 중방을 나선 신랑은 신부 집에 닿는 중간 길목에서 신부 측 가족에 의해서 시험에 빠지게 된다. 선비다운 문재(文才) 또는 시재(詩才)를 알아본다는 구실로 신부 측 가족에 의해서 신랑에게 시제(詩題)가 주어지는데 막상 신랑이 시를 지어보이면 '이것도 시냐?' 하는 투의 비방을 받게 된다.

과거시험에 낙방하는 것이나 같은 꼴인데, 이 대목은 매우 큰 상징적 의미를 갖게 된다. 과거면 조선조 사회에서 명색이 선비 된 자의 지상의, 그리고 최종적인 삶의 지표다. 선비의 인생의 '퀘스트 스토리'는 이에서 대단원에 다다르게 된다. 조선조다운 '관료 지상주의'가 극에 달한 꼴인데 신랑은 이에서 소외되는 꼴을 당한다. '인생 낙방'을 상징적으로 당하는 셈이니 그건 여간한 인격 모독이 아니다. 신랑은 예우 받아 마땅한 계제에 그의 인생행로에서 겪을 가장 큰 치욕을 상징적으로 겪는 것이나 마찬가지다.

한데 엎친 데 덮친 격으로 흔들리는 가마 또는 출렁대는 말을 타고 있는 신랑에게 신부 측에서는 종이와 먹물 입힌 붓을 주고는 한 일(一) 자를 길게 쓰게 하거나, 아니면 지정된 한자를 바르게 쓰라고 요구한다. 물론 글은 비뚤대게 마련이고 그래서 신랑은 욕을 듣게 된다.

필묵(筆墨), 문필(文筆)!

어느 쪽이나 조선조 사회의 남성에게서 엄청 큰 비중을 가진 말이다. 그건 단순한 언어나 말로 그치지 않는다. 선비로서의 인생살이 그 자체에 대한 대유법이다. 그만큼 상징성도 크다. 인간 자질과 영예와 영달이 그 말들에 걸려 있다. 신랑은 그것들에 관해서 치명적인 상처를 입게 되는 것이나 마찬가지다. 정신적인 외상, 곧 트라우마를 평생토록 입게 되는 것이나 별로 다를 것 없다. 여기서 '환대/상처 입히기'의 듀얼리즘을 지적하기는 쉬운 일이고 그게 겹쳐서 신랑이 당한 '의례적 전락'(轉落) 또는 '제의적(祭儀的) 몰락'은 명백하다.

여기까지만 해도 '예우/시련', '환대/ 욕보이기'의 듀얼리즘이 겹겹으로 중첩되고 엄연하게 작용하고 있는 것을 알게 된다. 예우며 환대가 있어야 마땅한 데도 오히려 홀대(忽待)며 봉변 주기가 자행되기 때문이다. 물론 신랑을 상대로 의례적 뒤집기기 자행되고 있는 것도 더불어서 알게 될 수 있다. 이렇게 보았을 때 기대며 예상을 뒤집어엎는 행위 또는 현상이 초행길 내내 계속된다는 것을 알게 될 것이다.

하지만 이걸로 그치지 않고 있다. 둘째 고비는 더한층 심각하다. 드디어 신랑이 고행, 고행 끝에 신부 집이 바라보이는 골목에 들어서서, 그리고 신부 집 대문 앞에 간신히 그야말로 천신만고 끝에 이르렀을 때, 신랑의 고난은 또다시 상승곡선을 그리게 된다.

신부 측에서 호락호락 대문에 들어서는 것을 용납지 않는다. 심한 경우, 신랑을 곧장 대문 안에 넣어주지 않는다. 모처럼 귀한 손님을 대문 앞에 서서 한참을 기다리게 하는 동안 놀려대고 조롱하고 한다. 역시 정중한 마중이 기대되는 데도 거꾸로 봉변 주기가 자행되는 것이다. '정중한 마중/봉변 주기'의 듀얼리즘에 겹쳐서 신랑을 두고서 의례적 뒤집기가 거듭거듭 자행되고 있는 것이다.

뿐만 아니다. 세 번째 난소(難所) 앞에서 신랑은 시련을 겪어야 한다. 바야흐로 초행의 마지막 클라이맥스에서 신부 측에서는 대문 앞에 짚불을 피워놓고는 손님에게 그걸 건너가게 한다. 엎친 데 덮친 격으로 왕겨 가마를 넘어서서 대문에 들어서게 한다. 지역에 따라서는 뜰 안에 이미 들어선 신랑으로 하여금 비슷한 짓을 하게 한다.

이에서 신랑은 순조롭게 대문에 못 들어선다. 기다림을 견뎌내고 고난을 겪은 끝에 가까스로 들어선다. 이때 왕겨 가마는 곡식의 풍요와 겹쳐서 부의 상징일 수도 있을 것이지만 그렇게 호락호락하지만은 않다. 불룩한 큰 가마니는 장애물일 수 있으되, 그것도 태산에 견줄 수 있는 장애물이다. 짚불은 부정 쫓기에 겸해서 난관을 상징할 수 있을 것이다. 이 일련의 신부 측 소행이야말로 문자 그대로 '문전박대'다. 낯모를 초라한 과객이나 동냥아치이기나 하듯이 신부 측에서는 신랑을 문전박대하기를 서슴지 않는다. 그런 끝에 간신히 문이 열린다 해도 태산 고개 넘고 사나운 불길 건너듯이 힘겹게 대문을 들어서라고 신부 측에서는 신랑에게 우격다

짐하고 있는 셈이다. 이로써 가까스로 신랑의 초행은 끝나는 것이지만, 그 행로며 행보 자체가 다시 한 번 더 고개 넘고 재 넘어서 험한 길 가고 또 가는 동화 주인공을 연상하게 된다.

여기까지 순조로운 대문 들기가 예상되는 데도 현실은 그 반대다. 장애와 난관이 도사리고 있다. 이것 자체가 이미 '의례적 뒤집기'다. 역전의 연쇄, 뒤엎기의 사슬, 그것이야말로 신랑의 초행길이다. 신부 측에서는 신랑을 반기는 처지에 있고 섬겨야 하는 입장에 있는데도 일부러 그 처지를 비웃듯이 사사건건 반대다. 그런 끝에 신랑은 겨우겨우 대문을 들어서서 아직은 덜 차려진 초례청 앞에 선다. 이제 바야흐로 연극의 제1막이 내린 것이다. 하지만 제2막이 기다리고 있다.

여기까지에서 신랑의 처지가 뒤집히고 역전해서 생기는 듀얼리즘을 다시금 정리해볼까 한다.

'평지길/고개' '질러가는 길/돌아가는 길' '계속 진행/정지'	신랑이 자기 집을 나서서 중방에 오기까지
'정중/욕보이기' '후대/시련 안기기'	중방 나서서 신부 집 대문 앞에 오기까지
'영입(迎入)/막기' '마중하기/태산 넘고 위험 무릅쓰기'	대문 앞에서 대문 안까지

이 보기들 가운데서 일부 유사한 말들이 이미 시사하고 있듯이 이들 여러 항의 듀얼리즘은 필경, 이음동의어(異音同意語)이거나 아니면 필경 동류(同類) 항의 조금씩 다른 표현에 불과하다는 것을 쉽사리 볼 수 있을 것

이지만 이는 이들 듀얼리즘들이 같은 패러다임의 묶음임을 말해줄 것이다. 이 점은 계속될 논의에서 매우 중요한 구실을 맡아내게 될 것을 미리 강조해두고자 한다. 앞으로 더욱 구체적으로 다르게 될 것이기에 여기에서는 이 정도로 운을 떼는 데 그치고자 한다.

6. 혼례 그 자체의 의례적 뒤엎기

이상 여러 겹의 듀얼리즘에서 신부 측은 적극적이고 능동적인 역할을 맡는데 비해서 신랑은 소극적이고 피동적인 처지에 국축(跼縮)하고 있는 듯이 보인다. 가부장제 사회에서 장가를 가는 신랑이 이처럼 웅크린 자세를 취하고 있다는 것은 매우 큰 의미를 갖고 있을 것이다. 일상 사회에서 여성에 비해서 월등하게 우월한 처지에 있는 남성이 하필 혼례에서는 열등한 듯 보이는 처지에 유유낙낙하고 있다는 것은 무엇을 말하고 있는 걸까? 이것은 일단은 혼례라는 의례에 즈음해서 일시 또는 임시로, 제한적으로 그런 평소의 남녀 관계의 '시소게임'에 변화가 와 있음을 의미할 수 있을 것이다.

남	여
바깥	안
상	하
주동	피동

전통 한국 사회에서 이런 것이 일상 세계에서 지켜진 남녀 관계란 것은 새삼 말할 필요도 없는 일이다. 한데 혼사라는 서사적 드라마가 진행되는

그 무대에서는 이 관계가 무너진다. 앞에서 초행과 신랑 입장에서도 그러했지만 그 현상은 혼사의 가장 중핵 부분인 대례에서도 여전히 반복된다. 일상적인 남녀 관계 또는 규범적인 남녀 관계가 온전히 역전되기로는 대례에서도 다를 바 없다.

앞에서 다룬 초행 과정에 대해서 대례 이하를 고려하게 되면 혼사가 신부 집에서 진행되는 동안만은 문득 '가부장제(家父長制) 사회' 아닌 '가모장제(家母長制) 사회'가 현실화되어 있는 것같이 보인다. 물론 종국적으로는 신랑이 신부라는 '찾음의 객체'를 쟁취해서 전리품처럼 얻어가는 것은 부인할 수 없다. 그건 분명히 가부장제적인 승리고 결말이다. 하지만 거기까지 다다르도록 혼사가 진행되는 동안 내내, 신랑에게서 가부장제적인 권위며 위세를 찾기는 어렵다. 부분적으로는 찾는다고 해도 전체 동향에 비하면 그건 그야말로 새 발의 피다. 혼사에서 진행 과정의 세목마다에서 의례적 뒤집힘이 일어나기 전에 이미 신분이며 처신에서 의례적 역전이 벌어져 있는 것이다. 이 점을 전제하고서 초례와 대례가 치러지는 현장에서 다시금 또 신랑의 처지를 캐보기로 하겠다.

차려진 초례상에 먼저 가서 자리 잡고 서는 것은 신부 아닌 신랑이다. 신부 집에 초례상이 차려진 이상, 신부는 주인 쪽이고 신랑은 손님인 셈이나. 낭연히 주인이 먼저 나서서 뒤에 들어올 손님을 맞아야 할 것이다. 한데 그렇지 않다. 마중하는 것은 신랑이고 마중 받는 것은 신부다. 여기서도 역할이 뒤집혀져 있다. 말할 것도 없이 이것이 가장 큰 테두리의 '의례적 뒤집기'다.

한데 신랑의 친영례(親迎禮)가 여간 시간을 많이 잡아먹는 게 아니다. 신랑이 나무오리 바침의 절차를 끝내고는 초례상 앞에서 신부를 기다리는데, 신랑이 초례상 앞에 서 있다는 전갈이 안으로 들어가서야 비로소 신부는 머리를 틀기 시작한다. 미리 그러는 게 아니니까. 이건 짐짓 노려서 신랑을 오래 기다리게 하고 애먹이자는 속셈의 결과다.

이 지경이면 누가 찾아온 손님이고 누가 주인인지 구별하기 어렵다. 손님과 주인의 처지가 뒤바뀌어 있다. 이렇듯이 처지나 처신의 뒤집기에 겹쳐서 혼례의 단편적 절차 자체에서 의례적 뒤집기는 몇 대목에서 다음과 같이 여러 가지로 되풀이되고 있다. 그것들은 가령, 신랑 입장 이후의 혼사의 중핵인 대례에서만 골라보아도 다음 같은 보기를 지적할 수 있게 된다.

(1) 신랑 측 함진아비가 초례청에 들어설 때, 얼굴에 숯 검댕이나 먹물을 칠한 우스꽝스런 모습으로 등장해서는 갖가지 짓궂은 장난을 친다.

(2) 대례 과정의 일부로 교배례(交拜禮)가 끝나면 신부 측에서는 소뼈를 신랑 입에 밀어 넣으면서 먹으라고 하는 따위로 골린다.

(3) 친영례(親迎禮), 곧 초례상 앞에서 신랑이 신부를 맞이하기 위해서 기다리고 있는 사이에 신부 측에서는 신랑 흉을 보고 놀리곤 한다.

이것은 혼사가 인륜대사로서 전체에 걸쳐서 지켜내고 있는 엄숙하고 장중한, 주요 분위기를 깨고 있다. 파스(farce, 笑劇)나 난센스 코미디라고 해도 좋을 저질 코미디 같은 장면이나 행위들은 그래서, '반(反) 의례'적인 대목들로 구실하게 된다. '엄숙/장난', '장중/익살' 등의 듀얼리즘이 이에 가세하고 있음은 말할 나위도 없는 일이다. 엄숙함과 장중함에 익살과 농(弄)이 끼어드는 것을 대례에서는 두드러지게 강조해도 좋을 것이다.

그렇다고 해서 대례 전체가 일방적으로 뒤엎기를 하고 있는 것은 아니다. 가부장제적 질서가 엄연히 지켜지는 장면도 있기 때문이다. 가령, 신랑이 차지하는 자리가 신부의 서와 북에 비해서 동과 남이란 것, 신부의 사배(四拜) 하는 절에 신랑은 재배(再拜)로 답하는 것, 또는 신부 재배에 신랑이 단배(單拜)로 절을 받는 것, 신랑과 신부 사이에서 술잔이 서로 오고

갈 때 신랑의 것은 상 위로 신부의 것은 상 아래로 옮겨지게 되는 것 등은 역시 가부장제 사회답다.

그러나 다 같은 교배례, 교수례 그리고 합근례 등이 치러지는 사이에 신랑이 먼저 신부에게 읍을 하고는 잔을 드는 장면도 연출되면 가부장제는 이내 뒤집히고 만다. 하지만 그 같은 절하기와 읍(揖) 하기의 과정에서 드러나는 엎치락뒤치락도 또 다른 '의례적 뒤엎기'의 하나로 간주되어도 좋을 것이다.

7. 중첩되는 듀얼리즘

이런 현상이 대례로 끝나는 것은 아니다. 신랑의 초행과 초례청 입장이 혼사의 예비 단계고 소례며 대례가 본격 단계라면 대례 이후는 보완 단계다. 이 같은 혼사의 삼부 구조에서 보완 단계 역시 만만찮은 의례적 뒤엎기로 점철되어 있다.

(1) 대례 후 신랑과 신부는 별도의 방으로 들어가서 초야를 기다린다.

(2) 초야에 문구멍 뚫고 들여다보기가 사행된다.

(3) 초야를 맞이해서는 신랑이 먼저 방에 들어서 신부 오기를 기다린다.

(4) 신랑은 방으로 들어서는 신부를 등지고 앉아서 맞이하고 신부는 또 신부대로 돌아앉는다. 그런 다음 둘은 마주보고 앉는다.

(5) 초야를 마친 다음날, 신랑은 되도록 신부 집에서 먼 남의 집에 가서 밤을 보내고는 그 다음 아침에 처가에 돌아온다(재인행).

(6) 그 뒤 신랑이 며칠간 치가에 머물게 되면 그는 사랑채에서 장인 방에서 장인과 함께 잠잔다.

이것이야말로 갈수록 태산이다. 대례를 마쳤으면 이젠 합법적인 부부다. 한데도 서로 별실에 들게 한다. 뿐만 아니다. 초야마저 치렀으면 이젠 그야말로 일심동체인 데도 몇 날을 두고 딴 방에서 밤을 보내게 하고 있다. 표현이 좀 나쁘긴 하지만 남녀를 붙이고 떼고, 떼고 붙이고 하고 있다. 합일과 단절이 반복되고 있다.

'단절/합일' : '합일/단절'

이들 두 가지 서로 상반되는 두 가지의 듀얼리즘은 바로 그 떼고 붙이고, 붙이고 떼는 절차를 다르게 포착한 것이다. 합일하게 마련되어 있는 사람을 단절시키는가 하면, 이미 합일한 사람들을 서로 단절시키는 한편으로 일단 단절시키고는 마치 수리하거나 보완하듯이 합일시키기도 하는 엎치락뒤치락함이 대례 후에 반복되고 있다. 조금 속되게 말해도 좋다면 쇠붙이 그릇을 두 쪽으로 금을 내놓고는 애써서 땜질하는 것과 크게 다를 바 없는 절차가 대례를 마친 신랑에게 짐 지우는 것이다.

그래서 이것은 물론 혼사가 궁극적으로 남녀의 합일을 이끌어내는 전략으로서 시행되는 것이라고 보인다. 합일의 역설적인 강화를 위해서 단절이 요구된 것이라고 관찰될 수 있기 때문이다. 이것은 신랑이 혼사를 통해서 '신부의 쟁취자'로서, 이를테면 다투고 애써서 신부라는 객체를 구(求)해가거나 얻어가는 사람으로서 갖게 되는 그의 처지와 노력에 대한 도전이고 시련이기도 할 것이다.

가령, 신부가 신행을 갈 때, 말 탄 신랑이 앞장을 서고 가마에 탄 신부가 그 뒤를 따르게 되어 있는데, 이 경우, 신부의 가마는 널따란 굵은 천으로 X로 동여매어진다. 그건 누가 보아도 가마의 문을 노려서 결박하고 그래서 밀폐한 것이 된다.

물론 이것은 신부를 부정에 노정시키지 않기 위한 예방책이라고 읽혀질 수도 있다. 실제로 신행 도중 신부는 서낭당이나 그 돌무지 또는 장승

등의 곁을 지나칠 때는 간략하게 고사 들이고 액막이를 하게 되어 있다. 하지만 그렇다고 해서 부정물림이나 액막이만을 그 X자의 결박이 의미하고 말 것은 아니다.

그것은 신부가 신랑의 전리품(戰利品), 곧 싸워서 힘겹게 얻어낸 귀물이라서 엄중 경계를 강화해야 함을 의미하고도 있을 것이다. 이렇게 X자로 묶인 가마를 읽게 되면 신랑은 필경 신부의 쟁취자가 된다. 그 쟁취는 바로 쟁취인 만큼, 싸워서 얻어내는 것인 만큼 호락호락할 수는 없다. 손에 넣었다가 놓치고, 놓쳐서는 다시 되찾고 하는 것은 당연하다.

이처럼 '단절/합일' : '합일/단절'이 되풀이되는 것을 혼사 절차의 반어법, 곧 아이러니라고 한다면 그것은 대례 후에 국한된 것은 아니다. 그러나 그것이 대례 후에 더 한층 두드러지게 되는 것은 부인할 수 없다. 가령, 신방에서 신랑신부가 첫 대면을 할 때 치르는 '마주보기/뒤돌아 맞이하기'라는 또 다른 듀얼리즘이 이 대례 후에 크게 말썽을 일으키고 있다. 여기다가 또 동상례에서는 신부 측에서 잘들 보호하고 지켜줘야 할 신방을 어지럽히는, '보호/교란'의 듀얼리즘까지도 그 말썽을 돕고 있다. 의례적 뒤엎기나 교란이 초야 전후에서 더 한층 격화되어 있다는 인상을 받게 되어 있다. 혼례는 대사 중의 대사고 통과의례 중의 통과의례인 것에 비례해서 '제의적 교란'과 '제의적 전복'이 더 크게 말썽을 피게 되어 있는 셈이다.

이제 초행, 대례 그리고 대례 이후까지 삼 단계에 걸친 혼사 전체를 두고 말썽 많은 듀얼리즘을 한데 묶어서 제시하기로 하겠다. 그래야만 어떤 결론이 도출될 것이기 때문이다.

평지길/고갯길

지름길/둘러가는 길

정중하게 대하기/욕보이기

후대/시련 안기기

영입(迎入)/막기

마중하기/태산 넘기와 위험 겪기

가부장제/가모장제

바로 맞이하기/오래 기다리게 하기

대접하기/혼내기

엄숙/장난치기

장중/익살떨기

합일/단절

마주 보기/뒤돌아 앉기

보호/교란

일부가 아니라 상당한 정도로 유사 낱말들이 있긴 하지만 혼례의 각 국면에 걸쳐서 조금씩이나마 차이가 나는 것들을 되도록 많이 망라하기 위해서 굳이 부분적 중첩을 피하지 않고 고루 제시한 것이다. 전체로 14항목이 여기 나열되어 있는 것은 그 때문이다.

이들 14항목의 a/b의 듀얼리즘은 두 가지로 나뉜다. 첫째는 으레 a가 예상되거나 당연한 것인 데도 현실적으로는 그 반대인 b가 일어나고 있는 경우이고, 둘째는 서로 상반되는 a와 b가 연달아서 실제로 일어나고 있는 경우이다. 이 둘 가운데서 전자의 보기가 압도적으로 많지만 후자의 보기라고 해서 가볍게 다룰 수는 없다. '합일/단절'과 '마주 보기/뒤돌아 앉기'의 듀얼리즘이 가장 전형적인 보기가 될 테지만 다른 보기도 아주 없다고 말하기는 어렵다. 가령, 신랑의 초행길에서 신부 대반들이 길 안내는 깍듯이 하는 한편으로 신랑을 애먹이고 욕보이고 하는 것은 그 좋은 본보기다.

한데 이들 14항목의 듀얼리즘이 서로 유사하다는 것은 쉽게 눈에 들 것이다. 뭔가 긍정적이고 적극적인 것(a)이 있어 마땅하거나 일어나 마땅한 데도 실제로는 부정적이거나 소극적인 것(b)이 일어나 있다. 아니면 '합일/단절'과 '마주 보기/뒤돌아 앉기'의 두 가지 보기가 그렇듯이 a와 b가 동시에 또는 앞뒤로 일어나고 있다. 그러니까 전체적으로는 동류항(同類項)의 서로 조금씩 다른 변이라고 할 수 있을 것이다.

이것은 14개 항 전체가 통틀어서 같은 패러다임의 묶음임을 의미하게 될 것이다. 따라서 혼례는 이들 패러다임의 하나하나가 시간차를 두고서 통시적으로 배열되고 그에 따라 진행된다고 해도 괜찮을 것이다. 그러니까 혼례는 그 수다한 부분적인 절차에서 반어법 또는 모순어법으로 진행된다는 것을 알게 된다. 혼례는 결국 '모순어법의 의례' 또는 '반어법의 의례'라고 규정지을 수 있게 될 것이다.

한데 위에 열거된 패러다임들은 그 하나하나가 전체로 수직의 축을 따라서 중첩되면서 서로 공시적인 은유(隱喩)의 관계를 맺고 있는 것이지만 이들이 수평으로 통시적인 대유(代喩)의 연접(連接)으로 전환하게 되는 결과가 혼사라는 퍼포먼스의 내러티브가 된다. 동류항의 변이에 속할 것들, 이를테면 조금씩 다르나 궁극은 같은 것들이 시간의 격차를 두고, 이를테면 통시적(通時的)으로 앞뒤로 순차적으로 배열되면서 한국의 전통 혼례는 진행된 것이다. 요컨대 같은 종류의 모순어법 또는 반어법의 듀얼리즘의 수다한 반복, 그나마 모양새를, 또는 겉보기를 조금씩 달리하면서 진행된 반복이 다름 아닌 우리의 전통 혼례인 것이다.

이것은 야콥슨이 한 단위의 문장이 형성되는 원리로서 제시해 보인 이론을 연상시키기 족할 것이다. 그 이론이 문장만이 아니고 한 편의 소설이나 드라마에, 그리고 서사에 적용될 수 있는 것을 한국의 전통 혼례는 입증해 보이고 있다.

a/b

a′/b′

a″/b″

a‴/b‴

……

……

……

이렇게 수직으로 묶음을 이루고 있는 것이 옆으로 엮어져서

a/b, a′/b′, a″/b″, a‴/b‴ · · · · · · · ·

로 순접(順接)되면서 전통 혼례는 시행된 것이다. 겉으로 보기에 무척 다양하고 수다스럽고 변화 많은 게 혼례다. 하지만 그 기저에는 이런 '메타 구조' 또는 시나리오며 대본이 감추어져 있는 것이다. 이 메타의 눈부신 연출, 곧 퍼포먼스가 다름 아닌 혼례다.

결국 전통 혼례는 쉽게 말하면 비슷한 듀얼리즘끼리의 엎치락뒤치락함으로 엮어져 있는 셈이다. 달리 말하자면 '의례적 뒤엎기'의 하고많은 엎치락뒤치락이야말로 혼례라는 인륜대사다. 이것은 전통 혼례가 엄격한 형식의 통제를 받고 규식(規式)의 제약을 받는 예식(禮式)인 한편으로 요란법석을 떠는 놀이판, 굿판을 겸하고 있다는 것을 의미하게 될 것이다. 요컨대, 가문 단위의 그리고 마을 단위의 축제(feast, festival)나 카니발이기도 한 것이 우리의 전통 혼례다. 이것은 한국의 잔치판이 또는 마을 굿판

이나 놀이판이 공통으로 나누어 갖고 있는 속성이지만, 그 경향이 혼례에서 유달리 두드러져 나타나는 것이다. 그런 뜻으로도 혼사 잔치는 한국의 잔치의 왕자고 놀이판의 제왕이다.

한데 a/b의 서로 상반되는 두 항으로 이룩된 듀얼리즘에서 그 두 가지 항목이 서로 반목하면서도 서로 상보하고 있다는 것을 간과할 수는 없다. 가령 a항이 긍정적이고 적극적인 것이어서 일단은 '+'로 징표화되고 이에 비해서 b가 부정적이고 소극적인 것이어서 역시 일단은 '−' 로 징표화될 수 있는 것은 부정할 수 없다.

그러나 이 경우, a′/b′는 a′〈 b′로만, 곧 a와 b가 서로 상반되고 모순되는 것으로만 볼 수는 없다. 오히려 a′=b′로, 곧 a와 b가 서로 보충하고 보완하는 관계에 있다고도 보인다. 이야말로 한국 의례가 연행하여 보이는 모순등가(矛盾等價), 이를테면 양면 가치(ambivalence)의 가장 극적인 본보기 같은 것이다.

제2장
삼국시대의 혼례

1. 천여 년 지켜져온 혼사의 메타 구조

삼국시대와 그 이전의 부여 시대의 혼사에 관한 문헌 자료는 적은 편이 아니다. 예컨대, 부여의 해모수와 유화 부인 사이의 혼사에 관한, 『동국이상국집』(이규보)의 신화–전설은 한국의 혼례 전승으로서는 가장 오래된 것이라 해도 좋을 것이다. 그런가 하면 고구려의 실제 혼속에 관한 자료를 제공하고 있는 『위지동이전』의 민속지적인 기록도 남겨져 있다. 뿐만 아니라, 『삼국사기』에는 형이 죽은 경우, 그 동생이 바로 그 형수를 아내로 맞이하는 고구려 왕족 사이의 특이한 혼속에 관한 기록도 전해져 있다. 그런가 하면, 전설로는 고구려의 소위 '바보 온달'과 평강공주 사이의 혼례에 관한 것과 신라의 선화공주와 서동의 혼례에 관한 것이 전해져 있다. 이들 여러 문헌이나 기록들 가운데서 크게 보아서, '민속지'(民俗誌)에 들 것으로는 이처럼 혼사에 관한 것이 비교적 풍족하게 남겨져 있는 편이라고 해도 좋을 것이다. 한데,

(1) 『위지동이전』(魏誌東夷傳)이 전해주고 있는 실제로 시행된 고구려의 혼속[6]

(2) 『동국이상국집』(東國李相國集)에 실린 해모수와 유화 부인 사이의 혼례[7]

(3) 『삼국사기』(三國史記)의 두 편의 전설이 전해주고 있는 혼속. 예컨대 온달과 평강공주, 서동과 선화공주 사이의 두 혼속[8]

이들 셋은 서로 맞물리고 있다. 같은 메타 구조를 가진 서로 다른 변이라고 해도 무방할 만큼, 그 공통성이 크게 눈에 띈다.

그런 중에도 실제 혼사에 관한 보고나 신화며 전설이 서로 장르를 달리하면서도 동일한 스토리를 갖춘 '내러티브적인 퍼포먼스'와 '퍼포먼스적인 내러티브'라는 점을 먼저 지적할 수 있다. 그것은 『동이전』의 기록과 『삼국사기』의 고구려 왕가에 관한 기록은 퍼포먼스의 현장에 관한 진술인데 비해서 나머지는 모두 혼례라는 퍼포먼스를 스토리화해서 신화나 전설, 아니면 그 복합체로서 일러주고 있는 진술이라는 사실에서 유인(誘因)하고 있다. 이를 구체적으로 다르게 말하자면 동일한 종류의 '찾음의 이야기' 또는 '탐색의 이야기'(quest story)를 이들 혼속에 관한 여러 기록들은 공유하고 있다고 해도 좋을 것이다.

그 결과로 이들 혼속은 또는 혼례는 '장애물 경주 이야기'라는 속성도 나누어 갖고 있다. 이들 전승 속에서 신랑 후보자는 장애를 이기고 시련을 극복한 끝에 마치 그것에 대한 당연한 보상이듯이 신부를 얻어내고 있다. 신부는 탐색(探索)과 쟁취(爭取)의 대상이고 객체다. 따라서 신랑은 신

6 『위지동이전』, 고구려편.

7 이규보, 『동국이상국집』, 동명왕편.

8 『삼국사기』, 열전, 온달편 & 『삼국유사』, 서동.

부를 찾고 구(求)해서 얻는 주체가 되어 있다.

신랑	——————	신부
주체	——————	객체

라는 양분 체제 하에서 주체인 신랑은 장애자며 적대자와 맞서고 있는 한 편으로 구원자며 보조자와 어깨를 나란히 하고 있다.

적대자	——————	구원자
보조자	——————	훼방꾼

이렇게 네 악탕(actant)이 신랑의 혼사에 관여하고 있다. 이 점은 앞의 제1부에서 다룬 바 있는, 근대의 전통 혼례에서 신랑을 두고 제기된 몇 겹의 듀얼리즘과 다를 것 없다.

위에서 두 번째로 보이고 있는 도식에서 네 가지 기능 또는 행위는 모두 신부 측에서 맡고 있다. 서로 모순되는 두 가지의 이 중 역할을 신부 측에서는 맡아서 연출하게 되어 있는데, 이 때문에도 혼사는 '엎치락뒤치락거림의 의례'가 되고 만다. 이와는 대조적으로 신부 측의 그 같은 행위로 해서 맞상대가 되고 피해자가 되면서 구원받는 자의 구실까지 치러내는 것, 바로 그것이 신랑이 맡아내는 극적인 역할이다. 혼례라는 무대에서 신랑과 신부 측은 각기 그 같은 극적인 인물 역할을 도맡아내고 있다.

혼례에서 이처럼 뺏거나 얻어가려 하는 주역이 있는가 하면 이를 막으면서도 돕는 조역이 있기로는 상고대며 고대에서, 그리고 근대에서나 별로 다를 게 없다. 혼례는 이렇듯이 보수성이 강하다. 적어도 천여 년 이상

전통이 지켜져온 것이다. 그러던 것이 우리들 시대에 와서 변화가 비로소 일어났다. 서로 못 알아볼 만큼 사뭇 달라져버렸다.

2. 사실혼과 합법혼의 중혼제(重婚制)

그래서 이제 우리들은 남의 나라의 민속지를 다루듯이 상고대와 삼국시대를 되돌아보게 된다. 그런 터에 우선 서동과 선화공주, 그리고 온달과 평강공주 사이의 혼사로 먼저 되돌아가기로 할까 한다.

선화공주/서동	평강공주/ 온달
(1) 거리의 노래가 혼조(婚兆)를 보인다.	왕이 울보 공주를 바보 온달에게 시집 보낸다는 혼조가 주어진다.
(2) 여남의 신분 차가 매우 심하다.	여남의 신분 차가 매우 크다.
(3) 딸은 혼인에 반대한 부모에게서 쫓겨나서 신랑 후보자에게로 간다.	딸은 혼인을 못마땅하게 여긴 부모를 떠나서 신랑 후보자에게로 간다.
(4) 신랑 후보자는 금을 캐어서는 하룻밤 새에 처가로 보낸다.	신랑 후보자는 무술 대회에서 출중한 성적을 올린다.
(5) 처가에서는 서동을 자격 있는 인물로서 정식으로 사위로 수용한다.	처가에서는 온달을 자질을 갖춘 사위로서 받아들인다.

이 표가 보여주고 있듯이 선화공주/서동과 평강공주/온달의 혼사에 관한 전설은 서로 너무나 닮아 있다. 다섯 가지 모티브가 서로 교체된다고 해도 하등 차질이 빚어지진 않을 것이다. 이것은 이들 전설의 바닥에 고구려와 신라의 차이를 넘어선 공통의 혼사 제도가 엄연히 존재하고 있었음에 대해서 말해줄 것이다.

한데, 두 혼사는 똑같이 이른바, '중혼제'(重婚制)에 의거한 혼사다. 혼사를 각기 그 자체로 독립성이 갖추어진 두 단계를 따라서 치르게 되는 것이 중혼제다. 두 번 장가가고 두 번 시집가는 셈이지만 그 번거로움의 부담은 신랑 측에서 압도적으로 더 무겁고 더 크게 짐지게 되어 있다.

삼국시대며 그 이전 시대에는 중혼제와 나란히 중장제(重葬制)가 시행되고 있었다. 장례식도 두 번 연거푸 시행된 것이다. 혼례나 장례나 둘 다 한 사람의 인생 역정에서 가장 중요한 통과의례라는 것을 생각한다면 그 둘이 똑같이 '중복(重複) 의례'였다는 것은 우연한 일이라고만 볼 수는 없을 것 같다. 어느 쪽이나 의례며 의식의 긴요함과 막중함을 감당하기 위해서 중복 행사를 치른 것이라고 생각된다.

가령, 탈해왕은 중장제의 본보기를 남기고 있다.[9] 그는 죽어서 일단 지하에 묻힌다. 하지만 훗날 스스로 자신의 뼈만 따로 섬겨서 모시라는 명을 신하의 꿈에서 하게 된다. 신라 조정에서는 그 돌아가신 이의 유언에 따라서 시신에서 뼈를 골라서는 석상(石像) 아닌 골상(骨像)을 빚어서는 토함산에 모신 것으로 되어 있다.[10]

이것은 우리의 고대의 북방 사회에서 시행된 중장제나 극히 최근까지도 섬에서 지켜진 중장제와 매우 닮았다. 이들 두 가지의 중장제에서는 사람이 죽으면 일단 시신을 움집 같은 데에 두거나 아니면 외딴 곳에 비바람 맞게 노출시킨 채로 두게 된다. 그러다가 적절한 시일이 지나고 살점이 다 삭고 난 다음에 뼈만 간추려서 무덤에 안장한 것이다. 그것은 장례가 육장(肉葬)과 골장(骨葬)의 두 단계를 밟아 시행된 것에 대해서 일러주고 있다.

이럴 경우, 같은 죽은 이의 시신이라 해도 살과 뼈는 전혀 다른 기호가

9 『삼국유사』, 탈해왕편.

10 『삼국유사』, 동상.

되고 만다. 살과 뼈는 대칭적인 의미를 갖게 된다. 살은 삭아서 없어지는 것이라서 일시적인 것이다. 누군가의 사후에 그것은 부패해서 참혹한 모습을 드러내고 만다. 이에 비해서 백골은 영존(永存)하는 것일뿐더러 영혼의 둥지가 된다고 믿어졌다. 그래서 그것은 따로 보존하고 섬김을 받는 대상이 된 것이다. 탈해왕의 골상이 이에 대해서 증언해주고 있다.

중장제가 시행된 시대에서나 공동체에서는 중혼제가 병행되어 있었다고 보아도 큰 잘못은 없을 것 같다. 중혼제는 삼국시대와 그 이전 시대에서는 일단 사실혼과 합법혼으로 양분된다. 이 시대에는 위의 표에서는 (1), (2), (3)까지가 보여주는 '사실혼'(事實婚)을 먼저 치르게 되어 있었던 것으로 추정된다. 그런 다음, 위의 표의 (4), (5)가 보여주고 있는 '합법혼'(合法婚)을 올리게 되어 있었던 것 같다. 이같이 중혼제가 실제로 시행된 것으로 추리된 것은 서동과 온달의 혼사 전설에서 미루어서 이룩된 것이다. 고구려와 신라에 위에서 적시된 바와 같은 혼제(婚制)가 실제로 시행되었다는 자료나 근거는 어떤 문헌에도 남겨져 있지 않다.

선화공주와 서동, 그리고 평강공주와 온달, 이들 두 쌍의 남녀는 신부 측의 양해 없이 우선 실질적으로 맺어진다. 한데 이에는 신부 측에서 반대하거나 싫어하고 있다. 바보에게 고구려 왕가의 사위가 될 자격이 있을 까닭이 없고 산에서 마나 캐다가 장사하는 처지의 사내에게 신라의 왕가가 호락호락 허혼(許婚)할 까닭도 없을 것이다. 어느 수준으로는 신분 사회의 정도가 심각했을 왕조 사회에서 그 허혼은 상상도 못할 일이다. 제도나 사회 관습상, 있을 수 없는 일이다. 그야말로 파격적인 사건이다.

그러니까, 신부 측의 반대나 혐오는 지극히 당연한 것이란 점에 특별히 유념하고 싶다. 신부 측에서는 당연히 반대할 것을 반대하고 있다. 그러나 여기서 어떤 기정을 하게 된다. 그것은 주어진 사회가 지키고 있는 혼제상, 신부 측은 으레 반대하는 처지에 서게끔 제도상으로 규정되어 있을 수도 있다는 가정을 해보는 일이다.

고구려의 왕가에서나 신라의 왕가에서나 바보며 마 장사를 하는 행상인을 사위로 삼는다는 것은 현실적으로 절대로 불가능한 일이다. 현실적으로 불가한 일일뿐더러 금기라고 해야 할 것이다. 그러나 불가한 일이 기적적으로 이루어져 있다. 반 현실이 실제로 현실이 되어 있다. 바로 이 때문에, 그 같은 막심한 신분이며 계층의 극단적인 차이는 허구(虛構)로 간주하고 싶은 것이다.

말하자면, 고구려나 신라의 상류 사회에서 사위의 후보자를 그의 실질적인 처지나 자질은 무시하고 바보나 미천한 신분의 사나이로 간주하는 것이 혼사 제도 또는 그 관습으로서 지켜지거나 시행된 것이라고 보고자 하는 것이다. 이를테면 신부 측은 그 사회적 신분이며 지체가 상위에 있는 것으로 징표 지어진데 반해 신랑은 하위에 처해 있는 것으로 징표 지어지는 관례가 고구려나 신라의 상류 사회의 혼속에서는 지켜지고 있었던 것으로 가정해보는 셈이다.

그것은 일단 신부 측에서는 혼사를 훼방하거나 반대하는 노릇을 맡아하게 혼사 제도가 보장하고 있었으리라는 추정까지도 낳게 할 것이다. 그로써 신랑신부의 짝과 신부 측 사이에 갈등이 빚어지게 혼사 제도가 유도하고 있었다고도 추정코자 하는 것이다. 그러니까 이런 추정은 실질적으로 남녀가 신랑신부로서 맺어지는 사실혼을 신부 측에서 용납할 수 없는 것으로 반대하게 되는 것이 혼제상으로 불가피한 제도의 일부였다고 보게 되는 것이다.

이런 신부 측에 의한 신랑의 하대(下待)나 박대가 근세의 혼사에서 구체적으로 어떻게 치러졌는가를 우리들은 이미 앞의 제1장에서 익히 보아왔다. 신랑을 신부 측에서 놀려대고 욕보이고 하는 것이 그렇고 동상례에서 매질당하면서 혼쭐이 나는 것 또한 그렇다.

한데, 그것은 결혼식 절차의 일부였던 것이다. 이런 근세의 혼사에서 신부 측이 신랑을 하대하거나 박대한 것이 극적으로 과장되면 바보 신랑이며 거리의 하찮은 행상꾼 신랑이 등장하게 될 것이다. 그러니까 온달과 서동의 열등성의 자취는 근세의 모든 신랑들에게 남겨져 있는 셈이 된다. 극히 최근까지도 이 땅의 신랑들은 온달이었고 서동이었던 셈이다.

그래서 합법혼은 신랑으로 하여금 무자격자의 처지를 벗어나게 해야 했던 것이다. 그가 본시 갖추고 있는 바람직한 자질이며 처지가 드러나서, 신부 측에서 능히 받아들임직한 유자격자로 인정받는 절차가 합법혼에는 필수적이었다. 이 경우, 합법혼은 신부 측에서 신랑을 받아들여서는 합당한 혼사라고 인정해주는 것을 의미한다. 불법의 혼사가 합법의 혼사로 180도 역전하게 되는 것이다. 한데 이에서 합법혼을 인정해주는 주동자가 신랑 측이 아닌 신부 측이란 점에 각별히 유념해야 할 것이다.

신부 측에서 허혼(許婚)을 얻어내기 위해서 온달이나 서동은 무엇인가 남다른 능력을 과시해야 했다. 온달은 고구려 왕조의 연중 정식 행사인 무예(武藝) 대회에 참가해서는 그야말로 기마술(騎馬術)과 활쏘기며 창 쓰기에 발군의 성적을 낸다.[11] 이에 비해서 서동은 대량의 황금을 캐서는 불과 하루 새에 장인이 될 신라의 왕에게 보내는 기적 같은 일을 연출한다.[12] 한 사람은 무력으로, 다른 한 사람은 금력으로 그의 신분이며 처지를 과시한 것이다.

그로써 한 사람은 바보의 탈을 벗고 다른 한 사람은 가난한 행상의 허울을 벗고 있다. 바보니 장사니 하는 것은 그럴듯한 본바탕이 증명되기까지의 구실에 불과했던 것이다. 말하자면 가면(假面)에 불과했던 것이다.

11 『삼국사기』, 열전, 온달편.

12 『삼국유사』 서동요편.

가면이 씌워진 신랑은 그것에 어울릴 연기를 해야 했던 것이다. 바보와 가난한 행상은 주어진 극적인 역할이었던 셈이다.

운수 대통한 갑작스런 성공담은 인간 누구나의 꿈일 수 있다. 그것이 혼사담(婚事談)에, 그리고 실제 혼사에 가장 극적으로 반영되어 있는 것이다. 성공 이야기는 당연히 난관이나 장애를 이기고는 무엇인가 귀한 객체를 손에 넣는 것으로, 이를테면 극복과 획득 또는 쟁취(爭取)로 마무리지게 되어 있거니와 온달과 서동의 혼사담은 그 전형을 보여주고 있다. 혼사는 신랑의 성공담이다.

이 때문에 신부 측에서는 신랑에게 시련과 고난을 안겨주는 극적인 역할을 맡아낸 것이다. 방해자고 적대자이기도 한 역할을 감당해낸 것이다. 그래서 사실혼에서 합법혼에 이르는 과정에서는 다음과 같이 세 겹의 듀얼리즘이 작용하였다.

사실혼	합법혼
무자격자의 신랑	유자격의 신랑
수모와 시련	극복

이로써 두 사람의 예비 신랑은 무자격자의 탈을 벗고는 정식으로 사위가 됨을 인정받게 된다. 불법의 사실혼이 그 흉한 허물을 벗고는 합법적인 혼사로서 신부 측에 의해서 받아들여진 것이지만 이 경우, 합법이냐 불법이냐를 판단하고 결정짓고 하는 데 있어서 시종일관 신부 측에서 일방적으로 주도권을 쥐고 또 행사한다는 것에 특히 주목하고 싶다.

3. 혼사의 신화

한데 거의 같은 일을 해모수가 겪고 있다. 그는 적어도 부여의 왕이다. 한데도 온달이나 서동 같은 시련을 혼사 치르는 과정에서 당해내고 있다. 이때, 해모수가 왕이라는 것과 서동이 전설로는 백제의 무왕이기도 했다는 사실 사이에 매우 큰 근사치가 끼어 있다는 점에 유념하고 싶다. 그것은 해모수가 혼사가 진행되는 과정에서 그나마 사실혼을 합법화하는 과정에서 시련을 겪고 있는 것이나 서동이라는 왕자가 같은 고난을 당하고 있는 것이나 별로 다를 것이 없다는 점에 유념하게 되는 것이나 마찬가지다.

이규보의 『동국이상국집』에 기록된 신화-전설 복합에 의하면 하늘의 신이기도 한, 해모수는 하백, 곧 강물의 신의 따님인 유화를 강제로 유괴하다시피 해서 일단 신랑신부가 된다. 이것이야말로 혼례에 의한 이들 남녀의 결연이 '천/지의 결합'이자 '천(天)/수(水)의 맺어짐'이란 것에 대해서 증언하고 있다. 적어도 왕의 혼사는 우주적인 함축성을 갖추게 되는 것이다. 이 점은 신라의 혁거세와 알영 왕비 사이에서, 또 가야의 수로왕과 허비 사이에서도 확인될 수 있다.

남	——	여
하늘	——	땅
하늘	——	물

이 같은 양분론의 매듭이 그려내어질 수 있다.

한데 해모수는 유화를 약취(掠取)하다시피 해서 일단 서로 짝을 이룬다. 웅심연이라는 연못가에서 물놀이를 하고 있던 유화를 낚아채다시피 한다. 그 현장을 두고 신화가 묘사한 대로라면 요즘 우리는 성폭력이라는 말을 하게 될 것이다. 한때 극히 일부 인류학자가 학술용어로 쓴 적이 있는 '약탈혼'(掠奪婚)이란 딱지가 붙기 알맞은 현장은, 어두운 심야에 남의 집 담장을 넘어서 생과부를 업어 와서는 아내로 삼던, 극히 일부 제한된 민속을 연상시키기도 할 것이다. 이건 자격 미달이나 신분의 천박을 구실로 불법이 된, 앞에서 본 온달이나 서동의 사실혼과는 비교도 안 될 만큼 극단적인 불법혼이다. 남의 집 처녀를 약취하는 것은 여간 질 나쁜 불법이 아니다. 아니 그건 범법행위다.

그래서 해모수는 장차 장인이 될, 하백의 노여움을 크게 산다. 그는 그의 신부와 함께 수궁(水宮)의 처가로 찾아간다. 장인이 될 물의 신은 다짜고짜로 사위 후보자에게 '네가 누구냐, 어떤 자냐?' 하는 식으로 따지고 든다. 장차 장인이 될 당사자는 상대방이 왕이니 뭐니 하는 고귀한 신분의 주인공이라는 사실은 전혀 안중에 없는 것처럼 행동하고 또 발언하고 있다. 힐난하고 모독하고 있다. 신분 증명을 하라는 하백의 강압적인 요구에 대해서 신랑 후보자는 순순히 응한다. 해모수는 자신이 천신의 핏줄을 타고난 사람임을 말하게 되는데, 상대는 그대로 받아들이지 않는다. 증거를 보이라고 윽박지른다.

그래서 다른 사람도 아니고 바야흐로 장인이 될 사람과 사위가 될 사람, 그 둘은 사생결단으로 결투를 하고 나선다. 서로 누가 이기는가를 걸고서 둔갑(변신술) 내기를 하게 된다. 하백이 먼저 물고기로 변신하자 해모수는 수달이 되어서 뒤쫓는다. 견디다 못한 하백이 사슴이 되어서 육지로 뛰어오르자, 해모수는 늑대가 되어서 뒤쫓는다. 더더욱 난경(難境)에 빠진 하백이 새가 되어서 하늘로 날아오르자 해모수는 수리로 변해서는 달려든다.[13]

13 이규보, 전계서, 고구려편.

드디어 하백은 스스로 패배를 시인하고 자신을 이긴 젊은 사내를 정식으로 사위로 삼겠노라고 한다. 그 결과 처가에서 혼사가 또 한 번 치러지고 드디어 해모수는 합법혼을 누리게 된다.

홍길동의 묘기이기도 했던 변신술은 동북아시아–시베리아 지역의 샤머니즘에서는 샤먼이 갖추고 있어야 하는 초능력으로 인식되고 있다. 우리의 바리데기 신화가 보여주고 있는 것 같은 '영혼의 우주여행'과 짝지어서 변신술은 샤먼의 권능이자 특권이다. 한데 그 우주여행에서는 샤먼은 필요에 따라서 수시로 변신해야 한다. 큰 강을 만나면 오리로 둔갑하고 산길을 가게 되면 사슴으로 몸을 바꾸는 것이다. 우주여행과 변신술은 별개가 아니다. 그건 동시에 발휘되는 사면의 위대한 권능이다.

한국 신화에서는 탈해와 수로왕이 왕권을 놓고서 둔갑내기를 벌이는 장면이 『삼국유사』에 묘사되어 있다. 왕의 권능으로써 둔갑술이 치부(置簿)되어 있다고 보이는데 이것은 동시에 해모수와 탈해와 수로왕이 이른바, '샤먼 킹'(shaman king), 이를테면 무당 왕 또는 무왕(巫王)이었을 가능성을 시사하게 된다. 이런 신화의 맥락과 서동과 온달의 혼사 전설의 맥락 사이에는 커다란 공통점이 있다. 뿐만 아니다. 우주여행을 행하는 능력을 가진 것으로 표현되어 있는 동명왕, 그리고 혁거세 또한 탈해며 수로왕 또는 해모수와 다를 바 없는 샤먼 킹이었다고 추정된다. '무당 왕권' 또는 '샤먼 킹십'(shaman kingship)은 한국 상고대 왕권의 특색이었다고 보인다. 그러니까 하백과 해모수 사이의 둔갑내기 경합은 어느 특정한 무당과 무왕 사이에서 벌어진 것이라고 보인다. 탈해와 수로왕 사이의 둔갑술 경합에 견주어져도 괜찮을 것이다. 이 같은 신랑 후보자와 장차의 장인 사이에서 벌어진 경합과 타협을 감안하면서 해모수의 혼사를 개관하면 다음과 같다.

(1) 남녀 당사자끼리의 합일이 신랑 후보자의 자질 미달, 신분의 미천 또는 정체불명 등을 구실로 신부 측에 의해서 일단 부당한 것 또는 못마땅한 것으로 취급받는다.

(2) 그래서 사실혼이 불법인 것으로 낙인찍히고 만다.

(3) 신랑 후보자가 훌륭한 자질을 갖추거나 처지를 누리고 있는 것이 증명되면서 비로소 혼사가 정당하고 합법적인 것으로 인정받게 된다.

한데 이 같은 해모수 혼사담의 세 가지의 모티브는 대체로 온달과 서동의 혼사담에서도 여실히 드러나 보인다. 이들 공통점을 발판으로 삼아서 우리들은 부여－고구려－신라 등 세 고대왕국 사이에 같은 혼사 및 혼사담이 있다는 것을 지적하게 된다. 적어도 한반도의 남부나 북부에 걸쳐서 혼사에 관한 한, 그것도 왕족 및 그에 준할 상류 사회의 것에 관련되어 있는 한, 공통점이 있었다는 것을 시인해도 좋을 것이다.

한데 해모수의 혼사 신화에서는 근세의 혼사에까지 자취를 끼치고 있는 또 다른 대목을 발견하게 된다. 그것은 다름이 아니고 합법혼의 혼례를 처가에서 치른 뒤, 이제 정식으로 사위 자격을 인정받은 해모수가 신부는 처가에 두고 혼자서 자기의 처소로 돌아가는 바로 그 대목이다.

극히 근세까지 지켜진 전통 혼례에서도 마찬가지 일이 벌어지곤 했다. 처가에서 우여곡절을 겪으면서 난관 또는 장애를 극복해서 혼사를 겪어낸 신랑이 초야를 치르고 동상례까지 치른 다음, 더러는 재인행조차 거친 다음, 신부는 처가에 두고서 혼자서 자기 집으로 돌아가는 것은 앞에서 누누이 지적한 바 있다.

삼국시대 및 그 이전의 혼사에서도 근세의 혼사와 다를 바 없이, '합일/단절'에 짝지어져서 '단절/합일'의, 듀얼리즘이 크게 기능하고 있었던 것이다. 이렇게 한 민족이나 종족 공동체에서 혼사는 지극히 끈질기게 역사를 넘어서, 오랜 시대를 넘어서 한결같이 지속되고 또 지켜지고 있는 것을 거듭 강조해두고 싶다.

4. 대역전극의 내용

그런데 『위지동이전』에 전해진 고구려의 실제 혼사에 관한 현지 보고에 준할 만한 기록에서 지금까지 이야기한 화제와 관련되어서 매우 흥미진진한 대목을 찾아보게 된다.

미리 정해진 날에 신랑은 신부 집으로 초행을 간다. 하지만 그의 첫걸음은 예식이 이내 치러질 신부 집으로 결코 직행하지 않는다. 그는 중간에 미리 보아두었거나 미리 정해진 집, 서옥(婿屋), 곧 '사위집'이라고 일컬어진 집에 일단 머문 뒤에야 재차 신부 집을 향해서 가게 된다.

이것은 두 가지 의미를 가진 것으로 관찰될 수 있다. 첫째는 고구려의 신랑 후보자가 신부 측의 허락을 겨우 받아내서 사위집에서 신부와 함께 하룻밤을, 이를테면 초야를 치르게 되어 있었다는 기록과 관련된 것이다. 이것은 그 중간 과정을 거친 다음 비로소 신랑은 처가에 들 것이 용납되었다고 보이기도 하는데, 이는 '사실혼/ 합법혼'의 듀얼리즘에 준해서 관찰되어도 무방할 것 같다. 처가 바깥의 사위집에 머물면서 초야를 치르는 것은 명백한 사실혼이다. 그런 다음 신부의 본집에 들어가게 된 것이지만, 이때 아무 절차도 없었다고 보기는 어렵다. 여기에서도 뭔가의 수속을 신랑이 밟아야 했다면 그것은 합법혼을 인정받을 수속과 다를 바 없었을 것이라고 추정된다.

둘째로는 고구려의 신랑 후보자가 서옥에 머무는 것이 겉보기로는 근세까지 지켜진 전통 혼례에 자취를 끼치고 있는 것으로 관찰될 수 있다는 점이다. 초행을 가는 근세의 신랑이, 가는 중도에 중방에 잠시 들러서 머물렀다가 다시금 처가로 향하는 바로 그 사실과 크게 다를 바 없기 때문이다. 물론 둘 사이에 차이가 있는 것은 부인할 수 없다. 고구려의 서옥은 사실혼을 위한 공간인 데 비해서 근세의 중방은 신부 없이 신랑만이 일시 머물렀다가 다시금 처가로 향해서 가는 중간 기류지(寄留地)에 불과했기 때문이다.

하지만 본격적으로 처가에 들기 전의 일단 정지가 있기로는 서옥이나 중방이나 크게 다를 것 없다. 근세의 혼사에서는 신랑이 처가를 향한 걸음을 계속해나갈 것을 짐짓 막고 있다는 것을 제1장에서 소상하게 지적한 바 있다. 순조로운 진행 또는 직행이 예상되거나 바람직한 것으로 생각되는 데도 일부러 신부 측에서 신랑을 일단 정지하게 하고 지체하게 하는 것이 근세의 혼사 제도에 포함되어 있다는 점도 함께 지적된 바 있다.

그런 절차를 거쳐서 고구려의 신랑이 신부 집에 도착하면, 또 다른 장애나 난관이 그를 기다리고 있었다. 신랑은 신부 집 대문 앞에 꿇어 엎드려서는 신부 측에 애걸복걸, 탄원(歎願)을 계속해야 했다. 그의 당장의 처지는 문전과객(門前過客), 이를테면 남의 집 문 앞을 지나가는 나그네 꼴이었던 셈이다. 별것도 아닌 하잘것없는 처지를 신랑은 자청한 것이고 또 그렇게 연출한 것이다.

'저는 이렇고 저런 사람이오니 부디 너그러이 받아들여주소서!' 이런 식으로 두 손 모아 빌어야 했다. 한참을 그런 뒤에야 겨우 신랑은 초례청이 차려질 대문 안으로 들어설 수 있었던 것이다.

이 장면은 앞에서 이미 말한 바의 해모수의 혼사에 그대로 드러나 있다. 처가를 찾아간 해모수라는 신랑 후보자를 받아들이기 전에 그를 대해서는 처가 측에서는 '네가 뭐냐, 네가 누구냐?' 하는 식으로 하대하고 몰아붙인 것이다. 그러니까 부여의 해모수의 혼사의 신화는 고구려에서 실제로 시행된 혼례 절차를 반영하고 있다고 말해도 좋을 것이다. 그야말로 미국 인류학계의 '제의 학파'(Ritual School), 이를테면 신화는 실제로 행해진 제의(祭儀)의 언어적 진술이라고 본 그 학파의 이론이 이에 적용되어도 좋을 것이다.

이렇듯이 해모수 신화에서 신랑이 겪는 처지나 고구려의 실제 혼속에서 신랑이 겪는 처지나 매일반인 셈인데, 그것은 근세의 신랑들에게까지 계승되어서 전해졌다. 이것은 근세의 신랑들이 신부 측에서 받는 박대며 홀대, 심지어 학대까지 고려하면 능히 유추하게 되리라 믿는다.

이렇게 되면 해모수 신화의 혼사와 고구려의 실제 혼사, 그리고 근세의 혼사가 한 줄로 꿰지게 될 것이지만, 이 줄에는 당연히 서동과 온달이 겪은 혼사도 자리 잡고 있어야 한다. 바보로, 또 천덕꾸러기 행상으로 취급된 온달과 서동은 신부 집 대문 앞에 엎드리고 앉아서는 스스로 용납되기를 빌어 마지않았던 고구려의 신랑들과 하등 다를 게 없기 때문이다.

이 사실에 의거해서 상고대부터 근세에 이르는 동안 이 땅에서 시행된 정규 혼사를 두고 다음과 같은 도식을 제시하게 된다.

신부	신랑
주(主)	객(客)
상(上)	하(下)
능동	피동
적극	소극
주도(主導)	추종(追從)

이 여러 겹의 듀얼리즘은 가부장제 사회의 남녀 관계에 관한 기본 원리를 위배하고 있다고 보아도 무방할 것 같다. 평상시나 일상에서는 상상하기 어려운 일이 아닐 수 없다. 한데도 그것이 혼사에서는 떳떳하게 지켜

지고 있다.

그렇다고 해서 이 혼사의 듀얼리즘이 '가모장제'나 여권 사회의 여남 관계를 반영하고 있거나 그 잔재라고 말할 수는 없다. 조선조 사회에서는 그런 생각은 절대로 용납될 수 없는 것이지만 그렇다고 해서 삼국시대며 그 이전 상고대 사회에서 가모장제의 자취를 찾아본다는 것은 어려운 일이다. 그런데도 왜 혼사에서 가모장제적이라고 말할 수도 있을 징표들이 두드러져 나타나 있을까? 궁금해질 것이다.

혼사를 진행시키는 신부 위주 또는 신부 측 위주의 원리는 현실 사회의 남녀 관계와는 정반대다. 이것이 매우 중요하다. 장차 신부를 기다리고 있는 시집살이에서 혼사를 진행시킨 그 원리를 구한다는 것은 어림도 없는 일이다. 혼사를 치르고 신행을 가서 사흘 동안의 말미 또는 과도기가 지나고 나면 신부의 처지는 가부장제 사회가 요구하는 것을 따르게 된다. 대역전이 일어나는 것이다.

신행을 가서 바로 그 다음 사흘은 신부에게는 엄청난 의미를 갖는다. 사흘은 단 사흘이라고 해도 짧은 기간이다. 하지만 그 시간의 길이의 짧음을 압도하고도 남을 중대한 기능이 거기에는 주어져 있다. 그래서 다시금 또 마술의 숫자 3이 위엄을 떨치게 된다. 그것은 이를테면 '말미의 3일'이고 '과도기의 사흘'이다. 무엇인가 큰일을 예비하는 사흘이다. 신부의 신상에 큰 변화가 일어나는 예비 기간 같은 것이다.

그 사흘 동안 신부는 내내 친정에서 따라온 언니나 그 밖의 젊은 일가붙이의 여인들의 시중을 받는다. 심지어 지역에 따라서는 세수하는 물도 그들이 마련해서는 대야에 담아서 신부 방 앞에 두기조차 할 정도다. 그러니 하루 세끼 먹을거리도 그들이 장만해서는 봉사하게 되어 있다. 이를테면 '칙사 대접'이다. 상전 모시듯 대접을 하고 대접을 받는다. 그것은 초례청이 차려진 친정에서 혼례가 진행되는 동안 내내 신부가 누린 자리이며 지체를 계속하는 셈이 된다.

신부 집에서 혼례가 치러지는 동안 내내 신부 측에서는 신부를 신랑에게 넘기는 것에 장애를 끼치거나 훼방을 놓거나 하다못해 늦추고 지연시키는 과정을 밟는 것은 앞에서 누누이 보아왔다. 이 같은 신부 측의 전략적 지연은 문화인류학에서 비슷한 사례가 보고되어 있는 것[14]으로 보아서 범인류적으로 상당히 큰 보편성을 갖는 것으로 유추된다.

어차피 내주고야 말 것을 일부러 늑장부리는 신부 측과 신부의 행위는 크게는 혼사 그 자체에 대한 견제 작용의 일부라고 평가되어도 좋을 것 같다. 이별을 강요당하고 내주는 처지를 견뎌야 하고 심지어 빼앗기는 처지를 감수해야 하는 것에 대한 일종의 저항이라고 보아도 큰 잘못은 없을 것이다.

이 같은 의도적인 지연의 최후의 장면이 다름 아닌, 신부가 시가에 도착한 바로 그 뒤에 겪게 되는 그 사흘에 걸친 말미다. 그러면서 신부를 따라온 친척을 고리삼아서, 또는 그들을 제유(提喩)삼아서 가능한 한 친정과의 유대를 길게 끌 수 있는 대로 끌어가고자 하는 신부의 무의식과 그것을 위한 전략이 바로 이 사흘에 엉겨 있다. 신부는 신행을 떠나면서 이미 친정과는 단절되어 있다. 비유해서 말하자면 뿌리째 뽑혀서는 딴 곳으로 옮겨 심어지는 것이나 다를 바 없다.

기왕 비유를 한 김에 한 걸음 더 나아가보면 어떻게 논의가 계속될까? 나무들 가운데서도 소나무같이 그 뿌리가 수직으로 땅속을 향해서 깊게 내려져 있는 이른바, '직근성(直根性) 나무'는 뿌리 뽑은 그 즉시로 이식하면 무리가 간다. 성공적으로 이식하자면 뽑아내기 이전에 곧고 굵은 뿌리를 조금씩 단계적으로 절단해야 한다. 그래서 잔뿌리가 나기를 기다리는 것이 상책이다.

14 Lucy Mair, *Marriage*, Penguin Books, 1971, p. 93.

신부는 친정의 터전에서 송두리째 뿌리 뽑혀서는 그간 살아오면서 전혀 모르던 집으로 옮겨 심어진다. 평생을 두고 살 것 같았던 그 삶의 바탕을 어느 순간 문득 떠나야 한다. 그러니까 소나무로 치면 잔뿌리가 나는 기간의 여유가 있어야 하는 것이다. 전통적으로 신행을, 길게는 혼사를 치르고 3년 만에, 짧게는 한 해 만에 치른 의미는 바로 여기에 있다. 그 3년 신행의 뒤를 물고서 다시금 또 신행해 와서 겪는 '3일의 말미'를 신부는 누린 것이다.

그러나 그 말미의 사흘, 특권의 3일이 지나고 나면 사태는 돌변한다. 그 앞뒤는 천양지차로 달라진다. 신부의 처지며 신세가 급변하는 것이다. 사흘이 지난 다음, 비로소 부엌에 들어간 신부는 친정에서 미리 가지고 온 양념이며 고명을 써서 음식을 장만해서는 시부모에게 바치게 되는데, 이를 시작으로 그녀의 호된 시집살이가, 그 가시밭길이 거의 평생 계속되는 것은 새삼 말할 필요가 없을 것이다.

그러니까, 그 역전극을 전제하고는 신부는 사전에 미리 보상을 받은 것이다. 혼례가 치러진 친정에서 한번, 그리고는 시가에 도착한 다음 3일에 걸쳐서 다시 또 한 번, 신부는 미리 보상을 받아낸 것이다. 장차 입게 될 상처를 지레 치유한 것이나 마찬가지다. 이에 비해서 혼사가 치러지는 동안 내내 객이 되어서 시달리고 혼난, 그리고 시련에 시달리기도 한 신랑은 사후에 실컷 보상을 받아낼 수 있었던 것이다.

신부 집에서 혼례가 진행되는 동안 신랑은 이와 비슷한 역전극을 경험하고 있다. 신부 측에서 박대나 시련만이 일방적으로 주어진 것은 아니다. 그와 더불어서 후대와 관대(款待)가 주어지기도 한 것이다. 그 엎치락뒤치락하는 듀얼리즘이 바로 혼례이기도 했던 것이다. 이 같은 여러 겹에 걸친 엎치락뒤치락함은 혼사 그 자체의 문법 또는 메타 구조로서 아무리 크게 강조해도 지나침은 없을 것이다.

제3장
혼인과 교환

앞의 1, 2장에서 이미 혼례가 교환의 의례란 것이 상당한 정도로, 또 간접적으로 시사(示唆)된 것이라고 생각하고 싶다. 신부만이 아니라 혼례에 따르는 절차의 거의 전체에 걸쳐서 혼례는 뭣인가를 주고받고 있다는 것이 은근하게 이야기되었다고 여기고도 싶다.

의혼(議婚)에서 혼약을 거쳐서 납채(納采)와 납폐(納幣) 그리고 신랑의 초행에 걸쳐서 주고받기를 확인하기는 어렵지 않다. 그래서 혼례는 통혼(通婚)이란 말이 암시하고 있듯이 통교(通交)이고 커뮤니케이션이라고 해도 무방하다. 통교도 예사 통교가 아니다. 순탄한 통교는 아니다. 장애가 일부러 끼어들게 되고, 또 대립이 말썽을 빚게 되어 있는 통교다. 혼사는 그래서 '장애 있는 통교'이라고 해도 좋을 것이다.

레비스트로스(C. Lévi-Strauss)의 결혼에 관한 논의에서 교환은 매우 큰 비중을 차지하고 있다. 그에 의하면 혼사는 신랑 측에서 어느 특정 공동체나 집단에서 신붓감을 얻어오는 일인 데 비해서 신부 측 공동체는 신랑 측 집단에게 신붓감을 제공하는 일이 된다. 이같이 혼사는 신부의 주고받음이 된다는 뜻으로도 우리는 혼사를 신부의 교환 체계라고 보게 된다.

하지만 교환에서 문제되는 것은 이것만이 아니다. 교환에 특정한 방식이 수반되는 경우가 있다. 일종의 교환 원리 또는 교환 원칙이 신부를 두고서 지켜지는 것이다. 이 경우, 복수의 집단끼리가 특정 범위 안에서 서로 주고받으면서 맞바꾸는 교환이 있는가 하면 이와는 다르게 상호 교환의 원칙 없이 일방적으로 어느 한 집단에서 다른 집단으로 신부가 보내지는 방식이 있다. 레비스트로스가 전자를 '한정된 교환'이라고 부르고 후자를 '일반 교환'이라고 규정지은 것은 이미 잘 알려져 있다.[15] 국내에서도 이 양분법에 따라서 이 땅의 전통 혼례를 다룬 선례가 이미 남겨져 있다.[16]

이광규 교수는 자신이 조사한 바라고 하면서 '물레바꿈' 또는 '물레혼인'이라는 특수한 국내의 혼속과 또 다른 '누이바꿈'이라는 혼속에 대해서 언급하고 있다. 한데 전자에 관해서는 그런 용어만 알려져 있을 뿐, 실제로 그 보기가 될 것은 이 교수의 책이 출간될 그 당시만 해도 직접 현장을 확인할 수는 없었다고 지적하고 있다. 그리고 그 구체적인 실지 형식이나 양식에 대해서는 더 이상의 소상한 언급이 없다. 그러나 '누이바꿈'은 경기도 · 경상남도 · 전라북도 · 충청남도 등지에서 실제로 행해진 다섯 건의 사례에서 조사한 바 있다고 밝히고 있다.

이에 관해서는 그가 직접,

> 누이바꿈은 두 사람, 두 집안이 직접 딸을 교환하며 며느리로 삼는 것이기에 물레바꿈보다 용이(容易)하다.[17]

15 Levi-Strauss, *The Elementary Structures of Kinship*, (trans. by J. H. Bell and John von Stumer) Boston, 1969, p. 150.

16 이광규, 『한국 가족의 구조 분석』, 일지사, 1975. p. 75.

17 *ibid.*, p. 77.

고 언급하고 있지만 이로 보아서 물레바꿈은 그 이름으로도 짐작이 가듯이 둘 이상의 복수 집단 사이에서 신부 교환이 거행되는 것이라고 짐작된다. 문자 그대로 물레가 돌 듯이 여러 집단이 돌아가면서 신부를 교환하는 것이 다름 아닌 '물레바꿈'인 것 같다.

한데 신부의 교환 말고도 이미 앞에서 언급하였듯이 전통 혼사에서는 또 다른 차원의 교환이 문제될 수 있다. 『예기』(禮記)에서 지목된 육례(六禮), 곧 납채(納采) · 문명(問名) · 납길(納吉) · 납징(納徵) · 청기(請期) · 친영(親迎) 등의 여섯 절차[18]는 한국의 일반 민간 전통 혼속과는 직접 관계가 없기에 언급을 보류하기로 하고, 『주자 가례』(朱子家禮)에 준하는 사례(四禮)만 문제삼아도 혼속에 수반된 교환은 비교적 확실하게 눈에 들게 되어 있다. 제1장에 이미 지적되어 있듯이, 의혼(議婚) · 납채(納采) · 납폐(納幣) · 친영(親迎)의 네 가지 절차가 다름 아닌 사례인데, 이 네 가지 절차의 전체에 걸쳐서 일종의 교환이 목격되고 있다.

의혼(議婚)은 혼약을 전제로 해서 신랑/신부 양측에서 중매인을 매개로 삼아서 양가의 신분, 가산(家產) 그리고 신랑/신부 본인들에 관한 정보를 비롯해서 양가의 혼인에 붙이는 의견이나 소망 등을 주고받는 것이기에, 거기에 든 각종 정보에 관한 모색과 타진(打診)과 검색을 겸한 교환이 있다고 보이는 것이다. 아주 줄여서 말하자면, 상대방에 관한 정보와 소망의 교환이 곧 의혼이라고 해도 좋을 것이다.

의혼이라는 명분의 교환이 있고 나면 다음 차례는 납채다. 이는 의혼으로 혼사를 치르기로 합의를 보게 된 바로 다음에 납채가 실행된다. 신랑 측에서 신부 측에 혼인을 청하는 글, 이를테면 상대방 집의 딸을 며느리로 주기를 청하는 글을 보내는 것이 곧 납채다. 이에 대해서 신부 측에서

---

18 이순홍, 『한국전통 혼인고』, 학연문화사, p. 73.

는 신랑 측의 청을 받아들여서 회신을 보내게 되어 있다. 이처럼 청혼과 그 수락을 알리는 글의 교혼이야말로 납채다. 이건 물론 거래(去來)라고 해도 좋을 것이다. 이것은 납채(納采)의 '채'(采)가 '채용할 채' 즉 '받아들여질 채'라고 읽혀질 가능성을 함축하고 있는 것으로 더 한층 강하게 부각될 수 있다.

이때 유의할 점은 신랑 집이 먼저 청하는 쪽이고 신부 집은 받아들이는 쪽이라는 점이다. 이는 두 가지로 해석된다. 한편으로는 신랑 측이 적극적이고 신부 측이 소극적이라고 보이는데, 다른 한 편으로는 이것이 거꾸로 뒤집히는 것으로 비치게 된다. 그것은 신랑 측이 허락을 바라는 쪽인데 비해서 신부 측은 허락을 주는 쪽이어서 이를 강조하게 되면 신랑 쪽이 피동이 되고 이에 비해서 신부 측은 능동이 되기 때문이다.

더욱이나 신랑 쪽에서 납채에 즈음해서 신부 측에 청혼서(請婚書)를 보내는데 이에 응해서 신부 측에서는 허혼서(許婚書)를 신랑 측에 보내게 되어 있어서 신랑 측의 피동성이 돋보이고 있다. 이 점은 '채'(采)가 '채용(採用)할 채(採)'와 같은 뜻의 글자인데다가 '선택할 채'가 되기도 한다는 점을 생각할 때, 더욱 뚜렷해진다. 신랑 측의 제의(提議)를 채용하고 말고는 전적으로 신부 측의 특권이기 때문이다. 하지만 '채'(采)가 '채'(採)와 같은 뜻이면서도, 다르게는 비단이나 옷감을 의미하는 '채'(綵)와 같은 뜻이 되기도 한다는 것을 이때 참조해야 할 것이다.

아무려나 신랑 측과 신부 측의 관계가 납채의 앞뒤에서 서로 역전하고 있다는 점을 강조하고 싶다. 그 논리에는 무리는 없을 것이다. 이로 보아서 납채의 교환은 중복된 교환이다.

신랑 ———— 신부
적극적 ———— 소극적

피동적 ―――――――――――――――――― 능동적
청구자 ―――――――――――――――――― 허락자

납채와 때를 같이해서 허혼서가 신부 집에서 신랑 집으로 보내지면 신랑 집에서는 이에 응해서 사성(四星)을 신부 집으로 보낸다. 다시금 신부 집에서는 이에 응답해서 택일을 해서 신랑 집에 보낸다. 이로써도 우리는 납채만 해도 혼사가 교환이고 거래라는 것을 다시 한 번 더 부각시킬 수 있게 된다.

납채 다음에 시행되는 납폐(納幣)에서 이런 경향은 더 한층 두드러지게 된다. 신랑 측이 바치는 쪽이고 신부 쪽은 받아들이는 쪽이라는 것이 부각된다. 폐는 비단 · 금전 · 자산 등을 의미하지만, 납폐에서는 폐백(幣帛), 곧 비단이 가장 큰 몫을 맡아 있긴 해도, 이에 보석이며 현금 따위가 포함될 수도 있다. 따라서 납폐는 폐백과 폐물 바침이 되는데 이는 원칙적으로 신랑 집에서 신부 집으로 보내는 것이다. 신랑 측에서 폐서(幣書) 또는 혼서(婚書)와 함께 폐백, 곧 혼수(婚需)를 보내는데, 그 폐서에는

> 우리 집 아들이 은혜롭게도 귀하의 사위 되는 것을 허락해주시니, 그의 부모로서 선인들의 보기에 따라서 납폐하기를 청합니다.[19]

라는 요지의 내용 이 담겨 있다. 이 속의 '허락'이란 말이 신부 측을 주체로 해서 사용되고 있다는 점에 유념하고 싶다.

신랑 측은 허락 또는 수용(受用)을 청하는 쪽이고, 이와 대조적으로 신부 측은 허락을 주는 쪽에 우뚝 서 있다. 물론 신부 측에서 신랑 집으로

---

19 *ibid*., p. 111.

보내는 회신(回信)에는 '우리가 어찌 귀하의 명을 받지 않겠습니까'라고 상대방의 폐서를 두고 '명'이라는 말을 쓰고 있긴 하지만, 그렇다고 해서 허락을 주는 처지에 영향을 미치지는 못할 것이다. 신부 측에서 허락을 보내오면 신랑 측에서는 떡을 비롯한 먹을거리를 신부 집으로 보내게 되는데 이것을 신랑 측의 감사의 표시라고 생각하면, 신랑 측의 허락받는 사람의 처지가 더 한층 돋보이게 될 것이다.

이래서 납폐의 교환이 두드러지게 되는 것이지만, 또는 거래가 두드러지게 되지만, 이에서 신부 측이 신랑 측보다 내내 상위에 자리하고 있다는 점에 주목하고 싶다. 이것은 신랑이 드디어는 신부를 전리품이듯, 혹은 획득물이듯 가져가게 되는 것을 전제로 하고 있다. 얻어가는 측이 베푸는 측에 응분의 보상을 사전에 하고 있다는 것을 의미할 수 있다. 신부 측에서 신부 주기와 신랑 측의 사전의 보상이 맞바꾸어지고, 그래서 교환되는 것이다.

의혼 · 납채 · 납폐가 치러지는 과정에서 그 세부적인 절차로 거래며 교환이 이루어지는 것을 보아왔으나, 다음 단계의 대례에서도 교환은 계속된다.

(1) 교배상(交拜床) 곁에서 신랑은 남향해서 손을 씻고 신부는 북향해서 손을 씻는다.

(2) 신랑이 상을 마주보고 제자리에 서서 읍을 하면 신부가 신랑을 마주보고 제자리에 선다.

(3) 신부가 신랑에게 재배(再拜)하면 신랑은 이를 받아서 단배(單拜)한다.

(4) 신부가 다시 또 재배하면 신랑은 단배로 받는다.

(5) 신랑신부가 합근례(合巹禮)를 세 번에 걸쳐서 하게 되는데, 첫 번째와 두 번째 술잔은 신랑과 신부가 제각각 마시지만, 세 번째에는 표주박

에 따른 술을 신랑과 신부는 서로 교환하는데 신랑의 잔은 상 위로, 신부의 잔은 상 밑으로 교환한다.

이같이 절의 교환과 술잔의 교환을 대례 과정에서 하게 되는데, 지역에 따라서는 세 번에 걸쳐서 술잔이 교환되기도 한다.

위의 사례에 두루 걸쳐서 혼사의 필수 절차로서 교환이 시행된 것을 보아왔다. 한데 절차 하나에 수반된, 이런 여러 교환을 미시적인 교환이라고 한다면 이와는 달리 혼사 전체에 걸친 거시적인 교환 또는 거래가 있다고 해도 좋을 것이다. 그것은 바로 위에서 지적한 바와 같이 혼례 절차 전체가 신부 내주기와 이에 대해서 신랑이 사전에 치르는 대가(代價), 곧 각종 시련과 난관이라는 그 대가가 상호 교환되어 있는 것이다. 혼사는 교환이고 교환의 의례다.

제4장
신부의 의미론

위에서 보인 대로 여러 가지 교환의 중첩으로 전통 혼례는 진행된다. 혼례는 교환의 의례고 의식이다. 이것은 어김없는 엄연한 사실이다. 하지만 그 중첩된 혼례라는 교환의 와중에도 필경 우위를 점하는 것은 신부 측이고 또 신부다.

신랑을 두고 '장가들러 왔다'고 하는 말에서 '들다'는, 비유해서 말하자면 '호랑이 굴 들기'나 다를 바 없다. 초례청(醮禮廳)과 신방이 차려진 혼례식장인 신부의 집은 신랑으로서는 수난과 시련과 고통뿐만 아니라 수모(受侮)까지 겪어야 하는 곳이다. 그 흉한 짓거리나 꼴들은 신부 집에 들어가기 전의 신랑의 행보에서도 말썽을 부린다. 혼례청(婚禮廳)은 신랑에게는 혼나는 청이다. 고난의 자리다.

따라서 신부 측과 신랑 사이의 교환에는 신부 측에서 신랑에게 안겨주는 고통이나 난관이 포함된다. 신부 측에서는 그것을 신랑에게 안겨주고 신랑은 그것을 받아넘겨야 한다. 이것은 신랑의 초행과 신부 집 도착, 신부 집 들기, 그리고 신방 들기 등 여러 절차에서 큰 비중을 갖고 계속 말썽을 부려댄다. 하지만 신부 측에서 신랑에게 건네주는 이 모든 수난과 간고(艱苦) 따위를 견디고 이겨내는 보상으로 마침내 신랑은 신부를 얻어낸다. 신랑의 간고와 신부가 마지막으로 교환되는 것이다.

그러기까지의 기나긴 과정, 곧 1박 2일에 걸친 갖가지 옥신각신은 그것 자체로 혼례라는 큰 통과의례의 테두리 속의 작은 통과의례의 절차나 다를 바 없다. 통과의례가 관례적으로 '별리(別離)－시련－재통합'의 과정으로 이루어진다는 것은 너무나 잘 알려져 있다. 혼례는 신랑에게는 이 정석에서 벗어나지 않는 혹독한 통과의례다.

한데 신부로서는 이와는 다르다. 그나마 이중으로 다르다. 혼례가 자기 집에서 치러지는 동안 신부는 내내 보호받고 융숭하게 대접도 받는다. 귀한 따님이고 귀녀(貴女)고 공주님이다. 따라서 수난이나 간고가 있을 턱이 없다. 시종(侍從)이 따르고 옆에서 신부로 하여금 손 하나 까딱하지 않게 시중든다. 그래서 혼례식장에서 신부는 신랑과는 대조적이다. 이것이 일차적으로 신부가 신랑과는 다른 점이다. 뿐만 아니다. 신부는 혼례를 마치고 신행을 갈 때, 영원한 별리와 시련이 있을 뿐, 재결합이 없다. 있어도 제도상 허용된 아주 짧은 시간에 한하고 있다. 재결합 없는 불구의 통과의례를 겪어야 한다는 점에서 또 한 번 신부는 신랑과는 달라진다.

혼례가 치러지는 동안 신랑은 신부 집안으로서는 손님도 예사 손님이 아니다. 귀빈도 그런 귀빈이 따로 있을 수가 없다. 그게 철칙이다. 한데도 신랑에게는 무작한 홀대와 창피가 주어지고 놀림감으로 전락한다. 이 아이러니가 전통 혼례의 정석 중의 정석이다.

'상대'(上對) 받아서 마땅한 신랑은 갖가지 별난 하대(下待)를 말없이, 항거 없이 가만가만 받아들여야 한다. 혼례는 신랑에게는 참고 견디는 일이다. '인욕(忍辱)의 의례', 그렇게 부를 만한 것이 신랑이 맡아낼 혼례다. 혼례는 신랑이 혼나는 예식이다.

그래서 신랑에게 마침내 엄청난 보상물(報償物)로 신부가 주어진다. 그가 겪고 그가 치러낸 고난과 시련에 대한 보상으로 신부가 주어진다. 신부는 너무나 비싼 대가(代價)다. 그건 어쩌면, 한 무사(武士)가 투쟁과 모험의 결과로 얻어내는 전리품(戰利品)에 견주어져도 좋을 것이다. 이 점에서 전통 혼례는 동화나 영웅담의 전설과 매우 닮아 있다. 하나는 퍼포먼스고 다른 하나는 내러티브이지만, 그 양자 사이에는 공통의 '메타 구조'가 잠재해 있다.

적령기에 미칠까 말까 하는 동화의 주인공은 어느 날 문득 홀로 집을 나선다. 전혀 미지의 남의 땅에 들어서서는 고난과 시련을 겪는다. 뭔가를 구해내려고 가기는 가는데 그 구함의 대상은 겨우 이름만 알려져 있는 것뿐이다. 그건 찾음의 대상이되, 정체를 모르고 어디에 있는지 모르고 또 어떻게 가서 찾아야 할지도 모르는, 그런 의문부호 같은 것이다. 찾음의 대상을 얻어내는 데 필요한 3대 정보 중 하나도 알려진 게 없다. 막연하고 미지인 것을 찾아나선다. 그는 단서라고는 추호도 없는 사건을 풀게 되어 있는 추리소설의 탐정과도 같다.

신부를 구하러 가는 신랑의 처지도 비슷했다. 가족들에게야 그렇지 않지만 혼례의 주인공이고 당사자인 신랑에게는 신부는 전적으로 미지(未知)다. 그 집에 가본 적도 없고 그 처녀를 본 적도 없다. 그런 상황에서 신부를 찾으러 신랑은 나서는 것이다.

세 가지 기본 정보나 단서가 모두 결여되어 있는 대상을 찾아서 동화 주인공은 길을 나선다. 그러자니 모험도 하게 되고 투쟁도 사양치 않는다. 하지만 천신만고 끝에 마침내 적수(敵手)나 악마 또는 괴물을 물리치고는 승리를 걷게 된다. 이 결과로 악마에게 잡혀간 공주나 부잣집 따님을 전리품삼아서 아내로 맞이하게 되고 그리고는 고향으로 개선한다. 이미 본 바와 같이 손진태 교수가 문제 삼아서 학회에 익히 알려지게 된 '지하(地下) 대적(大賊) 제치(除治) 설화'는 그 전형 중의 전형이다.

전통 혼례라는 교환 법칙이 강하게 적용되는 의례에서 신랑은 누구나 '지하 대적 제치 설화'의 주인공이 된다. 교환의 끝은 신부라는 전리품 얻기로 보게 된다. 그 사이 각층에 걸친 교환의 체계 속에서 불리한 처지에 웅크려야 했던 신랑은 그런 일련의 여러 가지 교환의 결말로서 신부를 손에 넣게 되는 것이다. 신부는 최후의 교환품이다.

신부가 교환품이고 전리품이란 것은 혼례의 전체 절차가 익히 보여주고 있지만, 그 가장 극적이고 대표적인 본보기 또는 장면은 신행을 가는 신부 가마가 바로 그것이다. '옥여'(玉輿), 곧 '보옥(寶玉)의 가마'라는 아름다운 별칭이 붙어 있기도 한 것이 다름 아닌 '신행 가마'다. 하지만 그것은 가시방석을 겸하고 있다. 이에는 신부가 겪어내는 아이러니가 있다. 마음은 기대에 부풀어 있겠으나 그와 동시에 불안에 떨고 있을 것이다.

우선, 안태 고향, 안태 둥지를 떠나서는 생전 단 한 번도 가본 적이 없는 생소한 남의 집에 과객처럼 찾아들어야 한다. 정든 집을 영영 떠나는 아픔, 그것은 두 번째의 탯줄 자르기 같은 것이다. 마음의 상흔이, 이를테면 트라우마(trauma)가 여간 심각한 게 아닐 것이다.

뿌리가 굵을 대로 굵고 뻗을 대로 뻗은 큰 나무를 파내어서는 이식(移植)하는 것과도 같이 신부는 신행길에 오른다. 굵고 큰 나무를 제대로 탈 없이 옮겨 심자면, 상당한 절차가 필요하다. 한복판 굵은 뿌리, 이를테면 '주근'(主根)을 적당한 날짜의 간격을 두고는 조금씩 자르면서 잔 곁뿌리가 나기를 기다려야 한다. 그렇게 2~3년 지나고서야 겨우 몽땅 파내어서 옮겨 심어야만 나무는 제대로 생육을 계속하게 된다.

신부의 신행도 이와 비슷하다. 무엇보다 이른바, '3년 신행'이 그걸 말해주고 있다. 일단 시집을 가고도 안 간 듯이 옛 친정집에 세 해를 눌러앉아 있다가 마침내 떠나가는 것이 소위, '3년 신행'이다. 이 길고 긴 '리미노이드'의 시기, 과도기의 시기가 지나고는 신부는 꽃가마를 타고 드디어 신행길에 오르게 된다. 아이러니의 가마에 들어앉게 된다. 꽃가마는 '가시 가마'다. 이 경우, 신부 자체가 아이러니가 된다.

꽃가마 밑에 곡식 씨알이 깔린 방석을 깐다. 이것은 여성으로서 신부 또는 주부가 한 집안의 곡령(穀靈, corn spirit)을 주관하는 사제(司祭)인 것을 의미하게 된다. 물론 거기에는 장차 넉넉하게 살아가라는 신부의 친정 부모의 소망이 담겨도 있을 것이다.

그렇게 다소곳하게 자리 잡고 앉은 신부의 모습과 꽃가마의 겉모양새가 또 다른 아이러니를 이루게 된다. 겉보기로는 정말 당돌하고 엉뚱하다. 굵고 넓은 그리고 질겨 보이는 흰 천으로 가마 문을 칭칭 감다시피 동여매었기 때문이다. 그것은 영락없이 안에 자리 잡고 얌전하게 앉은 사람을 꽁꽁 동여맨 것이나 진배없이 보인다. 그렇게 보이게 되어 있다. 그것은 죄어 묶인 꼴, 포박(捕縛)당한 꼴 바로 그것이다. 시집가는 게 아니라 잡혀가는 것으로 보이게 된다. 신행길 신부는 오랏줄 묶여서 잡혀간다.

물론 이것을 바람 한 점 스미지 못하고 햇살 한 오라기 비치지 못하게, 외계와 철저하게 차단함으로써 부정(不淨)을 타지 않게 신부를 간수하고 지키려 드는 것으로 해석할 수도 있다. 그러나 꽃가마가 포박 상태로 가시 가마가 된 것의 가장 큰 상징성은 신부가 신랑으로서는 곧 전리품이요 보상품이라는 것에서 찾아야 한다. 전리품일수록 단단하게 관리코자 하는 것은 인간 심리로는 상정(常情)이고 정석(定石)이다. 여기에 바로 신행길에 오른 꽃가마라는 기호의 의미, 그 상징성이 있다.

제2부

암벽화 읽기: 기호들의 연쇄와 그 상징성

1. 바위의 주술적인 면모들

제2부에서는 경상남도 울주에 있는 두 곳의 암각화를 읽고자 한다. 암각화는 말할 것도 없이 바위에 새겨진 그림이다. 그러기에 암각화를 들여다보기 이전에 예비 작업으로 일단 바위에 대해서 생각해보고 싶다.

바위는 한국 민속 신앙에서 대표적인 생명력 또는 생생력(生生力, fertility) 그 자체이면서도 그것들을 위한 전형적인 상징이 되어 있다. 자연 또는 자연물로서는 하늘이나, 대지, 바다와 같은 거시적인, 또는 우주적인 차원의 상징과 나란히 바위는 물과 함께 미시적인 상징을 이루고 있다. 그것 자체로 기호고 또 기호 체계다.

우리들 눈의 감각에 비쳐지면서 동시에 감정이며 마음에 의미를 던진다. 그것은 바위를 신앙하고 있는 당사들에게는 영혼에까지 파장을 미치게 될 것이다. 따라서 거기에 표층이 있듯 심층이 있게 된다. 이것은 이중의 읽기, 이중의 기호론이 작용할 것이라는 것을 의미하고 있다. 신앙하고 있는 당사들에게는 보이는 것이자 안 보이는 것이다. 따라서 바위의 기호론은 '불가시(不可視)의 기호론'이어야 할 것이다.

그러나 바위는 크고 작음에 따라 형상의 변이, 그 위치의 변화 등을 더 불어서 대단히 큰 다양성을 보이고 있어서 그 상징론은 위에서 들어 보인 다른 자연물로서는 버금하기조차 어려운 다국적인 속성과 복잡한 양상을 보이고 있다. 어쩌면 기호론적인 읽기의 대상으로는 자연물들 가운데서도 가장 성가신 대상이 아닐 수 없을 것 같다. 가령, 돌 서낭, (바위)굴 서낭, 돌장승, 돌하르방, 돌 신령을 비롯해서 선바위(선돌), 누운 바위, 부암(付岩), 성석(性石) 등등 이미 민속 현장에서 붙여진 이름만 해도 그 수가 다른 자연물의 추종을 허락지 않고 있다. 남성 상징인가 하면 여성 상징을 겸하고 있는 자연물로는 바위나 돌을 당할 것을 다른 자연물 가운데서 찾기는 난감할 것이다.

가령, 서울 현저동의 선돌은 경남 남해의 선돌과 함께 이 땅의 대표적인 거물급 남성 상징이다. 그런가 하면 현저동의 선돌에서 아주 가까운 인왕산 중턱의 서향바라기를 하고 있는 비탈에는 누운 바위가 있는데 바위 아랫부분은 지표와의 사이에서 작은 굴같이 되어 있다. 허리를 굽혀서 간신히 기어 들어가면 그 내부에는 치성들을 드린 자국이 역력한데, 굴 안은 여성 상징으로 선바위의 남성다움과 좋은 짝을 이루고 있다. 어느 쪽이나 아기 갖게 되기를 소망하는 여인네들에게는 성지나 다를 것 없다. 그 누운 바위는 모태 상징일 수 있을 것이다.

그렇다면, 이 누운 돌과 그 지척에 있는 남성 상징인 선돌은 서로 짝을 짓고는 배우자가 되어 있는 셈이다. 우연하게 서로 이웃해 있는 두 개의 바위가 인간들의 신앙 체계라는 맥락 속에 자리 잡게 되면서 남녀로 징표(徵標) 지어진 기호로 탈바꿈한 것이다. 인간과 소리 없는 커뮤니케이션을 주고받는, 그래서 의미작용을 하는 실존으로서 인왕산 비탈에 서로 이웃하고 있는 것이다.

선돌이 그렇듯이 이들 성석(性石)들은 아이콘(icon, 類像)이면서 동시에 상징(symbol)이다. 물론 거기에서 빌어서 아기를 낳게 된다면 성석은 아기 탄생에 대한 '인덱스'(index, 지표)가 되기도 할 것이다. 인과관계로 대유(代喩)의 원리가 거기 작용하고 있기 때문이다. 그러나 이것들만은 아니다. 아이콘에다 인덱스에다 또 다른 차원의 의미가 그들 바위에 매겨져야 한다. 셋째 것은 다름 아니고 상징이다. 선돌은 남성을, 그리고 작은 동혈(洞穴)이 뚫린 누운 바위는 여성을 상징하고 있다.

이들은 아이콘이기에 상징이 되고 상징이기에 인덱스로 기능할 수 있다. 이들 세 가지 의미작용을 따로따로 떼어서 생각할 일은 아니다. 신앙의 대상이 될 사물이 기호로서 갖는 성격은 언제나 다원적이다. 한 기호가 아이콘이기에 인덱스가 되고 다시 또 그 인덱스는 상징으로 특정 의미를 함축하게 될 것이다. 이것을 '아이콘-인덱스-상징의 삼위일체'라고 한다면 인간의 신앙 체계의 콘텍스트 속에 자리하게 된 자연물은 모두 그 속성을 갖추고 있을 것이다.

한편, 부암(付岩)은 이를테면 '붙임 돌'이다. 가령 '부벽화'(付壁畵)라고 하는 말이 벽화와 마찬가지로 벽에 붙여서 그린 그림을 지칭하고 있는 것으로도 그건 헤아려질 것이다. 그러니까 암각화는 '부암화'라고 바꾸어 부를 수도 있을 것이다. 서울의 인왕산이며 북악산과 가까운 한 동(洞)은 그 이름이 부암동이지만 그것은 바로 거기 있는 부암에서 유래하고 있다. 부암은 붙인 바위라는 그 이름 그대로 단단한 동그란 차돌로 비교적 평탄한 큰 바위 표면을 마찰해서 약간 팬 자국을 내고는 그 구멍에다가 둥근 차돌을 밀착시키는 것을 의미한다.

그것은 일차적으로는 남녀 성행위의 아이콘일 수 있을 것이지만 그것으로 그치지는 않는다. 그것이 원인이 되어서는 생명의 잉태를 불러올 것으로 믿어져 있다면 거기 인덱스의 원리를 읽어내기는 어렵지 않다. 물론 그 결과 이 경우에도 부암은 상징 구실도 맡아내게 될 것이다.

그러나 이차적으로는 또 다른 의미작용이 거기 개재하고 있는 것을 지적할 수 있다. 비벼대는 작은 차돌과 그 때문에 패이게 된 동그란 구멍은 부합(附合)하게 될 것인데, 이는 인간의 마음과 바위의 일체화, 곧 부합을 의미하게도 될 것이다. 이럴 경우, '마음이 맞았다'라는 우리들이 관용적으로 쓰는 말을 연상해도 좋을 것이다. 이래서 바위와 인간은 일심동체가 될 것이지만 그것은 인간과 대자연 사이의 합일을 대신할 제유법(提喩法)이라고 보아도 무방할 것 같다. 그 결과 차돌과 부암의 합일은 바위가 그렇듯이 영원불멸할 것을 당사자들은 믿고 있었을지도 모른다.

이래서 부암은 그 자체가 기호가 되고 확연한 이미지, 이를테면 어떤 도형이 된다. 그것이 곧 주술적인 이미지로서 우리 앞에 엄존하게 된다. 동그란 작은 돌이 바위에 팬 구멍과 일심동체가 되어 있는 그 형상은 상징성을 갖춘 이미지가 된다. 그것은 넓은 의미의 부암화이면서 암각화다.

이 점과 유사한 것을 우리들은 성혈(性穴) 바위에서 확인해도 좋을 것 같다. 비교적 널따란 바위 표면에 송골송골하게 구멍이 여러 개 찍히거나 뚫린 것이 다름 아닌 성혈 바위다. 이 바위는 이름부터가 이미 상징성을 갖추고 있는데, 그 작은 바위 구멍이 여성 상징으로 이해되어도 괜찮을 것이다. 이 경우, 그 작은 구멍들이 인공적인 것이든, 자연적인 것이든 간에 이미지로 간주되어 있을 것이고 따라서 작은 규모의 암각화라고 불러도 무방할 것이다.

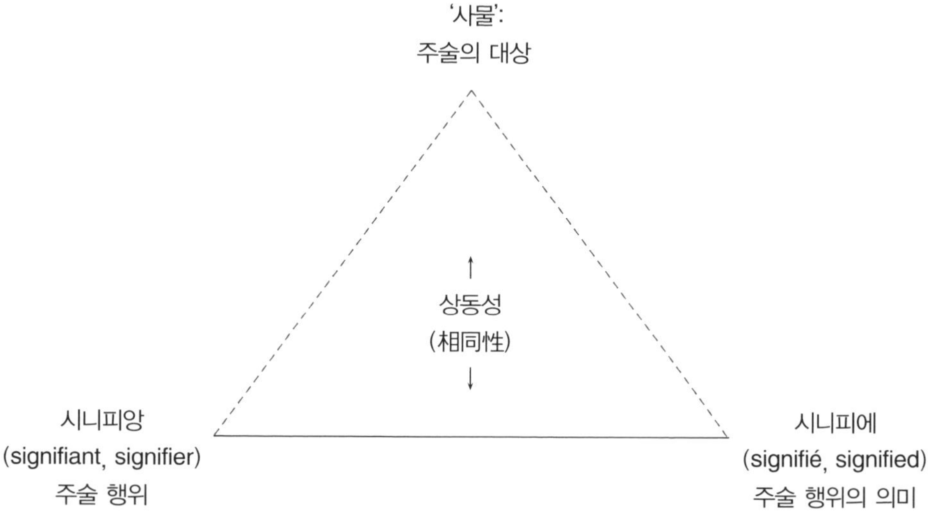

빈프리트 노스(W. Noeth)가 그의 『고대 영국 주술의 기호학』에서 만들어서 '주술의 기호 관계의 삼각형'[1]이라고 이름붙인 이 삼각형에 기대어서 각종 바위라는 주물의 의미론을 살펴볼까 한다.

이 도식은 주술적인 행위가 삼각형의 기호 관계를 결정짓는 단서가 됨을 보여주고 있다. 그것은 소쉬르의 용어대로 하면 기호관계에서 '시니피앙'(signifiant) 또는 '시그니파이어'(signifier) 구실을 맡아 있게 된다. 이와 대비해서 '시니피에'(signifié) 또는 '시그니파이드'(signified)는 주술 행위가 주술을 행하고 있는 당사자에 대해서 갖게 될 의미가 될 것이라고 노스는 풀이하고 있다.[2]

가령, 구체적으로는 부암의 경우, 돌을 비벼서 패인 구멍과 돌이 부합하는 행위는 남녀의 성적인 합일을 시니피에로서 갖게 될 시니피앙 그 자

1 Winfried Noeth, "Semiotics of the Old English Charm," *Semiotica*, vol. 19~1/2(1977), p. 61.
2 *ibid.*, p. 65.

체이지만, 그것은 더 나아가서 성적 합일이 초래하게 될 새로운 생명의 창조까지도 함축하게 된다.

이 같은 시니피앙과 시니피에는 그 둘이 더불어서 기호를 이루게 되고 그 기호는 그것이 지시하거나 관련을 짓고 있는 어느 객체 또는 행위나 사건과 맞서 있게 된다. 이 같은 주술적인 상황에서는 기호와 그 객체 사이에 구별이 없다는 점이 강조되어야 하는데, 그것을 노스는 주술을 행하는 사람의 '기호론적인 오류'라고 불러서 크게 부각시키고 있다.[3]

한데 인간의 주술적인 행위와 관련된 바위굴의 보기는 사뭇 오래전의 상고대에 거슬러 올라가서 그 보기를 발견하게 된다. 상고대의 신화로 거슬러 올라가면 신화의 무대로 바위굴이 여러 경우에 활용되고 있음을 보게 된다. 동명왕의 기린굴(麒麟窟)을 비롯해서 고구려인들이 시월에 국중대회를, 이를테면 별신굿을 올렸다는 수혈(隧穴)을 쉽게 보기로 들 수 있을 것이다. 전자는 동명왕이 천마를 타고 우주여행을 할 때, 일단 그 굴에 들어갔다가 천마를 타고 하늘로 승천한 것으로 전해져 있다.[4] 한편 고구려 동맹(東盟) 굿의 성지인 수혈은 다음과 같이 기록돼 있다.

> 수신(隧神)을 굴에서 마중해서는 나라 동쪽의 물 위에서 제를 올리고는 나무의 신상을 신좌(神坐)에 모셨다.[5]

이첨(李詹)의 시에 의하면 기린굴은 좁디좁아서 겨우 사람 몸 하나가 지나갈 수 있을 정도라고 하고 있다.[6] 이로 보아서는 앞에서 말한 인왕산 누

---

3 *ibid.*, p. 66.

4 『신증동국여지승람』, 평양조.

5 『위지동이전』, 고구려편.

6 이두헌 「건국시조신화와 무조신화연구」, 『학술원논문집』, 인문 · 사회과학편 제46집 제1호 별책(2007), p. 5.

운 바위가 연상될 것이다.

한데 이들 고구려의 두 굴에서 주목할 점은 그것이 여성 상징으로 읽혀질 수 있다는 점이다. 추정에 불과하지만 동명왕이 일단 굴에 들렀다가 천마를 타고 하늘로 올라갔다는 대목에서, 그의 입굴(入窟)은 모태 복귀라서 죽음과 재생을 의미할 수 있을 것이고 승천은 그 재생의 의미를 더 한층 강하게 드러내 보이고 있다고 여겨진다.

이것은 그 방면 신앙을 가진 사람들이 굴이라는 자연물을 인간 문화의 맥락 속에 전이(轉移)하였음을 의미한다. 이러저러한 민속 신앙을 가진 사회와 생활과 문화가 바위를 위한 문맥을 형성하고 있음을 의미한다고 해도 좋을 것이다. 그리하여 문화와 바위가 하나의 텍스트 속에 자리 잡고는 그로 인해서 문화가 바위라는 개체의 기호를 위한 콘텍스트가 되어 있는 것이다. 자연이 텍스트로 읽혀지고 있는 셈이다. 이 결과 바위는 바위 그 자체일 뿐인 것, 그래서 아무것도 의미하는 바도 지시하는 바도 없는 비지시적(non-referential)인 것으로 그칠 수 없다. 그것은 깊은, 눈에 안 보이는 지시를 하고 있는 기호다. 그것은 심층적인 것을 일러주고 있는 지시고 또 기호다.

그 문맥 속에서 바위는 자연이면서도 초자연적인 것으로 변신하고 있다. 조현실적이고 초불리적인 힘의 주체인, 신비로운 '마나 객체'가 되어 있고 그런 나머지 그 자체로 '페티시'(fetish)가 되어 있다. 달리 견주어서 말하자면 부적(符籍) 같은 것이 되고 그 결과로 주부(呪符)와 마찬가지의 주물(charm)로서 마술(magic)적인 힘의 주체로 바뀌어져 있다. 이 경우, 주물은

> 물리적인 의미로는 기대할 수 없는 초자연적인 작용이어서 종교적 의례를 통해서 비로소 기능하는 힘[7]

과 같이 정의될 수 있을 것이지만, 레비스트로스는 이렇게 언급하고 있다.

> 마술적인 작용은 우주의 객관적 질서에 첨가된 부수적인 것이다. 그것을 행사하는 사람은 그가 행하는 종교적인 제의(祭儀)를 통해서 보완적인 유대를 자연과의 사이에서 만들어내는 것을 확신하고 있다.[8]

이들을 종합하자면 물리적인 것에 초현실적인 힘을 부여하는 일과 동시에 자연적인 것에 초자연적인 기능을 부과하는 것이 마술이라고 해도 좋을 것이다. 그래서 주물은 물리적인 실체를 인간 행위와 기호와 언어의 맥락 속에서 능동적으로 작용하고 효용을 다하게 하는 일이라고 요약할 수 있을 것이다.[9]

한데 이런 논의는 바위의 범주 안에서 암혈(巖穴)이나 동굴에 그칠 수는 없다. 그 점은 부암이나 성혈을 자료로 삼아서 앞에서 이미 비교적 소상하게 언급된 바 있다. 그간의 바위 일반에 관한 논의를 바탕삼아서 이제 바야흐로 본격적으로 암각화로 화제를 옮길 차례다.

2. 바위와 물의 듀얼리즘

경상남도 울주군 태화강 상류의 계곡에는 바위 갤러리가 있다. 그것이 두 군데나 된다. 너무나 엄청난 자연 '화랑 거리'가 아닌 '화랑 계곡'이 있다.

---

7 Noeth, *op. cit.*, p. 63.

8 Levi-Strauss, *Savage Mind*, Chicago University Press, 1966, p. 221.

9 Noeth, *op. cit.*, p. 60.

언양에서 경주로 가는 35번 국도를 벗어나서 천전리 마을로 들어서서 동쪽으로 조금만 가면, 이내 제법 널따란 시내를 만난다. 물줄기를 오른편으로 내다보면서 한동안 걷다보면, 좁은 돌다리를 만난다. 돌다리를 건너자마자 야트막한 비탈을 오른다. 그 아래, 이미 꽤나 넓어져서 이미 개울 아닌 강이 되어 흐르는 물줄기 쪽으로 내려서면 꽤나 넓은 바위너설에 올라서게 된다. 너설을 따라 안으로 들어서면 왼쪽 언덕에 기대어 선, 별로 높지 않은 바위 벼랑을 만난다. 거기에 바로 '천전리 암벽화'가 자리잡고 있다.

크기라야 그저 그만그만하다. 옆으로 어른 걸음으로 열 걸음 정도, 높이는 그 키의 한 배 반가량이다. 그러나 크기를 까마득히 넘어서고 넓이를 아스라하게 넘어서는 그 무엇이 거기 깃들어 있다는 것을 누구나 직감할 것이다. 뒤로 돌아서면 흰 물살이며 거품을 피우면서 여울이 세차게 흐르고 있는 것이 보인다. 그 물길 건너서 야트막한 산길을 반 마장도 못 가서는 '반구대 암각화'를 만나게 되어 있는 지점이다.

반구대의 것이든 천전리의 것이든 그 바위그림 앞에 서면 선사시대로, 줄잡아도 청동기나 신석기로 거슬러 오르게 된다. 우리는 까마득히 머나먼 시절, 만 년도 넘을 이전 시대로 돌아가게 된다. 아니 더 거슬러 올라갈 가능성도 있다. 그런 소급(遡及)으로 우리는 신비와 경탄의 성전(聖殿), 미술의 신전 앞에 서게 된다. (참고삼아서 덧붙이자면 '반구대'의 반구는 한자로는 磐丘로나 盤丘로나 옮겨 적을 수 있을 것이다. 이 경우, 반을 '반석 반'자인 盤으로 바꾸어 쓴다 해도 큰 잘못은 없을 것이다. 盤을 반석 반이 아니고 '큰돌 반'이라고 읽을 경우, 磐과 뜻이 같아지기 때문이다. 그러나 '반구'를 경상도 지역에서 바위를 가리키는 '반구'에 직결시킬 수도 있을 것이다.)

반구대 바위그림, 그것은 한국 문화의 으뜸이자 이 땅의 '그림 신화'이자 미술사의 첫 페이지다. 여러 겹으로 한국 문화며 예술사의 원초가, 또

〈그림 2-1〉 울산 대곡리 바위그림.

는 원형이 거기 빛나고 있다. 그 단단한 이끼 낀 물가의 바위 벼랑에는 신석기시대와 청동기시대에 걸친 원주민의 생활이 새겨져 있고 자연관이며 우주관이 각인되어 있다. 종교가 거기 여운을 남기고 있고 사냥꾼 몸놀림이 아직도 꿈틀대고 있다.

하지만 그 화면을 직접 들여다보기 전에 먼저 그 주변이며 지리적 위치부터 따져야 한다. 그것은 암각화라는 크나큰 캔버스 전체를 하나의 텍스트로 다루기 위한 예비 작업일 수도 있다. 이를테면 텍스트 읽기를 위한 콘텍스트 살피기가 될 것이다.

천전리의 것이나 반구대의 것이나 둘 다 물줄기가 굽이지는 곳에 위치하고 있다. 그것은 공교롭게도 강폭이 넓어져서 제법 깊은 웅덩이를 이루며 흐르고 있는 물줄기를 바위 벼랑이 내려다보고 있다는 것을 의미한다. 그것들은 둘 다 '수암'(水巖)이다. 이 점은 양쪽의 바위그림을 말할 때, 큰 몫을 다하게 될 것이다. 물도 바위도 다 같이 불변의 생명력의 상징일 수 있기 때문이다.

이 같은 천전리며 반구대 암각화의 지형은 국내에서만 해도 다른 몇 곳에서 유사한 것이 발견되고 있거니와, 그 중에서도 경주 석장동과 영일 칠포리의 바위그림의 경우가 전형적이다.

이것은 우연찮게도 중서부 시베리아에서 동북 시베리아까지에 걸쳐서 널리 분포되어 있는, 수백 개에 이르는 그 수많은 암각화가 거의 대부분 강을 끼고 있다는 것을 연상시켜준다. 서부에서는 톰(Tom)강, 중부에서는 앙가라(Angara)강 그리고 동부에서는 레나(Lena)강 유역에서 암각화를 보게 되지만 극동에서는 바로 우수리(Ussuri)강과 아무르(Amur) 강변에서 목격하게 된다.[10]

10 Anatoly Martynov, *The Ancient Art of Northern Asia*, translated and edited by Demitri B. Shimkin and Edith M. Shimkin, University of Illinois Press, 1991, p. 4.

이중에서도 중국에서 흑룡강이라 부르고 있는 아무르강이 우리 한반도의 동북의 끝자락을 가로질러서 동해로 흘러들고 있다는 것에 각별히 유념하고 싶다. 우수리강 아래쪽의 아무르강의 하류에는 '고 아세아 족'이며 만주–퉁구스 족에 속한 여러 종족들이 거주해 왔는데, 그 가운데도 골디(Goldi)족은 적잖은 암각화[11]를 남기고 있거니와 이들 여러 종족의 거주지역은 바로 부여–고구려–발해로 이어지는 우리의 북방 고대 왕국의 구토였다는 것을 간과할 수 없을 것이다. 이것은 이들 지역의 암각화 중의 적어도 일부는 조선족에 의해서 제작되었으리라는 추리를 하게 유도해줄 것이다.

이 같은 추리는 추리로 끝날 성질의 것은 아니다. 우리는 아물 강의 하류의 유역(流域)이 멀리 부여와 고구려 그리고 발해의 영토이기도 했다는 사실에 거듭 유념하고 싶다.

이처럼 암각화가 물 흐름을 낀 바위에 각인되어 있다는 사실을 바위그림의 콘텍스트를 따질 때, 간과해서는 안 된다. 그 의미를 캐는 기호론은 이를 무시할 수는 없다. 그것은 물과 바위의 듀얼리즘이 지니고 있을 의미를 보는 사람에게 캐보기를 요구하고 있다.

물	:	바위
액체	:	고체
무른 것	:	딱딱한 것
흐르는 것	:	붙박인 것
변화	:	불변

11 *ibid.*, p. 26.

이 같은 듀얼리즘의 의미론의 대립에도 불구하고 물과 바위는 공통의 '시니피에', 곧 '시그니파이드'를 갖는 '시니피앙', 곧 시그니파이어로 읽힐 수가 있다. 그것은 다름 아니고 영원이고 또 생명력(fertility)이다. 이 둘은 물론 물과 바위의 상징성이라고 부를 수도 있을 것인데 거기에는 일종의 반어법, 곧 아이러니가 겹쳐져 있다. 물은 흐르고 흘러서 오고 가는데도 불구하고 영원이고, 바위는 굳을 대로 굳어 있는데도 영생의 힘이다. 물과 바위의 기호론에서, 또는 그 상징론에서 이 반어법 또는 모순 명제는 매우 큰 몫을 다하고 있다는 것에 특히 유념하고 싶다. 모순을 두려워하지 않는 것이 반어법이고 심층적인 상징론이다. 더 나아가서는 상고대의 인간 문화요 종교다. 이렇듯이 물과 바위는 나란히 짝을 짓고 있으되, 각기 그 자체로서 지닌 반어법에 의지해서 아주 좋은 단짝을 이루고 있는 것이다.

뿐만 아니다. 거기 바로 대유법 또는 제유법이 작용하고 있으되, 그 보기는 바로 '산수'(山水) 그리고 '수석'(水石)에서 구할 수 있게 된다. 누구나 알다시피 산수는 전통 한국 문화에서 대자연을 의미한다. 한편 천석(泉石)이나 다를 바 없이 수석 또한 물과 돌이 중심이 된 자연 풍치(風致)를 의미하고 있다. 둘 다 자연의 일부로, 그나마 극히 일부로 자연 전체를 가리키고 있기로는 마찬가지다. 뿐만 아니라, 산수라고 할 때, 그 산에서 암(巖, 岩), 곧 바위를 뺄 수 없다는 것은 전통 산수화들이 생생하게 증언하고 있다. 그러니까, 산수는 곧 '암수'(巖水, 岩水)나 '석수'(石水), 곧 수석과 같아지고 만다. 그것을 발판으로 삼아서 수석은 물론 바위 벼랑과 개울은 어울려서 '초자연적인 힘'을 의미하고 또 상징하게 된다. 자연은 마침내 초자연으로 변신한다. 이 같은 암벽화라는 텍스트를 읽을 때, 거기 새겨지고 파인 기호를 읽어낼 때, 우리는 우선은 그 콘텍스트의 '초자연'을 전제해야 한다.

〈그림 2-2〉 울산 천전리 바위그림 전경

내친 김에 이에 덧붙일 것이 둘 있다. 하나는 천전리나 반구대나 그 암각화가 새겨진 바위 바로 앞은 흘러오던 물이 제법 깊숙이 소(沼)를 이루는 곳이라는 것이고, 다른 하나는 바위 앞 또는 주변은 흐름이 굽이도는 물굽이라는 것이다.

이런 지형상의 특색은 천전리에서 더욱 현저한데 그것은 암각화가 웅숭깊은 골이거나 '골 안'에 자리 잡고 있다는 것을 의미할 것이지만, 이것은 다시 또 암각화가 있는 지형이 여성적이라는 것을 시사하게 될 것이다. 이 경우, 물이 지닌 여성성이 가세하게 될 것이다. 이로써 우리는 새삼 따실 것도 없이 암각화를 에워싼 지형 그 자체가 이미 풍요와 생명력에 넘쳐 있다는 것이라고 말해도 좋을 것 같다.

상상이며 환상과 현실이 교차하고, 주술이며 신앙과 실생활이 제휴(提携)하고, 수평선 저 너머와 바다 밑 저 너머, 그리고 하늘 저 너머가 이승과 맞통해 있는 그 현장, 그러면서 바위 속과 바깥이 서로 소통하고 있는 그 현장에서 읽혀질 도형들을 혹은 지탱하고 혹은 감싸면서 암벽이 솟아 있고 또 물이 흐르고 있다.

두 곳의 바위그림의 각개 도형들 자체의 의미를 읽어나갈 때, 그리고 그것들이 비록 화면상의 위치로는 서로 동떨어져 있음에도 불구하고 눈에는 직접 보이지 않게 맺고 있을 패러다임의 관계 그리고 신태그마의 관계를 아래에서 짚어나갈 때, 바로 이 같은 '바위와 물'의 듀얼리즘 그리고 그 상징론은 거의 절대적인 비중을 지닌 길라잡이가 될 것이다.

3. 보기, 읽기의 대전제

한국의 선사시대가 남겨놓은 영원할 기념비, 대곡리와 천전리, 그 두 곳의 울주 암각화는 경이요 신비다. 오늘의 우리들까지 포함해서 미래의 하고많은 세기에 걸쳐서도 관찰하는 이의 형형(熒熒)한 눈길과 뜨거운 정성과 고된 노력에도 불구하고 미처 읽혀지지 못할 수수께끼로 우뚝할 공산은 매우 크다. 거기 미처 정체를 확인할 수 없는 형체가 있어서만 그런 것은 아니다. 또 주어진 형체끼리의 연관성, 이를테면 '텍스추얼리티'(textuality)가 잡히지 않아서 그런 것도 아니다. 암유와 대유가 얽히고 있고 상징도 말씽을 다양하게 피울 가능성을 품고 있기 때문이다.

천전리의 그림들 또는 도형들에서는 기하학적 도형이 압도적이라서, 이를테면 추상화의 경지를 다분히 품고 있어서, 적극적인 의미 또는 긍정적인 의미의 모호성(obscurity), 말하자면 다양성 · 복합성과 같은 뜻의 모호성이 읽혀질 것이지만, 비교적 구상적 이미지, 이를테면 사실적 재현의 이미지들이 우세한 반구대의 그림들이라고 해서 만만하게 읽혀질 것은 아니다. 그 하고많은 사실적인 그림이 재현에 그치고 그래서 아이콘에 불과하다고 처리될 수는 없기 때문이다.

이런 까다로운 사정으로 두 곳의 기념비적인 바위그림은 거의 영원히 그 앞에 서는 사람들의 호기심을 자극하고 관심을 집중시킬 것이다. 이 경향은 시대가 앞으로 나아갈수록 더 한층 두드러질 것이다. 이제 이 글이 그 미지로 가득한 암각화를 해설하고 또 해석하려고 애쓴다고 해도 또 다른 미지를 더 많이 또 더 크게 부풀릴 가능성은 농후하게 남아 있을 것이다. 신성문자보다 한결 더 신비가 깊을 '신성(神聖) 도형'으로 이들 이미지들은 그 바위 벼랑에 좌정(坐定)하고 있을 것이다. 아울러서 그것은 그림으로 그려진 신화(神話, myth)이기에 '신화'(神畵, mythograph/picto-myth), 이를테면 '그림 신화'(神話)이다.

이것은 그림 신화에 당연히 내러티브 또는 스토리가 잠재해 있다는 것을 의미할 수 있다. 뿐만 아니다. 그 부분부분의 도형만이 아니라 암각화 전체가 퍼포먼스일 수도 있을 것까지도 의미하고 있을 것이다. 그러기에 오늘날의 우리들은 '그림 신화', 곧 신화(神畵)에서 신화(神話)의 이야기를, 그리고 그와 관련된 퍼포먼스를 풀어낼 수 있어야 한다. 암각의 신화론(神話論), 곧 뮈톨로지(mythology)는 마땅히 신화(神畵)에 관한 논의를 포괄할 수 있어야 한다. 그래서 반구내와 천전리, 이들 두 암각화는 내러티브와 퍼포먼스가 읽혀질, 위대하고 웅장하고 거시적인 '이미지 텍스트'로서 또는 '이미지 디스커스'(image discourse)로서 우리 앞에 엄존(儼存)하고 있는 것이다.

다음 장에서 구체적으로 텍스트를 읽기에 앞서서 미리 제시해놓을 전제들이 몇 가지 있다. 가장 크게는 앞에서 이미 말한 대로, 신화론(神畵論)이 신화론(神話論)을 겸전해야 한다는 전제다. 그리고 다음으로, 무엇보다 먼저 바위그림이 이미지의 텍스트고 시각의 텍스트라는 사실을 거듭 강조하고 또 전제하고 싶다. 새삼 말할 것도 없이, 문자가 없었던 시절에 구술(口述) 언어 말고 또 다른 차원의 모든 커뮤니케이션은 보드리야르(Jean Baudrillard)적인 의미의 시뮬라시옹(simulation)뿐이다. 이미지와 도형이 오히려 실재를 압도할 것이기 때문이다.[12]

뮈토그라프의 텍스트 읽기며 보기는 언어 텍스트와는 당연히 달라질 수밖에 없다. 더러는 도형이 미메시스(mimesis) 또는 무엇인가의 재현으로 다루어질 것이지만 그것은 이 글 전체에서 차지할 비중이 약하고 적은 편이다. 그보다는 주술이며 신화와 직결된, 은유로 또는 상징으로 읽어갈 몫이 압도적으로 우세할 것이다.

도형 하나하나를 객체로서 또 시각적 관찰의 대상으로 보아가는 일은 어렵지 않을 것이다. 물론 1만 년을 더 넘어서 거슬러 올라갈 그 유구한 세월, 아니면 1만 년 조금 못 미치게 소급해 올라갈 그 아스라한 시간에 걸쳐서 설렌 풍파가, 또 내리쬔 태양광선이, 그리고 풍파가 암벽을 갉고 삭히고 한 탓에 물리적으로 어떤 도형을 확인하는 일조차 단순치 않는 경우도 허다하다. 겨우 자국만이 남겨진 것도 있다.

그러나 요행스럽게도 도형의 윤곽이며 선형(線形), 그리고 각점(點刻)이 아직도 생생하다 해도, 그래서 그 객체의 물리적인 존재에 대한 인지를 쉽게 마련해준다 해도, 그것은 문제의 시작에 불과하다. 감각적인 인지에 추가해서 정신적인 상상이, 그리고 심지어 영감에 서린 해석도 작용하고 있어야 하기 때문이다. 어쩌면 그것은 점성술(占星術)이나 점술(占術)과 견주어져도 좋은 게 아닌지 모르겠다. 대곡리나 천전리의 두 암각화를 읽는 일은 이를테면, '점화술'(占畫術)이라고 부를 작업일지도 모른다.

가령, 구체적인 도형을 확인하고 그것이 어느 종류의 짐승이라고 판독

---

12 Baudrillard, Simulacra 개념에 관한 것.

되었다고 해도, 그 같은 이미지의 '외향적 읽기'는 이제부터 상징을 비롯해서 은유며 대유 등의 갖가지 비유법에 걸친 '내향적 읽기'를 위한 단서에 불과하다. 왜냐하면, 이들 도형은 미메시스 또는 재현에 그칠 수는 없기 때문이다. 가령, 이른바, X-레이 화법(畵法)으로 내장이나 가슴뼈나 그 밖의 골격이 그려져 있을 때, 그것은 짐승이 이미 갖추고 있는 생리를 그대로 본떠서 재현한 것은 아니다. 그것은 시베리아 샤먼이 그들의 '굿옷'(무당 의상)의 등허리 또는 앞가슴에 해골을 그려 넣은 것이 그들 골격의 재현에 그치지 않는 것과 같다.[13]

그 점은 『삼국유사』가 전해주고 있는 신라의 제2대왕인 탈해의 사후에 관한 전설이 웅변하고 있다. 탈해는 지하에 묻힌 그의 육신에서 살을 벗겨내고는 뼈만 추려서 그 자신의 석상(石像) 아닌, 골상(骨像)을 조소(彫塑)하게 하고 그것을 경주 남산에 모시도록 한 것이다.

이로 미루어서 X-레이 화법으로 그려진 동물에는 이미 포획되어서 죽임을 당한 동물이 또다시 육신을 갖추고 새로운 사냥감으로 나타나주기를 바라는 사냥꾼의 주원(呪願)이 내장되어 있다고 읽을 수 있다. 그것은 동물의 뼈가 그려진 샤먼의 옷의 도형이 샤먼의 보호령(保護靈)인 동물의 영혼이 재생하기를 바라는 것과 맥을 통하고 있을 것이다.

공연히 '속보이는 그림'을 바위에 새겨 넣은 것은 아니나. 또한 단순한 도법(圖法)의 하나로 치고 말 일도 아니다. 이른바, X-레이 화법은 내부투시를 하고 있되, 내장이나 골격을 단순히 들여다보고 있는 것일 수는 없다. 물리적인 대상이 아닌, 무슨 초월적인 대상이 거기에 그려져 있을 수 있기 때문이다.

---

13 cf. Ekaterina Devlet, "Rock Art and the Material Culture of Siberian and Central Asian Shamanism," Neil S. Price (ed.), *The Archaeology of Shamanism*, London and New York, 2001, p. 43.

이럴 경우, 그 옆에 X-레이 화법이 아닌 보통 화법으로 외형과 무늬를 갖춘 것으로 그려진 동물은 주술적인 소원이 구현된 결과를 나타내고 있을 가능성이 매우 커진다. 그것은 내부 투시로 영혼이나 그 생명소가 그려진 동물이 주술적으로 재생한 것이라고 보통 화법으로 외형이 그려진 동물을 간주할 수 있기 때문이다.

여기에서 기호와 지시 대상과 해석이 상호 연계된, 시그니피케이션(signification), 이를테면 의미작용이 제구실을 하게 된다. 원론적으로 말해서, 암각화 그림에서는 리차즈(I. A. Richards)가 말한 지시물(referent)은 이미 직접 나타나 보이고 있다. 문제가 되는 것은 관념적 · 추상적인 지시 내용(reference)이다.[14] 그런 면에서 그림이 기호가 된다고 해도, 그나마 구상(具象)적인 이미지가 그려진 그림이 기호가 된다고 해도 언어라는 기호와는 다를 것이다.

이때, 우리는 그 두 개의 도형, 곧 내부가 투시되게 그려진 동물의 도형과 겉모양이며 무늬가 그려진 동물의 도형은 서로 다른 패러다임의 무리에 속하는 한편으로 서로 엮어져서 신태그마의 조직을 이루고 있다고 말해도 무방할 것이다. 그것을 말을 바꾸어서, 두 도형이 이루고 있는 텍스추얼리티라고 해도 괜찮을 것이다.

다른 한편, 바위 캔버스 전체에 걸쳐서 산재해 있는 무수한 동물 가운데 일부는 동일한 패러다임의 묶음에 속할 것들이, 중첩해서 그려져 있다고 인지되어도 좋을 것들이 있다. 고래 무리, 사슴 무리, 그리고 멧돼지 무리들이 그 좋은 본보기다. 왜 같은 종의 동물이 여러 마리 무리지어서 그려져 있는 것일까? 여기에서 실제로 그들이 이루고 있는 무리를 모방

14 C. K. Ogden & I. A, Richards, *Meaning of Meaning*, Rortledge & Kegan Paul Ltd, 1972, p. 11.

한 것뿐이라고 말하고 말 것은 아닐 것 같다. 그것에는 그들 동물의 다산(多産)과 풍요를 비는 사람들의 기축(祈祝)이 잠재해 있을 것이다.

'부디 무리 져서 많이많이 나타나주소서. 그리하여 우리로 하여금 더 많은 사냥감을 잡게 해주소서!'

이 같은 축원(祝願)이 구체화되어 있는 것이다. 사실적으로 묘사된 동물들 도형 자체가 묘사나 모방을 넘어선 주술이고 마술이다.

하지만 전체 동물이 다 그렇지는 않다. 다른 성격을 가진 것들이 따로 또는 대조적으로 그려져 있다. 비슷한 말이 앞에서 이미 제시된 것처럼 서로 다른 패러다임에 속할 것들이 신태그마의 조직으로 연계되어 있을 본보기들도 적지 않다. 바로 이 연계가 코드가 되어서는 도형들에 은유적 의미와 상징적 의미를 부여하게 된다. 하지만 이에 덧붙여서 바위그림의 화면 전체, 곧 거시적 텍스트에서는 말할 것도 없지만, 부분부분 국지적인 텍스트에서도 코드가 직접 포착될 수 없다는 난점에 부딪치게 된다. 그것은 '코드 해독'(decoding)의 난관이다.

도형 하나하나를 따로 읽는 독자적 읽기를 할 때도 앞에서 본 것처럼 쉽지 않는 절차를 밟아야 하는 것이지만, 그 각개 도형들이 서로 어떤 코드로 엮어져서 어떤 텍스추얼리티를 이루게 될 것인가? 그래서는 총체적인, 또 포괄적인 한 단위의 텍스트를 이루게 될 것인가? 하는 물음을 추구해나가야 한다. 그 맥락 속에서 비로소 각개 도형이 함축하고 있을 의미가 상징 말고도 여러 가지 비유법에 기대어서 가까스로 읽혀질 것이다.

가령, 대곡리 암각화의 경우, 그 바위 벼랑 왼편 끝에 여러 마리가 그려진 고래 무리 바로 오른편의 중간 정도의 화면에 표범과 호랑이가 나란히 수평으로 그려져 있다. 화면 전체에 걸쳐서 육상동물로는 사슴붙이나 멧돼지 따위의 비교적 잡기 쉬운 사냥감이 압도적으로 많다. 그런 가운데에 포식자인 맹수는 이 두 마리 정도가 눈에 띄고 있다. 이 경우, 쉬운 사냥감 앞에 서 있는 알몸의 사내는 칼붙이나 활을 들고 있다. 이것은 그 '팔로센트리시즘'(phallocentricism), 이를테면 '남성 성기 우월 의식' 말고는 별로 난해한 대목은 없다. (앞의 〈그림 2-1〉 울산 대곡리 바위그림 중에서 표범과 호랑이 그림〔그림 중간쯤에 보이는, 배가 흰 고래 왼편, 사슴 바로 위에 그려진, '두 마리 네발짐승'〕을 보라. 한 마리는 몸통에 세로로 줄무늬가, 다른 한 마리는 점박이무늬가 찍혀 있다. 또한 〈그림 2-1〉 울산 천전리 바위그림 중에서 사슴(?) 등에 올라 서 있는 사내 그림〔그림의 좌우상하로 거의 정중앙에, 두 마리 큰 고래 오른편에 '네 발 짐승 위에서 팔을 들고 있는 사람 그림〕을 보라.)

한데 이와 대조적으로 두 마리 포식 맹수 앞에는 이와 전혀 다른 정경이 묘사되어 있다. 〈그림 2-1〉 울산 대곡리 바위그림 중에서 사슴(?) 등에 올라 서 있는 사내 그림이 보여주고 있듯이, 사슴처럼 보이는 작은 짐승의 등에는 한 사내가 가랑이를 드넓게 벌리고는 버티다시피 서 있다. 그리고는 두 팔을 ㄴ자형으로 활짝 위를 향해서 벌리고 있다. 보기에 따라서는 마치 활시위를 힘껏 잡아당기고 있는 듯이도 보인다. 그것이 뭣인가를 막아내거나 겨냥하고 있는 시늉이라면 무엇을 향해서 그러고 있는가는 자명해진다. 사나운 맹수를 막아내자는 의도가 읽혀진다. 맹수는 사냥꾼과 사람 어느 쪽에나 위협적인 존재다. 거기 더해서 이들은 사냥질하는 인간으로서는 경쟁 상대고 적이다.

이 무서운 네발짐승, 숲속의 호랑이와 표범은 당연히 막아져야 한다. 인간이 그들의 먹잇감이며 옷감을 얻어내는 데 요긴하게 쓰이는 사슴이나 노루를 지키기 위해서도 이들 포식동물은 견제되고 축출되어야 한다. 따라서 이 사람은 그저 사람이기보다는 사슴이나 멧돼지 등을 위한 '동물 수호 신령'일지도 모른다. 이런 읽기가 합당하다면 우리는 짐승

등에 올라탄 사람과 맹수 사이에 어떤 코드가 잠복해 있는가를 읽어내게 된다.

한데 바로 이 코드는 다음 장에서 언급될 도형들, 즉 성기를 노출시키고는 활이나 칼붙이를 내 뻗치고 있는 그 팔로센트리시즘의 사내의 도형과 사슴의 도형 사이에 있을 코드와는 사뭇 대조적이다. 전자에서는 지키는 사람과 지킴 받는 사슴이나 멧돼지 사이에 코드가 이룩되어 있는데 비해, 후자에서는 사냥하는 사람과 사냥감 짐승 사이에 코드가 엮어져 있기 때문이다. (〈그림 2-1〉 울산 대곡리 바위그림 중에서 사슴과 멧돼지 그림(그림 중앙 아래쪽, 작은 고래 바로 오른쪽의 옆에 있는 '큰 사슴 두 마리와 새끼 사슴 한 마리' 그림)을 보라).

사슴이나 멧돼지들은 이중의 의미를 갖고 있을 것이다. 그것들은 한편으로는 사냥감으로 잡혀져서 죽임을 당할 짐승이면서 다른 한편으로는 증식(增殖)되거나 다산을 현실화시켜야 할 짐승들이다. 그래서 이들은 보호되어 마땅한 대상들이다. 어느 의미에서는 이들은 모순등가(ambivalence)적이다. 그러나 호랑이나 표범은 단가적(單價的)이다.

같은 인간과 동물의 대면이라도 이들 두 가지 동물은 전혀 다른 의미작용을 하고 있는 것이다. 하지만 어느 경우나 눈으로는 직접 보이지 않고 있는 코드가 도형들 하나하나에, 또는 복수의 도형들 사이에 설정되어 있기로는 다를 비 없게 된다. 그 동물들에 실려 있는 코드는 다시금 또 그 동물들이 사람들과의 관계를 결정짓는 코드에도 연관될 것이다.

한데 이같이 비교적 세심하게 읽다보면 필경은 암각화의 각종 도형들이 '브리콜라주'(bricolage)고 '폴리포니'(polyphony)란 것도 눈에 들게 될 것이다. 그리고 그 같은 브리콜라주와 폴리포니 사이사이에는 비유법과 상징이 득실대고 있다는 것 또한 알게 된다. 그나마 은유에는 '관용(慣用)의 은유' 또는 '얼어붙은 은유'도 포함될 것이지만, '참신한 은유'가 또는 '문맥에 따라 의미가 정해질 은유' 등 두 가지가 있게 될 것이지만 이들이 암각화의 기호론에서 여간 큰 구실을 도맡아내지 않을 것이다.

언어적 기호에서와는 달리 시각적 기호 또는 암각화에 있는 도형의 기호에서는 물리적인 지시물(rerferent)은 이미 보는 사람 앞에 현전(現前)하고 있다. 이것은 특히 구상적인 이미지의 기호에서 더욱 합당하다고 해야 한다. 그 기호들은 물론 퍼스(C. S. Peirce)의 이론 체계가 일러주고 있는 '인덱스'일 수도 있을 것이고 '아이콘'일 수도 있을 것이다. 가령 전방이나 위를 향해서 손을 추켜들고 있는 인간 도형은 일단은 인덱스로 읽혀질 수 있을 것이다. 그리고 거의 모든 동물 도형이나 일부의 식물 도형은 우선은 아이콘으로 읽혀져도 무방할 것이다.[15]

하지만 이 양쪽 어느 것이나 이렇게만 단순하게 읽혀지고 말 성질의 것은 아닐 것 같다. 거기에는 상징이 오히려 더 큰 구실을 맡아내고 있을 것이기 때문이다. 백 보를 양보해도 그것들은 거의 대부분, 또 압도적으로 상징일 수 있다. 그나마 앞에서 이미 말한 바와 같이 관례나 관용에 의해서 이미 내용이 정해져 있는 '관습화된 상징' 말고도 텍스추얼리티를 따라서 그때그때 달라질, '참신한 상징'도 문제될 것이다. 아니 후자가 더 크게 더 강하게 부각되어야 할 것이다.

암각화의 도형들은 그것을 직접 그려 넣은 당사자들에게는 더러 '관습화된 상징'일 수도 있었을 테지만, 1만여 년의 세월을 사이에 두고 그 앞에 서 있는 우리들에게는 이제 그것은 잊어진 관습이다. 따라서 적어도 오늘의 우리들에게는 '참신한 상징' 또는 '신기한 상징'이 될 비율 또는 비중이 더 클 것이다. 거기에는 경이와 경탄과 또 더러는 계시나 공수(신탁)도 참여하고 있을 것이다. 거듭 그것들은 뮈토그라프다.

암각화 도형의 기호에서는 물리적인 지시물이 아닌, 또 다른 종류의 지

15 Robert Scholes, *Semiotics and Interpretation*, Yale University Press, 1982, p. 130.

시물이 문제되게 되어 있다. 그것이 아이콘으로서만 읽혀지고 말 것이 아니라면, 보는 이로서는 추상적 지시물을 묻게 되어 있다. 앞에서도 인용한 I. A. 리차즈의 생각대로라면 추상적 지시물은 이념이나 관념일 수 있는 한편으로 상징적인 내용일 수도 있는데 이에서는 비유법이 작용을 끼칠 수도 있게 된다.

물론 암각화의 도형에는 신화며 종교가 함축되어 있는 만큼, 그것을 기호로 읽을 때는, '말로 못함'(ineffability)이 트스루(Tsur)가 그의 *On the Shore of Nothingness: A Study in Cognitive Poetics*에서 문제삼은 시적 언어에서보다 한결 더 심각해진다.[16] 문자 언어가 없다는 그 이유 하나만으로 석기시대나 청동기시대의 사람들이 바위에 그림을 그린 것은 아니다. 입으로 하는 말로는 잡아내지도 못하고 또 미처 표현하지도 못하고 또 이해하지도 못할 것까지도 그들은 바위에 새긴 것이다. 도형들은 '초(超)언어'적이다. 여기에서 바로 은유며 상징이 절실하게 요구된 것이다. 내면적 읽기가 더욱 절실해질 수밖에 없다.

4. 바위그림, 그 굿청과 굿판

암각화는 신화고 종교다. 그러면서 또 생활이다. 그나마 바로 실생활이다. 암각화의 이 같은 '신화-생활 복합체', 또는 '초자연-자연 복합체'는 그것이 함축하고 있는 또 다른 듀얼리즘이다. 이것은 물론 종교를 생활로서 영위하고 있었다는 것을 의미할 것이지만 결코 그것만은 아니다. 이와

16 Margaret H. Freeman, "The Nature of Poetic Text"(Review on the "On the Shore of Nothingness: A Study in Cognitive Poetics" by Reuven Tsur), *Poetics Today*, vol. 26-no. 3(Fall, 2005), pp. 535~536.

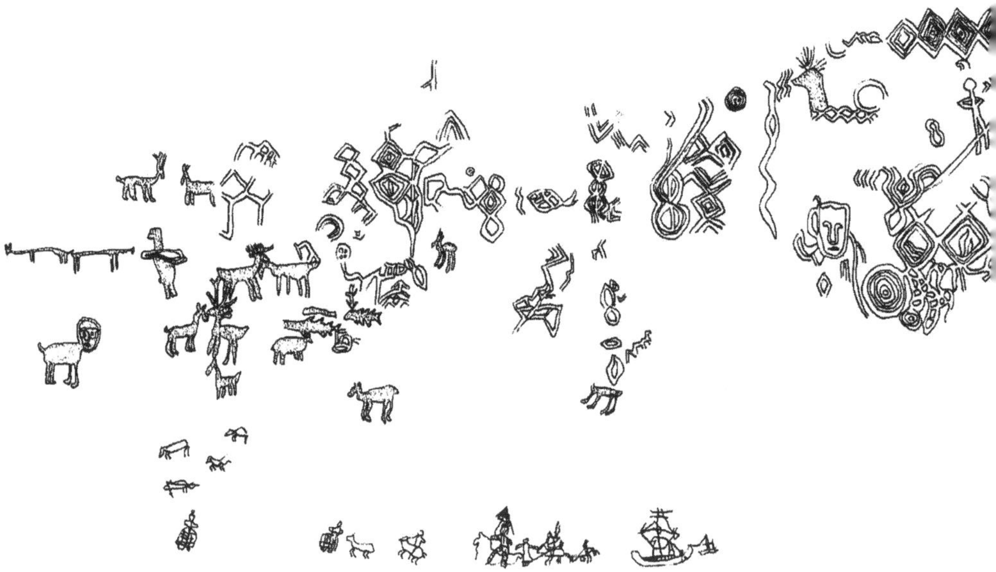

〈그림 2-3〉 울산 천전리 바위그림

나란히 생활이 곧 신화라는 이야기 또는 서사체(narrative)이기도 했다는 것도 의미하게 될 것이다.

그래서 암각화는 '신화'(神畵), 곧 '신 그림'(mythography)이면서 신화(神話), 곧 신 이야기(mythology)라고 거듭거듭 말할 만해질 것이다. 이것은 다름 아니고 암각화(畵)가 '암각화'(話)를 겸한다는 것을 함축하고 있는 명제다. 뿐만 아니다. 그림이 '암각 퍼포먼스'라는 것을 함축하고 있는 명제이기도 해야 한다.

천전리의 것이나 반구대의 것이나 두 곳의 암각화는 따라서 실제로 제각(祭閣)이니 제청(祭廳)으로 섬겨졌으리라는 것은 어렵지 않게 추론해낼 수 있을 것이다. 수직으로 서 있는 바위 캔버스 바로 앞의 바위너설은 따

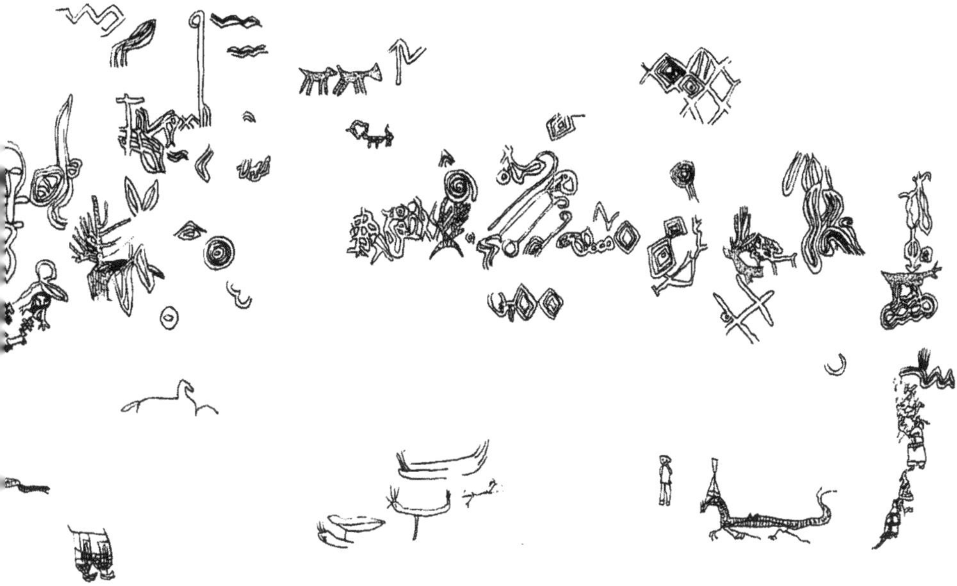

라서 제단(祭壇)으로 간주되어도 좋을 것이다. 그래서 암각화는 한국의 유사(有史) 이전의 가장 원초적인 서낭당이라고 불러도 큰 잘못은 아닐 것 같다. 물론 '굿청', 곧 굿을 올리는 장소였다고 해도 좋을 것이다.

거기서 석기시대며 청동기시대 사람들은 굿을 올렸을 것이다. 노래하고 춤추면서 치성을 드리고 절을 바치면서 소망을 빌었을 것이다. 사냥감이 많이 잡히고 겸해서 더 많이 늘어나게 되게도 기도했을 것이다. 거기 주술-종교적인 퍼포먼스가 시행된 것이다. 신화가 실제로 행동된 것이다.

암각화 읽기에서 가장 큰 콘텍스트로는 실생활을 들어야 할 것이다. 수렵만이 아니라, 어쩌면 일부 목축도 겸했을 실생활이야말로 사연 환성에 버금할 일차적인 콘텍스트다. 이에서는 당연히 굿거리라는 종교적 의식도 고려되어야 할 것이다. 다음으로 문제될 콘텍스트는 앞에서 이미 언급된 바와 같이 그 지형이지만 이에 버금할 셋째는 암각화가 '굿당'이었을 것이라는 점이다. 암각화라는 텍스트를 그 세부에 걸쳐서, 텍스추얼리티, 곧 텍스트 조직을 문제삼고 아울러서 기호들의 의미를 캘 때, 우선 이들 세 가지 대소 콘텍스트를 전제하지 않을 수 없다.

두 곳의 울주 암벽화의 구도 또는 조성(組成)을 따질 때, 한 짝의 삼부 조직과 매우 다양한 이부 조직이 크게 부각될 수 있다. 하늘(새 · 용 따위의 동물 말고도 해와 달 그리고 별)과 땅(호랑이 · 표범 · 멧돼지 등의 짐승 이외에 뱀 따위 파충류 그리고 꽃)과 바다(고래 · 물고기 등의 바다 동물과 선박 등)로 이루어진 삼부 조직을 먼저 지적할 수 있다. 이들이 우주론적인 구성을 이루고 있다는 것은 새삼 말할 필요도 없는 일이다. 암각화라는 굿청에서 굿을 올린 사람들은 땅과 바다에 살면서 하늘과도 교섭을 가졌던 것이다. (〈그림 2-1〉 울산 대곡리 바위그림 중에서 상층에 배들이 보이고 그 아래 육지동물들이 보이는 부분의 그림〔상단의 비교적 왼편에 보이는 그림으로, '물고기 모양의 배에 탄 사람들이 점으로 찍혀 있고 그 양쪽 아래편의 몇 종의 육지동물이 그려진 부분〕을 보라.)

이들 삼부 조직에 비해서 이부 조직 또는 듀얼리즘은 매우 복잡하고도 다양하다. 남과 여, 암과 수, 인간과 자연, 사람과 짐승, 생과 죽음 따위에 걸친 인간과 동물의 존재론적인 듀얼리즘 이외에, (교미나 출산 등의) 생식(또는 번식)과 포획(捕獲, 또는 사냥), 그리고 무리 지음과 혼자 있기 등등 인간과 동물의 행위에 관한 듀얼리즘이 짚어내어질 것이다. 그런 한편, 그림의 양식과 관련해서는 구상과 추상(기하학적 도형), 수직과 수평, 면각(面刻)과 선각(線刻) 말고도 내면 투시(透視, X-레이 기법)와 외형 묘사의 대립이 눈에 들게 되어 있다. 기법의 듀얼리즘에 의지한 이들의 다양한 도형과 물체며 생명체의 듀얼리즘에는 그림을 새긴 사람과 거기 굿을 바친 사람들의 세계관, 시공(時空)론, 인생관, 동식물론, 물체를 보는 눈 등이 아로새겨져 있을 것은 말할 나위도 없다.

한데 이같이 다양한 듀얼리즘의 맨 한복판 또는 바탕에는 '번식과 사냥'의 듀얼리즘이 위치하고 있다고 보아도 괜찮을 것 같다. 그것이 바로 암벽화의 키워드고 중추 개념이다. 얼마나 많은 짐승이며 동물을 잡느냐? 하는 문제며 과제와 짝지어서는 그것들의 개체수를 어느 수만큼 늘리느냐? 하는 과업이 걸려 있다.

이 중추적인 듀얼리즘을 가운데에 두게 되면 그 주변을 에워서 다른 여러 듀얼리즘들이 서로 층위를 달리하면서 자리를 잡게 될 것이다. 그 위치에 절대성이 주어질 것은 아니지만 대충만 잡아보면 다음과 같아질 수 있으리라고 여겨진다. 생과 죽음, 남과 여(수와 암), 뭍과 물, 땅과 하늘, 인간과 하늘, 인간과 자연……. 이들이 층층이 중추적인 듀얼리즘을 둘러싼 주변의 듀얼리즘으로서 자리 잡고 있다고 보아도 큰 무리는 아닐 것 같다.

'번식과 사냥'이라는 중심점을 둘러싸다시피 하고는 이같이 줄잡아서 여섯 겹으로 동심원이 그려지고 있다는 점을 필자로서는 굳이 강조하고 싶다. 그것으로 바위그림이라는 텍스트의 텍스추얼리티의 대강이나마 밝혀질 것이기 때문이다. 이럴 경우, 암각화에 직접 그려진 동심원이 크게 부각될 것이지만, 그렇다고 바위에 그려진 동심원이 암각화 주제의 동심원과 일치한다고 말할 수는 없다.

그렇다 쳐도 바로 이 주제의 동심원, 달리 말해서 텍스추얼리티의 동심원을 제대로 작동케 하고 기능을 다하게 하는 아주 특별난 악탕(Actant), 이를테면 행위 주체가 있다는 것을 아울러서 크게 내세우고 싶다. 그것은 반구대 암각화 화면의 오른쪽 하단에서 눈을 부라리고 있는 사람의 얼굴과 천전리의 화면의 가운데 상단에 그려진 또 다른 얼굴이다. 후자는 귀가 유달리 크고 머리 뒤에서 고개를 지나서 길게 줄 같은 것을 오른쪽으로 늘어뜨리고 있는데다 그 반대편 목에는 무슨 장식물 같은 것을 걸치고 있다.

이 비교적 뾰족한 큰 삼각형의 얼굴과 원만한 삼각형 윤곽에 턱이 비교적 둥근 얼굴, 이들 두 얼굴을 읽어내기는 쉽지 않을 것 같지만 필자로서는 굿을 주재하는 무당일 수도 있을 테지만, 이와는 다르게 바로 반구대며 천전리의 '암벽의 정령'일 가능성을 아주 배제하고 싶지는 않다. 이렇게 생각할 경우, 그들의 도움 없이는 주제의 동심원은 이내 허물어지고 말 것이다.

5. 수요와 공급의 원칙

짐승 또는 동물은 수렵 문화에 있어서, 또한 그들에 의존한 삶을 영위하는 사람들에게 절대적인 수요다. 생존을 위한 절대적이고 필수적인 조건이다. 이에는 당연히 소비와 공급이 수반될 것인데, 앞에서 보인 '생과 죽음' 이하의 듀얼리즘들은 소비며 공급 양쪽에 다 걸쳐 있을 것이지만, 그 상대적 비중은 말할 것도 없이 공급에 있을 것이다. 소비하는 수요를 채울 만큼, 또는 그 이상으로 공급은 계속되어야 할 것이다. 암각화가 가질 일차적으로 큰 의미가 있을 기능은 이 공급의 확보와 증대에 있을 것은 쉽사리 짐작이 갈 것이다.

이제 구체적으로 텍스트 안을 들여다보기로 하겠다.

반구대 암각화의 왼쪽 상단에는 막대기가 나란히 조밀하게 세워진 나무 울타리가 있고 그 안에 짐승 한 마리가 갇혀 있는 것이 보인다. 말할 것도 없이 생포한 짐승이라서 울타리는 덫으로 보아도 좋을 것 같다.

한데 이와 달라붙다시피 하고 있는 U자형의 도형 안에 짐승 한 마리가 또 그려져 있다. 여태껏 많은 관찰자들이 이 또한 덫에 걸린 짐승이라고 읽어왔지만 필자는 생각이 아주 다르다. (〈그림 2-1〉 울산 대곡리 바위그림 중에서 울 속의 동물 그림(그림 중간보다 조금 위의 맨 왼편 가장자리의 '여러 가닥의 나무 울타리와 그 안의 네발짐승' 그림)을 보라.)

그것은 모태에서 막 세상으로 나오고 있는, 갓 난 새끼 동물이라고 읽혀질 가능성을 간직하고 있을 것 같다. 그 이유는 다음 두 가지다. 하나는 네발짐승이 바야흐로 U자형 바깥으로 나오고 있다는 점이고, 다른 하나는 바로 그 U자형의 테두리가 심상치 않다는 점이다.

바깥으로 그나마 위를 향해서 올라오고 있는 그 어린 네발짐승은 이제 바야흐로 모태를 떠나서 세상을 향해서 출산되고 있다는 것을 보여주고 있는 것으로 읽고 싶다. 그것은 모든 식물들이 땅 밑에서 지표로 올라서면서 새로운 생명을 누리게 된다는 것과 무관하지 않을 것이다. 따라서 여기에 그려진 작은 짐승이 인간이 미리 파놓은 함정에 빠진 것이라고 읽어온 것은 당연히 재고해야 할 것이다. 짐승이 함정에 빠지기를 바라는 것이라면, 짐승은 그 머리가 땅바닥에 내리박혀 있어야 할 것이다.

그러고 보니, U자형을 그려내고 있는 두 겹의 선곽의 폭이 네발짐승 몸통만큼 두툼하고 굵고 크다는 것에 주목하게 된다. 그리고 그 폭 안에는 무수하게 촘촘하도록 잔잔한 점들이 찍혀져 있다. 마치 잔뜩 타일을 발라놓은 것처럼도 보인다. 그러한 도안(圖案)은 바로 그 U자형이 인간이 땅밑을 파헤쳐서 만든 게 아니란 것을 십분 시사하고 있을 것 같아 보인다. 그것과는 다른 특별난 어떤 조직을 가진 구성물을 암시하고 있을 것 같다.

짐승이 위를 향하고 있다는 점, 그리고 도안이 특별나다는 점 등 두 가지 징표는 U자형을 그냥 단순히 땅을 파내려간 웅덩이 덫이라고 보게 하지는 않을 것이라고 생각된다. 그렇지 않고 무엇인가 매우 의미 깊은 그리고 중요한 것의 형상으로 보인다. 이런 경우, U자형의 형태 자체가 이미 큰 상징성을 갖추고 있다.

그것에서는 자연물로서는 샘이며 소(沼)며 우물 등이 연상되는 한 편으로 굴혈(窟穴)이나 동굴이 연상될 것이고 인공 조형물로서는 항아리나 옹기 등이 연달아서 상기될 것이다. 인체의 몸 사위로는 포옹과 수용이 U자형으로 대변될 수 있을 것이다. 이들 연상은 절로 U자형이 여성 상징이 될 수 있다는 것을 말하게 할 것이다.

이래서 필자는 이 웅숭깊고 두툼한, 어쩌면 육중한 U자형을 '어미의 모태'라고 읽고 싶다. 아니면 내친김에 '대지모신'(大地母神, Great Earth Mother), 이를테면 '대지 그 자체인 모신' 의 상징이거나 아니면 그의 태반이라고 읽고 싶다.[17]

지하세계는 깊으면 깊은 대로 얕으면 얕은 대로 생명력의 터전이란 것은 새삼 말할 필요도 없다. 물론 지하세계는 죽음과 직결되지만 이럴 경우, 그것은 생명력의 원천과 맞겨루어서는 지하세계의 '앰비밸런스'(ambivalence), 이를테면 모순등가만 일방적으로 내세울 수는 없다. 죽음의 음지이기에 재생과 환생의 터전이 되기도 한다는, 대지 또는 지하의 궁극적인 모순등가에도 유념해야 할 것이다.

이럴 때, 칼 케레니(K. Kerenyi)가 그리스신화를 다루면서 미로(迷路)의 기능을, 또한 그 앞에서 추어지는 춤의 의미를 캐면서 미로를 헤집고 들어서는 일이 지하의 '하데스'(Hades), 곧 죽음의 세계에의 순례이면서 동시에 재생을 기도하는 의례라고 해석해 보인 것을 참조할 수 있을 것이다.[18] (〈그림 2-1〉 울산 대곡리 바위그림 중에서 울타리 속과 U 속의 동물 그림〔그림의 왼편 끝, 상단에 있는 자라 무리 바로 아래의 고래 무리 바로 우측에 그려진 '두 그림.' 하나는 U자 도형 속에 짐승이 그려진 것, 그리고 다른 하나는 바로 그 아래 왼편에 보이는 나무 울타리와 그 안의 네발짐승〕을 보라.)

---

17 cf. Paul Radin, *The World of Primitive Man*, New York, 1971, p. 314.
18 C. G. Jung & C. Kerenyi, *Science of Mythology*, London, 1985, p. 109.

이런 몇 가지 전제를 두고서 읽어내면 이들 짐승이 있는 두 그림, 곧 울타리 안의 동물 그림과 U자형의 지하 굴에서 위로, 곧 세상으로 나오고 있는 동물 그림은 서로 이웃해서는 상대적으로 상호 대비를 이루게 될 것이다. 한쪽은 죽음이 예상된 생포요, 다른 한쪽은 번식이고 생산이다. 거기에는 소비와 공급, 소비와 수요의 대비가 서로 상접하고 있는 셈이다.

이 같은 읽기는 이들 두 그림과 연접하다시피 하고 있는 또 다른 그림에서 거듭 유효하게 된다. 그 그림은 다름 아니고 바로 한 무리의 고래를 보여주고 있다. 선각(線刻)인 네발짐승과는 달리 면각(面刻)으로 새겨진 고래 떼는 상어를 빼고도 적어도 세 가지 이상의 서로 다른 종류임을 보여주고 있는 그만큼 읽기가 쉬울 것 같지는 않다.

그런 점을 무릅쓰고 암벽의 좌편 윗부분에 새겨진 세 마리 고래를 따로 문제삼아볼까 한다. 이 선택은 다소 자의적이라고 보일 것이지만, 선택한 사람으로서는 그런 대로 어떤 기준이 아주 없는 것은 아니다. (〈그림 2-1〉 울산 대곡리 바위그림 중에서 여섯 마리의 고래 그림〔그림 중앙에서 조금 왼편에 있는 '큰 고래 여섯 마리'〕을 보라.)

우선 그들은 몸통의 크기로 보아서 다음 그림이 보여주듯이 이웃한 다른 고래들을 압도하고 있다. (〈그림 2-1〉 울산 대곡리 바위그림 중에서 고래 무리 전체 그림을 보라.)

뿐만 아니라 그 셋은 같은 개체이되, 다만 그것이 지닌 어느 한때의 징표 또는 속내를, 그나마 서로 다른 징표 또는 속내를 서로 별개인 듯이 따로따로 그려낸 것이라고 생각될 여지를 남기고 있다는 점에도 유념하고 싶다.

그것을 다르게 말하자면, 주체는 하나이되 그것이 지닌 서로 다른 세 가지 '시니피앙'(시그니파이어)을 그려내고 있는 것이라고 말해도 좋을 것 같다. 요약해서, '일체(一體) 삼형(三形)'이라고, 이를테면 워낙 한 육체가 지닌, 또는 나타내는 서로 다른 세 가지 형태나 모습이라고 말해도 좋을 것 같다.

그런 전제가 성립된다 치고 세 마리의 고래를 자상하게 짚어내면, 맨 위의 한 마리, 곧 성기를 노출하고 서 있는 사내의 발치에 있는 한 마리에는 그 머리에 아주 작은 고래가 또 한 마리 그려져 있는 게 눈에 띈다. 이 고래의 꼬리 오른쪽에 자리 잡고 있는 고래의 등에는 활촉 또는 작살이 꽂혀 있는 게 보인다. 그리고 그 바로 왼편에 위치한 고래는 그 머리 부분이 투시화법으로 소상하고 구체적으로 그려져 있는 게 눈에 들어온다.

이럴 때, 화살촉/작살 박힌 고래는 죽은 고래라는 것은 분명하다. 그래서 이 고래를 발판으로 삼아서 그 바로 위의 또 다른 고래를 다시금 살피게 되면, 그것의 머리에 그려진 새끼 모양을 넋이라고 고쳐 읽을 여지가 생긴다. 지금껏 이 고래를 관찰한 그 방면의 연구가들은 하나같이 새끼를 등에 업은 어미 고래라고 지칭해왔다.

한데 여기서 굳이 영혼으로 보는 데는 다음과 같은 논거들이 작용을 끼치게 된다. 첫째는 이미 말한 바와 같이 죽은 고래 바로 위에 위치하고 있다는 점이다. 죽음과 위아래로 맞대고 있다는 점이다. 둘째는 고래의 몸통 전체는 점묘법의 면각인데 비해서 그 머리에 위치한 작은 새끼 모양의 것은 밋밋한 면각이 아닌 선각이라는 점이다. 고래 몸통 전체와는 매우 대조적이다. (〈그림 2-1〉 울산 대곡리 바위그림 중에서 큰 고래 한 마리 그림〔여섯 마리의 고래 중에서 '맨 위에 있는 큰 고래 한 마리'〕을 보라.)

문제되고 있는 이들 세 마리 고래의 바로 오른편의 아주 작은 한 마리 고래와 훨씬 아래편에 위치한 또 다른 작은 한 마리 고래는 둘 다 새끼로 보이는데, 이들은 점묘법의 면각이다.

이들은 다들 살아 생동하고 있는 고래 새끼들이다. 이것은 지금 논란되고 있는 고래의 머리에 그려진 새끼 모양이 그려진 화법과는 전혀 다르다. 후자는 보기에 따라서는 X-레이 화법으로 투시된 고래 머리의 내부라고 읽혀질 가능성을 시사하고 있을 것 같다.

바로 이 때문에도 문제되고 있는 그 작은 고래 모양의 형상을 영혼이라고 읽고 싶다. 고래 머리 안의 작은 고래 모양의 형체라면 영혼 말고는 다른 것이 될 수가 없다. 고래 머리 안에 영혼이 있다는 시베리아 원주민의 속신(俗信)에 대해서는 다른 연구자들과 다를 바 없이 큰 고래 머리에 그려진 작은 형상을 고래 새끼라고 읽은 정동찬 님도 언급하고 있다.[19]

그렇다면 죽은 고래 바로 옆의 제3의 고래의 머리를 그리되, 굳이 투시화법으로 머리 내부가 묘사된 것은 무엇 때문일까? 그 답을 나머지 두 마리의 고래와 연관시켜서 읽어낸다 치면 어떤 게 될까? 그것은 작살/화살촉을 맞아서 죽은 고래의 영혼의 자리를 소상하게 그려낸 것이라고 읽힐 가능성을 내포하고 있을 것 같다. 뿐만 아니다. 두개골이 그려져 있는 것을, 이 글의 다른 곳에서 언급하고 있는 시베리아 샤먼의 의상에 해골이 그려져 있는 것과 대비시키면 고래의 두개골 그림은 또 다른 추론을 유도하게 된다. 그것은 다름 아니고 이 고래가 지금 당장의 죽음을 겪고는 다시금 목숨 누리는 재생을 하게 되리라는 추론이다.

이와 같은 일련의 읽기가 용납된다 치고 이제 셋을 엮어서 읽어볼까 한다.

'죽은 고래여! 지금은 죽었으나 머릿속에 박힌 영혼은 하늘로 올라가라. 그리고 다시금 또 몸통 얻어서 다시 우리들의 이 바다에 태어나라! 그리고는 다시금 또 우리에게 생포되라!'

고래 잡은 사람의 이 같은 소망이 거기 고여 있을 것 같다. 이렇게 읽으

---

19 정동찬, 『살아 있는 신화 바위그림』, 혜안, 1998, pp. 80~81.

면 우리는 시베리아 원주민이 곰을 잡아서 먹을거리로 죽인 뒤에 치르는 '곰 굿'에서 곰의 영혼의 새로운 육화(肉化), 곧 육체 얻기를 축원하는 것과의 사이에서 상당한 정도 유사성이 있음을 지적할 수 있게 된다.[20] 이 때, '곰 굿'은 죽은 곰의 넋이 하늘로 올라가서 다시금 또 육체를 얻어서 지상으로 내려와 잡혀지기를 비는 것이다.

그러나 불행하게도 상고대의 울주에서 '고래 굿'이 치러졌는지 어떤지를 확인할 다른 자료는 없다. 여기서는 다만 '고래 굿'과 같은 기능을 다해줄 그림이 다름 아니고 여태 다루어진 세 마리의 고래 그림이라고 하는 정도로 말하고는 만족할 수밖에 없다. 만약 위와 같은 일련의 읽기가 용납된다면 이 세 마리 고래 그림에서도 그 지적의 네발짐승의 경우와 마찬가지로 '포획(捕獲)/죽음'과 '재생/번식'의 듀얼리즘이 능동적으로 기능하고 있다고 해도 좋을 것이다.

이렇게 읽다 보면 맨 앞의 고래 머리를 밟다시피 하고 서 있는 사내, 그나마 남성 상징을 우뚝 돌기시키고는 버티고 서 있는 사내가 어떤 구실을 도맡아 있는가를 쉽사리 읽어내게 된다. (〈그림 2-1〉 울산 대곡리 바위그림 중에서 고래 위에 남근을 노출 시킨 사내 그림〔그림의 비교적 왼편 중앙, 맨 꼭대기의 '성기 노출한 사내' 그림〕을 보라.)

이 경우, 사내의 양물의 돌기가 텍스트 속에서 특별히 '징표 매겨진'(marked) 기호라는 점에 따로 유념하고 싶다. 또한 세 마리 고래라는 기호와 하나의 문맥 속에서 인과관계로 접속되어 있다는 점에도 역시 유념하고 싶다. 이 팔루스(phallus, 남근)와 앞에서 말한 모태 상징이 위아래로 이웃해 있는 것을 우연이라고 보기만 할 것은 아닐 듯싶다.

이 사내의 등에는 무엇인가 작은 줄이나 끈 같은 것이 새겨져 있다. 그

20 cf. Martynov, *op. cit.*, pp. 20~21.

게 어떤 주술적 기능을 가진 것인지 어떤지는 확인하기 어렵지만, 다만 그같이 읽힐 가능성이 전무(全無)한 것 같지는 않다. 앞은 발가벗고 있는데도 등에는 뭣인가 장신구 같아 보이는 것을 지고 있다면, 그 정체는 규명하기 어렵다 해도 그것이 예사로운 게 아니라는 추정을 하도록 유도하고 있는 것까지 부정할 수는 없을 것 같다.

이 장신구로 말미암아서 그가 뭣인가 특별한 기능을 맡아 있다면, 필자로서는 그게 죽은 고래들의 영혼을 하늘로, 또는 타계로 인도하는 길라잡이일 것이라고 생각한다. 이때 사내를 바로 그 왼편의 세 마리 거북과 연관 짓는 것은 현명하지 못할 것 같다. 사내가 그들을 등지고 있기 때문이다.

그렇다고 해서 고래들과 거북의 무리가 좌우로 나란히 자리 잡고 있는 것을 전적으로 무시할 수는 없다. 자라나 거북은 우리의 가락국 신화가 일러주고 있듯이 천지 사이의 매개체고 신 내림을 채근하는 주술적 힘의 소유자다. 뿐만 아니다. 시베리아 일부 지역에서는 우주의 중심에 위치한 '우주 축'의 주춧돌 구실도 맡아내고 있다. 아울러서 신단이나 제단의 터전이 되는 지점이 바로 거북이 차지하는 토폴로지(topology)다. 가락국 신화에서도 물론 이 점은 지적될 수 있다. 이 같은 상징성을 갖추고 있는 거북들에게는 그 이웃의 고래들의 승천과 재생을 돕는 구실이 주어져 있을지도 모른다.

이래서 필자는 이 사내가 사람이며 동물을 가릴 것 없이 그들 영혼을 피안의 세계 또는 타계(他界)로 여행시키는 안내자라고 말하고 싶다. 따라서 이 사내는 동물의 영혼의 수호신이거나 그 타계 여행, 또는 우주여행을 도맡아서 돕는 무당일 가능성을 적잖이 갖추고 있을 것 같다. 우리의 바리데기 신화가 보여주고 있듯이 영혼의 타계 여행 또는 우주여행은 샤머니즘, 곧 무속신앙의 가장 중추적인 이데올로기의 하나다.

그 결과 세 마리 고래와 사내의 도형에서 고래는 고래끼리대로, 또 세 마리 고래와 사람은 그들끼리로 서로 사이에 일정한 텍스추얼리티를 엮어내고 있다고 읽게 될 것이다. 그 결과 그것들은 서로 다른 네 개의 '신태그마'로서 엮어지면서 하나의 센텐스(sentence) 또는 문맥을 이루고 있다고 간주할 수 있게 된다.

전통적으로 그렇기는 하지만 상고대의 샤머니즘에서 죽음과 재생 또는 죽음과 신생은 그것의 가장 핵심적인 모티브다. 삶은 그 자체로 풍요하고 안락하게 누려지기를 소망한 것이지만 죽음은 재생의 계기가 될 것을 빌어서 마지않았다. 그런 까닭에 생과 사를 일관해서 '생명 원리' 또는 '생의 원동력'으로 영생하고 있는 영혼이 신앙된 것이다.

위에서 잠시 언급한 사내들만 해도 그렇다. 생명력을 촉구하는 팔루스의 사내가 그려져 있는가 하면 다같이 팔루스를 노출하였으되, 한 손에 칼을 들고 있는 사내도 있기 때문이다. 전자는 삶이나 신생을, 후자는 죽음을 채근하고 있다. 팔루스가 짐승들의 죽음을 불러오는 힘으로도 기능하고 있는 꼴이다. 이것을 팔루스의 역기능이라고 말하는 것은 삼가는 것이 옳을 것 같다. 가령, 스콜스(Robert Scholes)가 기호론 분야의 도입서(導入書) 격인 한 저서에서, 영어 clitoris의 어원인 그리스어의 kleitolis가 남성과 관련되어서는 성기를, 곧 팔루스를 가리키는 이외에 몽둥이나 열쇠를 의미하는 것 말고도 보석이나 귀물을 의미하기도 한다는 것을 지적해 보이고 있지만,[21] 그것은 굳이 그리스어에게 국한된 것은 아닐 것이다. 그것을 참조해서라도 울주 암각화에 왜 성기를 노출하고 있는 사내들이 그려져 있는가를 쉽사리 유추하게 될 것이다. 특히 이미 말한 바와 같이 동물의 죽음과 재생 양면에 걸쳐서 생명력이며 풍요의 상징으로 그것은

21 Scholes, *op. cit.*, p. 130.

기능하고 있는 것이다. 동물의 죽음과 관련해서는 그것들을 사냥해내고 잡아내는 동력으로서 팔루스가 작용하게 될 것이라는 추리를 해도 좋을 것이다.

이처럼 팔루스가 죽음과 삶 양자에 걸쳐서 힘의 원천으로 작용한다는 것은 가령 시베리아의 원주민 샤먼 가운데는, 드물지 않게 그 의상의 앞 가슴이나 등에는 해골바가지가 그려지는데, 이때 해골은 앞에서 지적된 대로 영혼의 둥지를 상징하는 이외에 그 샤먼의 수호자 격인 조상을 상징하기도 하는 한편으로, 바로 그 의상을 입고 있는 본인의 죽음을 상징하기도 하는 것이다.

이건 좀 끔찍하다. 스스로의 죽음과 함께 춤추고 있는 샤먼! 이것은 그가 다름 아니고 죽음과 삶의 중매꾼이라는 것을 의미하게 된다.

그렇다. 지금껏 다루어온 소재만 가지고 중간 결산을 한다 치면 다음과 같이 될 것이다. 즉, 암벽화에서 가장 크게 강조해도 좋을 주제는 '포획/죽음'과 '재생/번식' 사이의 중매다. 그 중간 조절이다. '삶과 죽음 사이의 매개'라고 달리 말할 수도 있을, 이들 이원론은 한국 무속신앙의 흐름 속에서는 후세의 '바리데기'로 다시금 형상화된다. 하지만 그로써 그치지 않는다. 그것은 오늘날 우리들 인간 누구나의 꿈이다. 그러면서 집단적인 무의식의 심층적인, 그리고 오랜 원형으로서, 아니 초시대적인 원형으로서 우리 속에 깃들이고 있는 것이다. 울주의 두 암각화는 우리들 자신의 무의식의 그림이다. 우리들의 자화상이다.

6. 살생/포획과 재생/번식

대곡리의 반구대 암각화에 그려진 그 수많은 짐승 그림 가운데에는, 바로 번식의 주제 그 자체이거나 아니면 그것과 관련된 것들이 포함되어 있다. 시베리아의 암각화며 골각(骨刻) 그림에는 무수한 동물이 그려져 있는데, 그들 가운데는 숭배 받는 '신령 동물'이 있고, 그래서는 대자연의 정령으로 섬김을 받는 동물도 있는데[22] 이들은 말할 것도 없이 번식이며 생산의 원리의 주관자(主管者)이기도 한 것이다.

그나마 울주의 암각화에는 네 가지 범주의 동물이 그려져 있다. 첫째는 흘레붙고 있는 짐승들이다. 가령, 바위 벼랑의 중앙 상단에 위치한 두 마리의 멧돼지(?)가 위아래로 몸을 포개다시피 하고 있는 것은 그들이 교미 중이라고 보아도 괜찮을 것 같다. (〈그림 2-1〉 울산 대곡리 바위그림 중에서 교미 중인 동물 그림〔그림 오른편 최상부에 보이는 두 마리 네발짐승 그림〔'한 마리는 옆으로 몸을 뻗고 있고 다른 한 마리는 그 엉덩이 위에 앞발 들어 걸쳐놓고 듯이 보이는 그림'〕을 보라.)

상대적으로 보다 더 덩치가 큰 녀석 등판 위에 그보다는 조금 작은 다른 녀석이 네 발로 버티고 있기 때문이다. 그런가 하면 벼랑의 오른쪽 맨 끝의 맨 꼭대기에서는 조금 작게 그려진 두 마리의 네발짐승이 교미 중인 듯이 보이는 자세를 취하고 있다.

대곡리에서 천전리의 벼랑으로 시선을 옮기면 또 다른 장면이 목격된다. 벼랑 맨 왼쪽 끝의 비교적 높은 지점에는 흘레붙은 두 마리의 개와 흡사한 그림이 보인다. 그리고 그 지척의 왼편에는 두 쌍의 암수 사슴이 서로 마주보고는 머리를 맞대고 있는 정경이 눈에 띈다. (〈그림 2-3〉 울산 천전리 바위그림 중에서 개 형상의 교미 그림〔그림 맨 왼편에 '두 마리의 네발짐승이 엉덩이를 맞대고 있는 그림'〕을 보라.)

둘째는 사람과 짐승이 어우러진 모습이다. 같은 벼랑의 오른편 중간쯤

---

22 Martinov, *op. cit.*, p. 44.

의 윗부분에는 참 묘한, 어쩌면 정체를 확인하기 어려운, 그러나 지금 당장 우리의 화제와 관련된 듯한 도형이 하나 보이고 있다. 작은 네발짐승 엉덩이에 바싹 붙다시피 하고는 뭔가가 서 있는데 그게 어쩌면 사람 같아 보이기도 한다. 만약에 그게 사람이라면 민망하게도 네발짐승 암컷과 인간 사내와의 '인수교구'(人獸交媾)라고 읽혀질 수 있는 가능성을 전적으로 배제하기는 어려워 보인다. (〈그림 2-3〉 울산 천전리 바위그림 중에서 인수교구 그림〔그림 중앙 상단에 '뿔이 긴 동물 엉덩이에 붙어 서 있는 사람' 그림〕을 보라.)

짐승 바로 머리 위에는 오각형의 도형이 보이고 그 왼편 몸집에는 뭣인가 뾰족한 돌기가 돋아 있다. 얼핏 거북이나 자라처럼 보이지만 확정짓기는 쉬울 것 같지 않다. 이것도 인수교구와 어떤 텍스추얼리티를 맺고 있는 것으로 징표지어서 읽을지 어떨지는 확언할 형편이 못 된다.

이때, 그냥 단순하게 '인수교구'라고 하지만 그것을 변태의 성행위라고 읽을 수는 없다. 이 그림들의 인물은 단순한 보통 사내는 아닐 것이다. 동물들의 '보호령'(保護靈)이 의인화되어서 그려져 있다고 읽혀질 수도 있기 때문이다. 그렇다면 동물 보호령이 특정한 동물의 생명의 생산력을 드높이기 위한 행위가 인수교구로 그려져 있는 것이라고 보아도 될 것이다.

셋째는 별스럽게 배가 불룩한 짐승들이고, 넷째는 그 등에 새끼를 업고 있는 네발짐승이다. 이들을 두고 생식 원리를 새삼스레 말하는 것은 쑥스러운 일이다. (〈그림 2-1〉 울산 대곡리 바위그림 중에서 배가 불룩한 짐승 그림〔그림의 중앙 상단에 사슴 · 표범 · 호랑이 들이 그려져 있는 가운데서, '오른쪽으로 뻗힌 목이 유별나게 긴, 사슴인 듯이 보이는 동물. 그 꼬리가 짧고 배가 매우 불룩한데, 거기에 온통 작은 사각형 또는 그 비슷한 도형이 그려져 있는 것'〕을 보라.)

이런 네 무리의 도형들, 곧 짐승끼리 교구하고 있는 것, 인수교구하고 있는 것, 그리고 배가 불룩한 것에다 다시 등에 새끼 업고 있는 것 등등 네 가지의 도형은 물론 전체 구도상에서 별개로 따로따로 자리를 차지하고 있다. 화면상으로는 직접 그들 사이를 엮어놓을 텍스추얼리티의 고리를 보아내기는 어렵다.

하지만 그 네 무리의 도형이 서로 같거나 아니면 연접될 징표(mark)들을 갖고 있다는 것은 쉽사리 유추해낼 수 있다. 그것은 우선 번식의 원리와 직결되어 있다. 무엇보다 임신한 동물이 이를 대언(代言)하고 있다. 또 동물 등에 올라서서 환호하듯이 두 팔 위로 솟구쳐서 벌리고 있는 사람도 이에 동조하고 있을 것이다. 짐승을 다그쳐서 그들에게 뭣인가 사람의 뜻을 전하고 있는 그가 짐승에게 바라고 있을 것에는 다산(多産)이 포함되어도 좋을 것 같다. 물론 다르게는 그것이 짐승을 억압하는 몸짓이라고 읽혀질 가능성이 아주 없는 것은 아니지만, 그래도 필자는 전자를 택하고 싶다.

새삼 말할 필요도 없이, 이들 네 가지 도형은 번식과 생육을 위한, 생명 원리와 직결되어 있을 것이다. 그러면서 위에서 누누이 강조된 '포획과 번식'의 모티브, 그리고 더 나아가서는 '죽임과 재생'의 모티브와도 연관될 것이다. 말하자면 동일한 패러다임에 속할 수 있는 것들이다. 그렇다면 이들 네 무리의 그림이 바위 벼랑 여기저기에 산만하게 흩뜨려져 있는 것은 아니다. 동일한 의미를 가진 유사한 시니피앙으로서 서로 눈에 안 보이는 문맥으로 엮어져 있다고 읽어야 할 것이다.

이때, 우리들은 지금껏 언급된 바 없는 사냥되고 있는, 또는 죽임을 당하고 있는 네발짐승들에 대해서도 마저 언급해두는 것이 좋을 것 같다. 앞의 네 도형이 생산과 번식에 관련된 것이라면 이제부터 문제삼을 다섯 가지 도형은 또 다른 것에 대해서 주목하게 하고 있다. 이제부터 언급될 ⓐ~ⓔ, 다섯 가지 도형들은 위에서 제시한 네 가지 도형과는 대조적이다. 짐승 사냥 또는 죽이기가 그려진 도형이기 때문이다.

위의 네 가지 도형과는 전혀 다른 패러다임의 묶음을 이룰 것인데도 서로 대조적으로 상보(相補)하는 관계를 갖고 있기도 할 것이다. 말하자면 두 가지의 상반되는 패러다임의 묶음이 좌우로 또는 앞뒤로 서로 한 줄기의 신태그마의 구성을 엮어내고 있기도 한 셈이다. 그림이 그려진 바위 벼랑, 곧 화판 또는 화면 전체가 서로 눈에 안 보이는 고리로 어울려 엮어지고 있다고 말해도 큰 무리는 없을 것 같다. 거기에는 작은 차이나 변이(變異)를 초월한 상동(相同)이 있음에 비해서 상반(相反)이 있을 것이고 결연(結緣)이 있는 반면으로는 절연도 있을 것이다. 크게 보아 '=표'와 '=를 지우는 ≠표'가 작용하고 있는 반면 '+표'와 '−표'가 서로 맞물려서 기능하고 있을 것이다.

이런 개관(槪觀)을 전제하고 ⓐ~ⓔ 다섯 무리의 도형으로 시선을 옮기고 싶다. 대곡리 바위 벼랑의 맨 왼쪽 고래 무리와 그 조금 오른편의 호랑이며 표범 무리의 중간쯤 되는 지점에는

네발짐승의 등에 올라탄 듯이 하고는 두 팔을 벌리고 있는 사람(ⓐ), 앞에서 지적된 사람의 바로 오른편 호랑이 뒤로 내민 긴 창만 보일 뿐, 몸은 호랑이 뒤에 가려진 사람(ⓑ)들이 보이고 있고, 중앙 상단에서 네발짐승들 앞에 두 발을 벌리고 한쪽 팔을 들고 있는 사람(ⓒ), 중앙 하단에 몇 가지 바다동물들과 육지동물 사이에 껴 있다시피 하고서는 양물을 노출한 채로 왼팔에 길닐 같은 것을 추켜들고 있는 비슷한 모습의 두 사람(ⓓ), 맨 오른편의 사슴·새·멧돼지 그리고 돌고래 등에 둘러싸여서는 성기를 노출한 채로 활 같은 것을 들고 있는 사람(ⓔ) 등등이 그려져 있는데 이들은 모두 짐승들을 몰아붙이거나 아니면 잡으려 드는 자세를 취하고 있는 듯이 보인다. 이 글의 비교적 앞부분에서 세 마리 고래에 관해서 언급할 때, 문제가 된 사내까지 치면 모두 일곱 사람이 그런 꼴로 서 있는 셈이 된다.

(ⓐ: 〈그림 2-1〉 울산 대곡리 바위그림 중에서 사슴(?) 등에 올라 서 있는 사내 그림을 보라. ⓑ: 〈그림 2-1〉 울산 대곡리 바위그림 중에서 ⓐ 그림 바로 오른편 옆, 배에

줄무늬가 그려진 '호랑이 꼬리에 걸리다시피 하고는 있는 긴 창' 그림〔그 오른편의 고래를 찌를 듯이 보임〕을 보라. ⓒ: 〈그림 2-1〉 울산 대곡리 바위그림 중에서 그림 맨 왼편 꼭대기에 '두 발을 벌리고 한쪽 팔을 들고 있는, 아주 작게 그려진 사람' 그림을 보라. ⓓ: 〈그림 2-1〉 울산 대곡리 바위그림 중에서 그림 왼쪽 가장자리의 '여러 고래와 육지동물에 에워싸이다시피 하고 있는 작은 인물' 그림을 보라. ⓔ: 〈그림 2-1〉 울산 대곡리 바위그림 중에서 그림 중앙보다 조금 아래, 그 오른편 가장자리에 '물개와 새와 멧돼지와 사슴이 보이고 그 앞에 그려진, 서 있는 사람' 그림을 보라.)

이들 가운데서 넷씩이나 성기를 노출하고 있는 것 말고도 두 팔을 들거나 아니면 왼팔로 허리를 짚고는 구부리고 있는 것이 유별나게 눈에 띈다. 짐승 잡이를 하는 사내가 굳이 양물을 노출하고 있는 것은 물론 힘의 과시고 능력이며 주력(呪力)의 과시다. 그야말로 넓은 의미의 팔루스라고 해도 무방할 것이다. 그것이 사내들의 권력 과시, 이른바, 남권(男權) 의식의 과시와 관련되어 있을 것은 명백하다. 그런 뜻에서 그들이 손에 잡고 있는 창 · 칼 · 화살 · 방패가 사냥의 연장으로써 발휘하게 될, 기능이며 힘을 보장하게 되는 것이 다름 아닌 이들 팔루스다.

이 땅의 전통적인 남권 의식의 가장 원초적인 상모(相貌)가 거기 있다고 해도 좋을 것 같다. 우리들은 이 같은 팔루스를 내민 도형은 다음 그림에서도 보게 되거니와 이것은 바로 극동 시베리아의 톰 강의, 이른바 '새〔鳥〕 사람'의 것이다.[23]

따라서 그들의 특이한 팔의 자세에는 단순히 짐승을 사냥하거나 몰아붙이는 시늉 이상의 의미가 주어져야 할 것이다. 특히 두 팔을 우뚝 들어올린 것은 말할 것도 없고 한쪽 팔을 구부려서 허리를 짚고 있는 자세의 경우는 주술적인 의미가 거기 붙여져야 할 것이다. 그 구부린 팔과 앞으

23 cf. *ibid.*, p. 166.

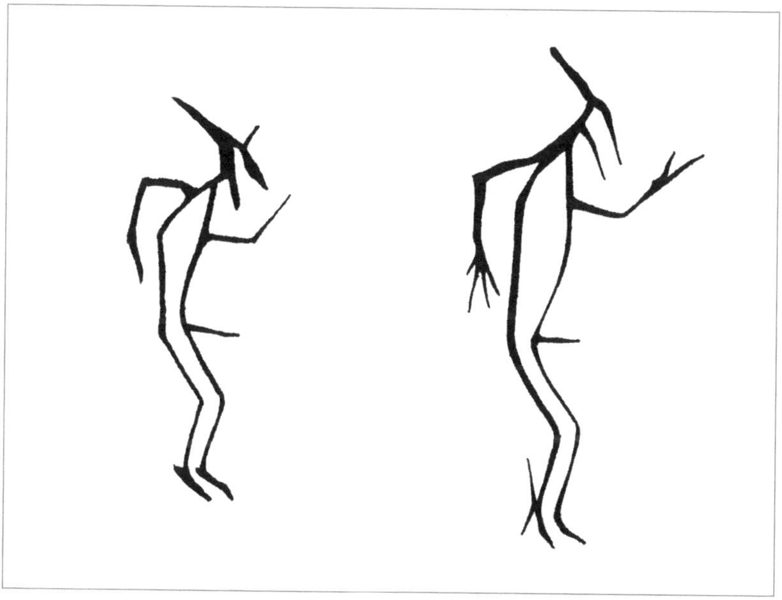

〈그림 2-4〉 톰강의 새 사람

로 높게 쑥 내밀어진, 칼 든 팔과의 대칭에는 특히 주목하고 싶다.

구부린 팔이 그려내고 있는 반원 또는 모가 나지 않는 세모꼴은 뭔가를 가두고 움키는 것을, 그리고 감아들이는 따위의 기능을 상징하고 있다고 보아도 큰 무리는 없을 것 같다. 그것은 칼로, 화살로 짐승을 잡는 것을 더 한층 확고하게 굳혀줄 것이다. 따라서 바로 이 팔의 자세와 노출된 성기 사이에는 서로 보완하는 주술적인 의미가 함축되어 있을 것이라고 여겨지기도 하기 때문이다.

한데 앞에서 잠시 지적되고도 아직도 제대로 다루지 못한 중요한 대상이 있다. 다름 아닌 천전리 바위 벼랑에 그려진 '인수교구'다(〈그림 2-4〉 참조).

이것은 워낙 작게 그려져 있어서 여간 소상하게 캐어보지 않고는 모르게 되어 있는데 비해서 시베리아의 톰 강과 앙가라 강의 것들은 다음 그림에서 보듯이, 생생하게 인수교구의 장면을 연출해 보이고 있다.

〈그림 2-5〉

요즘 사람들이 암벽화에서 이를 직접 목격하게 되면 적잖이 괴이쩍게 느낄 이 도형(圖形)은 우리에게 단군신화의 웅녀를 연상시키고도 남는다. 토템 동물이기도 하고 사람이기도 한, 그래서 그 양자를 겸한 존재라면 '인수교구'는 자연 생리라고 해도 괜찮을 것이기 때문이다.

실제로 천전리 바위 벼랑에는 정동찬 님이 '인면수신'(人面獸身)이라고 일컫고 있는 그림이 있다. (〈그림 2-3〉 울산 천전리 바위그림 중에서 인면수신 그림〔그림의 왼편 맨 아랫부분에 보이는 '사람 얼굴에 네발짐승의 몸' 그림〕을 보라.)

몸은 네발짐승이고 얼굴은 사람인 '수인'(獸人)인 셈이다. 이것이 인격화된, 또는 의인화된 토템 동물 아니면 짐승 가면을 쓴 인간일 것 같지만 필자로서는 아무래도 전자에 더 중점을 두고 싶다. 그의 실체야 어떻든 간에 이런 '짐승 사람'이라면 동물들과의 교구는 오히려 석기시대 및 청동기시대의 수렵 문화에서는 바람직하고 당연한 현실일 수도 있을 것이다.

시베리아에서는 톰 강과 앙가라 강 유역의 암각화에서 '인수교구'의 도형[24]을 보게 되는데 이들과 우리의 것을 비교하기는 어렵지 않다.

큰 암컷 사슴(moose)이 교미에 편한 자세를 취하고 있고 그 뒤에서 한 사내가 두 다리를 벌린 자세로 달라붙고 있는 이 도형에서 사내는 동물들의 임신과 출산과 생존에 직접 관여하는 수호신이라는 것이 지적되고 있다.[25] 천전리의 것도 이 시베리아의 것에 관한 보기에 준해서 읽혀져도 좋을 것이다.

이제 위에서 제시된 첫째에서 넷째까지, 그리고 ⓐ에서 ⓔ까지 비교적 길게 지적되고 또 논란이 된 도형들을 일괄해서 같은 텍스추얼리티 속에 편입시킴으로써, '포획과 번식' 또는 '죽임과 재생'의 모티브를 더 한층 강조할 수 있게 될 것이다. 말하자면 전자의 4개 항과 후자의 5개 항을 각기 같은 패러다임의 묶음이라고 보고 그것들이 어울려서 화면에는 직접인 보이는 어떤 인접 관계를 갖추고 있는가를 보고자 한다.

삶	〈―――――――――――――〉	죽음
번식	〈―――――――――――――〉	포획
교구	〈―――――――――――――〉	죽임

24 *ibid.*, p. 153.
25 *ibid.*, p. 31.

이 도식에는 수평의 선들만 그려져 있지만 좌측과 우측 사이에는 상하로 빗금(사선)이 그어질 수 있음은 말할 나위도 없다. 그것은 이들 듀얼리즘이 갖는 좌우 두 항의 대립적인, 또는 상대적인 위상에 대해서만 말하는 데 그치지 않음을 의미한다. 세 무리의 듀얼리즘 상호 사이에서도 비슷한 원리가 기능하고 있음도 의미할 것이다.

7. 기하학적 도형들 읽기

바다동물과 육지의 네발짐승을 어떻게 잡고 어떻게 번식시킬 것인가? 사람이 할 구실은 뭔가? 신이나 신령은 어떤 도움을 줄 것인가? 지금까지 우리가 살핀 것은 이 세 가지 물음에 대한 해답이다. 한데 이 물음에 대해서는 직접 동물과 사람이 그려져 있지 않는 도형들도 해답을 이끌어내게 가세하고 있다.

익히 알려져 있다시피, 대곡리 암각화와는 다르게 천전리의 것에서는 기하학적 도형의 양과 비중이 압도적으로 커진다. 그것은 구상적인 도형과 추상적 도형의 대비가 두 곳의 암각화 사이에 있음을 일러주고 있다.

이들 기하학적 무늬 또는 추상적 무늬는 당연히 구상화들과는 차원이 다른 상징적 읽기를 요구하고 있다. 이미지는 언어에 담기지 못할 것을 간직하고 있고, 추상적 도형이나 기하학적 무늬는 구상적 이미지로는 미치지 못할 것을 내장하고 있기 때문이다. 추상은 처음부터 상징이고 은유이게 마련이다. 신화가, 그리고 신비가 더 짙게 더 깊게 거기 웅숭그리고 있게 마련이다.

거기에는 어느 대상의 구체적 모방 또는 재현은 없다. 구상적인 동물 그림들에서는 이미 '시니피앙'이 '시니피에'를 읽어낼 것을 도와주고 있다. 그러나 기하학적 도형의 경우는 그렇게는 안 된다. '시니피앙' 자체가 우선은 수수께끼고 문제이기 때문이다. '시니피앙'에서 '시니피에'를 거의 자동적으로 보아내긴 어렵다.

천전리의 얕은 바위 벼랑의 장방형의 화면에는 좌우상하에 걸쳐서 기하학적인, 또는 추상적인 도형이 서로 맞붙어서, 또는 상거를 두고서 그려져 있다. 화면 중앙에는 위아래로 줄줄이, 또 양옆으로 잇따라서 도형들이 새겨져 있고 그 좌우 양쪽에는 비교적 헐겁게 새겨져 있다.

좌우의 도형이 중앙의 도형들을 축으로 해서 정확하게 대칭적으로 그려져 있다고 보기는 어렵다. 그렇다고 해서 중앙 부분에서는 도형들이 밀집해 있고 좌우에서는 느슨하게 그려져 있는 것을 두고 거기에 의미를 붙일 만한 대칭성이 있다고 말하기도 역시 어려울 것 같다. 이 점은 좌우와 중앙 화면에 걸쳐서 서로 비슷한 도형들이 새겨져 있는 것으로도 강조될 수 있을 것이다. 이 같은 사실은 화면 전체의 구도에 걸쳐서 거시적인 어떤 조직성이 없을 수도 있다는 것을 시사해주고 있어서 화면을 읽고자 하는 사람으로서는 여간 불편한 게 아니다.

그러나 무리를 해서라도 화면 중앙부에 도형이 밀집해 있는 것에 전혀 의미를 부여하지 못할 것은 아니나. 암벽 전체로 제단이고 굿청이라고 칠 때, 아무래도 한복판이 중요해지고 강조될 것은 말할 나위도 없는 일이기 때문이다. 거기 믿음의 대상, 주술이 작용할 대상, 굿이 바쳐질 신성(神性) 등이 자리 잡고 있을 것이기 때문이다. (〈그림 2-3〉 울산 천전리 바위그림 중에서 중앙부 도형〔그림 전체에서 '그 중앙부의 갖가지 기하학적인 도형'〕을 보라.)

이 논지는 앞에서도 잠시 언급한 인간 얼굴의 도형 또는 가면의 도형이 크게 보아서 중앙부에 위치하고 있는 것으로도 보완될 수 있을 것이다. 그 턱이 둥그스레한 삼각형의 얼굴, 그나마, 가령 시베리아의 톰스크 강

유역에서 발견된 샤먼의 얼굴 또는 캐나다의 퀘벡 북쪽의 티야라에서 발견된, 그곳 원주민들이 상아로 만든 샤먼의 가면 등[26]과 매우 닮은 이 얼굴을 샤먼이 얼굴에 쓴 가면으로 보든, 아니면 바위에 깃들어 있을 '마나' 또는 '바위 신령'으로 보든, 그것이 중앙부의 종교적 기능을 극대화하는데 이바지하기로는 다를 바 없을 것이기 때문이다. (〈그림 2-3〉 울산 천전리 바위그림 중에서 사람 얼굴 그림(그림 중에서 비교적 오른쪽에 위치해 있는 그림으로, 오른편의 기하학적 도형들과 왼편의 기다란 뱀 사이에 자리하고 있는 '사람 얼굴' 그림)을 보라.)

앞에서도 이미 지적한 대로 이 얼굴은 그 목둘레며 그 아래에 줄 같기도 한, 장식물 같은 것이 걸쳐져 있는데, 이것을 치렁치렁 흔들어대면서 춤추고 있는 무당을 절로 상상하게 된다. 아니면 멋지게 장신구로 치장한 신령을 떠올리게도 된다.

전체 화면을 두루 살필 때, 가장 눈에 많이 띄는 것은 둥근 원형과 다이아몬드형, 또는 마름모꼴들이다. 그래서 이것들과 관련해서 전체 도형을 두고 다음과 같이 분류하게 된다.

A	:	B
원형	:	원형 아닌 것
마름모꼴	:	마름모꼴 아닌 것

이들 A : B의 듀얼리즘에서 B의 원형 아닌 것에는 마름모꼴을 으뜸삼아서 각종 선의 무늬들, 예컨대 직선과 빗금, 물살무늬, 사행선(蛇行線) 그

26 Neil S. Price(ed.), *The Archaeology of Shamanism*, London and New York, 2001의 표지 안의 삽화.

밖의 유사한 것들이 포함된다. 그리고 이들 선문(線紋)은 각기 단선과 복선으로 양분되고 있다.

또한 B의 마름모꼴 아닌 것에는 몇 가지 원형을 비롯해서 위에 열거된 각종 선문이 포함된다. B의 이 같은 양상을 지적하는 것은 A의 두 가지 도형을 강조하기 위한 것이다. 달리 말하자면, 화면 전체의 읽기에서 A에 초점을 모으기 위한 것이다.

물론 선문에도 다음과 같은 대조를 읽어낼 수는 있으나 이 듀얼리즘이 의미의 대조를 불러올 것 같지는 않아 보인다.

C	:	D
단선	:	복선
따로 그려진 것	:	얽히고 꼬인 것
고리 또는 돌기가 있는 것	:	밋밋한 것
십자형	:	아닌 것
Y자형	:	아닌 것

한데, 전체 화면에서 가장 많이 목격되는 원형과 마름모꼴은 그들대로 또 나뉠 수가 있다.

X	:	Y
단선	:	복선
가운데 점 찍힌 것	:	안 찍힌 것
중앙에 가름 줄이 그어진 것	:	안 그어진 것
채워진 원형	:	한쪽이 걸여된 원형

이 같은 몇 겹의 대칭에서 필자는 읽기를 '원형 : 마름모'의 듀얼리즘에 보다 더 중점을 두고 행하고자 한다. 이럴 때, 이들 두 도형이 C, D에 대해서 가진 대조를 비롯해서 X, Y의 대조 또한 염두에 두고자 한다.

원형과 마름모꼴은 크게 보아서는 X, Y의 대립된 양상을 보이면서 그려져 있다. 하지만 그 양자가 절충된 도형도 아주 없지는 않다. 원형과 마름모꼴이 한 개체로서 도형을 이루고 있으되, 원형 테두리 속에 마름모꼴로 간주될 만한 비교적 모난 도형이 그려 넣어져 있는 것이 단 하나 눈에 띈다. 그리고 마름모꼴 안에는 3개의 점이 비교적 느슨한 삼각형을 이룰 수 있도록 새겨 넣어져 있다.

8. 원형과 마름모꼴

이같이 원형과 마름모꼴이 절충되거나 중첩된 도형은 단 하나밖에 없어서 역설적으로 이에 관심이 더 많이 쏠리지 않을 수 없다. 일단 이 시점에서는 그것이 남성적인 것, 곧 팔루스와 여성적인 것, 곧 '바기나'(vagina)의 합일이라고 잠정적으로 읽어두고 다른 데로 화제를 옮기기로 한다.

원형에서도 앞의 X, Y가 이미 보여주고 있다시피, 관찰자 눈에 다양한 변화가 엿보이고 있다. 우선 동심원과 '소용돌이 원'이 서로 다르다. 전자에 비해서 후자는 '소용돌이친다'는 말이 시사하고 있듯이 탄력성과 율동성이 보다 더 강하다. 빵빵이 돌림이 전자에 비해서 훨씬 커진다. (〈그림 2-3〉 울산 천전리 바위그림 중에서 소용돌이 그림〔그림 중앙의 여러 가지 기하학적 문양 속의 나선형들〕을 보라.)

실제 암벽화의 오른쪽 윗부분에 위치하고 있는 나선형은 중심에서부터 오른쪽으로 선회하면서 바깥쪽을 향하고 있다. 이 같은 왼쪽 선회가 아닌 오른쪽 선회에 의미를 붙일 것인가, 말 것인가. 붙인다면 무슨 의미가 주어질 것인가 등의 물음이 제기될 때, 바로 그 상층의 삼각형의 돌기와 관계를 가지되, 그 둘이 서로 다른 패러다임에 속할 것이라는 전제가 성립되면 그런대로 해답을 찾게도 된다.

이 둘은 다 같이 세 겹의 선으로 그려져 있다는 공통점을 우선 갖고 있다. 그것은 같은 손이 같은 수법으로 동시에 새겼으리라는 추정을 하게 된다. 그렇다면 삼각형과 오른쪽으로 선회하는 나선형의 대비는 팔루스와 바기나의 대비, 곧 남녀의 대비로 동화시킬 수 있게 된다. 이런 추정은 좌우의 방위에서 좌가 남성의 몫인데 비해서 우는 당연히 여성의 몫이 되게 마련이라는 일반적인 사례가 뒷받침해줄 것이다.

따라서 오른쪽으로 선회하는 소용돌이는 역동성에 넘친 바기나의 강한 생산성을 상징할 수 있게 되거니와 이에서는 비슷한 패러다임에 속할 도형들을 제시할 수 있는데, 그것은 바로 여러 곳에 산재해 있는 물결무늬들이다. 이들은 모두 어울려서 암벽으로 하여금 움직임 있는 힘에 넘치게 할 것이고, 그것이 여러 모로 바위 앞에서 굿을 올리고 있는 사람들의 축원에 동력을 부여하게 될 것이다. 그들의 춤사위며 몸놀림과 아울리고 있을 것이나.

이런 나선형 읽기가 용납된다면 그 바로 위의 뾰족한 삼각형의 돌기는 바기나의 생산성을 가속시키는 힘을 발휘하고 있다고 읽혀질 가능성을 내포하고 있을 것 같다. 그러니까, 서로 다른 패러다임, 또는 대비적인 패러다임에 속할 것들끼리가 엮어져서 한 단위의 신태그마의 체계를 이루고 있다고 해도 좋을 것이다. 그것은 다음과 같은 하나의 문장을 이루게 될 것이다.

선회하는 여성적인 생산성의 동력에 남성적인 힘의 원리가 가세하고 있다.

이제 우리들은 하나뿐인 이 나선형의 원 그림을 동심원들과 대비시킬 차례에 다다랐다. 이들 동심원은 천전리 바위 벼랑에 모두 해서 5개가 새겨져 있다. 그 가운데 4개는 복선의 원, 그나마 둥근 선이 두 개 이상 겹으로 그려진 '여러 겹선의 동심 원형'이고 나머지 하나는 단 두 개의 선으로 동그라미가 그려진 '두 겹 선의 원'이다. 이 가운데서 두 겹 선의 원은 새기다 만 미완의 것이라고 읽힐 가능성이 없지도 않기에 해석의 대상에서 제외하기로 한다.

이들 네 개의 '겹선 동심원'은 소용돌이와는 달리 제자리에 가만히 자리 잡고 있는 것으로 일단은 읽혀질 것이다. 그런 면에서는 소용돌이와는 대조적이다. 하지만 이들 동심원 역시 어떤 역학적인 힘, 그나마 주술적인 힘에 넘쳐 있을 것이다. 앞에서 지적된 사람 얼굴, 오른쪽 턱 바로 밑에 가장 두드러져 보이는 '겹선 동심원'이 새겨져 있는데, 이것은 그 오른편 아래쪽에 접속되어 있는 또 다른, 보다 더 작은 '겹선 동심원'과 어깨겨루다시피 하고는 그 바로 곁의 오른쪽 윗부분에 새겨진 몇 개의 마름모꼴과 이웃하고 있다. 아니, 함께 무리지어 있는 듯이 보인다. (〈그림 2-3〉 울산 천전리 바위그림 중에서 사람 얼굴 곁의 마름모 모양 그림〔그림의 중앙보다 약간 오른편에 보이는 '사람 얼굴과 그 양편 가까운 둘레의 기학적 무늬들'〕을 보라.)

그런 구도에 바탕을 두고는 필자는 이들 두 개의 동심원과 여러 개의 마름모꼴이 마치 한 단위의 문장처럼, 한 줄기의 신태그마 조직을 이루는 서로 다른 패러다임이라고 읽고자 한다. 특히 보다 더 작은 동심원이 한 줄기의 마름모꼴들과 묘한 선으로 묶여져 있는 것같이 보이는 사실이 이런 읽기를 돕고 있다.

한데 마름모꼴에는 여러 가지가 있다. 두 가지 기준을 세워서 분류하면 다음과 같이 ㄱ에서 ㅁ까지 다섯 가지가 된다.

첫째는 네모〔四方〕가 모두 비교적 뾰족하게 각진, '각진 마름모'(ㄱ)와 네모가 모두 비교적 둥그스레해서 '준 타원 마름모'(ㄴ)라고 해도 좋을 만한 것의 두 부류로 나눌 수가 있다. (〈그림 2-3〉 울산 천전리 바위그림 중에서 각종 마름모꼴 그림〔그림 오른편 윗부분에 따로 그려진 '다섯 개의 복선 마름모꼴'〕을 보라.)

둘째는 바위에 그려진 이들 마름모꼴은 예외 없이 겹선으로 줄이 그어진 '겹선 마름모꼴'들인데, 이들을 그 중앙에 가로질러서 금이 그어진 '중앙에 금간 마름모'(ㄷ)와 뭔지 잘 모를 무늬가 보이는, '무늬 새겨진 마름모'(ㄹ)로 나뉠 수가 있다. 그리고 이들과 대조적으로 '안이 빈 마름모'(ㅁ)도 또 다른 종류에 속한다. 이처럼 크게 보아서 동일한 범주에 속할 도형에도 여러 가지 변이를 부여한 것은 이들 암각화의 화공들이 여간 섬세한 사람이 아니었음에 대해서 말하고 있을 것이다. 물론 그 섬세함에 따라서 읽기도 섬세해야 할 것은 말할 나위도 없는 일이다. 심지어 같은 이미지 또는 도형이라도 문맥에 버금할 텍스추얼리티에 따라서 전혀 다른 기호로 읽혀질 수도 있을 것이다.

9. 다섯 개의 겹선 마름모꼴

이제 화면을 구체적으로 들여다보기로 하되, 우선 중앙부에 관찰의 초점을 맞추기로 한다. 언덕의 흙과 맞붙어 있는 바위의 가장 상변에만 해도 한 줄에 꿰진 마름모가 보이고 있지만 그 크기와 내면이 서로 다르나. 맨 왼쪽에 반달 모양의 작은 도형이 보인다. 그리고는 그걸 물다시피 하고는 물결무늬가 새겨지되, 마치 그 물결무늬의 줄에 꿰져 있듯이 모두 다섯 개의 마름모가 옆으로 나란히 줄지어 새겨져 있다.

맨 왼쪽의 것은 가장 작고, 맨 오른쪽 것이 가장 크되 이들 둘 사이에 끼어 있는 셋은 좌에서 우로 감에 따라서 크기가 차츰 커지고 있다. 어떤 계층적인 크기의 변화가 거기 있는 셈인데 맨 왼쪽 것은 나머지 넷과는 달리 그 중앙에 아주 미세한 동그라미가 찍혀져 있질 않다.

이런 점에 유념하면서 전체를 다시 읽으면 어떻게 될까? 물결이 일으키고 있는 율동 또는 운동이 다섯 개의 마름모를 일관해서 지속해나가되, 그 움직임이 단계를 거치면서 증폭하게 되어 있다. 아이들이 여러 개 매듭이 지어진 줄을 휘둘러대는 '줄 놀이'를 연상시키기에 족하다. 이럴 경우, 맨 왼쪽 것의 안에 원이 찍혀져 있지 않고 비어 있음에 유념하게 된다. 그건 미처 새기지 못한 것이 아니고 의도적으로 그랬을 가능성이 크다. 덜 무겁다 보니, 보다 더 쉽게 줄의 파동을 전달받을 수 있을 것이고 나머지 넷의 마름모의 운동을 가속시키게 될 것이기 때문이다.

이로써 우리들은 암각화의 화공들이 바위로 하여금 역동성을 갖춘, 그래서 생동하고 율동하는 생명력에 넘쳐 있는, '동력(動力)의 영암(靈岩)', 곧 살아 숨 쉬는 신령스런 바위가 되게 기원하였으리라는 것을 헤아리게 된다. 뿐만 아니다. 무당이며 굿을 올리는 사람들의 기축(祈祝)이 약동할 목숨을 얻어내는 데 있었으리라는 점도 헤아리게 된다. 그렇게 생각하다 보면 이 바위그림을 응시하고 있는 사람에게는 출렁대는 바위의 맥박 같은 것이 느껴지기도 할 것이다.

한데 이들 용틀임하는 마름모 무리 바로 아래에는 또 다른 마름모들이 여러 개, 줄에 꿰어지다시피, 아니면 얽히다시피 하고는 무리지어 있다. 그런 한편으로 이제 막 언급한 무리를 가운데 두고는 왼편에 한 무리, 그리고 오른편에 또 다른 한 무리가 새겨져 있다.

대충 세 무리의 마름모가 일정한 간격을 두고 이웃해 있는 것으로 보인다. 그런데 이들 거시적인 세 무리 가운데 맨 왼쪽의 무리는 그것들대로 또다시 미시적인 세 무리를 이루고 있다. 즉, 화면에서 길쭉하게 수직으로 그려 넣어져 있는 뱀, 그 왼편의 마름모 무리는 물고기 한 마리와 나란히 위치한 세 개의 수직으로 꿰어진 마름모들을 중심축으로 삼아서 그 좌우에 또 다른 마름모 무리가 자리 잡고 있는 것이다.

이렇게 거시적으로 또 미시적으로 이중으로 세 무리를 이루고 있는 마름모를 빼고 나면 천전리의 바위 벽면은 텅텅 비다시피 할 것이다. 그만큼 이곳 암각화에서 마름모가 차지하는 비중이 막중하다. 이곳 암벽화 읽기가 그들 마름모에 치중하게 되는 것은 당연하다. 이들 모든 마름모꼴은 앞에서 언급한 최상단에 위치한 5개의 마름모와 마찬가지로 그것들에 딸린 줄무늬를 잡고 흔들면 그 마름모들이 찰랑찰랑 율동할 것 같아 보이기도 한다. 그래서 샤먼이나 무당이 신령을 부르기 위해서 흔들어대는 무구(巫具)의 일종 같아도 보인다. 특히 거시적인 세 무리 중에서도 한복판에 있는 무리가 그런 인상을 보다 더 강하게 풍겨주고 있다.

한데 이 논지는 강하게 타당성을 갖추기는 어려울 것같이 느껴지기에 일단 제쳐두고 그 마름모 무리들 아래 바닥에 모두 6개의 동심원이 새겨져 있는 것으로 시선을 옮겨볼까 한다. 그 중에서 오른편 아래에 아주 작게 그려진 두 겹의 동심원은 이미 말한 대로 새기다만 것같이 보이기에 논외로 하고 나머지 셋에 화두를 모으기로 한다.

암벽의 상하좌우 어느 면으로나 중간부에는 두 개의 동심원이 위치하고 있는 것이 눈에 든다. 왼편의 큰 겹 동심원과 그 바로 옆의 작은 겹 동심원은 각기 그 바로 위에서 마름모들과 엮어져 있는, 얼룩무늬가 찍힌 굵다란 실오라기나 줄 같아 보이는 것에 매달려 있거나 그것과 맞물려 있다. 그러니까 복수의 마름모들 꼬리에 크고 작은 두 개의 '겹선 동심원'이

〈그림 2-6〉 나선형 사이의 사각형

묶여지다시피 하고는 자리 잡고 있는 것이다. (〈그림 2-3〉 울산 천전리 바위그림 중에서 두 개의 겹선 동심원(사람 얼굴 '오른편 아래쪽의 동심원'과 그림 중앙부보다 약간 왼편 아래 있는 '복선의 동심원' 하나가 보이고 그 왼편 아래에 '2중선으로 그려진 동심원')을 보라.)

1935년에 아무르의 여러 종족 가운데 하나가 그들 신석기시대의 굴혈 주거지에 남겨놓은 그릇에는 연접된 나선형들 사이에 몇 개의 삼각형이 끼어 넣어져 있었다.[27]

27 Alexei Okladnikov, *Art of the Amur: Ancient Art of the Russian Far East*, New York & Leningrad, 1960, p. 82.

이 대목에서 마름모와 동심원의 대비가 무엇을 말하는지를 읽어내기는 쉬울 것 같지 않다. 태양과 별의 대비이거나 아니면 남과 여의 대비로 또는 태양이 있는 하늘과 그것이 비치고 있는 대지의 대비로 읽혀질 것도 같지만 잘라 말하기 어렵다. 만약에 그렇게 읽는 것이 용납된다면, 그 세 가지 읽기를 각기 따로 할 것은 없다. 그 셋의 읽기는 서로 맞물리고 있기 때문이다. 그러나 이 역시 장담할 처지는 아니다. 그래서 이들 동심원 두 개의 읽기는 물론이고 그 둘과 맞물린 두 개의 수평으로 나란히 놓인 마름모와 그 바로 위의 또 다른 마름모 읽기도 일단 보류해두기로 한다.

그래서 시선을 왼편으로 옮겨서 뱀의 도형과 거의 나란히 자리 잡고 있는 또 다른 마름모 무리(갑)를 관찰하면 여기서는 그 대조성이 비교적 명확하게 드러난다. 이 경우, 바로 왼편의 또 다른 마름모, 곧 세 개가 수직으로 겹쳐 있는 마름모들(을)도 함께 다룰 수 있을 것 같다. 그 둘 사이에는 상당한 정도의 근사치가 있기 때문이다.

물고기 바로 곁의 (을)은 셋 다 타원형의 마름모인데 그들 중심부에는 수직으로 선이 그어져 있는 게 눈에 띈다. 이 점은 타원형 마름모가 수직으로 두 개 겹친 (갑)에서도 인지되는 까닭에 (을)과 같은 의미가 얻어질 읽기의 대상으로 삼아도 괜찮을 것 같다. 타원형의 마름모 중앙에 금이 그어져 있다면 그 형태만으로도 여성 상징인 바기나 또는 벌바(vulva)를 쉽게 연상할 수 있을 것이다. 그 도형이 여성의 성기의 '아이콘'(유상〔類像〕)이란 것은 쉽게 눈에 들어온다. 여성 원리가 이 도형에는 작용하고 있는 셈이지만 거기에는 한 여성 개체의 것을 넘어선 위대한 모성, 곧 '대모신'(大母神, Greate Mother Goddes), 이를테면 지상에 존재하는 모든 생명체의 어머니의 여성 원리가 끼쳐 있을 것이다. 요컨대 만물의 생산과 번식을 위한 대자연의 힘으로서, 그것도 바로 대지의 힘으로서 여기 바기나 또는 벌바가 새겨져 있다고 읽고 싶다. (〈그림 2-3〉 울산 천전리 그림 중에서 바기나가 강조된 부분(그림 좌우상하에 걸친 중앙부의 기다란 뱀 그림 바로 왼편의 도형으로, 두 겹 선으로 그려진 두 개의 타원형 안에 직선의 금이 그어져 있는 부분)을 보라.)

이것은 이 암각화에서 성(性)을 관능과 맺어지고 향락이나 사랑과 관련된 것으로만 읽지 말라는 것을 시사하고 있다. 성이, 인간 섹스가 원천적으로 생식이며 번식을 넘어서 인간 생명의 근원이고 더 나아가서는 범자연적인, 그리고 우주적인 생명의 으뜸으로 섬겨지기도 했다는 것을 시사하고 있다. 성에 대한 현대인의 편견을 걷어내기를 요구하고 있을지도 모른다.

한데 여기서 간과하지 말아야 하는데도 간과하기 쉬운 도형이 하나 있음을 강조하고 싶다. 그것은 다름 아니고 (갑)의 벌바 또는 바기나 무리 바로 위에 위치한 하나의 원이다. 얼핏 보면 그냥 단순한 흑점으로 보아 넘길 만한 원이다. 하지만 자상하게 천착을 하고 들면 그게 겹선의 동심원임을 아슬아슬 알아보게 되어 있다. 그 속에는 세 개의 극미한 점이 찍혀 있다는 것도 간파할 수 있다.

그래서 이 동심원을 갑 · 을 두 타원형의 마름모, 곧 벌바 또는 바기나와 대비시키면 어렵지 않게, 그것에서 남성 원리를, 이를테면 팔루스를 읽어내게 될 것이다. 이렇게 읽혀질 남성 원리는 일차적으로 또는 직접적으로는 그 동심원들이 태양의 상징이란 데서 힘을 얻게 된다.

이처럼 마름모와 동심원을 짝지어서 관찰하게 되면 기하학적 도형에 의해서 남녀의 교합(交合)이 각인되어 있다고 말해도 괜찮을 것 같다. 이건 물론 인간 에로스의 차원을 포함하되, 동시에 그것을 넘어서는 우주적인 차원, 그리고 대자연의 차원에서 생각되어야 할 것이다. 하늘과 땅의 교합, 바위와 물의 교합, 동물들 암수의 교합, 그리고 식물들이나 곡물들의 번식 능력의 실천 등에 걸친 범우주론적이고 범자연론적인 교합이 거기 아로새겨져 있다고 읽고 싶다.

바로 이 점을 논거로 삼아서 앞에서 해석을 보류해둔 그 문제로 돌아가 보자. 그것은 암벽의 상하좌우 두 차원으로 중앙부에 위치한 두 개의 '겹선 동심원'으로 해석의 시선을 옮기는 것을 의미한다.

10. 두 개의 겹선 동심원

이미 지적한 것처럼 이 두 개의 겹선 동심원은 여러 개의 마름모 무리의 기저(基底)에 달라붙어 있다. 즉, 수평으로 엮인 두 개의 마름모와 수직으로 엮인 또 다른 두 개의 마름모의 연쇄 도형과 맞닿아 있다. 한데 이것들의 오른편에 조금 거리를 두고는 첫째로는 수직으로 엮인 세 개의 겹선 마름모가 보이고, 둘째로는 다시 또 그 오른편에 5개 또는 그 이상의 마름모가 두루뭉수리로 무리지어 있는 것이 눈에 띈다. 결국 자그마치 세 무리의 마름모와 이웃해서 크고 작은 두 개의 겹선 동심원이 자리 잡고 있다.

이것은 겹선의 동심원과 겹선의 마름모 사이에 대칭성이 강조된 듀얼리즘이 개재해 있나는 것을 십분 시사하고 있을 것이다. 뿐만 아니라 그 대칭에서 단 두 개뿐인 겹선의 동심원이 상대적으로 보다 더라고 하기보다 월등하다고 해야 할 만큼, '전경화'(foregrounding)하고 있다고 말을 바꾸어도 괜찮을 것이다.

한데 이들 세 무리의 수다한 마름모들 중에는 앞에서 이미 지적한 대로, 비교적 쉽게 바기나 또는 벌바라고 판독될 것들이 포함되어 있다. 수직 또는 비스듬하게 그려진 미름모 중에는 그 중앙을 세로로, 또는 가로로 질러서 금이 그어져 있기 때문이다. 이 도형들은 후세의 한국의 민속에서 여서낭으로 섬겨진 바위돌이나 나무 밑둥치 모양새 그대로다.

그렇다면 이들 벌바 또는 바기나와 대비될 겹선의 동심원의 읽기는 쉬워진다. 태양의 원리에 비유된 남성 원리가 이들 동심원에는 각인되어 있을 것이다. 그래서는 마름모를 달의 원리에 견주어진 여성의 생명력 또는 번식력이라고 읽어도 무리는 아닐 것이다. 따라서 겹선의 동심원과 마름모 사이에는 남성 원리와 여성 원리 사이의 대비 말고도 하늘과 대지, 해와 달, 태양과 별, 한낮과 어둠, 회돌이 치는 격렬한 역동성과 꿈틀대는 듯한 움직임, 계속되는 원 운동과 모난 듯한 동작 등 여러 겹의 또 다른 대비가 개재해 있을 수 있다.

그러면서 그 대비는 그냥 대비나 대치(對峙)로 끝나지는 않는다. 대비를 이루고 있는 짝의 두 항(項)이 합일을 이룩하기를 바위 벼랑은 의도하고 있다. 거기 교구(交媾)라든가 교합(交合)이라고 불러도 좋을 현상이 약동하기를 의도하고 있다. 이것으로 해서 바위 벼랑은 하늘과 땅 사이에 고루 생명력이 넘쳐 있게 할 것이고, 우주적인 규모로 목숨들이 넘쳐 있게 할 것이다. 동심원과 마름모의 연쇄가 그 표면에 그려지면서 바위 벼랑은 생동하기 시작했다. 맥이 뛰고 숨결이 할딱이고 있다.

그 움직임, 그 활력을 증폭시키기나 할 듯이 그려진 도형이 천전리 암각화에는 보인다. 실타래를 풀어헤쳐놓은 것 같기도 하고 아니면 어지럽게 얽히고설킨 실타래 같아 보이는, 신기한 도형이 바로 그것이다. (〈그림 2-3〉 울산 천전리 바위그림 중에서 실타래 부분〔그림 오른편 끝에 보이는 '몇 개의 겹선의 마름모꼴과 그 끝에 매달려 있는 듯한 겹선의 파상(波狀) 무늬'〕을 보라.)

마름모꼴의 연쇄에 딸려 있는, 얼마쯤 뒤엉긴 줄무늬의 극단적인 비약 같아도 보이는 이 '난맥(亂脈)의 줄무늬'는 위에 보인 몇 겹의 대비가 얼려서 일구어낸 생명력의 극단적으로 격렬한 움직임처럼 보인다. 긍정적인 의미의 '난동'일 것같이 보이기도 한다.

후세의 마을 굿판의 난장(亂場)의 기원 같아도 보이고 원형처럼 보이기도 하는 이 줄무늬는 무당이 신 내림을, 또는 접신을 이끌어내기 위해서 사납게 추어대는 춤사위처럼 느껴지기도 한다. 그들이 심하게 어지럼 타고는 겪고 있는 의식의 문란한 상태며 그 카오스를 상징하고 있는 듯도 하다.

흔들어라! 뜻을 이룰지니. 교구의 보람, 교합의 생색이 떨쳐질 것이니!

이렇게 몸짓의 말을 하고 있는 것같이 느껴지기도 한다.

한데 나선무늬와 동심원은 시베리아의 여러 암각화에서 쉽사리 발견할 수가 있다. 톰 강의 한 암각화의 중앙부에 무수하게 그려진 동물 도형의 가운데쯤에는 수레바퀴 모양의 작은 원형과 또 다른 원형이 보이고 있는데, 전자는 사람과 교합하고 있는 네발동물의 등에 얹혀 있고 후자는 오른쪽 아래에서 뛰고 있는 두 마리 동물 사이에 그려진 복선의 작은 동심원이다.[28] '고 알타이'(High Altai)의 얄란가슈 지역의 암각화에는 순록 무리 속에 크고 작은 허다한 '태양 무늬'로 간주될 만한 동심원 또는 나선형이 그려져 있다.[29] 이들을 천전리 암각화의 화면에 그대로 옮겨놓는다 해도 미세한 이질감도 빚어내지 않을 것이다.

그러나 원형 또는 나선형의 도안은 온 인류가 상고시대를 살아가면서 거의 예외 없이 바위며 뼈며 옷에, 또는 북과 같은 타악기에 그려 넣고 새기고 한 것이다. 그야말로 범지구촌적인 분포를 보이고 있다. 동심원이나 나선형으로 둥근 구형(球型)의 지구는 하나다. 둥근 지구상의 인류

28 Martinov, *op. cit.*, p. 140.
29 *ibid.*, p. 144.

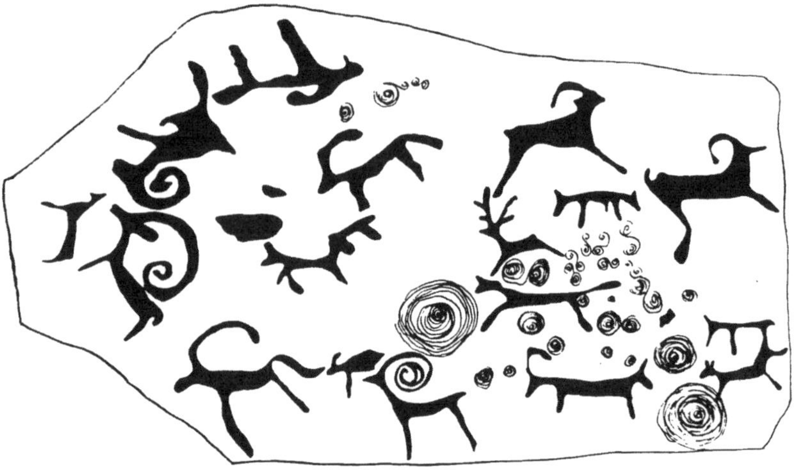

〈그림 2-7〉 Martynov figure 16

는 하나다.

이 사실을 배경에 두고 다시금 원형과 나선형으로 화제를 옮겨볼까 한다.

아무르 강 유역의 석기시대의 암각화는 전적으로 동심원과 나선형으로 이룩되어 있다는 지적이[30] 유효하다면, 우리의 울주 암각화를 시베리아의 그것과 견주어볼 또 다른 근거를 얻게 된다. 특히 신석기시대의 동심원과 나선형의 도형이 아무르 강 유역의 여러 원주민 사이에서 두루 보편적으로 발견되고 있다는 사실은 울주의 태화강 물줄기와 아무르 강 물줄기가 이어져 있지는 않을까 하는 착각을 일으킬 정도다.

동물의 몸통에도 동심원 또는 나선형이 그려 넣어져 있는 경우, 그것은 '태양 동물'이라고 이름 붙여져 있는 만큼, 이미 지상에 그 존재나 활동이 국한된 동물은 아니다. 그것은 하늘을 운행하기는 태양과 다를 게 없다.

30 *ibid*., p. 26.

그래서 '우주동물', 또는 하늘을 여행하는 동물로 간주될 것이지만 혁거세 신화의 천마(天馬)며 고구려 신화에서 해모수가 타고 다녔다는 용 등은 그 좋은 본보기가 될 것이다. 이들 우주동물은 샤먼 또는 무당의 영혼의 우주여행에서 '탈것'으로 활용되기도 한다. 혁거세의 천마가 만약 암각화에 새겨 넣어졌다면 그의 몸통 안에 동심원이 그려지거나 아니면 그의 꼬리가 나선형으로 그려지거나 했을 것이라도 가정해볼 만하다.

한편 동물과 연관된 동심원이나 나선형 중에는 뱀과 동일시된 것이 적지 않다. 사리를 감은, 또는 똬리를 튼 뱀이나 구렁이 자체가 이미 나선형이기 때문이지만 그것이 더러는 구불구불한 선문(線紋)으로 대체되기도 한다. 그것은 문자 그대로 사행선(蛇行線)이다. 이 사행선은 더러는 물결무늬로 대체되거나 아니면 그것과 동화된다.

11. 바위에 살아 있는 인물들

천전리와 반구대 등, 두 곳의 암각화에서 동물들의 수효나 그밖에 다른 도형의 수에 비해서 사람들이 비록 수적으로는 적지만 그 구실이며 위상에 있어서는 제법 큰 몫을 차지하고 있는 것으로 보인다. 이 점은 이미 울주 암각화의 기호론을 호한하게 제기한 송효섭 교수에 의해서도 착안되어 있다.[31]

필자가 보기로는 반구대에는 줄잡아서 아홉 명의 사람이 그려져 있고 천전리에는 대충 열 사람 정도가 그려져 있다. 서로 숫자가 비슷하다고 할 수 있을 것 같으나 이들 가운데는 잘못 본 것도 포함된 게 있을 가능성

31 송효섭, 『탈신화시대의 신화들: 발생모델과 해석담론』, 기파랑, 2005, p. 117.

이 없지도 않아서 숫자를 다잡아서 확정적으로 말하기는 어려울 것 같다. 또 인물인데도 인물로 못 보아낸 것도 있을 것을 생각하면, 숫자의 정확성에 매일 수는 없을 것 같다.

이들 여러 인물들은 서로 다른 기능을 맡아 있고 따라서 의미도 서로 다를 수 있다. 이들은 일차적으로는 대체로 다음과 같이 양분될 가능성을 엿보이고 있다.

사냥 일에 직접 참여하고 있는 인물 : 다른 일에 종사하고 있는 인물

특수한 자세를 취하고 있는 인물 : 그렇지 않는 인물

사냥은 물론 동물의 포획을 목적으로 삼은 행동이지만 동물을 상대로 다른 행동을 하고 있는 인물도 있을 것 같아 보인다. 그 다른 행동에는 앞에서도 이미 언급한 바와 같이 먹잇감이 될 동물의 증식을 축원하는 주술을 부리는 행위와 먹잇감이 될 동물을 포식동물로부터 보호하고 있는 행위 등이 포함될 것이다. 따라서 이들 여러 인물이 보이고 있는 행동은 사냥과 주술, 두 가지로 크게 나누어질 것이다.

따라서 이들 인물이 취하고 있는 행동의 자세 가운데 직접 사냥의 현장에서 취하고 있는 것이 눈에 들어오는 반면 동물을 관망하는 자세나 특수한 주술을 행하고 있는 자세라고 관찰될 것 같다. 그들이 농경생활을 하였는지 어떤지를 확인할 근거는 그림 속에는 없다. 그렇다고 그들이 전적으로 수렵에만 그들의 생존의 뿌리를 두고 있었다고 말할 형편도 아닌 것 같다. 그러나 주어진 그림 속에서 이들 인물들이 예외 없이 동물과 함께, 동물과 더불어 실존하고 있다는 것만은 부인할 수 없다. 사냥감을 필두로 한 동물 없이는 이룩될 수 없는 삶의 치열한 현장을 이들 수다한 인물들은 실감나게 보여주고 있다. 결국 암각화는, 특히 대곡리의 것은 동물의

〈그림 2-8〉 송효섭 교수가 되살린 인물.

만화경 가운데서 한몫 크게 차지하고 있는 수렵문화의 만화상이다.

한데 만화경 속의 개체들은 어떻게 되어 있을까? 다음에서 송효섭 교수에 의해서 비교적 소상하게 재생된 그림들에서 우리들은 인물들이 짓고 있는 다양한 포즈를 보아낼 수가 있다.[32]

이들 다수의 인물들은 제각각이다. 사냥도구를 들고 있는 것으로 읽혀지는 한편으로 피리 부는 것[33]으로 읽혀지는 인물이 거기 보이고 있는가 하면 다르게는 허리에 무엇인가 테 비슷한 것을 두르고는 타원형의 물건을 두 손으로 받쳐 들고 있는 인물도 등장하고 있다.

이 두 물체가 무슨 상호보완하는 기능을 발휘하고 있나고 칠 때는 타원형을 방패로만 보기 어려워진다. 무엇인가를 손에 든 테 안에 불러들여서는 허리에 바친 또 다른 테 안에 깃들이게 해서는 온전하게 그 사람의 소유가 되게 하기 위한 주술적 행위를 하고 있다고 읽혀질 가능성이 아주 없는 것은 아니다. 이것을 제의적인 행동 또는 놀이의 행위로 보는 시각

32 *ibid*., p. 114, 117.
33 *ibid*., p. 115.

은 그래서 생긴 것이라고 생각된다.[34]

그런가 하면 일부의 그림이 보여주듯이 그 둘 나름으로 공통점을 가진 기호 구실을 할 수 있는 인물도 지적될 수 있을 것이다. 거기서는 남근을 노출시킨 사내가 각기 특이한 손짓을 하거나 팔짓을 하고 있다. 한 사내는 팔꿈치를 굽혀서는 손끝을 이마 가까이에다가 대고 있다. 다른 한 사내는 포즈가 더 크다. 크게 과장되게 오른팔은 허리를 짚고 있고 이와 대조적으로 아주 작게 그려진 왼팔로는 뭔가를 오라고 부르고 있는 것 같아 보인다.

또 다른 그림에서는 사내는 양근의 힘에 의지해서는 동물 그 자체이거나 동물의 영혼을 유혹하고 있는 듯이 보인다. 이에 비해서 사내가 당당한 자세로 일전불사의 결의를 과시하고 있는 듯이 보이는 그림도 있다. 앞에 것은 동물을 초치(招致)하는 시늉이고 뒤에 것은 그것과 대결하는 시늉이다. 물론 둘 다 동물의 영(靈)을 불러들이고 있는 '초치의 굿'을 하고 있다고 볼 여지도 남겨두고 싶다. 어느 것으로 읽든 간에 사냥터의 그 야성적인 환경에서 팔로센트리시즘(phallocentricism)이 위압적으로 또 역동적으로 발휘하고 있는 힘을 간과해서는 안 될 것이다.

한편 더 성가신 물음을 제기하는 그림도 있다. 이것을 단순히 고래잡이하는 배, 이를테면 원시적인 포경선이라고 읽기도 하지만, 이와 전혀 달리 읽는 수도 있다. '탈것'에 초점을 맞추어 관찰되기도 하지만[35] 필자의 생각은 좀 다르다.

이것은 수평의 피안, 저 수평선 너머 또 다른 초월적인 세계를 향한 동경을 머금은 채로 그 아스라한 곳으로 다가가고 싶은 인간의 소망을 그려

---

34 *ibid*., p. 116.
35 *ibid*., p. 118.

내고 있다고 볼 수도 있을 것이다. 고래사냥치고는 배에 올라탄 인물이 너무나 많다. 고래잡이 작업에 오히려 지장을 줄 것이다. 가락의 허황후가 수평선 너머 피안에서 왔고 탈해 또한 그리고 처용도 역시 바다 건너서, 수평선 저 너머 수평의 피안에서 이승으로 찾아든 신격적인 인물들이다. 수직의 하늘 끝에만 피안이 있는 것은 아니다. 죽은 고래들이 재활을 위해서 수직의 하늘 끝 피안으로 가듯이 이 많은 사람들이 탄 배는 생명의 근원이 거기에 있고 고래며 물고기들의 원향(原鄕)이 거기 있을 수평의 저 피안을 바라고 가고 있을 것 같다.

이들 여러 시선을 종합해볼 때, 두 암각화에 그려진 인물들은 대체로 다음과 같이 여러 층위에 걸쳐서 대비되는 양상을 보이고 있다.

ⓐ 얼굴만 그려진 인물 : 몸 전체가 그려진 인물
ⓑ 연장을 갖고 이는 인물 : 몸만 그려진 인물
ⓒ 반 동물 반 인간 : 순연(純然)한 인간
ⓓ 남근을 드러낸 인물 : 남근이 노출되지 않는 인물
ⓔ 뛰는 듯이 보이는 인물 : 곧게 서 있는 인물
ⓕ 혼자인 인물 : 무리 진 인물들
ⓖ 육지의 인물 : 바다 위의 인물
ⓗ 남성 : 여성

그래서 ⓐ에서 ⓗ에 이르는, 그 전체에 걸쳐서 각각 일단은 '의미 있게 징표 지어진 것 : 아닌 것'으로 양분할 수 있을 것이다.

그러나 그 중 일부, 예컨대 ⓐ 같으면 맞서 있는 두 항이 상호로 의미 있고 대등하게 징표 지이져 있다고 볼 가능성은 높다. 같은 지적은 ⓒ, ⓓ, ⓔ, ⓗ 등을 두고도 할 수 있을 것 같다. 이와는 대조적으로 이 가운데는 상호로 대등하게 대조적으로 의미 있게 징표 지어질 수는 없고, 다만 듀얼리즘을 이루고 있는 양항이 +/−로 표시될 수 있게, 양항 가운데 어느 하나만이 적극적으로 징표를 갖고 있는 경우도 있을 수 있다.

한데 이 가운데서, 특히 주목을 받아 마땅한 것은 앞에서도 언급한 바 있는, 대곡리의 인간 얼굴과 천전리의 또 다른 인간 얼굴이다. 둘은 매우 닮아 있다. 게다가 두 암각에서 각기 얼굴 하나가 주변을 압도하다시피 하고 있다. 그것도 맨 한복판은 아닐지라도 그게 버금할 만한 자리를 당당히 차지하고 있다.

이것을 가면이라고 읽을 수도 있을 것이다. 그렇다 쳐도 단순한 인간 얼굴을 모사한 마스크로 끝날 수는 없다. 필자는 그 둘의 얼굴을 앞에서도 지적했듯이 바위의 정령, 바위의 마나 그 자체라고 읽고자 한다.

바위의 생명력의 상징이자 동물들의 총괄적인 수호 신령으로까지 보고자 한다. 바위의 풍요, 동물의 번성, 사냥의 좋은 수확 그리고 인간의 안전까지를 도맡아 있을 바위의 정령의 구현, 그것이 천전리와 대곡리 바위에 색다르게 새겨진 인간 얼굴일 것이다. 그들은 바위의 모든 것에 대해서 소리 없이, 그러나 힘차게 말하고 있을 것이다.

12. 맺음: 되살아나는 무속신앙의 원형

앞에서 울주의 바위그림을 읽어가는 사이에 따로 얻어낼 수 있었던 또 다른 주제가 있다. 그것은 당연한 소득이고 수확일지도 모른다.

바위 벼랑에 새겨진 그 도형들은 구상적 이미지는 이미지대로 추상적이고 기하학적인 무늬는 무늬대로 한반도에 이미 선사시대에 반분이고 있던 무속신앙에 관해서 시사하는 바가 매우 크다. 어쩌면 그것들은 한국의 무속신앙의 가장 오래된 원형을 그려내 보이고 있을 가능성을 크게 갖추고 있을 것 같다. 그것에 관해서는 앞의 몇 개의 장에 걸쳐서 부분적으로, 또 따로따로 언급된 바 있다. 그것은 이 그림들이 이 땅의 가장 오래된 신화(神話)이자 신화(神畵)라는 것에 대해서 증언하고 있을 것이다. 『삼국유사』보다 더 오래된, 한국적 무속신앙과 그와 관련된 신화가 거기 있을 것이다.

울주 암각화가 품고 있을 무속신앙에 관한 언급은 무엇보다도 앞서서 그 그림들이 새겨진 바위 벼랑이 '굿당' 또는 '굿청'이라는 추정에서 시작해야 한다. 그럴 때, 양쪽 바위 벼랑에 우연찮게 닮은꼴의 사람 얼굴이 새겨져 있다는 사실이 크게 부각될 수 있을 것이다. 앞에서 이미 언급된 바와 같이 그것이 굿을 주관하는 무당의 얼굴에 씌워졌을 가면일 가능성도 물론 전적으로 배제할 수는 없다. 하지만 한편으로는 바위에 깃들어 있을 정령 또는 신령일 가능성 또한 부정할 수 없다는 것을 거듭 다시금 강조하고 싶다. 이 경우, 바위에 새겨진 몇 가지 인간 도형이 동물이나 그 영혼의 수호 신령으로 간주될 수 있다는 점을 간과하지 말아야 할 것이다.

그렇다면 비교적 크게 새겨진 두 얼굴, 그것에서 우리들은 모든 자연물에 부친 샤머니즘의 범신론(汎神論)을 연상하게 되고 덩달아 바위 벼랑 전체를 신진으로 관념할 수도 있게 된다. 그늘 수호 신령을 활성화함으로써 공동체의 위기를 관리하는 일, 그것이야말로 맨 처음 손꼽아야 할 샤먼 또는 무당의 임무고 권능이다. 이 점은 시베리아에서나 한반도 안에서나 다를 없다.

사냥감을 맹수로부터 지켜서 그 수를 늘리는 일과 그것에 따라서 더 많은 짐승을 사냥하게 되는 일은 수렵사회의 중추 기능이거니와 무당 또는 샤먼은 이를 앞장서서 선도하고 돕는 것이다. 이깃은 공동체의 위기 관리자로서 무당 또는 샤먼이 갖게 되는 또 다른 성스러운 직능이자 임무이며 또 특권이다. 이는 앞의 장들의 여러 곳에서 이미 확인한 바 있다. 바로 이 같은 곡절 때문에 사냥감의 잡기와 재생산을 가능케 하고 그럼으로써 보다 더 풍요한 자연과 인간 사회를 실현시키고자 하는 신심(信心)이 울주의 두 곳 바위에 새겨져 있는 것이다. 물론 그 같은 신심을 실현하는 것은 무당의 중대한 소임이다.

그렇다면 무당의 또 다른 중요한 종교적 기능, 그 세 번째 직능은 인간과 동물의 생사를 주관하는 것이라고 말해도 좋을 것이다. 샤먼은 목숨과 죽음의 중개자다. 그들이 있기에 이승에서 동물이나 사람은 삶과 죽음 사이에 연계의 고리 또는 매듭을 누리게 된다.

> 야쿠트 샤먼의 의상의 등판에는 두 개의 금속 메달이 붙어 있는데 그 하나는 샤먼의 태양이고 다른 하나는 샤먼의 달이다. 그것들은 그가 타계로 가는 어두운 길을 밝혀주는 것이다. 〔중략〕
>
> 금속이나 뼈 따위로 만들어진 장신구들은 인간이나 동물의 해골 모양으로 샤먼의 의상에 기워져 있다. 여기서 우리는 샤머니즘의 미스터리에서 중추적인 실상을 보게 되는데, 그것은 죽음과 재생에 관한 진술이다.[36]

이같이 핀란드의 대표적인 샤머니즘의 이론가인 시칼라(Sikalla) 교수가 단언할 때, 거기서 우리는 울주 암각화의 무속신앙과 시베리아 샤머니즘 사이에 공통분모가 있음을 알게 된다. 시베리아 여러 지역의 샤먼이며 우리 무당이 다 같이 삶과 죽음의 매개자라는 사실은 그들로 하여금 이승과 저승, 현실과 피안, 이 지상 세계와 타계 사이의 살아 움직이는 교량 노릇

36 Anna-Leena Siikala, *Mythic Images and Shamanisn: A Perspective on Kalevala Poetry*, Helsinki 2002, p. 44.

을 도맡아하게 한다. 이것이야말로 바리데기가 그렇듯이 샤먼 또는 무당이 공동체 구성원들을 위해서 또 그들이 필요로 하는 동물들을 위해서 스스로 짐을 지고 나서야 할 네 번째 성스런 직무고 또 권능이다.

무당이나 샤먼의 엑스터시 또는 트랜스(trans)는 접신을 하는 것, 또는 신 내림을 받는 것 말고도 다른 구실을 맡고 있다. 엑스터시 또는 트랜스 상태에 빠짐으로써 무당이나 샤먼은 그의 영혼으로 하여금 자주적으로 타계여행을 하게 동기를 지어주는 것이다. 이때 몇 가지 종류의 네발짐승이나 조류가 보조자가 되는 보기가 시베리아 샤머니즘에서 찾아지는가 하면 이와는 다르게 샤먼이나 무당의 영혼이 직접 동물로 변신해서 타계여행을 수행하는 보기도 찾아볼 수가 있다.

앞에서 세 마리 고래 무리의 도형을 다루면서 이와 관련된 진술이 있었다. 그 도형이 다름 아니고 고래의 죽음과 재생의 주지를 감당해내고 있다고 지적하는 한편, 그들 고래의 머리 위의 지점에 서 있는 한 알몸의 사내가, 그것도 입에다 손을 대고는 꼭 무슨 휘파람이라도 부는 듯한 시늉을 하고는 우뚝 서 있는 사내가 천상으로 향하는 고래 무리를 인도하고 있다고 논급된 바 있다.

가령, 샤머니즘 또는 무속신앙의 내면세계는 신념 또는 개념들과 이미지가 얽히고설킨 것이라는 것[37] 말고도 구상과 추상이, 또는 환상과 현실이, 또 피안과 이승이 뒤엉긴 것이라는 명제가 타당한 것이라면 우리들은 이 모든 것이 폴리포니로 뭉쳐 있는 만화경이고 만다라인 것, 바로 그것이 울주의 반구대와 천전리의 암각화라고 말해도 좋을 것이다.

그것은 한국인의 집단적 무의식과 심층 심리의 원형을 보이는 도형으로서, 또는 이미지로서 바위 벼랑처럼 굳건히, 또한 강물처럼 다함이 없

---

37 *ibid.*, p. 47.

이 시대를 넘어서서 우리들 한국인 앞에 서 있을 것이다.

끝으로 하나 굳이 강조해두고 싶은 것이 있다. 그것은 극동 시베리아 지역, 그나마 우리의 부여며 고구려 그리고 발해의 구토와의 인접 지역의 주민인 골드 족이 그들 지역 안의 암각화를 두고 그게 다름 아닌, 그들보다 앞서 그 지역에 거주했던 조선족의 것이라고 전해주고 있다는 점이다.[38] 이것은 울주 암각화의 비교 연구에서, 좁게는 극동 시베리아 지역, 넓게는 동북부 시베리아 지역 암각화의 비중이 커질 수 있다는 것을 의미하고 있을 것이다.

38 Berthold Laufer, "Petrographs on the Amoor," *American Anthropologist, New Series*, vol. 1, no. 4(oct., 1899), p. 749.

제3부

한국의 남과 여: 가정에서 자연, 우주까지

1. 남녀 그 기호의 다양성

여와 남, 남과 여!

흔해빠진 인간관계지만, 흔한 만큼 복잡하고 성가시다. 인간관계 중에서 가장 까다롭고 종잡기 어려운 것의 하나가 아닌가 싶다.

물론 동양철학의 테두리 속에서 남녀는 음양의 듀얼리즘에 포섭될 것이다. 그래서 음양이 유개념이라면 남녀는 종개념이 될 것이지만 개념 범주가 좁다고 해서 문젯거리마저도 작아지거나 적어지거나 하지는 않을 것이다. 실제로 음양론의 테두리 속에서 전통적으로 이 땅에서 남자는 사회와 가정의 햇살이고 양지(陽地)였고 여자는 반대로 음지요 그늘이었던 게 사실이지만 동양철학의 음양론으로 우리의 남녀의 의미론의 전모가 이야기될 것은 아니다.

남성/여성, 남자/여자, 사내/계집, 장부/아녀자 이 넷은 어차피 남/여의 듀얼리즘의 또 다른 변이에 속할 것이다. 하지만 그 넷은 각기 남/여의 성에 관련된 가치관의 차이 말고도 사회적 처지의 차이, 그리고 사회적인 역학관계 등에 걸쳐서 더러는 사소하고 더러는 커다란 편차를 보이게 될 것이다. 이를테면 사내 다르고 남성 다르듯이 계집 다르고 여자가 다를 것이기 때문이다. 그 두 가지 다른 것이 얽혔을 때, 그것들의 의미론은 다소의 착종을 겪지 않을 수 없을 것이다.

남성/여성, 남자/여자, 사내/계집, 장부/아녀자, 남/여, 등 다섯 가지 낱말의 무리는 결코 등차 없는 완벽한 동의어의 관계를 지키고 있는 것은 아니다. 가령, '계집년'이란 멸시하는 듯하는 낱말은 자주 쓰이지만 '여자년'이나 '여성년'이란 말은 아주 쓰이지 않고 있는 것이 이에 대해서 시사하는 바가 크다. 그러나 남(男)의 경우에는 '사내놈'이 예사로 쓰이고 있지만 동사에 '남자놈'이 쓰이기도 한다. 이 차이만 해도 남녀의 개념에 심상찮은 함축성이 있다는 것을 헤아리게 될 것 같다. 뿐만 아니다 가령,

'이 계집년이!'
'이 사내놈이!'

이 둘을 두고는 남녀의 생리적인 성차만이 문제되는 데 그칠 수 없다. 전자는 일방적으로 악담이나 꾸중이 될 것이지만 후자는 꼭 그렇지 만은 않다. '사내놈'은 더러더러 '사내대장부'와 같은 뜻으로 쓰이기도 하기 때문이다. 가령, 아버지가 사내아이이게 '사내놈은 그럴 수가 없어!' 하고 야단칠 때, 거기에는 남자 된 자존심 또는 긍지가 깃들여 있을 것이다.

'년'이나 '놈'은 그 자체로는 서로 다를 바 없이 비칭(卑稱)으로 사용된다. '이년!'이라고 하나 '이놈'이라고 하나 그 말은 어차피 욕이고 꾸짖음이다. 그런 점에서 이 둘은 대등하고 동등하다. 한데 '이년'에 계집을 더해서 '계집년'이라고 하는 것과 '이놈'에게 사내를 더해서 '사내놈'이라고 하는 것은 서로 같을 수도 대등할 수도 없다. '계집년'은 끝까지 욕이고

비칭이지만 '사내놈'은 그렇게만 국한되는 것은 아니기 때문이다.

그런가 하면 사내에겐 '새끼'를 붙여서 '사내새끼' 또는 '사내녀석'이라고들 하지만 계집에 새끼나 녀석을 붙여 쓰지는 않는다. 새끼는 가령 할머니들이 어린 손자에게 '아이고 내 새끼가!'라고 하는 경우처럼 예외적으로 애칭이 되기도 한다. 그런가 하면, '사내새끼'는 '사내놈'과 마찬가지로 계집년과 맞대응될 말은 아니다. 남아(男兒)란 말과 여아(女兒)란 말은 사전적인 정의로는 대등할지 모르나 사회적으로 또 문화적으로는 그럴 수가 없다. '새끼'나 '놈', 이들 두 말 역시 비칭으로 쓰기도 하지만, 아주 반대로 거기에는 우월한 남권의식이 껴들기도 한다. 그러나 '년(연)'은 일방적으로 비칭으로 끝난다.

이처럼 어차피 사전 상으로는 동의어에 그칠 것이 미세한, 또는 큰 차이를 보이고 있는 것이 위에서 예를 들어 보인 다섯 가지 듀얼리즘의 낱말들이다. 그 다섯이 음영과 함축성에 걸쳐서 차이를 보이는 그만큼 남/여 듀얼리즘은 성가시고 또 까다로울 것이다.

남(男)에게는 또 다르게 장부나 대장부 또는 선비라는 칭호가 붙으면서 가정에서나 사회에서나 높은 자리가 주어지지만 여(녀)에게는 이와 대응될 말은 없다. '남정네'에 일대일로 맞대응할 낱말은 여성에게는 없다. 그런가 하면 '서방(님)'과 등정하게 맞서두어실 아내 쪽의 낱말 또한 찾기 어려울 것 같다. 굳이 따지자면 '안방마님'이 될 테지만 잘라 말할 것은 못 된다. 그런가 하면 여성에게만 있고 그것에 대응될 말이 남성에게는 없는 경우도 있다. '여편네'와 대응될 '남편네'가 없고 각시며 색시와 각기 일대일로 대응되게 남성을 부를 말도 없을 것 같다.

이처럼 남성에게 있는 특정한 별칭에 대응될 여성의 특정 칭호가 없듯이 여성에게만 있는 특정한 칭호에 대응될 남성의 상대적 칭호가 찾아지지 않는 것은 단적으로 중요한 것을 암시하고 있다. 남녀 관계가 모든 면에서 고루 대칭적이 아니라는 점이다. 이처럼 남녀 사이의 몇 겹의 함축성의 차이, 또는 뉘앙스의 차이에 겹친 비대칭성은 남녀의 듀얼리즘을 복잡하게 얽히고설킨 게 되게 하고 있다.

남녀 사이에는 흔하게 사용하고 있는 말들이 보여주고 있듯이 그 수없이 많은 여러 별칭 사이에 맞대응될 일대일의 선이 그어져서 맞물려 있는가 하면, 남녀 어느 한쪽에만 별칭이 있고 그 짝이 다른 성에게는 없어서 맞물리는 선이 그어질 수 없는 것도 엄연히 존재하고 있다. 이건 남녀 사이의 복수의 개념들 사이가 난마(亂麻)와 같이 얽히고 있음을 의미할 수 있을 것이다.

작게는 가족이며 가정 안에서, 크게는 사회의 맥락 속에서 듀얼리즘을 이루고 있는 무수한 낱말들에서 달리 남/여의 그것에 비견될 만한 것을 찾을 수 있을 것 같지 않다. 부/자, 부/녀, 모/자, 모/녀, 형/제, 오/누이 등과 같이 가정적인 맥락에서는 물론이고 주인/노복, 상전/하인 등의 사회적 맥락 속에서도 찾아질 것 같지 않다.

그토록 남/여는 그 상호관계가 다양하고 복합적이고 변화가 많다. 서로 사이에 불협화(cacophony)가 있고 반목도 있을 수 있다. 따라서 다의적(多義的)이고 그만큼 또 모호성이 강하다. 이 경우, 모호성(obscurity)은 엠프슨(W. Empson)이 그의 시론에서 범주화하고 또 정의 내렸듯이 적극적이고 긍정적인 의미를 가진 것으로 받아들여야 할 것을 굳이 강조해주고 싶다. 오해가 없기 위해서는 한 기호, 또는 한 낱말에, 또는 한 단위의 언어표현에 서로 다른 갖가지 뜻이 같은 자격으로 마찬가지 비중으로 공존하고 있는 것이 이른바, '시적 모호성'이다.

그런 어지러운 상황 속에서 남녀 간의 두 별칭이 서로 맞물려 있다고 해도 그것들이 모두 같은 기능이며 의미를 갖추고 있는 것은 아니다. 의미론의 차원에서 무수한 편차가 생긴다. 수놈과 암년이 같이 있는 것과 사내와 계집이 함께 있는 것과는 다를 것이다. 마찬가지로 남녀가 혹은 남성과 여성이 같이 있는 것도 서로 다를 것이다. 더욱이 부부가 함께 자리한 것도 다를 수 있다. 말에 따라서 물리적로도, 심리적으로도 문화-사회적으로 남녀는 사뭇 달라진다. 이렇듯이 남녀의 듀얼리즘은 성가시다. 의미론적으로도 기호론적으로도 그럴 것이다.

남녀 관계를 부부로 좁혀 보아도 그 의미론이 성가시기는 마찬가지다. '남편/아내'는 부부만큼 흔하게 쓰이는 말이라서 가치관이나 권력이라는 힘의 관계 등을 개입시킬 여지가 비교적 적은 중립적인 어휘가 될 것이어서 거기 무슨 특별한 함축성이 끼어들 가능성은 크지 않을 것 같다. 그러나 '가장/안댁', '바깥사람/안사람', '집어른/안어른', '서방님/안방마님' 등이 되면, '내외'가 직접 내비치고 있듯이, 소위 토폴로지(topology)라고 일컬을 만한 것이 개입하게 될 것이다. 처지의 고하, 차지하고 있는 위치의 안과 밖 등이 문제될 것이기 때문이다. 물론 이에 따라서 권력론 차원의 위상의 차이, 이를테면 강/약, 지도/복종, 다스림/섬김 등에 걸쳐서 변화가 생길 것이다.

그러나 '지아비/지어미'라면 보다 더 짙게 안방 분위기가 나서 권력론에서 비교적 멀어질 것 같지만 '가시버시'라면 부부가 둘 다 사회적으로 낮은 처지에 처하게 될 것이다. 뿐만 아니나. 그서 배우사라고 하면 중립적이고 무슨 특별한 함축성은 없을 것이지만 그 밖의 위에서 예를 들어 보인 여러 가지 부부를 일컫는 호칭은 그것들이 각기 시니피앙이 될 때, 만만찮게 다양한 의미론을 제기하게 될 것이다.

이처럼 부부까지 포함해서 남녀를 두고는 그 부르는 이름이 갖가지고 기호도 가지가지다. 한 가정 안의 인간관계로 또 사회 안의 사람과 사람 관계로, 단 두 사람을 지칭하는 말로서 이처럼 다양하게 기름되는 다른 보기가 또 있을 것 같지 않다. 그 많은 명칭들은 각기 서로 다른 기호다.

부부라는 중성적인 낱말 하나에로 귀속되기 어려울 느낌마저 주고 있다.

그 하고많은 낱말들은 따로따로 기표(記標, signifier)로서 차이가 날 것이고, 따라서 기의(記意, signified)도 제각각일 것이다. 따라서 그 상징성도 차이가 날 것은 명확한 일이다. 그런가 하면 가령, 앞에서 지적한 대로 '사내놈'이 그렇듯이 단일한 기표에 복수의 서로 다른 기의가 따라붙을 수도 있을 것이다. 그러니까 바로 이런 갖가지 기호들 사이사이에 사내와 여자의 얽히고설킨 관계의 전부가 있을 것이다. 아무튼 부부며 남녀 간은 이렇게 성가시다.

2. 풍속화 두 편의 기호적 의미론

바로 그 같은 성가심을 말해주는 두 폭의 그림을 문제삼을 수 있다. 다름 아니고 혜원 신윤복의 「빨래하는 아낙네」와 「처네 쓴 여인」이다. 그런 논지를 앞세워서 혜원 신윤복의 풍속화 두 편을 논란할 수 있을 것 같다.

먼저 「처네 쓴 여인」은 그 화폭이 전체적으로 어두컴컴하다. 어쩌면 음산하고 스산하다고 해도 좋을 만한 분위기를 풍기고 있다. 바라보아서 왼편의 높다란 담장이 더욱 그런 분위기를 부채질하고 있는데, 그 바로 곁, 오른편에 한 여인이 가고 있다. 흙담처럼 보이는 그것은 아주 장벽처럼 보이기도 한다. 그런 담장과 단 한 사람의 행인인 아낙을 빼고 나면 화폭에는 아무것도 없다.

보기에 따라서는 사뭇 허전하고 적료한 그림이다. 구도고 뭐고 없는 것처럼 보이기도 한다. 다만 육중한 담장과 한 사람의 묵묵한 아낙 행인이 무심코 베껴져 있는 듯이 보이기도 한다.

한데 아낙은 머리끝에서부터 무릎 밑까지 완전히 커다란, 그리고 널따

〈그림 3-1〉 신윤복의 풍속화, 「빨래하는 아낙네」

란 처네로 덮씌워져 있고, 그래서 가려진 존재라는 것을 보아내면 그림을 보는 눈길이 달라지고 또 느낌도 바꾸어진다. 그 둔탁한 몸매의 여인은 스스로 보쌈이 될 팔자를 짐 지고 있는 듯이도 보인다. 보는 사람의 이런 시각 속에서 무언의 담장과 발걸음 내딛고 있는 아낙, 바로 그 대조만이 구도의 전부를 결정짓고 있다는 것같이 보이기도 한다. 그 대조법이 이 그림의 전부다. 그리고 그것은 커다란 상징성을 품고 있다.

담장은 여인을 단절시키고 격리하고 있다. 좀 표현이 속되지만 어디 한 구석에 처박아 넣어버린 느낌이 짙다. 아니면 담 밖으로 내몰린 인상도 풍기고 있다. 그것이 아낙의 처네와 상보해서는 아낙의 격리된 상황을 더 한층 굳게 나타내 보이고 있다. 아마도 해거름 무렵일까? 석양의 박모(薄暮)가 그런 분위기를 더 한층 짙게 풍기고 있다.

거기서 우리는 이 그림이 단지 그 특정한 아낙 한 사람만을 묘사하는

〈그림 3-2〉 신윤복, 「처네 쓴 여인」

데 그치고 있는 것이 아니라고 말하게 된다. 단적으로 이 그림은 제유법의 수사를 간직하고 있다. 특정 부분으로 전체를 또는 특정한 일개의 개체로 그것이 소속된 총체를 나타내는 바로 그 수사법을 이 그림에서 읽어내게 된다.

그것은 이 한 사람의 아낙의 주어진 그 상황이나 처지가 그 당시 한국의 여성들이 누구나 당하고 겪는 처지며 상황을 대변하고 있다고 읽게 됨을 의미하고 있다. 사회에서 소외되고 또 격리된 존재, 겉이 가려진 채로 숨어 살다시피 하는 처지, 사회의 밝은 곳은 일부러 피하고는 응달에 웅크리고 있는 상황 등등 그 당시의 이 땅의 여인네들이 큰 예외 없이 거의 누구나 처해 있었을, 가정적 · 사회적 정황을 한 폭의 조촐한 그림이 암시적으로, 아니면 우원법으로 둘러서 말하고 있는 것으로, 필자로서는 읽혀지는 것이다.

조선왕조 이후 중세기에 거쳐서 근세까지 여인들에게는 사회는 없었다. 오직 집 안이 있었을 뿐이다. 극히 최근까지도 누구나 자기 아내를 '집사람'이라고 부른 것은 우연한 일은 아니다. 그나마 중류 이상, 살 만한 집안이면 여인은 으레 안채에 국축(跼縮)하고 있었다. 집사람은 곧 '안사람'이었다. 안채는 여인들의 공간이다. 이 같은 중세기며 근세에 우리 여인들이 처한 사회적 · 가정적 위상을 고려한다면, 바로 신윤복의 풍속화 한 편은 그 당시 한국 여성 전체의 처지를 의미하고 있는 한 편의 '제유법적인 기호'라고 해도 지나침은 없을 것이다.

그런 점에서 이 그림은 혜원의 적잖은 수의 여인 그림과는 차원이 다르다. 가령, 거문고 줄 매기를 하고 있는 여인들, 다림질하고 있는 여인들, 또는 머리에 생선이 얹힌 광주리를 이고 있는 아낙 앞에 노파가 서 있는 그림 등등, 일상생활의 맥락 속에 자리한 여성들과는 물론 다르다. 그런가 하면 혜원이 즐겨서 또 정성껏 작품화한 것 같은 미인도와는 큰 차이가 난다.

그의 미인도는 '옷 입은 누드'라고 해도 좋을 만큼 옷매무새를 갖추어서 성장할 대로 성장한 기녀의 '섹스어필'을 절묘하게, 또 실감나게 부각시키고 있다. 잘록한 허리 이하는 부풀대로 부풀고 불릴 대로는 불리고 있다. 특히 엉덩이가 팽배할 대로 팽배해 있어서 과장법의 느낌도 풍기고 있다. 이럴 경우, 화가는 여인의 성적 매력을 상하로 나누어 짚어내고 있다.

그믐달 같은 눈썹 아래 반은 감은 가느다란 눈, 도도록한 콧등, 기리고 잘 익은 앵두같이 작으나 뾰족한 입술, 그리고는 백옥 같은 흰 목덜미로도 그는 여성의 성적 매력을 극대화하고 있다. 예쁘고 고우나 새치름한 표정과 구름송이 같은 검은머리 치장이 절묘한 대조를 이루고 있다. 옆머릿단에 별나게 도두라진 귓바퀴도 예사롭지 않다.

그는 고/저, 거창/미세, 백/흑, 백/홍, 가리고/드러남 그리고 농/담 등 여러 겹의 듀얼리즘을 살려가면서 몇 겹의 대칭법으로 여인의 얼굴의 성적인 매력을 극대화하고 있다. 형과 선과 색으로 이룩된 텍스추얼리티가 거기에 생동하고 있다고 해도 괜찮을 것 같다.

한데 혜원은 사내들의 눈에 든 여성들의 성적 매력을 또 다른 필치로 그려내 보이고 있다. 그건 바로 「빨래하는 아낙네」라고 이름 붙일 만한 작품이다. 이 그림을 미인도와 견줄 때는 '반라(半裸)의 누드'라고 이름 붙여도 좋을 것 같다. 이 그림은 여성을 그려도 위에서 열거한 일상생활 맥락 속의 여인들은 물론이고 「처네 쓴 여인」과도 다르고 미인도와도 다르다. 「빨래하는 아낙네」에는 이를테면 '피핑톰'(peeping Tom), 곧 보아서는 안 될 것을 은근하게 몰래 엿보는, 또는 훔쳐보는 사내들이 몇 그려져 있다.

우선 전체 분위기가 익살로 넘쳐 있고 또 발랄하기도 해서 「처네 쓴 여인」과는 사뭇 대조적이다. 이 현장을 직접 보고 있는 제삼자라면 낄낄대거나 비웃거나 할 것 같다. 낄낄대는 것은 사내들일 것이고 비웃고 혀를 차는 것은 여인네들일 것이다.

산골짝 개울 안에서, 또는 가장자리에서 몇 사람의 아낙들이 빨래를 하거나 머리를 감고는 손질하고 있다. 빨랫감을 들고는 짜면서 허리를 굽힌 채, 엉거주춤 개울 안에 서 있는 여인은 거의 무릎까지 노출돼 있다. 이것만 해도 그 당시로는 노출도가 심한 편일 텐데 그보다 더한 정경이 그려져 있다.

물가의 바위에 엉거주춤 앉아서는 빨랫감을 물에다 대고는 방망이질하면서 씻고 있는 여인들은 정강이는 물론 무릎까지 드러내놓고 있다. 아니 그 정도가 아니다. 대퇴부에 가까운 허벅지의 허연 맨살이 드러나 있다.

그런가 하면 물가의 바위에 넓적 퍼질러 앉아서는 감은 머리채를 손질하고 있는 여인은 양쪽 허벅지 안의 은밀한 구석까지 거의 다 드러내놓고 있다.

한데 야단이다. 선비 한 녀석이 바위 뒤에 몸을 가리고는 부채로 얼굴을 가리고는 그 모든 정경을 훔쳐보고 있다. 그 뒤에서는 역시 바위에 몸을 가린 맨머리의 승려로 보이는 사내가 은근슬쩍 규시(窺視)하고 있다. 이걸 장난질이라고 해야 할지 아니면 음란한 짓거리라고 해야 할지 판단하기 쉽지 않지만 보아서는 안 될 것, 드러내어서는 안 될 것을 엿보고 있는 것만은 틀림없다. 조선조 사회로는 드물게 여성의 알몸의 일부나마 노출되어 있는 것이다.

이 「빨래하는 아낙네」와 「처네 쓴 여인」을 맞대놓고서 보게 되면 어떻게 될까? 그 대조는 무엇을 말하는 걸까?

전통 한국 사회에서 남성이 여성을 대하는 전혀 상반되는 두 가지의 시각이 거기 있다. 그 둘은 모순등가적(矛盾等價的)이다. 감추어지고 가려질 것이 여성이라는 관념이 「처네 쓴 여인」에게는 엉켜 있다. 남 앞에, 특히 남성들 앞에 모습을 드러내면 안 되는, '포장된 여성'이 거기 있다. '안 사람'이라서 바깥에 나서는 것은 금기다. 숨겨져 마땅한 것이 여성이다.

그런데 그럴수록 역으로 사내들로서는 들여다보고 싶고 훔쳐서라도 보고 싶은 것이 여성임을 「빨래하는 아낙네」가 증언하고 있다. 지금으로서는 으레 관심거리도 못 되고 주목거리도 못 될 여성의 종아리며 무릎 부분까지만 해도 「빨래하는 아낙네」에서는 크나큰 흥밋거리다. 그야말로 '섹스 대상물'이다.

남성들에게, 한편으로 여성은 남성들 자신에 의해서 강요된 은폐(隱蔽)요 밀봉(密封)이다. 그러나 다른 한편으로는 은폐와 밀봉의 도수가 큰 만큼 규시(窺視)와 탐시(探視)의 대상으로서 갖게 될 정도가 비례해서 높아지는 것이 여성이었다. 그것을 혜원은 그의 여인을 소재로 삼은 두 개의 그림에서 보여주고 있다. 사내들에게 여인은 포장되어 마땅한 금기이자 드러나는 대로 훔쳐보고 싶은 욕망의 대상이었던 것이다.

감추고 가리고 은폐하고 하는 데는 강한 독점욕이 작용할 것이라서 이 경우, 여성은 끝내 '물화'(物化)되고 만다. 한 남성 가장이 소유하고 있는 여러 가지 물목(物目) 중의 하나로 전락하고 만다. 남성의 소유의 대상이기 때문이다. 덩달아서 여성은 단적으로 남성의 욕망 그 자체와 동화되고 만다. 거기에는 당연히 지배욕과 억압욕이 수반될 것이고 따라서 남성의 권력의지가 꿈틀대게 된다.

그 당시의 사내들에게 여성은 '이것이냐 저것이냐'로 양단간에 하나로 택해지는 대상은 아니었다. 이것이기도 하고 저것이기도 하는 한편으로 인간이자 소유물이고 개체이자 부속품이기도 했던 것이다. 그 다양한 역학관계는 때로는 야합하고 때로는 서로 반목하여 있기도 했었다. 이런 데서도 남녀 관계의 착잡함이 드러날 것이다.

무심하게 넘어가버리면 그만일 것 같은 남녀 관계의 칭호의 이 같은 복잡다단한 양상은 모르긴 해도 한국에서 더한층 심한 것이 아닌가 싶어진다. 만일에 그렇다면 전통 한국 사회의 남녀 관계 자체가 사회적인 차원에서 또 가정적인 차원에서 여러 복선을 함축하고 있었다는 것을 의미할 수 있을 것이다. 그것은 남녀의 기호론이나 상징론이 예상하고 넘어서야 할 장애 같은 것일지도 모른다. 사회나 가정의 차원에서만 그런 것은 아니다. 각종 민속놀이에서 동요나 전설과 신화 같은 민간전승(民間傳承)의 차원에서, 또는 우주론의 차원에서도 마찬가지이다.

3. 그네 타기/널뛰기의 페미니즘

당연히 민속놀이에서도 남녀의 듀얼리즘은 문제를 제시한다. 이 땅의 전통적인 명절에는 으레 집단적인 놀이가 행해지곤 했다.

한데 명절은 추석을 빼고 나면 그 날짜는 일월 일일, 삼월 삼짇날, 오월 오일의 단오, 칠월 칠일의 칠석, 구월 구일의 중구절(重九節)과 같이 기수가 중첩되어 있다. 이처럼 명절은 음인데도 놀이의 주체는 압도적으로 남성이다. 여기에 일단은 추상적으로라도 음양의 조화가 있다고 지적될 소지가 있다는 것을 전적으로 부인하기는 어렵다.

그런데 남정네들의 놀이로서는 으레 편싸움이 우세하다. 편전(便戰)이라고도 하는 패싸움은 줄다리기, 차전(車戰), 석전(石戰) 등이 보여주고 있듯이 편 가름해서는 이기고 지기를 내기 걸어서 경쟁을 벌인다. 그것이 남정네들의 편 놀이의 정해진 양식이다. 그것은 필경, 밀고 밀리고 하다가 어느 일방의 승리로 끝맺게 되어 있다. 경쟁이나 경합은 으레 투쟁이다. 남성적인 역학이 또 권력의지가 거기 약동하고 있다.

이에 비해서 여성 놀이는 다른 양상을 보이고 있다. 경쟁이 협조와 경합이 협화(協和)와 짝을 짓는다. 남녀의 몰이가 더불어서 중간까지는 벼르고 겨루고 하지만 그 대단원은 달라신다.

경쟁 – 투쟁 – 일방적 승패	(남)
경쟁 – 화합	(여)

이렇게 남녀 간의 놀이에서 상대적인 차이를 보이고 있다.

그네 타기는 반공(半空)을 나는 놀이, 곧 비상(飛翔) 유희다. 바람을 가르고 하늘을 가르면서 앞뒤로 또 높게 낮게 날고 또 나는 유희다. 그것에 비해서 널뛰기는 이름 그대로 뛰기의 놀이, 도약의 유희다. 드높이 솟구쳤다가는 그 반사작용으로 대지를 찍어 누르듯이 내리박히곤 하는 유희다. 둘 다 우아하면서 격렬하다. 운동을 겸한 놀이다.

한데 그 비상과 그 도약은 같은 효과를 빚어낸다. 둘 다, 호이징가(Johan Huizinga)의 개념을 따르자면 '일링크스(illinx)의 놀이' 곧 '도취의 놀이'다. 취한 듯 어지럼을 타는 것이, 쾌감을 촉발하는 것이 다름 아닌, '일링크스'다.[1]

그런데도 그 둘 다 다른 한편으로는 '아곤(agon)의 유희', 곧 '경합의 유희'다. 널판 끝에 마주보고 서서 널뛰기하는 두 사람은 말할 것도 없지만, 혼자 타기의 그네 말고 둘 타기, 그나마 마주보고 둘 타기하는 그네 타기의 경우에도 누가 더 높이 치솟는가를 다투고, 누가 더 아스라하게 나는가를 은연중 겨루게 된다.

그러기에 그네 타기나 널뛰기나, 어느 것이든 두 사람이 면대하고서 벌이는 경쟁이다. 그러나 성패로 끝나지는 않는다. 일링크스의 합치로 마무리된다. 그것은 화해와 타협의 골라인이다. 여기서 드러나는 여성다움은, 그 페미니즘은 사내들의 명절놀이가 갖는 남성성과 극명하게 대조를 보이고 있다.

그렇게 관찰할 때, 그네 타기와 널뛰기의 또 다른 페미니즘을 말하게 된다. 그것은 굴레를 벗어나는 일이고 속박을 박차는 일이다. 안방에 갇혀 있다시피 하는 여성들이 대지를 박차고 하늘을 날고 하는 것은 자유의 구가고 해방의 송축이다. 그네 타기는 창공을 나는 만큼, 물리적으로도 바람을 타는 일이다. 바람이 나는 일이다. 그 바람나기가 은유법으로 수용된다 치면 그것이 전통 한국 사회에서 갖게 될 의미며 기능은 엄청난

1 Roger Cailliois, *Les Jeux et les Hommes*(이상율 옮김, 문예출판사, 1994, p. 37).

것이 될 것이다.

전통 한국 사회에서 여성이 이토록 개방되고 자유로워지는 보기는 달리 찾을 수가 없다. 하고 많은 여성놀이들, 예컨대 꽃놀이, 화전(花煎)놀이, 베틀놀이, 가사 부르기 놀이 등은 모두 하나같이 제약된 일정 공간 안에서 오순도손, 옹기종기 안존하게 모여 놀게 되어 있다. 그것들이 발랄하거나 역동적이기를 바라기는 힘겹다. 어디까지나, 이른바 저 전통적인 '여성다움'의 허울을 벗지는 못한다.

이에 비해서 그네 타기와 널뛰기는 혁명적이다. 일종의 허락된 반란이고 난장이다. 사내들이 별신굿판, 곧 마을의 집단적인 굿판에서 따로 난장판을 벌인 것을 연상시키고도 남는다. 한국적인 아니마가 한국적인 아니무스하고 한판 결전을 벌이는 것과 다를 게 없다. 아니다. 한국 여성 속에 잠재된 아니무스가 극에 달하는 현장이 다름 아닌, 그네 타기고 널뛰기라고 고쳐 말해야 할 것이다.

하지만 이 해방과 자유는, 그리고 그 페미니즘은 상당한 그늘이나 음지를 내던져 보이고 있다. 그것은 전통 한국 사회에서 여성들이 입을 수밖에 없고 당할 수밖에 없었던 트라우마(trauma)의 역설적인 표현이 다름 아닌 그네 타기와 널뛰기라고 할 수도 있기 때문이다. 말하자면 그 비상과 그 도약은 환희고 도취이면서도 깊으나 깊은, 그리고 짙고도 짙은 상흔(傷痕)이었던 것이다. 그러기에 우리는 널뛰기와 그네 타기를 역설이고 반어(反語)라고, 이를테면 패러독스이고 아이러니라고 말하게 되는 것이다. 그네 타기와 널뛰기에는 그 같은 수사학이 엉겨 있었던 것이다.

4. 입술이 잘리고 떨어진 여인들

트라우마는 정신적 또는 심리적인 외상(外傷)이다. 그런데 한국의 상고대 신화는 여성에게 입힌 생리적인, 또는 물리적인 외상에 대해서 말해주고 있다. 그것을 입힌 주체는 이규보의 『동국이상국집』의 「동명왕편」에 의하면 왕이다. 『삼국유사』에서는 구체적으로는 나와 있지는 않지만 구태여 따지자면 사회적인 제도 또는 관습이라고 할 수밖에 없다. 그것은 그나마 가부장제적인, 또는 남권적인 사회의 몫으로 돌아갈 수밖에 없는 성질의 것이다.

> 이날, 사량리의 알영 우물가에 계룡(鷄龍)이 나타나서 그 왼편 겨드랑이에서 동녀(童女)를 낳았다. 그 아기는 모습이 수려(秀麗)하였으나 그 입술이 닭 부리를 닮아 있었다. 바야흐로 월성의 북천 개울에서 몸을 씻겼더니 그 부리가 떨어졌다. 그 탓에 그 개울을 '덜 발'(撥)자를 써서 발천이라고 했다.[2]

> 강의 신인 하백(河伯)은 그의 딸을 책망하면서 입술을 잡아당겨서는 석자나 늘어지게 했다. 그리고는 두 비복(婢僕)을 따르게 하고는 우발수 물속에 던져 넣어버렸다. 고기잡이가 파도 속을 살피자 괴이쩍은 동물이 보였다. 이내 금와왕에게 고하자 쇠 그물을 던져서는 물살을 헤치고 끌어올리자, 돌같이 단단한 여성이 거기 앉아 있었다. 그 모습이 훌륭하고도 두려워 보였다. 그러나 입술이 길어서 말을 하질 못했다. 세 번 자르자 비로소 이가 나타나 보였다.[3]

2 『삼국유사』, 신라 혁거세조
3 이규보, 『동국이상국집』, 동명왕편.

이 두 신화에는 꼭 같지는 않아도 매우 닮은 데가 있다. 그것은 여자아이 또는 여자의 입술이 이형(異形)이라는 점이다. 하나는 닭 부리를 닮았고 다른 하나는 석자나 되도록 길었다는 것이다. 한데 뾰족한 닭 부리 역시 보통의 아기, 여성의 입술에 비하면 길다고 해도 괜찮을 것이다.

한데 그들 두 개의 긴 입술 중, 하나는 개울물에 씻어서 긴 부분이 떨어지게 하였고 다른 하나는 인위적으로 잘라서 보통 크기로 짧게 한 것으로 되어 있다. 요컨대, 긴 입술 또는 입부리를 짧게 만든 것이다. 정말 괴이쩍어서 신화 특유의 모티브의 하나라고 생각될 만하다. 한데 이 두 가지 일은 어느 쪽이나 있을 수 없는 일이다. 그래서 좀 더 합리적으로 윤색을 해보면 어떨까 싶다.

여성들의 경우, 생리학적으로 두 개의 '라비아'(labia), 곧 입술을 가지고 있는 셈이다. 하나는 얼굴의 입술, 곧 위의 입술이고 다른 하나는 여성 성기의 라비아, 곧 아래의 입술이다. 그 하나는 구순(口脣)이고 다른 하나는 음순(陰脣)인데 둘 다 생리학의 정식 용어다.

일부의 인류학자들은 특정한 원주민들 가운데서는 유아를 위한 통과의례의 일부로 음순이나 음핵 자르기가 시행되고 있는 것을 보고하고 있다. 그런 음순과 음핵 자르기의 보고에 견주어서 신라의 알영과 고구려의 유화라는 두 어린 여성의 구순 자르기를 생각해보는 것이 어떨까 싶다.

그리하여 알영과 유화의 구순을 음순의 대유법이라고 읽어냄으로써 위에 지적된 인류학적인 사례와 견주게 되는 것이다. 비록 신화라고 해도 음순을 노골적으로 화제로 삼기는 거북했을 것이기에 우원법을 겸해서 대유법을 쓴 것이라고 생각해볼 만하다. 말하자면 아래 입술과 위의 입술을 뒤바꾼 수사법이 거기 작용하고 있는 셈이다.

기형이가 아니고는 구순이 석자로 과장될 만큼 길거나, 아니면 닭 부리처럼 돌기가 돋아서 뾰족하게 길 까닭이 없다. 이 사실은 구순을 음순의 대유법으로 보는 근거가 될 것이다. 이 추정이 그런 대로 합리적이라면 여기서 우리는 신화시대에 이미 비롯한 이 땅 여성의 수난의 역사를 말하지 않을 수 없게 된다. 음순과 음핵 자르기는 수술이자 가해다. 외상을 입히는 일이다. 이래서 그 당대 사회에서는 여성의 성기를 두고서 그 남/여 관계에 원천적으로 가해자/피해자의 듀얼리즘이 작용하고 있었다고 말하게 된다.

이 어린 여성의 성기의 일부 절단 또는 단절은 어린 사내아이의 이른바, 할례(割禮)와는 다르다. 어느 쪽이나 어린아이의 성기 일부를 잘라내기로는 다를 바 없을 것이다. 적어도 외양으로는 추호도 다를 것 없어 보일 것이다. 그러나 그 잘라내는 부위부터가 다르다. 사내아이의 할례는 소위 귀두(龜頭)의 표피를 잘라내는데 그친다. 보기에 따라서는 필요도 없이 덧붙여진 여분이나 군더더기를 말끔하게 제거하는 것으로 인식될 수도 있을 것이다. 하지만 음순과 음핵은 생리적으로도, 또 형태상으로도 성기 전체와 불가분의 것이다. 그래서 남성의 할례는 'circumcision', 곧 문자 그대로는 둥글게 잘라내기인 데 비해서 여성의 절제는 따로 'incision'이란 용어를 쓰고 있을 정도다. 의학의 생체 해부에도 쓰이고 있는 이 '인시젼'은 문자 그대로 무엇인가의 안을 도려낸다는 것을 의미하고 있다.

그 결과 여성의 경우의 삭제는 여분의 제거가 아니다. 중요 부분의 강제적인 제거다. 나중에 그 어린 소녀가 자라서 성년이 되었을 경우, 음순이나 음핵은 이른바, 성감의 감도를 좌우하는 요처(要處)다. 그것들의 절제(切除)는 바로 그 성감의 박탈을 의미한다. 여성으로 하여금 성감각상, 석녀(石女)가 되게 하는 결과를 낳게 된다. 이 때문에 여성은 성감 없는, 다만 아기를 갖는 '자연 수정관'(授精管), 아니면 '자연 수태기'(受胎器)로 그치고 말게끔 제도적으로 제약한 것이다.

이에 비해서 사내아이의 할례는 오히려 성감을 드높여줄 것이다. 뿐만 아니라 겉모양도 다듬어주는 게 될 것이다. 사내다움을 더 한층 돋보이게 하고 돋우게 한 것이지만 여성의 절제수술의 경우는 여성의 생리적인 여성다움을 극소화하고 모성만 극대화한 것이라고 해도 좋을 것 같다. 이건 인류 역사상 가부장제 사회가 저지른 여성을 상대로 한, 원천적인 성차별이고 성 억압이다. 기본적인 성차별이다.

5. 여성 팔루스의 절단과 원귀

한데 여성의 팔루스의 절단 내지 제거는 신화시대 이후에도 계속된다. 다만 그 외형이 신화시대와는 달라진 것뿐이다. 속내로는 동일한 일이 역사적으로 지속되고 또 반복된 것이다.

여성의 팔루스의 절제가 여성에게 트라우마로서, 이를테면 생리적인 외상(外傷)으로서만이 아니고 정신적인 외상으로서도 경험되었으리라는 것은 추리하기 어렵지 않다. 비록 외형은 달라졌어도 정신적으로는 여성들에게 트라우마로서 경험될 일이 시대를 달리하면서 잇따른 것이다.

그 전형적인, 또 대표적인 본보기가 다름 아닌 원귀(寃鬼), 그나마 여성 원귀다. 전설로서는 밀양의 '아랑 이야기'가, 그리고 소설로는 「장화홍련전」이 익히 알려 있긴 하지만 그 둘만이 아니다. 비슷한 전승과 기록은 수두룩하다고 해도 좋을 만큼 많은 편이다.

> 대나무 숲에서 흉악한 사내놈이 돌연히 뛰어나와서는 낭자를 안고는 대숲에 들어가서는 강제로 겁탈하고지 했다. 처녀는 큰 소리 지르고 욕실도 크세 뻐부었다. 그러면서 처녀는 죽음을 걸고는 사내 말을 듣지 않으려 함에 그 녀석으로

서는 강제로나마 겁탈할 길이 없었다. 일이 이에 이르자, 흉측한 그 사내는 당장 칼을 뽑아서는 그 머리를 쳐서 연못 속에 내던지고는 돌로 꽉 눌러버렸다.

이것은 『고금소총』(古今笑叢)에 전해진 이야기의 일부이거니와 이것은 밀양 '아랑 이야기'의 원형이라고 간주되어 있기도 하다.[4] 남자가 전혀 원하기는커녕 완강하게 거역하는 여성을 무참하게 칼로 살해하는 이 장면은 여성 육체의 요긴한 부분, 성적으로는 생명인 것이나 다를 바 없는 요처(要處)에 칼을 대서는 잘라내는 그 '여근 절제'의 의례와 상황이 너무나 닮아 있다.

한데 위에 인용된 전설과 대차 없는 아랑 이야기의 요목을 제시하면 사건의 앞뒤가 분명해질 것이다.

1) 그 뒤(아랑이 사내에게 죽임을 당한 뒤) 신관 태수가 도임할 때마다, 바로 부임하는 그날 밤에 원귀가 출현하여 신관 사또를 변사시킨다.

2) 이것으로 인해 밀양 태수를 지원하는 자가 없으므로 조정에서 자원자를 구한다.

3) 의기 있는 남아(이 상사와 같은)가 지원하게 된다.

4) 지원한 의기 있는 남아는 도임 당일 촛불을 밝혀두고 독서(주로 주역과 같은 책)를 한다.

5) 별안간 음풍이 일어나고 닫혔던 문이 저절로 열리며 산발한 여인이 목에 칼을 꽂은 채, 유방에서 피를 뚝뚝 흘리며 나타난다.

6) 여인은 자신의 무례한 현신을 일단 사과하고, 그간 신임 사또들이 놀라 죽은 이유와 자신의 그러한 모습으로의 출현에 대해서도 그 경위를

4 안병국, 『귀신설화연구』, 규장각, 1995, p. 79.

설명한다.

7) 담대한 의기 남아는 원귀가 될 수밖에 없었던 함원자(含怨者)의 소회를 청문하고, 가해자를 찾아 함원자의 한을 풀 수 있는 조처를 취하고 대중의 경계를 삼는다.[5]

이 요약이 보여주고 있듯이 처녀는 성폭행을 피하려다가 살해를 당한 끝에 원귀가 되어서 출현한 것이다. 원귀는 으레 트라우마의 화신(化身)이지만, 남성의 원귀와는 달리 여성 원귀의 경우는 억울한 상해로 죽임을 당하는 비율이 훨씬 크다. 육체적 · 생리적 외상(外傷)이 죽음의 원인이 되고 그 연장선상에서 여성 원귀가 생기게 되어 있다.

이 점은 역시 안병국 교수가 소상하게 원전을 번역해서 인용하면서 묘사하고 있는 또 다른 여성 '원사원귀'에서 더 한층 두드러져 나타난다.

첩에게 하늘에 사무치는 혹심한 원한이 있어 호소하고자 여기에 오면, 사신(使臣) 나그네가 문득 갑자기 죽어가니, 실로 첩의 죄가 아니오이다. 다행히 하늘이 어른과 같으신 분을 보내어 오늘 만나게 하시니, 어찌 설원(雪冤)의 때가 아니리오. 첩은 이 고을 기생 아무개요. 아무 해 아무 달 아무 날에 아무 사또를 이 방에서 모셨더니, 밤이 깊은 후에 소피를 보려고 바깥뜰에 나간즉, 관노(官奴) 아무개가 기둥 아래 숨어 있더니, 마침 달빛 아래 첩이 나옴을 보고 뛰어와서 겁탈하고자 할 새, 첩이 죽음을 무릅쓰고 복종치 않은 즉, 관노가 원래 여력이 과인한지라, 치마를 찢고 입에 재갈을 물리어, 저로 하여금 소리를 내지 못 하게 하곤 동산 가운데 큰 돌멩이 있는 곁으로 끌어안고 가서, 첩을 그 돌 아래 넣고 누른 고로 사지가 가루처럼 갈리어 이 모양이 되었습니다. 어찌 천하의 지극한 원한이

5 *op. cit.*, p. 80.

아니리오.

이 줄거리는 홍만종의 『명엽지해』(蓂葉志諧)에 기록된 것인데 그 원귀가 출현할 때의 모습이 다음과 같이 기록되어 있다고 안 교수는 소개하고 있다.

> 사람의 팔다리가 차례로 떨어져 내리고 가슴과 배가 머리며 얼굴과 줄지어서 떨어져 내리더니 스스로 서로 달라붙어서는 한 사람의 여자가 되었다.

사지(四肢)만이 아니라 머리며 가슴과 얼굴이 사분오열(四分五裂)로 짓찢어져서 나타나는 시신의 끔찍하고 처참한 몰골이 거기 그려져 있다. 이것은 여성 팔루스 자르기의 극단적인 보기, 이를 테면 팔루스 자르기가 여성의 어느 국소만이 아니라 전신에 두루 미친 처참한 보기라고 해도 좋을 것이다. 이 점은 아래에서 문제될 기녀 송이의 시조에서 또 다른 모양으로 드러나게 될 것이다.

6. 여성 성차별의 원형

한편 우리의 신화에는 또 다른 성차별의 징후가 드러나 있다. 그 신화가 다름 아니고 통칭 '국조(國祖) 신화'라고도 일컬어져 있는 신화라는 데서 그 여성에 대한 성차별의 심각상이 얘기될 수 있을 것이다. 어쩌면 거기 이 땅의 전통적인 여성 차별의 원형이 깃들여 있을지도 모른다.

> 이때에 곰 한 마리와 호랑이 한 마리가 같은 굴에 살고 있었는데 항시 신웅(神

雄)에게 빌어서 사람이 되고자 하였다. 그러자 신은 그들에게 영애(靈艾) 한 묶음과 마늘 스무 개를 주면서 너희는 이것들을 먹고는 백 일 동안 햇빛을 보지 않으면 이내 사람 모습을 얻게 되리라고 했다.

곰과 호랑이는 쑥과 마늘을 받아서 먹고는 삼칠일 동안 해를 쏘이지 않고자 했다. 곰은 금기를 잘 지켜서 여인의 몸을 얻었으나 호랑이는 금기를 지키지 못해서 사람 몸을 얻는데 실패했다.

웅녀는 더불어서 혼인할 상대가 없는데도 매양 신단수 아래서 아기 갖기를 빌었다. 웅이 사람으로 현신해서는 웅녀와 혼인을 하고는 아기를 갖고 또 낳게 되었다.[6]

배우자끼리인데도 남성은 천신(天神)으로 여성은 곰이 사람 몸을 얻은 것으로 되어 있다. 그 남/여 사이의 처지며 신분의 고하가 선명하게 눈에 들어온다. 뿐만 아니다. 또 다른 성차별이 있다. 바로 쑥과 마늘을 먹고는 굴속에 갇히다시피 해서는 무려 백 일 동안이나 햇빛을 쐬지 말라고 남자가 내린 금기의 명령이다.

웅녀는 이 사건을 치르고는 이내 혼인해서는 아기를 낳고 있다. 혼인 적령기의 처녀이었던 것이라고 보인다. 그런 상황에서 마늘과 쑥이라는 특이한 먹을거리라기보다 일종의 약을 먹으면서 동혈(洞穴)에 갇힌 상태로 해를 보지 말라고 한 것은 뭘까?

앞뒤 문맥으로 추리하자면 이미 말한 대로 웅녀는 적령기 여성으로서 월경을 경험하고 있었던 듯이 생각된다. 그래서 그녀에게 몸을 삼가라는 금기가 내려진 것이라고 유추된다. 이때, 햇빛 기피와 쑥과 마늘 먹기는 서로 대조적이다. 전자는 이른바 기휘(忌諱)고 혐기(嫌忌)다. 월경으로 피 흘린 그 부정한 몸으로는 바깥 밝은 세상 더럽히지 말라고 금령이 웅녀에

---

6 『삼국유사』, 고조선조.

게 내려진 셈이다. 그와 동시에 소극적으로 자기 정화를 위한 노력이 작용하기도 했던 것이다. 이에 비해서 후자는 적극적인 자기 정화(淨化) 작용이다. 부정 물리기라고 해도 괜찮을 듯하다.

쑥과 마늘은 둘 다 향이 강하다. 그것이 부정 쫓아내기를 위한 원동력이 된다고들 전통적으로 믿어져왔다. 그것은 일종의 '속신'(俗信)이다. 가령, 근세기에 있어서조차도 돌림병으로 사람들이 위협받고 있을 때, 마을 어귀에다 쑥 따위로 불을 피운 것은 쑥의 주력(呪力)에 대한 믿음 때문이지만 같은 말을 마늘을 두고 해도 좋을 것이다.

경도(經度)를 흔히들 더럽다고 일러왔다. '부정한 몸의 것'이라고도 일러왔다. 속칭 '더러운 것'이라면서 기피되어왔다. 물론 이 생각은 사내들도 품어 왔고 이 말은 역시 사내들도 써왔다.

웅녀는 '부정한 여인'의 '원형'이나 다를 바 없다. 이에 비해서 환웅은 그 처지가 엄청나다. 그는 하늘의 신으로 '신시'(神市), 곧 제정일치의 정치 집단의 수장이었다. 신이자 두령(頭領)이고 또한 주술사다. 상고시대의 으뜸가는 '카리스마'다. 햇빛을 피해서 쑥 먹고 마늘 먹고 하면서 몸의 정화를 기도하고 있는 웅녀와는 너무나 현격한 차이가 난다. 그야말로 그 둘은 하늘과 땅 사이다. 거기다가 웅녀의 뜻을 받아들여서 이룩해준 주체가 다름 아닌 환웅이다. 웅녀라는 여성은 피동적인 객체에 불과하다. 혼인을 주도한 것도 아기의 임신과 출산을 주도한 것도 신화 문면대로라면 환웅이라는 남성이다.

이때, 다소 부수적이라도 웅녀가 햇빛을 안 보고 마늘과 쑥을 먹으면서 굴속에서 보낸 백 일 또는 삼칠일에 유념할 필요가 있다. 이 두 날짜의 수는 젖먹이 영아들의 탄생 의례에 잇따르는 나머지 통과의례에서 지켜진 숫자다. 오늘날과 가까운 근세에도 이는 고수되었다.

탄생한 지 첫 이레를 거치고는 두 이레, 세 이레까지, 그러니까 이레마다, 7의 숫자의 날을 맞이할 적마다 고사가 치러지고 통과의례가 올려졌다. 유아 사망률이 적지 아니했던 시절로서는 그 이레마다가 위기의 극복이요 통과로 받아들여진 것이다. 이것은 전통적인 한국인에게 3과 7의 홀수가 거룩하고 의미 있는 것으로 받아들여져온 최초의 보기가 된다. 이래서도 신화는 모든 것의 시작의 시작이라고 일컬어지는 것이다.

한데 세 이레, 곧 삼칠일이 지나고 나면 다음은 백일이다. 이는 아예 '백일잔치'라고 특별나게 송축되기도 했다. 작은 고비를 세 차례 무사 통과하고는 큰 고비를 이제 바야흐로 탈 없이 넘기게 된 것이다. 한국인 특유의 숫자 개념으로 백은 '온'이다. '온갖 것', 또는 '온 천지'의 바로 그 '온'이다. 전부 또는 완전 등을 의미하는 '온'의 의미를 '백일잔치'에서 읽어내어도 좋을 것 같다.

한데 단군신화에서는 웅녀가 백 일을 겪고 또한 삼칠일도 겪어낸 것으로 되어 있다. 이것은 미성년의 한 여성이 성인이 되는 데 수반된 성년식 또는 성숙의 의례를 치르는 것이 생명의 새로운 재탄생과 같은 것으로 받아들여지고 있었음을 의미하고 있을 것이다. 그래서 성년식에 임하는 본인은 탄생의례와 그에 잇따를 영아의 통과의례와 같은 절차를 거쳐야 했던 것을 의미하고 있을 것이다.

한네 웅녀는 환웅에게서 저음은 백 일을 지키라고 시킴을 받았는데도 실제로는 삼칠일을 보낸 것으로 되어 있다. 원문에서 불과 11개의 글자를 사이에 두고 백과 삼칠이 엇갈리고 있다. 상식적으로는 있을 수 없는 오류 또는 착오라고 할 수도 있을 것이다. 그러나 어차피 백일과 삼칠일이 서로 그 기능이며 의미를 공유하고 있음을 생각한다면, 그 두 날짜 사이의 오락가락은 있을 수 있는 일로 받아들여질 것이다.[7]

---

7 이 책의 제4부, '수 개념' 참조.

그런데 이 여성 성년식의 모든 절차는 남성인 환웅이 시키는 것을 따라서 시행되고 있다. 이것은 간접적으로나마 가부장제 사회에서 여성의 성년식 절차마저도 가부장제의 어떤 원리를 따라서 시행되었음에 대해서 시사하고 있을 것이다. 여자 영아의 음순과 음핵 자르기가 남근 중심주의에 의해서 시행된 것과 맥을 같이 하고 있다. 소쉬르 언어학의 개념을 빌리자면 랑그(langue)의 상이한 파롤(parole)로 이들 두 가지 사실이 받아들여질 것이다. 단군신화에 비친 여성 성년식의 절차나 유화와 알영 두 여인이 겪은 음순-음핵 자르기나 서로 다를 바 없이, 가부장제 사회의 여성 차별이었던 것이다.

7. 선덕여왕의 남녀론

한데 이 같은 가부장제의 전통은 중세기에서는 무언으로 말없이, 그리고 형체 없이 실행되어서 간접적으로, 또 음성적으로 이어져나갔다. 부부 사이에서 아내는 성과 관련해서는 어디까지나 피동적인 처지에 서게 하고 그 결과는 여성을 성이 살아 있는 여성이게 하지 않고 다만 아기 낳는 '어미'가 되게만 강요하다시피 했던 것이다. 그것을 부덕(婦德)으로 미화하기도 했었다. 그 결과 아내가 석녀(石女)가 되고 목석이 되는 데에 따라 당연히 사내들은 성의 불만을 스스로 부르게 되었고 그 대상으로 첩실(妾室)을 거의 합법적으로 누리게 되고 사회적으로는 기생을 향락의 대상으로 삼았던 것이라고 관측되어도 좋을 것 같다.

한데 이 같은 부당한 성차별의 또 다른 국면을 『삼국유사』의 또 다른 대목에서 발견하게 된다. 그것도 남성이 여성에게 가한 부당한 성차별을 역전시킨 사례를 보게 된다.

영묘사라는 절의 옥문지(玉門池)에서 겨울철인데도 개구리 무리가 사나흘을 시끄럽게 울어댔다. 백성들이 의아스럽게 선덕여왕에게 여쭈어보았다.

왕은 급히 각간(角干), 알천과 필담 등을 시켜서 잘 단련된 정병(精兵) 2천 명을 이끌고는 서둘러서 서쪽 교외로 가게 했다. 가서는 여근곡(女根谷)을 물어서 찾으면 거기 반드시 적군이 있을 것인즉 덮쳐서 이를 죽여 없애라고 명령했다.

두 사람의 각간이 왕의 명을 받들어서 한 사람이 천 명씩 이끌고 서쪽 교외로 달려갔다. 가서 보니 과연 부산(富山)이라는 산 아래에 여근곡이 있는 게 아닌가.

거기 백제 군사 5백 명이 와서 숨어 있었다. 그러나 신라 군사는 이들을 모조리 죽여 없애버렸다. 백제 장군 무소라는 자가 남산의 석령(石嶺) 위에 숨었는데 신라군은 그를 에워싸서는 쏘아서 처치했다. 그러자 곧 뒤이어서 백제 군사가 일천삼백 명이나 습격해왔으나, 역시 공격해서 모두 살해했다. 살아남은 자는 하나도 없었다.

〔중략〕

이 당시 여러 신하가 개구리로 백제 군사가 쳐들어온 것을 알아내셨는가 하고 여왕에게 여쭈어보자, 여왕은 쉬 다음과 같이 답을 주었다.

"개구리가 노한 모습을 하고 있는 것이 병사의 모양을 연상케 해주었다. 옥문이란 것은 여성의 성기가 아니냐. 여성은 음이고 그 색은 백이다. 고로 백제 병사가 서방에 숨어 있는 것을 헤아리게 되었다. 사내의 남근(男根)이 여근(女根)에 들은즉 반드시 죽게 되어 있으니, 이로써 나는 백제 군사를 처치하기 쉬울 것이라고 짐작한 것이요."[8]

이 선덕여왕의 군사 이야기에서 여성은 음양으로는 음이고 방위로는 서(西)고 색은 백(白)이다. 따라서 남성은 음양으로는 양이고 방위로는 동

8 『삼국유사』, 선덕여왕 지(知)기(幾) 삼사(三事).

(東)이고 색으로는 청(靑)이 될 것이다. 여기서 우리는 동양적인 남녀의 듀얼리즘이 갖춘 몇 겹에 걸친 대비에 대해서 말해도 좋을 것이다.

한데 또 다른 남녀의 대비가 선덕여왕의 시야에는 비쳐져 있다. 여성은 지리적으로는 골짜기나 골이다. 이 비해서 남성은 간접적으로라도 무엇인가에 견주어질 것이지만 구체적으로 언급은 없다. 다만 골이나 골짝에 함입(陷入)할 무슨 돌기 같은 것이 남성이라고 추정이 될 뿐이다. 이 일화에서는 적병들이 그 돌기(突起)한 물체로 대유(代喩)되어 있다.

그런데 '남근이 여근에 들면 반드시 죽게 되어 있다'는 여왕의 언급은 직접 또 노골적으로 남녀의 성적인 교합(交合)을 지적하고 있다. 한데 '남근이 죽는다'는 것은 은유다. 성적 교합이 끝난 다음 기진한 남근이 보여줄 몰골을 그렇게 은유를 통해서 말하고 있는 것이다. 결과적으로 전쟁과 남녀의 성적 교합 사이에 상호로 은유의 관계를 여왕은 설정해놓고 있다.

가령 영어에서도 쓰이고 있는 라틴어 낱말인 '팔루스'(Phallus)는 남근을 의미하면서 동시에 여왕이 여근이라 일컫고 잇는 여성 성기의 '클리토리스'(clitoris), 곧 음핵까지도 의미하고 있다. 앞에서 유화와 알영 두 여성을 두고 그 음순 또는 음핵 자르기를 말한 바 있지만, 그것을 달리 '팔루스 절제'라고 해도 괜찮을 것이다. 보통 남성에 치우쳐서 사용되게 마련인 '팔루스'는 어원적으로는 이를테면 양성구유(兩性具有)인 셈이다.[9]

이 때문에 팔루스를 두고는 양성 사이에서 옥신각신이 벌이지고 착종(錯綜)이 얽히게 된다. 남성 팔루스와 여성 팔루스 사이의 상사형에도 불구하고 엄연히 문제될 대소의 차이, 기능의 차이가 인간 무의식에서 말썽을 빚게 되는 것이다. 그것이 남녀 사이의 성의 갈등의 시원이자 원형이

9 Michael Payne, *Reading Theory: An Introduction to Lacan, Derrida, and Kristeva*, Cambridge, Massachusetts, 1993, pp. 85~86.

기도 한 것이다.

남성에게는 소위 '남근 중심주의'(phallocentricism)와 나란히 거세 공포의 복합심리가 깃들이게 되는 것과 마치 일부러 짝을 맞추듯 하고는 여성에게는 '남근 숭배'와 겹친 '남근 삼킴'의 복합심리가 꿈틀대게 된다.[10] 선덕여왕이 가졌던 '남성 삼킴'의 복합심리는 그녀가 지녔던 '남근 중심주의'에 대한 반작용의 결과라고 못 볼 것도 없다. 자체 내부의 잠재의식의 내분(內紛)이 거기 작용하고 있는 셈이 된다.

신라 왕조에서는 이미 그 시조 신화에 따르자면 남은 하늘이고 여는 샘이다. 거기에는 천/지의 대조가 상/하 또는 고/저의 이원론을 풍기고 있다. 그런가 하면 '연오랑(延烏郎) 세오녀(細烏女)' 전승에서는 남/여는 해/달의 짝을 이루고 있다. 여기에도 남/여 사이에 고/저 또는 상/하의 이원론이 지적되어도 좋을 것이다. 이들 두 보기는 한결같이 '남근 중심주의'를 시사하고도 남는다.

그런 사실을 배경으로 두고 볼 때, 선덕여왕의 '남근 죽임'의 의식에는 '남근 숭배'의 그늘이 져 있다고 보아도 괜찮을 것 같다. 그러면서도 여왕의 남근 삼킴 또는 남근 죽임의 의식은 유화와 알영에게 가해진 음순-음핵 자르기에 대한 반격이라고 볼 가능성이 있게 된다.

8. '찢어짐'의 대유법

'이 잘린 것들!' 이 말은 상소리고 악담이다. 여성에 대해서 내뱉는 욕이다. 남녘의 어느 지방에서 관습적으로 사용되고 있는, 이 험담을 들으

10 *ibid.*, p. 86.

면 선덕여왕이 뭐라고 할까?

이 욕에서 '잘린 것'이란 여성의 음부를 두고 그나마 그 형상을 지칭하고 있다. 워낙 생득(生得)인 채로의 모양 그대로를 두고서 빈정대는 말이지만, 유화부인과 알영에게는 또 다른 의미를 갖게 될 것이다.

이 쌍소리가 더 흉측해지면 아예 내놓고는 *'이, 찢어진 년들!'*이라고 토해놓기도 한다. 여간 듣기 거북한 욕설이 아니다. 언젠가 어느 모임에서 호남 지역의 한 여 기자가, 손녀만 여섯 둔 것이 싫은 나머지, 아니 저주하는 나머지, 그의 할머니가 곧잘 입에 담아서는 안 될, 바로 이 악담을 소리 지르곤 하는 것을 들으면서 자랐다고 실토하는 것을 직접 들은 적이 있다. 이미 십여 년이 지났지만 그때 받은 충격을 지금도 잊지 못하고 있다.

이렇듯이 '찢어짐'은 여성의 별명이자 대유법이기도 했던 것이다. 뿐만 아니다. 여성의 성의 생체에 관한 대유로 그친 것은 아니다. 그 욕은 전통 한국 사회에서 여성들이 거의 누구나 겪어야 했던 운명에 대한 비유법을 겸하고 있기도 했던 것이다. '찢어 죽일 년!' 그런 악담도 있지만 살려서 그들을 찢어놓은 것이 남성이란 것을 유화부인과 알영왕비는 증언할 것이다.

한데 조선왕조를 살다간 한 기생도 이들의 증언에 참여하고 있다.

> 솔이 솔이라 하니 무슨 솔인 줄 아　다.
> 천심 절벽 위에 낙락장송 그 내로다.
> 길 아래 저 초동(樵童)의 점 낫이야 걸어볼 줄 있으랴.

명기로 이름 높았을 기녀 송이(松伊), 곧 솔이의 절창이다. 이 노래에서 솔이는 자신을 까마득한 높이의 낭떠러지에 우뚝 솟은 낙락장송에 견주고 있다. 이것은 그 당시만 아니라 조선왕조 거쳐서 근세까지도 지켜진 남/여의 대유법을 정면으로 어기고 있다. 심지어 조선왕조 전 시기에 걸친 시조의 문법을 어기고 있다. 소나무라는 기호의 상징적인 시니피에가 남/여 사이에서 뒤집혀 있다.

시조에서도 당연히 남자는 소나무고 여자는 대나무다. 송죽(松竹)의 절개니 지조니 하지만 그것에서 남/여의 구별은 엄격하게 지켜졌다.

> 이 몸이 죽어가서 무엇이 될꼬 하니
> 봉래산 제일봉에 낙락장송 되었다가
> 백설이 만건곤할제 독야청청하리라

인구에 널리 회자되어 있는 이 노래에서 성삼문은 자신을 절벽 위의 낙락장송에 견주고 있다. 한데 송이는 똑같은 수사로 자신을 비유하고 있다. 여남 동권의 기개가 거기에 서려 있다고 해도 좋을 것이지만, 시인의 속내는 이에 그치지 않고 있다.

송이의 시조에서 초동, 곧 나무꾼 꼬마를 남성을 얕잡아서 일컫는 대우라고 보면 또 다른 남/여관을 여기에서 유추해낼 수 있다. 기생이라고 만만히 보고 나불대는 사내를 몽땅 '초동'이라고 송이는 지칭하고 있다고 읽혀질 수도 있다.

낙락장송/초동 = 어른 여성/남자

이런 대칭적인 관계가 이 시조에는 나타나 있다. 한데 그런 꼬마들이 철없이 그가 들고 다니는 '점 낫'으로다가 낙락장송을 해치려고 덤비고 있다. 그게 어림도 없는 일이라고 이 시조의 여성, 시적 자아(詩的 自我)는 일갈하고 있다. 그럴진대, 점 낫, 곧 작은 낫은 어떤 상징적 시니피에를 가진 기호가 될까 금세 드러난다. 다름 아니다. 남근의 대유일 수 있다.

'고추'로다가 미처 철도 안 든 사내들이 여성들을 집적대고 상처내고 심지어 찢어놓기도 한 것이라고 송이는 간접적으로 노래하고 있다.

점 낫/여성 = 흉기/여성 = 남/여

여기서 우리들은 이 같은 또 다른 남/여 간의 대칭적인 관계를 유도해 낼 수 있다. 그러면서도 유화부인과 알영왕비의 음순이나 음핵 절단의 그늘에서 이 시조가 노래된 것이라고 볼 수도 있게 된다. 뿐만 아니다. 선덕여왕이 역전시키기 이전의 남권 사회의 관례적인 남/여 관계가 송이에 의해서 처절하게, 비유적으로 노래되고 있다고도 보일 것이다.

9. 세 개의 일화가 의미하는 것

선덕여왕의 성의 담론을 따르자면, 남녀 사이에서 먼저 공세를 취하는 것은 남성이다. 그러나 결과는 남성의 참패로 끝나게 되어 있다. 이 점은 송이의 시조에서도 마찬가지다.

그 중에서도 선덕여왕의 이야기에서는 남녀 간의 성의 교합의 초장(初場)에서 남근이 여근에 대해서 취하게 되는 자세나 동작이 공격에 은유되고 그 막장에서 여근 내에서 남근이 드러내 보일 자세는 죽음으로 은유되어 있다. 선덕여왕의 성의 담론에서 남성은 '초강(初强) 후약(後弱)'으로 포착되어 있는 셈이다. 이 점 또한 송이의 노래에서도 웬만큼 암시되어 있다고 보아도 좋을 것이다. 이것이 여성으로서는 남근선망(男根羨望)을 극복하고 나설 단서가 될 것이지만 남성으로서는 '여근 속 삼켜짐'의 복합심리에 침잠할 동기가 될 것이다.

남성이 여성에 대해서 성적으로 취하거나 갖게 되는 자세 또는 동작의 '초강후약'은 몇 가지 웃음의 이야기를 전하고 있다.

ⓐ 옛날에 어느 고을의 나루에 처녀 사공이 있었다. 어느 날 그녀의 나룻배에 공교롭게 젊은 사내 하나가 올라탔다.

배가 강 중간쯤에 오자 사내가 처녀 사공에게 '여보 내 마누라'라고 농을 던졌다. 처녀는 무안했지만 영문을 물었다.

"내가 당신 배를 타고 있지 않소."

이렇게 사내는 능청을 떨었다. 처녀 사공은 얼굴을 붉히고는 고개를 숙였다. 사내는 계속 싱글벙글하면서 싱거움을 떨어댔다.

배가 강둑에 닿자,

"나 당신 배에서 내리오. 내 마누라 잘 있소."

거드름까지 피우고는 뭍에 올랐다. 그가 겨우 몇 발자국 옮기는 동안 처녀 사공은 재빨리 배를 강심으로 저어나갔다. 그리고는 사내를 불러 세운 뒤에

"이봐 내 아들놈 잘 가라!"

이렇게 소리를 질렀나.

ⓑ 옛날 어느 마을 어귀에서 생긴 일이다. 한 아낙이 마을 공동우물에서 빨래를 하고 있었다. 물을 긷자고 우물 안에 대고 허리를 굽히자 치마 뒷자락이 벌어지고 속바지 밑이 내다보였다. 공교롭게 지나치다가 그걸 목격한 한 사내 과객이 능청을 떨었다.

"아이고나 어느 댁이신지 몰라도 뒷문이 열리다니!"

아낙은 기겁을 했다. 하지만 이내 마음을 다잡고는 치마 말기를 휘어잡

으면서 한마디 던졌다.

"아이고나 뒷문 단속 잘 해야겠네. 해도 지기 전에 웬 낯선 미친개가 짖고 다니니."

과객은 헛기침을 크게 하는 것 말고는 달리 어쩔 수가 없었다.

ⓒ 영남의 어느 색향(色鄕)에서 있었던 일이라고 전해져 있다. 길 가던 처녀들과 총각 녀석들이 마주쳤다. 처녀들의 아름다움에 혹해서 한 총각 애가 지분댔다.

"야 이것들아, 너희 새 솥에 우리 고구마 좀 삶아 먹자."

한데 처녀들 중의 한 영특한 아이가 되받아쳤다.

"너희네 어미 헌 솥에 삶아 처먹어라!"

그리고는 약 올랐지 하는 듯이 손을 흔들어 보였다.

이들 세 이야기는 그 기층에 공통의 메타 구조가 깔려 있다. 그것은 이를테면 '역전극'을 닮은 구조다. 어느 이야기에서나 먼저 난체하는 것은 사내편이다. 먼저 여성에게 농을 걸어서 골리고 깔보고 하는 것은 사내들이다. 지레 잘난 척한다. 거드름도 피운다. 하지만 여성들은 곧장 역습을 가한다. 사내들은 거꾸로 꼼짝없이 당하고 만다. 그야말로 어처구니없기보다는 꼴좋게 개망신당한 셈이다.

그러니까 이들 세 우스개 이야기의 메타 구조는 선덕여왕의 그것과 하등 다를 게 없다. 가부장제 사회의 그늘에서 시달리던 여성들이 남성을 삼켜버리는 세 가지 익살의 이야기는 선덕여왕의 이야기와 추호도 다를 것 없다. 남근 선망의 한편에서 자신들의 짧은 팔루스를 두고는 '거세(去勢) 복합의식'에 시달리던 여성이 사내들의 '여근에 의한 삼켜짐' 의식을 부추긴 것이나 다를 바 없는 이야기들이다.

10. 남/여=달/해

지금껏 여러 가지 소재며 화제에 걸쳐서 이 땅에서 남/여의 듀얼리즘이 의미하는 바를 추구해왔다. 그림 · 놀이 · 욕지거리 · 우스갯소리 등을 다루어온 한편으로는 신화도 일부 다루어왔다. 그러나 신화가 다루어지면서도 신화의 가장 신화다운 우주론은 미처 화제에 오르질 못했다. 이제 우주론을 에워서 신화로 회귀함으로써 여태껏 다루어지지 않고 있는 남/여 듀얼리즘의 한국적인 원형에 다가들고자 한다.

우리의 동화 '해님과 달님'은 동화로는 드물게 우주론을 포괄하고 있다. 이 동화는 동화인데도 신화의 속성을 겸전(兼全)하고 있다. 그러나 그 문제에 겹쳐서 또 다른 문제를 제기하고 있다. 이 동화-신화에는 동양철학적인 음양의 이론이 통하지 않고 있다는 것이 그 문제다. 이것은 중국적인 음양의 이론이 이 땅에 수입되기 이전에 이미 이 동화-신화의 움이 텄으리라는 추정을 하게 해주고 있다. 아니면 그 원천적인 상황을 회고하고 있다고 해도 좋을 것이다.

아무튼 이 이야기는 '옛날, 옛날 그 옛날, 어느 마을에……'라고 전형적인 동화 투의 시작으로 보이고 있음에도 불구하고 그 대단원은 우주론적인 신화처럼, 그나마 소위 창조 신화처럼 끝맺음하고 있다. 창조 신화의 성격을 일부 갖추고 있는 것에 각별하게 유념하고 싶다. 동화-신화라고 그 장르를 규정하는 것은 바로 이 때문이다.

아버지 없이 자라는 남매는 어머니를 잡아먹은 호랑이에게 잡아먹힐 위협을 당한다. 그러나 두 남매는 기지를 부려서 일차적으로 탈출하는데 성공한다. 밤늦게 나타난 호랑이가 남의 집에서 품팔이하고 오는 어머니인 듯이 꾸며서 어린 남매를 속인 것에 대해서 보복을 하듯이 꼬마들은 호랑이를 꾄다. 급히 잡아먹고 체하면 안 되니까, 부엌에 가서 물부터 마시고는 입가심하고 오라고 그럴듯하게 타이른다. 호랑이가 그 꾐에 빠지자, 남매는 문자 그대로 호구(虎口)에서 탈출하여 일단 위기를 벗어난다. 그리고는 우물가의 높은 나무 위로 올라가 숨는데 이내 호랑이가 알아보고는 위협을 계속한다. 오누이는 하늘에 빌어서 올라가 일단 오라비는 해가 되고 누이는 달이 된다. 그러나 달이 된 누이는 어둔 밤에 혼자 다니기가 무섭다고 오라비에게 통사정을 한다. 그러자 오라비는 누이에게 해의 자리를 내어주고 자기는 달이 되고 만다.

이 동화-신화는 그 단순한 줄거리에도 불구하고 제법 심각한 두 가지 문제를 껴안고 있다. 먼저 이 이야기는 이 지상의 생명체인 주인공이 위기와 간난을 겪고, 또는 생명을 위협하는 폭력에서 벗어나서 마침내 천상의 성스러운 존재로 또는 초월적인 존재로 승화한다는 줄거리를 갖추고 있다는 것이 읽는 이의 관심을 끌기에 알맞다.

> 보다 더 큰 물리적인 힘, 보다 더 강한 세력이 사회의 안정을 위협할 때, 사회는 생산성 높은 추상적인 힘과의 접촉이 필요해진다. 기능자 또는 행동체로서의 중개자의 생산성의 유형은 폭력적인 상황 속에서 창조된다. 이 폭력으로 말미암아서 중개자는 생산적인 세계와 제한적인 세계 사이의 어느 하나에 속한 존재를 벗어나서 그 양쪽에 다 속한 존재로 옮겨가게 된다.[11]

이런 논지를 내세운 뒤에 타보르스키(E. Taborsky)는 석가모니의 수행에 관해서 캠벨(J. Campbell)의 글을 인용하고 있다.

> 그는 보리수나무 아래에 굳은 결의를 가지고 자리했다. 그 부동의 자리 위에

11 Edwina Taborsky, *The Textual Society*, Toronto, University of Toronto Press, 1997, pp. 116~117.

앉았다. 그리고는 이내 사랑과 죽음의 신인 카마-마라(Kama-Mara)가 다가왔다. 이 위험한 신은 코끼리를 타고는 그의 수천 개의 손에 무기를 들고 있었다. 그는 그의 군사들에 의해서 에워싸여 있었는데, 그의 앞에 좌우에, 그리고 열두 무리의 동맹군을 거느리고 있었다. 그 뒤로는 이 세상 끝까지에 이르도록 아홉 무리의 드높은 동맹군을 거느리고 있었다. 우주의 수호신들이 싸움을 걸어왔다. 그러나 미래의 불타(佛陀)는 보리수나무 아래에 꼼짝도 않고 앉아 있었다.[12]

그리고는 이 폭력을 겪은 다음 도를 깨달은 석가가 출현하게 된 것이라고 타보르스키는 지적해 보이고 있다.

예수의 죽음과 재생에 관한 기독교의 이야기 또한 시공의 질서에 위협을 가하는 폭력의 유형을 말하기로는 마찬가지라고 보충해 말하고 있다.[13]

그러니까 결국 예수의 수난과 승천, 석가의 고난과 성불 사이에서는 그들에 관한 이야기 속에 동일한 메타 구조가 잠재해 있음이 지적된 것이지만, 이 연장선상에 '해님과 달님이 된 오누이' 이야기를 위치 지어주어도 큰 잘못은 없을 것이다. 이 남매 또한 죽음으로 위협하는 폭력을 거친 끝에 지상의 평범한 존재를 벗어나서는 승천하고 그래서는 태양과 달이라는 우주적 존재로 승화하고 있음이 지적될 수 있기 때문이다. 예수가 구세주로, 석가모니가 세상 사람들에게 자비를 베푸는 구원자로 승화한 것과 나란히 해와 달이 된 남매를 자리매김하는 것이 큰 무리를 저지르는 것 같지는 않다. 이런 면에서 이 동화는 신화성을 더 한층 더 진하게 또

12 J. Campbell, *The Hero With a Thousand Faces*, Princeton, Princeton University Press, 1968, p. 32.

13 Taborsky, *op. cit.*, p, 117.

높게 갖추고 있음이 부각될 것이다.

이 같은 막중한 의미며 기층 구조를 지니고 있는 이야기 속이라서 남/여의 대비가 '달/해'의 대비로 잡혀져 있음이 더 한층 크게 문제될 수 있을 것이다. 동화라고만 무심코 보아 넘길 일은 아닐 것 같다.

이것은 두 가지로 이례적이다. 첫째는, 각종 민속과 전승에서 대부분이 아니라 문제되고 있는 이야기를 뺀 나머지 전부의 민속과 전승에서 여성이 절대적으로 달이거나 달의 원리와 맺어져 있음과 대비될 이례성이다. 둘째는, 하고많은 신화며 전승에서 남/여 이분법이 곧 '태양/달'의 이분법에 대응하고 있거나 아니면 적잖은 신화에서 남신 또는 남성은 절대적으로 태양과 동화되어 있다는 점과 대조될 이례성이다.

우선 첫째로 다루어진 이례성에 대해서 살펴볼까 한다.

문제되어 있는 이 동화-신화를 제외한 나머지 각종 전승과 민속 현장에서 여성과 달 사이에 상호 대유법의 관계가 맺어져 있음을 전제하게 되면 '해님와 달님이 된 오누이' 이야기에서 남/여의 대비가 달/해의 대비로 나타나 있음이 더 한층 크게 문제될 수 있을 것이다.

가령 강강술래만 보기를 들어도 이 문제점은 크게 부각된다. 하긴 강강술래만은 아니다. 정월 대보름에 즈음한 각종 민속 또 전설에서도 마찬가지다. 저 아름다운, 저 매혹적인 강강술래는 이 땅 민속춤의 백미편이고 주옥이다. 익히 알려져 있다시피 이 화사한, 역동성 강한 집단 무용은 정월 대보름과 한가위에 주로 춤추어진다. 이것만 해도 이미 강강술래가 '달춤'이란 것은 절감되고도 남는다. 어쩌면 달의 '모의(模擬) 춤'이라고 해도 좋을 것이다. 유희의 이론가로 잘 알려진 호이징가의 개념에 의하자면 강강술래는 '미미크리(mimicry)의 춤', 이를테면 '모방의 춤'이라고 해도 좋은데, 모방의 대상은 다시 말할 필요도 없이 달이다.

거기다 강강술래는 가령, 호남의 진도나 해남에서라면, 으레 푸른 물가의 드넓은 들에서 추어진다. 이 점까지 고려하게 되면 강강술래에서 우리는 쉽게 엘리아데(M. Eliade)가 이르는 바의 '달과 물과 여성의 삼위일체'를 말할 수 있게 된다.

이 중에서 물이 자연의 생명력이자 그 원리라는 것은 자명하다. 이에 비해서 여성은 인간 생명의 창조자다. 달은 그 차고 기울었다가는 다시 차오르는 것이 고려될 때, 영원할 우주의 생명원리를 표상하게 된다. 이런 점들을 아울러서 생각하게 되면 우리들은 '달–여–물의 삼위일체'라는 엘리아데의 발상을 쉬 받아들이게 될 것이다.

11. 여성 태양

강강술래는 기하학적인 도형의 춤이라고 보아도 무방할 것 같다. 여러 가지 도형을 번갈아가면서 그려내는 춤이 다름 아닌, 우리 민속 무용의 백미편인 강강술래다. 일부 이 방면 연구자들에 의하면, 강강술래는 '원형', '나선형', '열형'(列形, 직선의 줄을 그리거나 아니면 ㄱ자로, 또는 그 대칭 도형을 그리는 모양. 〔필자〕), '달어가기 형', '꼬리 따기 형'[14] 등을 그리면서 진행되는 춤이나.

이 가운데 '달어가기 형'은 원형의 외곽선 위를 작은 동그라미를 연쇄적으로 사슬 엮듯이 엮어가는 형태다. 그리고 '꼬리 따기 형'은 태극무늬를 그려가는 형태다. 그러니까 이들 두 가지는 대국적으로 보아서 원의 변형 그리기라고 해도 무방할 것 같다.

따라서 이들 여러 가지 도형들에서 압도적으로 많이 눈에 드는 것은 동

14 한금란, 「강강술래의 춤 연구」, 이화대학교 대학원 석사논문, 1984, pp. 38~39.

그라미나 나선형이다. 물론 전체 작품의 과정을 보았을 때, 직선과 사선 그리고 굴곡을 그리는 선의 도형들이 껴 있기도 하지만 아무래도 상호간의 비율을 가지고 저울질할 때, 원과 그리고 소용돌이와 직선형이 우세하다. 이것들을 강강술래의 대표적이고도 전형적인 3대 도형이라고 보아도 무방할 것 같다.

이들 꼬리따기의 태극문양과 달어가기의 동그란 사슬 문양까지 포함해서 원형과 그리고 나선형들은 가령, '고사리 꺾자', '남생아 놀아라', '개고리 타령', '청 영자(풀이)'. '덕석몰이(풀이)', '대문 열기' 등 춤에 붙여진 이름으로 헤아려지듯이, 여성들의 일상생활에 필요한 노동이나 작업의 동작 그리고 놀이 또는 어느 대상물의 모방이라고 일단은 보아질 것이다. 거듭 '미미크리(모방)의 춤'이자 노동요와 짝지은 노동 춤이라는 강강술래의 속성이 이에서 강조될 수 있다.

하지만 일차적으로 또는 직접적으로는 그런 등속의 몇 가지 동작과 대상물의 모방 춤이라고 간주될 법하지만 이차적으로 또는 간접적으로는 달의 결영(缺盈), 곧 기울고 차는 달의 주기적 형태 변화를 모방하는 춤이라고 보인다. 아니 이 달의 모방이야말로 잊혀진, '원천적 모방'이라고 하는 것이 옳을 것 같다. 구체적으로는 초승달에서 반달에서 온달로 다시 거꾸로 반달을 거쳐서 그믐달로 모양새가 변해가는 것이 달의 운행이다. 그러다가 그믐달과 초승달 사이에는 만 사흘의 공백이 있게 된다.

이 같은 달의 기움과 참의 과정, 그리고 참과 기움의 과정이 직선과 ㄱ자 형의 선으로 그려지다가 타원형이나 원형으로 그려지는 것이라고 관찰될 것 같다. 실제로 강강술래의 몇몇 과장에서 '원의 채우기와 풀기'가 되풀이될 때, 그것이야말로 달의 결영과 영결을 직접 모방한 것이라고 볼 가장 좋은 본보기라 해도 좋을 것 같다. 이래서 강강술래는 거듭거듭 '달춤'이다. 여기서 우리들은 달이 곧 여성이고, 여성이 곧 달이라고 강조해도 괜찮게 된다. 한데도 '해님과 달님이 된 오누이' 이야기에서 필경 여성은 태양이다.

뿐만 아니다. 대보름날은 우리의 전통적 설 명절의 대단원이다. 초하루는 의례 또는 예식의 날인데 비해서 대보름은 굿판과 놀이판을 겸한 축제의 날이다. 한국의 전통적인 명절놀이는 그 태반 이상이 바로 대보름에 집중되어 있다시피 하고 있다.

그 중에서 첫째는 여성들의 의례에는 '흡월'(吸月), 이를테면 '달마시기'가 있다. 둘째는 집 안 우물을 미리 깨끗이 청소하고는 뚜껑을 덮어두었다가 동산에 첫 달이 떴을 때, 또 그것이 중천에 솟아올랐을 때, 물에 비친 달그림자를 표주박에 떠서 마신다. 이처럼 두 가지 주술적인 행위를 여성들이 해 보였다. 앞의 보기에서는 달을 마주보고 서서는 가슴 활짝 펴고 숨을 크게 들이쉰다. 이건 숨결로 달을 들이마시는 일이다. 뒤의 보기에서는 우물 뚜껑을 열고는 거기 비친 달그림자를 마신다. 달의 정기를 삼키는 것이다. 그 두 가지 주술로 이 땅의 여인네들은 스스로 달이 되어 갔다. 바로 이 점에 대해서도 동화-신화인 '해님과 달님이 된 오누이'는 역행하고 있다.

이처럼 강강술래와 달마시기에 견주었을 때, '해님과 달님이 된 오누이' 이야기에서. '남/여'의 대비가 곧 '달/해'의 대비로 나타나 있는 바가 여간 특이하고 별난 게 아님을 알게 된다. 이 어린이들을 위한 이야기에서 태양과 달이 각기 성 전환을 하고 있는 셈이다. 태양이던 오라비는 달이 되고 달이던 누이는 태양이 되어 있기 때문이다. 한데 성 전환을 먼저 요구한 것은 누이다. 오라비는 누이의 청을 들어준 것뿐이다.

이것은 남근인 페니스와 같은 뜻의 팔루스와 여근의 음핵과 같은 뜻의 팔루스 사이에서 후자가 전자를 탐을 낸 것이나 다를 바 없다. 그럴진대 이 이야기의 성 전환은 오히려 여성 측의 남근숭배의 결과라고 할 수 있게 된다. 그것이 곧 이 남녀 간의 성 전환의 이야기에 숨은 의미다.

아무튼 해와 달이 지상에 비로소 나타나게 된 창조 신화의 성격을 갖추고 있는 '해님과 달님이 된 오누이' 이야기에서, 하필 원형적 상징성을 강하게 갖추고 있을 동화—신화에서 굳이 남/여의 양분법이 달/해의 양분법으로 표현되어 있는 것을 뭣이라고 해석해야 하는 것일까? 참 성가신 물음이다. 이것이 중국에서 비롯한 음양의 이치를 뒤집고 있는 것은 거듭 강조해도 좋을 것이다. 뿐만 아니다. 한국 신화의 우주론과도 상치되고 있다.

이런 전제를 두고 문제된 동화—신화가 갖추고 있는 두 번째 이례성을 들여다볼까 한다. 부여와 고구려 신화에서 해모수와 동명왕은 태양의 이미지를 강하게 풍기고 있다. 해모수는 아침에 용거(龍車)를 타고 지상에 내려와서는 해질녘에 하늘로 되돌아가곤 하기를 반복했다고 전해져 있고 동명왕 또한 천지 사이를 내왕한 것으로 전해져 있다.

> 해동의 해모수는 바로 하늘의 아들이다. 처음에 공중에서 내려오는데 스스로는 다섯 마리 용이 끄는 수레를 탔다. 그를 따르는 이가 백여 사람이나 되었는데 다들 고니를 타고 그 정경이 놀랍고 맑은 음악소리가 진동했다. 또 아름다운 빛깔의 구름이 서리기도 했다. 자고로 명을 받든 왕은 누가 하늘이 내린 사람이 아니겠는가? (그들이 하늘에서 내림에) 백일하에 예부터 보이지 않던 것이 청명(靑冥)하게 드러나 보였다. 그(해모수)는 아침에는 인간세상에 머물렀고 저녁이면 하늘의 궁전으로 돌아갔다(아침에는 정사를 보고 저녁에는 하늘로 올라가니 사람들이 이분을 일러서 천왕랑〔天王郎〕이라고 일컬었다).[15]

15 이규보, 『동국이상국집』, 동명왕편.

이 전승의 기록에서 천왕랑이라고도 일컬어진 해모수는 단적으로 '하늘의 존재'다. 그는 하늘의 원리와 깊이 맺어져 있을 뿐만 아니라 태양 그 자체의 이미지 또는 태양의 운행의 이미지를 겹쳐져 누리고 있음을 쉽사리 보아낼 수 있을 것이다. 이에 비해서 부여와 고구려 신화에서 해모수의 비(妃)인 유화는 청하(淸河), 곧 압록강과 관련된 하백(河伯), 곧 강물의 신의 딸로 자리매김해 있다. 그녀에게서 해나 달의 이미지를 보아낼 수는 없다. 오직 물로 표상되는 지상의 존재다.

이렇듯이 비록 달의 배우자를 갖지는 못해도 상고대 신화에서 남신 또는 남자인 왕자는 태양 이미지를 연상시키고 있다. 그런 점에서 앞의 동화에서처럼 달에 대유된 남성을 상고대 신화에서 읽어낼 수는 없다. 그 점은 앞에서 이미 잠시 언급한 바 있는, '연오랑(延烏郞) 세오녀(細烏女)' 전승에서도 마찬가지다.

> 이때, 신라에는 해와 달에 빛이 없었다. 일관(日官)이 아뢰어 가로되, "일월의 정(精)이 우리나라에 내려와 있었는데 지금은 일본으로 가버렸습니다, 그 연고로 이런 괴변이 생긴 것입니다"라고 했다. 왕은 사신을 보내어서 두 사람이 돌아오게 하였다. 그러자 연오가 이르기를 "내가 이 나라에 온 것은 하늘의 시킴이다. 그러니 어찌 돌아간단 말인가? 그러나 짐(朕)의 비(妃)가 손수 짠 섬세한 명주 천을 가졌는데 이로써 하늘에 제사 지냄이 옳을 것이다." 하고는 그 명주 천을 하사했다. 사신이 돌아와서 이를 아뢰자, 신라왕은 그의 말대로 제(祭)를 올렸다. 연후에야 해와 달이 그전처럼 빛을 되찾았다.[16]

이 전설에서 구체적으로 표현되어 있지는 않지만 남자인 연오가 태양

16 『삼국유사』, 연오랑 세오녀 편.

의 정으로, 그리고 여성인 세오가 달의 정으로 간주되어 있는 것으로 읽어내어도 괜찮을 것이다. 뿐만 아니다. 신라의 혁거세 신화에서도 남성은 하늘에서 내려온 데 비해서 그의 비인 알영은 샘물에서 태어난 것으로 되어 있다. 이에서도 남/여의 대비는 하늘/땅의 대비와 동격이다. 따라서 남성이 태양 쪽에 가까울 것은 명백하다.

이같이 신화며 전설의 여러 층위에 걸쳐서 남/여의 대비를 통해서 남성에게 태양의 이미지를 씌울 수 있다. 거의 보편적이라고 해도 좋을 만큼 태양은 남성이다. 그 같은 태양의 보편성이 큰 성징(性徵)은 절대 다수의 신화, 전설 등의 구술 전승만이 아니라 민속에서도 확인됨에도 불구하고 '해님과 달님이 된 오누이' 이야기에서는 사정이 사뭇 달라져 있다.

이 문제를 풀기는 쉽지 않을 것 같다. 동북아시아의 시베리아 일부 원주민의 신화에서 같은 보기를 찾는다 해도 그것이 문제 풀이에 직접 도움을 줄 것 같지는 않다. 누이를 아끼는 오라비의 정에만 이 까다로운 문제 풀이의 열쇠를 내맡길 수는 없을 것 같다.

강강술래며 대보름 민속에서 여성들이 행한 '달마시기'에다가 이 동화–신화를 견주어보면서 이미 지적해 보인 바의 태양과 달의 성 전환은 비교의 시야를 각종 구술 전승에 옮겨보아도 마찬가지로 드러나 보이고 있다.

'이글거린다', '타오른다', '작열'(灼熱), '시뻘겋다', '눈부시다' 등등 이들은 모두 태양과 맺어서 하는 관용적인 표현들이다. 이런 시각에서 우리는 다음의 그림에 특히 깊은 관심을 기울일 수 있을 것이다.

이 시베리아의 '하이 알타이' 지역에서 발견된 암각화에는 그 방면 전문가에 의해서 태양 이미지라고 읽혀져 있는 무늬들이 그려 넣어져 있다. 그나마 한둘도 아니고 크고 작은 무수한 태양 도형이라고 추정되는 그림이 거기 있다.

〈그림 3-4〉 사슴 무리와 태양 무늬의 그림[17]

화면 전체로 보아서 비교적 그 중앙부에 위치하고 있는 짙은 나선형 무늬가 가장 크게 눈에 들지만 그림의 오른편 아래쪽에서는 같은 수법으로 새겨진 조금 더 작은 나선형이 두 개 보이고 있다. 한데 이들 3대 도형 말고도 적게 잡아서 능히 20여 개를 넘는 작은 나선형 도형들이 드러나 보인다.

이것이 태양 이미지라고 할 때, 물론 그 많은 도형만큼 하늘에 태양이 있다고 말할 근거는 없다. 복수의 태양 또는 달에 관한 신화가 없는 것은 아니지만, 온 하늘을 두루 차지하고도 남을 만큼 다수의 태양을 말하고 있는 신화는 잘 기억이 나지 않는다.

그것은 다만 태양을 강조한 수법일 것이라고 읽는 게 좋을 것 같다. 이글거리고 작열하는 태양의 강력한 힘을 다수의 태양을 통해서 구상화(具

17 Anatoly I. Martynov, *The Ancient Art of Northern Asia* (translated & Edited by D. B. Shimkin and Edith M. Shimkin), Urbana and Chicago, University of Ilinois Press, 1991, p. 144.

象化)하려고 든 것이라고 읽힐 수 있을 것이다.

그림에는 무즈(moose) 사슴이 여러 마리 그려져 있다. 암수가 다 그려져 있으되, 도형의 크기나 그 수효에 있어서 수컷이 압도적으로 우세하다. 수컷 가운데 일부는 그 머리에 수컷다운 뿔이 솟아 있으되, 굳이 나선형으로 형상화되어 있는 것도 보이고 있다. 그 때문에 이 사슴은 '태양 사슴'이라고 해도 좋을 것이다.

이것은 태양의 강력한 에너지가 수컷 사슴의 몫이 되고, 그래서 사슴 무리 전체의 생산력을 드높이게 되기를 바라는 원주민 주술사의 심리를 반영하고 있다고 읽어도 좋을 것 같다. 요컨대 이 암각의 그림은 남성 원리로서의 태양을 강력하게 구상화한 것이라고 보이는 것이다. 작열하고 이글거리는 태양이 거기 그려져 있다.

하지만 달은 다르다. 위에 태양을 두고 예를 들어 보인 여러 관용적인 표현들에 비해서 '차갑다', '맑다', '어슴푸레', '고요하다' 등등 이들 여러 낱말은 으레 달을 두고 사용되는 관용어들이다. 이 같은 한 무리의 관용어들만 가지고 보아도 태양/달의 대비는 아무래도 남/여의 대비에 기울지 않을 수가 없다.

그 형상과 빛 따위로 말미암아서 달에게서 받는 인상은 '어슴푸레함'이 능히 시사하고 있듯이 음산함과 맞통하게 되어 있다. 안병국 교수가 '여원형'(女寃形)[18] 귀신이라고 일컫고 있는 여자 귀신들이 으레 그냥 야밤이거나 아니면 달빛이 교교한 밤을 타고 나타나곤 하는 것은 이 때문이다.

중국적인 관념으로도 태양은 음양의 양이다. 방위는 동쪽이고 계절의 순환으로는 봄에 해당한다. 인간이 성품에 견주어질 때, 태양은 덕(德)을 상징하기도 한다. 그래서 태양은 철저하게 남성 원리를 대변한다. 전한시

18 안병국, 『귀신설화연구』, 규장각, 1995, p. 77.

대의 왕인 우(禹)는 그 어미가 태양이 그녀의 몸속으로 들어오는 꿈을 꾸고서는 잉태한 것이라고 전해져 있는 것이 이를 익히 보여주고 있다.[19] 이에 비해서 중국 신화에서는 달은 철저하게 여성 원리를 반영하고 있다. 달은 음양의 음이고 방위는 서쪽이고 계절로는 가을이다. 그래서 중국에서 남성 왕과 그 비의 배우는 으레 일월의 짝으로 표상되곤 한다.

한편 인간 소행과 관련해서는 중국의 상징론은 죄나 악을 달의 몫으로 돌리고 있다.[20] 이것과 원귀(寃鬼)의 수가 압도적으로 여성에게 치우쳐 있는 것과는 무관하지 않을 것이다.

이 같은 중국적인 태양과 달의 상징성은 대체로 별로 손댈 것 없이 그냥 그대로 한국의 그 방면 상징론에도 반영되어 있을 것이다. 이처럼 다각도로 아무리 보기를 들추고 따져보아도 남/여의 대비를 달/해의 대비와 짝지우기는 어려워진다.

그러나 가령, 일본 신화에서 후세의 일본 소위 '천황가'(天皇家)의 최초의 원모신(原母神)에 해당될 '아마테라스'는 한자로 '천조'(天照)라고 표기되는 것이 시사하고 있듯이 태양신이다. 그런가 하면 중국의 신화에서는 천지가 어둠에 묻혀 있는 속에서 태양을 출산하는 '태양 모신(母神)'을 찾아볼 수 있다.[21]

그러나 이들 여성 태양의 이미지는 신화로서는 차라리 예외적이다. 우리들의 '해님과 달님이 된 오누이' 이야기도 이 같은 예외에 속할 것이다.

---

19 Wolfram Eberhard, *A Dictionary of Chinese Symbols: Hidden Symbols in Chinese Life and Thought*, London & New York, 1986, pp. 278~279.

20 *ibid.*, pp. 192~193.

21 *ibid.*, p. 279.

12. 바위와 대지의 여성 원리

상고대의 신화시대로 되돌아가면 남녀는 태양과 달인데 겸해서 하늘과 땅이다. 더러는 하늘과 물이 되기도 한다. '해모수와 유화부인', '혁거세와 알영', 이들 두 쌍은 하늘과 물이라서 그것을 하늘과 땅으로 바꿔 잡아도 괜찮을 것이다. 이 점은 제주의 창조 신화격인 '천지왕 본풀이'에서도 비슷하다. 그런 한편 제주의 삼성혈은 '대지 모태'이기에 여기서 '대지(大地) 모신(母神)' 또는 지모신의 관념을 이끌어내기는 어렵지 않게 되고, 따라서 거듭 대지가 여성임을 강조할 수 있게 된다.

이것은 사람들이 자기를 스스로 그들의 최고의 통치자를 매개로 삼아서 그나마 '무왕'(巫王), 곧 '무당왕'(shaman king)을 매개로 삼아서 우주적인 존재, 초월적인 존재로 승화코자 한 것이다. 이것은 그들의 신화이자, 명실 공히 그 당대의 '형이상학'이다. 세속/초월, 차안/피안, 제약된 시간/영원 등등에 걸친 이원론적인 대립을 초극하고자 든 것이다. 이때 지모신에게도 우리들은 족히 피안 · 초월 · 승화 등의 관념을 붙여서 생각할 수 있을 것이다. 이를테면 신화적인 여성 원리가 대지와 맺어진다고 해서 그것으로써 곧장 여성 원리가 시종 세속적인 것으로 머물고 만다는 판단을 내릴 수는 없다. 신화의 세계관이나 우주관에서는 대지 저 너머가 피안이듯이 대지의 깊은 아래 또한 피안일 수 있는 것이다.

신화에서는 피안을 우선 수직으로는 상향해서 하늘 끝, 곧 안 보이는 곳에서 구했는가 하면 하향해서는 땅 밑이나 안 보이는 깊은 곳에서도 구한 것이다. 그런가 하면 수평으로는 역시 눈에 안 보이는 지평선 저 너머 또는 수평선 저 너머에서 갈구한 것이다. 이로써 신화시대의 인간들은 여기 이곳에 사는 채로도 저 피안과 내적으로 맺어진 존재를 희구하고 갈망했던 것이다. 이래서 그들은 신화적 야성 원리의 궁극을 대지모신 그리고 대지 그 자체에서 구하기도 했던 것이다. 그럴 때, 동혈(洞穴)이 대지모신의 태가 되는 한편으로 태산 또한 여성 원리와 맺어서 생각한 것이다.

가령, 고구려의 동맹(東盟) 굿에서는 '동맹 바위'에서 신령을 모셔내어서는 치성을 드린 것으로 전해져 있는데, 이때 동맹 굿의 동맹이 동명왕의 동명과 발음이 흡사하다는 데에 유념하고 싶다. 이것은 동명왕 자신이 제주 노릇을 하였거나 아니면 바로 신령과 동화되어서 섬겨졌으리라는 추리를 하게 인도하고 있다. 만약 후자를 택한다면 '동맹 바위'는 소위 성혈(性穴)로서 모태를 상징하게 된다.

이때 바위 자체가 여성 상징을 겸하게 되는 것이지만 그것은 소위 부암(付岩)에도 해당된다. 서울 북악산 뒤편에 있는 부암동이라는 마을 이름은 바로 이 '붙임 바위'에서 유래하고 있거니와 이 바위에다 대고는 여성들이 아이 갖기를 빌면서 둥글 뾰족한 작은 돌알을 비벼대거나 문질러서는 움푹 패게 된 구멍에 돌알이 꼭 부합하게 되면 소원대로 임신을 하게 된다고 믿어져 있다. 이때 '부암'(付岩) 행위는 유사 성행위가 되는 것이지만 이로써 바위는 더 한층 단단하게 여성 원리를 갖춘 것이 된다.

바위굴이나 작은 구멍 또는 굴길이 뚫린 바위가 여성을 상징하고 있는 또 다른 보기가 있다. 가령, 서울 인왕산의 서편 언덕에는 무당집들이 있는데, 그 바로 이웃에 거대한 바위 하나와 바위 굴 하나가 각기 자리 잡고 있다. 전자는 '선 바위'라고 일컬어져 있는, 이름 그대로 우뚝 솟아 있는 이른바 '남근 바위'다. 이와 매우 유사한 것은 국내의 여러 곳에서 흔하게 보게 되는데, 그 중에서도 경남 남해군의 것은 출중(出衆)한 거석이다.

한데 인왕산 선 바위, 왼편 조금 아래쪽에는 세상에 선바위만큼은 알려져 있지 않은, 조금은 비밀스런 민속의 성역이 있다. 선바위와는 대조적으로 '누운 바위'라고 부르기 좋은 형상을 갖추고 있는 이 바위의 땅에 붙은 기층 한쪽에 제법 넓은 구멍이 뚫려 있다. 그 좁고 짧은 굴길을 조금만 따라 들어가면 그 안쪽 구석진 곳의 또 다른 작은 암반에는 촛불 켜진 자국을 진하게 확인할 수 있게 되어 있다. 이래서 상당히 널따란 바위 전체가 이른바, '성혈'(性穴)을 이루고 있다. 이래서 선바위와 누운 바위는 암수바위가 되거나 부부바위가 될 것이다. 그래서 성 상징을 겸해서 생산성을 갖춘 성체(聖體)로 민속적인 신앙의 대상으로 격상되는 것이다. 이밖에도 물이 틈새로 흘러내리는 바위 아니면 정면에 균열이 나 있는 바위 등도 여성성을 띠게 된다.

한데 바위가 그 형상에 따라서 여성을 상징하게 되는 것과는 달리 물은 거의 예외 없이 여성 상징을 겸전하고 있다. 전국의 소위 약수가, 또는 약수터가 여성 원리와 직결되어 있는 것은 바로 이 때문이다. 앞에서도 지적된 바와 같이 바위(돌)와 물이 합세하면 여성 원리는 더욱더 단단해진다.

그런가 하면 산 또한 여성 원리를 갖춘 대상이 되어서 신성시되곤 한다. 지리산 성모나 덕유산 성모가 그 좋은 보기이지만 가야산 성모도 이에 동참할 수 있을 것이다. 그런가 하면 서울 북한산의 산신은 후세에 여성 서낭으로서 민속신앙의 대상이 되기도 했는데, 이 경우는 임진왜란과 관련된 전쟁에서 우리 측의 승리를 유도해낸 '군사의 서낭'이기도 하다는 점이 아주 특이하다. 여성의 주력(呪力)이 승전(勝戰)의 군사적인 힘이 되기도 한다는 민간신앙이 거기 깃들여져 있기 때문이다. 이 경우에도 물이 갖는 여성 원리가 한몫을 크게 맡아내고 있다. 이처럼 산이 여자로 믿어지기도 하지만, 산이 아무리 높이 솟아보았자, 여하히 우람해보았자, 끝내는 하늘 아래다. 땅의 일부일 뿐이다.

13. 우주론과 생태론의 차원

하늘과 땅은 방위로는 위와 아래다. 이것에 연유해서 정해진 신화적인 발상의 남녀 관계가 상고대부터 시작해서는 줄기차게 시대를 넘어서 전해지고 또 이어져왔다.

남편을 하늘 받들 듯 하라!

옛날 우리 할머니들은 귀에 못이 박힌 이 말을 믿고 살았었다. 하늘은 위에만 있는 게 아니다. 천명(天命)이 하늘에서 내린다. 근세까지만 해도 남편이 아내에게 무얼 시키면 천명이어서 벼락같이, 우레같이 울렸을 것이다. 하지만 아내가 남편에게 뭔가 해달라면 '잔소리'가 된다. 그렇게 이 땅의 남과 여는 살아왔다.

천칙(天則)을 믿고 섬기면서 땅의 흙은 혹은 물은 목숨을 부지해왔다. 아내의 눈은 늘 우러르는 시늉이고 남편의 눈은 늘 내리깔린 시늉이었다. 더러 아내가 남편 앞에 곧추앉아서 눈을 살며시 아래로 내리깔았다 해도 그건 치켜 받들어서 올려보다가 지친 것이다.

하늘과 땅으로 매겨진 상하 또는 고하의 관계는 다시 또 여러 관계를 파생시켰다. 강(强)과 약(弱), 유력과 무력, 지배와 복종의 관계가 연달아서 상하의 관계를 물고는 생겨났다. 그러면서 사내는 세상을 향해서 열린 존재가 되고 여자는 집 안에 박힌 존재가 되었다.

더욱 나쁜 것은 조선시대에 그토록 귀하게 여겨진 핏줄에서 여성이 제외된 점이다. 양반은 외가를 섬기고 처가를 멀리한다는 것이 그 증거가 된다. 외가의 피는 사내의 피 속에 섞여 있지만 처가의 피는 그렇지 않기 때문이다.

이것은 남자는 씨를 뿌리고 여자는 그걸 받아서 기르는 밭에 불과하다는 생각까지 낳게 된다. '아버님 날 낳으시고 어머니 날 키우시니……'라는 관용어는 생리적으로는 부당하다. '부생모육지은'(父生母育之恩)이라고 한자로 고쳐보아도 생리의 이치에 맞지 않기는 마찬가지다. 하지만 아버지는 씨종자의 제공자고 어머니는 씨를 받아서 키운 양육자에 불과하다는 부권(父權)적인 이데올로기에 비추어보면 극히 지당한 말이 된다.

'부생모육지은'이란 말에서 어머니의 태는 다만 밭떼기에 견주어져 있을 뿐이다. 밭은 얼마든지 이 밭 저 밭 골라서 밭갈이 할 수가 있다. 하지만 씨종자는 불변이라고 그 말은 내세우고 있다.

이처럼 부/모는 곧 씨앗/밭으로 상징되는 사례를 두고는 재미난 유물이 하나 남겨져 있다. 충남 지역에서 발굴된 소위, '방패형 청동기'로 알려진 유물의 그림에는 이랑이 새겨져 있는 밭에서 한 사내가 알몸으로 밭갈이를 하고 있는 모습이 새겨져 있다. 그는 알몸으로 이른바, '나경'(裸耕)을 하고 있다. 조선시대에만 해도 일부 지역에서, 특히 한반도의 북부 지역에서 이른 봄에 실제로 나경을 한 것으로 전해져 있다. 그것은 실제의 농사짓기를 위한 작업이기보다는 일종의 '봄의 농경의례'였던 것으로 짐작된다.

한데 이 그림에서 알몸의 사내는 따비(끝이 창날처럼 뾰족하게 생긴 일종의 삽 같은 것)로 밭을 갈고 있는데 바로 그 따비와 거의 나란히 그의 양근(陽根)을 노출시키고 있다. 여기에서 우리들은 그의 따비와 양근 사이에는 상호로 비유 관계가 이룩되어 있음을 헤아리게 된다. 이를테면 그의 양근도 밭갈이에서 몫을 다하고 있는 것이라고 보이는 것이다.

이로 말미암아서 우리들은 밭이며 대지와 사내 사이에 일종의 유사 성행위가 행하여지고 있다고 유추하게 된다. 이 유추의 연장선상에서 또 다른 유추를 더할 수 있게 된다. 그것은 다름 아니고 밭 또는 땅이 바로 여성으로 받아들여지고 있다는 것이다. 이로써 우리는 사내는 그의 양물(陽物)을 드러낸 채로 밭갈이함으로써 필경은 여성인 밭이며 땅에 씨 뿌림을 하고 있다고까지 추리하게 된다. 거기에 일종의 사정행위가 있다고까지 추리를 더하게도 될 것이다. 이 같은 일련의 추리가 설득력이 있는 것이라면 이 청동기 그림에서 밭이며 대지는 필경 여성 원리를 반영하고 있게 된다. 여성은 필경 밭이다.

물론 이 같은 추리의 끝에서는 땅에서 '대지모신'(大地母神, Great Earth Mother) 또는 '지모신'(地母神)의 이미지를 읽어낼 수 있고, 그래서 대지가 갖는 여성성의 생산 원리 또는 풍요의 원리 등을 적극적으로 내세울 수 있게 되지만 이 대목에서는 다만 '여성은 밭이다'라는 은유법의 명제를 강조하는 데 그치고자 한다.

'부생모육지은'이란 말에서 이처럼 부/모의 대비가 '씨앗/밭'의 대비로 나타나는 것이지만 우리나라에서 흔하게 이야기되곤 하는, 또 다른 속담 또는 금언에서는 또 다른 부/모 사이의 대비 관계를 찾아내게 된다.

가령, '아버님 전 뼈를 받고 어머님 전 살을 받아'라고 무당이나 가사 작품이 노래할 경우, 뼈는 근본이고 본체다. 이에 비해서 살은 덧붙여진 것에 불과하다. 근본은 아버지의 몫이고 겉치레는 어머니의 몫이다. 뼈는 영혼의 둥지로서 한 인간의 사후에까지 보관된다고, 또는 보관되어야 한다고 믿어져 있었다.

무엇보다 신라의 탈해왕의 전승이 이에 대해서 말해주고 있다.

(왕이 붕어〔崩御〕하자), 소천(疎川)의 언덕에 장사지내었다. 한데 뒤에 신으로 나타나서 말하기를 '내 뼈를 삼가 (다시금) 묻어라'고 했다. (무덤을 파보니) 머리뼈는 둘레가 석 자 두 치였고 몸의 뼈의 길이는 아홉 자 일곱 치였다. 이빨은 한 덩치로 응고해 있었고 뼈마디는 모두 연결되어 있었다. 그 모습은 이른바, 무적(無敵)

의 역사(力士)의 뼈와 같아 보였다. 뼈를 부셔서 뭉쳐서는 골상(骨像)을 빚어서는 대궐 안에 모셨다. 신이 또다시 알리기를 나의 뼈를 동악(東岳)에 안치하라고 함에 그 분부를 따라서 편히 모셨다.[22]

이 전승은 시신을 통으로 매장한 다음에 일정 기간이 지나면, 다시 파내되, 살이 다 삭아서 없어진 것을 확인한 다음 뼈만 따로 추려서 재차 매장하거니 신으로 섬겼다는 것에 대해서 일러주고 있다. 이것이 신라의 '중장제'(重葬制)를 일러주고 있음은 말할 나위도 없지만, 살/뼈의 대비가 '필경 없어져 마땅한 것/오래 보존할 것'의 대비임에 대해서 증언하고 있다고 보인다.

이 같은 중장제는 한때, 상고대 시절 한반도의 북단 지역에서 시행된 것이지만 근세에까지도 도서 지방에서 시행되기도 했다.[23] 중장제는 당연히 복수 영혼관[24]과 관련된 것이지만 그 가운데는 굳이 일컬어서 '골혼'(骨魂)과 '육혼'(肉魂)이라고도 할 만한 것이 포함될 것이지만, 이런 혼의 양분론에서 골혼은 영원할 혼령이라고 간주되어도 좋을 것인 반면 육혼은 일시적인 혼령이라고 보아도 무방할 것이다. 이 같은 영혼관을 바탕에 두고 형성될 '골혼/육혼'의 대비는 뼈/살의 대비를 거쳐서 남/여의 대비에까지 미치게 될 것이다.

이처럼 뼈는 사후에도 영원할 것으로 상정되어 있지만 살은 사후에 이내 삭아서 없어진다. 그러니 아버지에게서는 영원을 물려받고 어머니에게서는 순간을 이어받는 셈이 된다. 어머니는 그 하찮은 것을 겨우 자식

22『삼국유사』, 탈해왕 조.

23『삼국지』, 위지동이전, 동옥조 편; 문화공보부,『한국민속종합보고서』전남편, 1969, p. 142.

24 cf. Ake Hultkrantz, *Conception of Soul among North American Indians*, Stockholm, 1953, pp. 30~31.

들에게 주는 사람이다. 여자는 어머니가 되고도 이 모양으로 대접받았다. 그러니 남자와 여자의 관계를 말할 때, 이미 지적한 바와 같이 당연히 뼈와 살의 대립을 지적해야 한다.

하지만 여자가 하대 받는 남녀의 관계는 이에 그치지 않는다.

봉황새 : 참새

호랑이 : 고양이

용 : 뱀

이들은 바로 '남자 : 여자'의 관계의 또 다른 보기다. 특별히 성이 지적되어 있지 않은 경우, 봉황새 · 호랑이 · 용은 으레 남성 상징이다. 이에 비해서 참새와 고양이와 뱀은 여성 상징이다. 남녀의 전통적 성차별이 동물에까지 미치고 있는 것이다. 참새는 고작 재재거리고 고양이는 앙칼지고 뱀은 독살스럽다. 남자가 일방적으로, 또 독선적으로 매겨준 여성의 악덕이 이들에 엉겨붙어 있다.

동물치고 남녀 상징으로 동격인 것이 아주 없는 것은 아니다. 늑대와 여우는 바로 남녀의 대립이다. 사납고 표독해서 늑대는 사내고 요상하고 또 요망해서 여우는 여성이다. 이들 개과 동물만이 성 상징으로는 남녀 차별을 두지 않고 있다.

한데 재미난 것은 한국의 옛날 어버이들이 아들과 딸에게 준 가르침이다. 그들은 아들을 보고는 세상 여자는 모두 여우라고 가르쳤다. 그런가 하면 딸을 보고는 세상 사내는 모조리 늑대라고 가르쳤다. 결국 이 땅에서는 늑대와 여우가 끼리끼리 짝짓기해서는 부부가 된 셈이다.

한편 농기구, 그리고 농사일에도 남녀의 성차는 엄연히 존립하고 있었다.

따비(또는 괭이) : 호미

도리깨 : 작대기

타작 : 털기

논 : 밭

이 같은 네 겹의 양분적 대립은 위에 보인 동물에서 드러나는 성징(性徵)의 양분적 대립과 접경하고 있다. 한 테두리 속에 병존시켜도 아무 잘못이 없다.

앞에서 이미 소상하게 다루어진 것처럼 청동기 유물 가운데, '방패 형 동기(銅器)'로 알려진 쇠붙이에는 따비로 밭을 파 뒤집고 있는 사내의 모습이 생생하게 묘사되어 있는데, 그는 그의 남성 성기를 당당히 노출시킨 채 밭일에 골몰하고 있다.

이로 보아서 따비와 사내 고추 사이의 은유적 또는 대유적인 대비는 분명해진다. 따라서 그가 뒤집고 파고 있는 밭, 그가 모양 좋게 이랑을 지우고 있는 밭은 능히 여성에게 견주어질 것이다. 이에서 앞에서 이미 지적된 바와 같이 밭과 땅이 여성에게 견주어지는 나머지, 모든 여성이 결국 씨받이로 전락하고 말 가능성은 언제나 열려져 있었던 것이다. 이 같은 일련의 남녀의 양분법적인 대립에 관해서, 수다한 텍스트와 관련된 또 다른 언터텍스추얼리티를 도깨비 이야기에서 추출하는 것은 어려운 일이 아니다.

우리가 듣게 되는 도깨비 이야기에서 특별히 성이 지적되어 있지 않는 경우, 도깨비는 수컷이다. 이에 비해서 귀신은 대개가 여성이다. 그러니 '도깨비 : 귀신'의 대립으로 한국의 남녀 관계를 좁혀볼 수도 있게 된다. 이 남녀의 대비는 크게 주목할 바라고 생각된다.

가령, 독각귀(獨脚鬼)라고 해서 이두(吏讀) 읽기 식으로 도깨비를 한자화해놓은 낱말에서도 짐작이 가듯이 어차피 한자로는 도깨비도 귀(鬼)이고 귀신도 귀(鬼)다. 귀물이기로는, 또 괴물이기로는 마찬가지다. 공포의 대상으로도 양자는 그야말로 서로 막상막하다. 한데도 그 두 귀 사이에는 남녀의 대비가 껴들어 있다. 신라 이래로 두고두고 전해진 일부 귀면상이나 어둠을 타고 나타나는 귀신이나 소름 돋게 무섭기는 마찬가지다. 그러나 양자 사이에 넘을 수 없는 차이가 있다. 그 둘은 크게 보아 유개념(類概念)으로는 동족일 수도 있겠으나 소상하게 종개념(種概念)으로 따져서는 이종(異種)이다.

도깨비는 익히 알려져 있다시피 술을 좋아하고 씨름을 즐기고 여색을 탐하곤 하니, 그야말로 못된 남자를 빼닮았다. 그가 사람들에게 겁탈하다시피 기습을 가하는 꼴도 흉한(兇漢) 꼴을 빼닮았다. 그런가 하면 그는 곧잘 여성을 상대해서는 어둔 사랑을 나누곤 한다. 그는 그럴 때 영락없는 색한(色漢)이다. 그에게서 여성과의 성은 차라리 희롱이다. 여자는 그가 가지고 노는 노리개다. 그러기에 옛날 한국인은 말할 것도 없고 지금도 한국의 일부 사내들이 돈 내고는 여자를 상대로 그렇게 하듯이, 도깨비도 데리고 노는 여자를 돈으로 구워삶는다. 도깨비는 사내의 충동적인 욕망의 화신이다.

바기나에 삼켜진 페니스가 바기나를 공략하는 남성적인 팔루스로 환생한 것이 다름 아닌 도깨비이다. 여성에게서 삼켜지는 사내의 팔루스가 홀연 둔갑한 것이 다름 아닌 도깨비일 수도 있다. 그는 그의 이 같은 변신에서 한국 남성들을 잠재적인 '바기나 공포'에서 해방시킬 수도 있을 것이다. 물론 그것으로 그 공포에 대한 보상을 얻어낼 수도 있을 것이다. 이리하여 도깨비는 남성들을 위한 대속자(代贖者)가 될 수도 있게 된다.

그리니 결과로는 그는 '당하는 자'다. 여자에게 밤마다 돈을 갖다 바치고도 끝내는 배신당하고 만다. 여자는 말의 피를 집 주변에 뿌려서 그를 겁먹게 하고야 만다. 그밖에 약은 인간들의 무기며 전술에 밀려서 그는 속임을 당하고 패배의 구렁텅이에 빠지고야 만다. 갖다 바친 돈이며 패물의 보람도 없이 결국은 쫓겨나거나 참패를 당하고야 만다. 그는 결국은 겨루기에 지고 돈은 공짜로 날리고 마는 못난이다.

밤의 괴물인 도깨비는 그래서 기복이 심하고 굴절이 심한 행적을 남기지만 그의 행적의 대단원은 별 수 없이 백기를 내거는 것으로 끝난다. 그나마 포기하지 못하고 체념하지 못하는 패잔(敗殘)이라서 한결 더 비참하다. 아니 비루하다. 그 온갖 희극적인 엎치락뒤치락함에도 불구하고 도깨비의 로맨스 이야기는 뒤가 구린, 참담하기보다 무참한 비극이 되고야 만다. 더러운 패배자가 되고 말기 때문이다.

이래서 도깨비의 에로스 이야기와 씨름 이야기를 합쳐서 보게 되면 그 나름으로 만만찮은 한국적인 페미니즘을 들여다보게 될 것 같다. 여자 손아귀에서 놀다가 겨우 여자를 가지고 노는 사내가 되는가 싶었던 것도 잠깐, 그만 남가일몽이 되면서 그는 여자에게서 쫓겨나는 패잔병이 되고 만다. 버려진 빗자루 꼴이고 닳아서 못쓰게 된 절굿공이 신세가 되고 말기 때문이다. 일반적으로 영원한 무승부, 끝없는 대치만 있고 결말은 없을 것 같은 남녀 관계가 도깨비 이야기에서는 페미니즘에 유리하게 끝을 본다.

앞에서 이미 인용한 바와 같이, 조선조의 기생 송이는 사내들의 고추를 점 낫, 곧 새끼 낫에 견주면서 깔보았다. 자신은 천심절벽 위의 낙락장송에 견준 맥락에서 그런 비유법을 사용하였으니, 남자의 고추의 체면은 말이 아니다. 그러니 여성에게는 사내의 고추가 흉기이되, 그나마 그 구실이 신통찮은 흉기가 되고 만 것이다. 비록 새끼 낫일지라도 일단은 흉기에 견주진 이상, 사내의 그 물건이 남녀 간의 성에서 일단 강한 처지에 설 것은 짐작하기 어렵지 않다. 그러나 필경 그게 무력한 것으로 드러나면, 첫 시작에서 누린 위세 때문에 오히려 처참한 지경에 전락하게 된다. 그런 뜻에서 거듭 인용되는 송이의 시조를 보자.

솔이 솔이라 하니 무슨 솔인 줄 아는다.
천심 절벽 위의 낙락장송 그 내로다.
길 아래 저 초동(樵童)의 점 낫이야 걸어볼 줄이시랴.

이 한 수와 도깨비 이야기 사이에 상당한 정도로 근사치가 있다고 말해도 좋을 것이다. 사내가, 또는 사내의 양근이 처음엔 잘난 척 위세를 떨치지만 필경 그 몰골이 말이 아니게 납작코가 되기로는 서로 다를 바 없기 때문이다. 그런 뜻에서 도깨비의 두 가지 이야기, 곧 씨름꾼 도깨비 이야기와 에로스의 도깨비 이야기 사이에는 같은 심층 구조가 잠재하거나, 아니면 같은 거대 구조가 존재하고 있다고 말해도 좋게 된다.

도깨비가 여성에 대해서 갖는 관계는 그 성적인 상황에서 에로스의 겉보기에도 불구하고 필경은 옥신각신이나 승패와 맺어진 역학적인 것으로 드러난다. 힘의 대항이고 역학적인 길항(拮抗)인 것이 바로 수컷인 도깨비와 인간 여성과의 사이의 주고받음이다.

이처럼 남녀 관계의 복잡다단한 관계를 바탕에 깔고 있기는 하지만 필경 도깨비가 남자요 사내라는 점에서는 변함이 없다. 전해지는 이야기 속에서 도깨비는 으레 사내다. 특별히 성적인 상황이 밝혀져 있지 않는 이야기 맥락 속에서 호랑이 · 용 · 봉황이 으레 정해놓다시피 남성인 것과 견주어져도 좋을 것이다. 따비와 타작하는 도리깨가 역시 사내로 간주될 수 있는 것과도 무관하지 않을 것이다. 성적인 상징은 인간에게만 매겨진 것은 아니다. 동물과 식물, 천지와 바다를 포함한 지리며 지형 그리고 해와 달의 천체에까지 두루 미쳐 있다. 인간론적이고 생물학적이고 그리고 우주론적인 것이 성이다. 성은 온 우주에 널려져 있다.

한편, 도깨비와는 대조적으로 귀신은 나타났다 하면 십중팔구는 여자다. 창백한 얼굴에 긴 머리를 풀어헤치고는 흰 치마를 입고 있게 마련이다. 앞에서도 이야기된 바 있는, 밀양의 '아랑 이야기'의 전설의 주인공 아랑은 그 전형이다.

이들 귀신은 여성이 입은 마음의 상처의 화신이다. 남자에게도 물론 원귀는 있다. 남자라고 원한을 다 풀고 죽는 특전을 누린 것은 아니기 때문이다. 하지만 야밤을 틈타고 다시 현신하는 원귀나 원령은 여성에게서 그 비중이 높아진다.

한데 이때 명심해야 할 것이 있다. 아랑의 전설에서 그렇듯이 여성이 입은 마음의 상처, 곧 트라우마는 남자의 못된 욕망이나 독선으로 말미암은 바가 매우 크다는 점에 유념해야 한다. 귀신은 인간 도깨비인 사내들이 만들어놓은 것이다. 아랑은 사내에게 짓밟혀서 죽는다. 무참하게 요절한 처녀 원귀가 된 것이다. 그래서 아랑의 넋은 떠돌이 넋, 객귀가 된 것이다.

한국에서 여자 또는 여성 전반의 그림자로는, 이를테면 여성의 부정적인 이미지로는 여우 · 뱀 등의 동물 이외에 인간으로는 마귀할미 · 계모가 대표적이다. 여기에 당연히 여귀(女鬼)를 포함시켜야 한다. '앙칼지다', '독사 같다', '여우같다'는 악담은 여성 전용이다. 매섭고 차갑고 소름끼치고 하는 따위, 이를테면 음성적인 공포의 전형들이 이들로 망라될 것이다. 그것들은 여성 자신이 입은 트라우마이자, 여성이 자신 속에 간직하고 있을, G. 융 학파의 의미의 '그림자'일 것이다. 아울러서 남성이 잠재적으로, 또는 의식적으로 품고 있을 대여성 공포심의 상징이다. 사내들이 스스로 나서서 여성이 갖게 유도한 공포의 표상이다. 그것은 남자들 자신의 내면에 간직된 대여성 공포감을 여성 외모에다 투사한 것이다. 하늘 보고 침 뱉기다.

밤중에 귀신과 도깨비가 맞닥뜨리면 어떤 일이 벌어질까? 숲속에서 늑대와 여우가 마주치면 무슨 일이 터질까? 이 대답을 찾기가 쉽지 않듯이 한국의 여자와 남자의 관계도 만만찮았던 것이다.

14. 마무리: 힘과 힘의 겨루기

이상 13절에 걸친 갖가지 남녀에 관한 논의에서 그 중요한 논점의 일부는 남녀 관계가 성적이고도 물리적인 역학관계라는 것이다. 남녀 관계는 다투기고 겨루기였다는 점이다. 어쩌면 권력투쟁 같은 것이었다고 해도 괜찮을 것 같다. 그나마 가정 안을 위시해서 사회적인 차원, 생태론적인 차원 그리고 우주론적인 차원 등에 걸치기까지, 여러 차원에 걸친 힘의 경합이고 경쟁이 다름 아닌 남녀 관계라는 것을 보아왔다.

한데 갖가지 차원에 걸친 힘의 알맹이들을, 다른 원리를 따라서, 이를테면 힘과 힘끼리의 역학적 관계를 따라서 살펴볼 수도 있을 것 같다. 우선 남/여 간에는 지배하고 복종하고 하는 따위의 역학이 작용하고 있었다고 보아진다. 미셸 푸코(Michel Foucault)의 개념을 빌리자면 '주권(主權)의 역학'이 작용하고 있었다고 보아진다.[25] 중세의 왕국이나 봉건 제도 하에서 왕이나 영주가 그 국민이나 주민들을 통치하고 다스림에 따라 국민이나 주민은 복종하고 뒤따르게 마련이던 것이 그 전형적인 보기라고 한다면, 그 관계가 거의 그대로 남녀 간에도 적용될 수 있는 것이 남녀 간의 주권의 역학이다.

---

25 cf. Philip Smith, *Cultural Theory: An Introduction*, Malden Massachusetts, 2001, p. 124.

남편이나 남자는 가정의 통치자요 왕이었던 셈이고 소위 아녀자는 국민이나 백성과 다를 바 없었던 것이다. 한국으로서는 가장(家長)이란 용어가 이를 말해주고 있거니와 달리 또 '주인'(主人)이란 말도 가장에 못지않은 권위와 힘을 과시해온 것이 사실이다.

한데 중세기 사회를 관장한 통치의 역학 또는 주권의 역학은 근세에 와서 '규율의 역학'으로 변화하였다는 것이 푸코의 생각인데,[26] 우리의 가정 안에서는 또 사회에서도 중세기며 근대에 걸쳐서 이들 두 가지 역학은 합세하다시피 하고 있었다. 그래서 남성에게 압도적으로 가정적 · 국가적 · 사회문화적인 우위를 부여해온 게 사실이다. 엄혹하게는 감시 · 감독이나 규칙, 조금 유하게는 관리 · 지도 등의 힘을 휘둘러온 것이 푸코의 '규율의 역학'이지만 이 힘이 우리의 남성들에게는 주권의 역학만큼이나 그들 특권을 보장한 것이다. 실제로 충효(忠孝)가 나란히 자리 잡고 있었던 사회에서 남성 가장은 작은 왕이나 다를 바 없었다. 그것이 한국적인 가부장제 사회였다.

하지만 엎치락뒤치락함이 아주 없었다고 보기는 어려울 것 같다. 물론 위에 든 두 가지 역학관계의 범주 안에서는 절대적으로 남자가 고지(高地)며 우위를 차지해온 것은 부인할 길이 없다. 가령 남편이나 아버지가 하늘이나 기둥 또는 동량(棟樑) 따위에 비유된, 한편으로 어머니나 아내는 잘해야 땅에 비유된 것이다. 그러면서 아녀자란 말이 이미 함축하고 있듯이 약하고 열등한 것이 여성이었다. 이것은 어김없는 사실이다. 하지만 이따금 또 국지적으로 남녀의 역학관계에서 남성 위주의 원리가 뒤집히기도 한 것을 전적으로 무시할 수는 없다. 이때 여성이 남성보다 월등 우위에 설 수 있었던 것인데, 이 경우의 남녀 관계는 생태론적인 역학관계

26 *ibid*., p. 125.

라고 부르고 싶다. 그것은 산하(山河)를 비롯한 자연과 그에 관련된 생태와 관련되어 있기 때문이다.

가령 앞에서 누누이 지적한 바와 같이 대지의 생산력, 곧 강이며 하천 그리고 샘 등 물이 갖는 생산력은 압도적으로 여성에 의해서 상징되어왔다. 우주론적으로는 달과 맺어져서, 이미 지적된 바와 같이 '달-물-여성의 삼위일체'를 형성해왔다. 이럴 경우, 하늘/대지의 대비가 일단은 상/하, 고/저 등의 대비로 치환될 수 있지만, 또 해/달의 대비가 일단은 양/음, 낮/밤, 뜨거움/차가움 등의 대비로 바꿔놓일 수가 있을 것이다. 하지만 그것으로 그칠 수는 없다. 인간 생명의 생산과 자연생태의 풍요함을 관장하고 그 방면 힘을 발휘하기로는 달이며 대지가 압도적으로 우세한 위치며 위상을 점유해온 것을 부인할 수 없다.

그러니까, '주권(통치)의 역학'과 '관리의 역학'에서 갖는 여성의 열등함이 '생태의 역학'에서는 역전된 것이다. 가정 · 사회 그리고 국가라는 인간이 만들어낸 기관이나 제도 속에서는 압도적으로 남성 우위가 보장되고 또 집행되어왔다. 하지만 자연생태와 관련해서는 여성의 절대적 우위가 확보되고 또 집행되어온 것이다.

이같이 서로 다른 범주의 남녀 역학관계에서 드러나는 우위/열쇠(劣衰)의 주고받기는 일종의 생태론이 보장해준 남녀 동권이라고 불러도 괜찮을 것이다.

제4부

한국인의 수(數) 개념

1. 수(數)라는 것

'운수가 좋다.' '운수가 불길하다.'

한국인이면 누구나 곧잘 써오던 말이다. 운수(運數)는 워낙 운명(運命)의 운 또는 천운(天運)의 운과 기수(氣數)의 수가 합쳐서 된 말이라고 사전에는 풀이되어 있다. 그런데 기수는 기운의 기와 운수의 수가 합쳐진 말이거니와, 이 말에서 기운(氣運)은 한 인간의 육체적인 기력(氣力)을 의미하기 이전에 천지 대자연의 운행하는 작용을 의미하는데, 수도 이와 크게 다르지 않다.

따라서 운수는 일차적으로는 천지 대자연의 힘이나 작용을 의미하지만 이차적으로는 그 초자연적인 힘이 인간과 관련되어서 작용을 끼침을 의미한다고 보아도 괜찮을 것 같다.

한편 운수는 명수(命數)와 거의 같은 뜻이다. 이 경우 명은 천명(天命), 곧 하늘이 시키거나 내리는 운명이나. 그래서 운수의 수와 명수의 수는 같은 뜻이다. 한국인이 일상적으로 자주 쓰는 '재수'(財數)도 굳이 재물(財

物)과 관련됨이 없이, 운수나 명수와 같은 뜻으로 사용되기도 한다.

그런가 하면 *'분수(分數)를 지켜라'*, *'분수도 모르고!'*라고들 말할 때의 수도 크게 보아서는 운수 · 명수 · 재수 등등의 수와 동수(同數)라고 해도 큰 잘못은 없을 것 같다.

또한 *'재수 더럽다'*고 할 때의 그 수나, '운수 사납다'고 할 때의 수나 별로 다를 것 없다.

이처럼 한국인에게 수(數)는 돈이나 물건 따위를 계산하고 셈하는 그 수 이상의 그 무엇이다. 물리적인 수량(數量)으로는 헤아려지지 않을 무엇인가 인간으로서는 불가항명(不可抗命)의 절대적인 힘이다. 그러기에 운수며 명수의 수는 보기에 따라서는 자연과 사물의 이치(理致), 더 나아가서는 인간의 삶의 이치까지도 의미하게 된다. 이를테면 로고스 같은 것이다.

그런 나머지 역수(曆數)는 자연의 계절의 순환을 의미하는 한편으로 그것이 인간에게 찾아들어서 끼치게 될 작용까지도 의미하고 있다. 역수는 자연의 것이면서 인간의 것이다. 요컨대, 수(數)는 로고스이되, 대자연의 것이면서 인간의 것이다. 대자연의 운행과 인간 생리며 생활의 궤적에 결정적 영향을 끼칠 로고스 그것이 곧 수다. 여기서 우리는 '코스모 휴먼'(Cosmo-Human)이란 개념을 수(數)에 걸어서 창안해낼 수 있을 것이다. 수는 산술의 수 이상의 것이다.

그런 한편, 한국인이 즐겨 쓰고 있는 언어에서는 또 다른 의미가 수(數)에 매겨져 있다. 바로 권모술수의 수가 바로 그것이다. 이 술수는 술책과 같은 뜻의 말이어서 계책이나 책략 등과 같은 뜻의 말이다. 운수가 천지자연에서 비롯하고 있는데 비해서 술수는 인간의 머릿속에서 움직거리고 있다. 대자연의 술수가 운수인데 비해서 인간의 운수가 술수라고 해도 좋을 것 같다.

그래서 운수에서나 술수에서나 수는 어차피 서로 공통점을 나누어 갖고 있는데, 그 점을 강조해서 수리(數理)란 말을 쓴다 해도 좋을 것 같다. 이때, 물론 수리(數理)가 수학의 이치나 이론 또는 계산의 이치만을 의미하는 데 그칠 수는 없다. '수라는 대자연과 인간 생명의 이법, 곧 로고스'가 다름 아닌 수리(數理)라고 읽어서 크게 잘못 될 것이 없을 것이다. 크게 과장하고 있는 것도 아니다.

그러니까 수는 음양(陰陽)과 관련되고 천지며 천인(天人)과 연관 지을 수 있고 그래서 역수(易數)란 말도 쓰게 된다. 이것은 주역(周易)에서 천지 기운과 인간 운수를 걸어서 풀이하는 점술(占術)이다. 중국의 12지와 10간(천간, 天干)은 우주의 운행을 더불어서 인간의 명수(命數)며 신수(身數)를 좌지우지하는 원리고 작용이었는데[1] 그것이 곧이곧대로 우리나라에 수용된 것은 새삼 말할 것도 없다.

이 같은 운수의 점치기는 하다못해 일상시의 하루하루, 매일매일에 걸어서 일수(日數)란 말로도 사용되어왔다. 따라서 실제로는 흔하게 쓰인 것은 아니지만, 작게는 '시수'(時數)를 말하고 크게는 '주수'(週數)며 '월수'(月數), 그리고 '연수'(年數)를 말해도 괜찮을 것이다.

한국인에게 수는 이토록 오묘한 것이다. 그러기에 한국인은 사주(四柱)를 말하고 팔자(八字)를 따지고 한 것이다. 생년월일에 걸린 네 가지 수가 사주인데 비해서 그 네 가지 숫자마다에 걸린 십이지의 두 자리 숫자가 이른바 팔자라는 것을 한국인이면 모를 사람은 없을 것이다.

혼사에서 이른바 궁합이란 것은 신랑신부 후보자의 장차의 운수를 의미하는데, 곧 그 길흉을 의미하는데 그게 전적으로 사주와 팔자라는 수에 의해서, 그들 수의 결합에 의해서 좌지우지된다고 전통 사회의 한국인은 대에 대를 물리면서 믿어온 것이다. 그에 따라서 혼약을 하고 말고를 경

1 W. Eberhard, *A Dictionary of Chinese Symbols*, London and New York, 1983, p. 286.

정지은 것이다.[2]

이런 특수한 경우, 넉 사(四) 자가 그 자체 단독으로는 흉수(凶數)라는 것은 전혀 개의치 않았다. 시중의 빌딩에 있는 승강기의 층수 표시에 일부러 4층은 피하고 영어로 F(fourth)라고 쓰는 것이 관례이다시피 하는 것을 생각해보면, 혼사와 관련된 사주의 비중, 더 나아가서 한 개인의 운세와 관련된 사주의 비중이 그만큼 돋보일 것이다.

그러나 다 같이 '사팔'이라도 길을 두고 쓰이는 '사통팔달'(四通八達)은 좀 다를 것이다. 널리 통한다든가, 번화하다든가 하는 의미가 사(四)라는 흉수를 돌볼 여지를 없애고 만 것이다. 사분오열(四分五裂)도 이와 별로 다르지 않다. 우수와 기수가 짝짓고 음양이 합작하고 흉수와 길수가 손잡고 있는 것 따위는 이에서 문제될 것 없다.

이것은 당연한 이야기로 수라는 기호의 구체적이고 물리적인 시니피에는 같아도 콘텍스트에 따라서 추상적인 시니피에는 달라질 수 있다는 것을 말해주고 있다. 아니면 I. A. 리차즈의 용어를 빌리자면, 지시물(referent)은 같아도 추상적인, 또는 관념적인 지시 내용(reference)은 달라진다는 것을 의미하고 있을 것이다. 문맥 또는 콘텍스트가 달라지면 기호의 의미는 달라진다는 너무나 빤한 이치를 새삼 강조하게 된 셈이다.

사주와 팔자가 '인수'(人數)라면 한국인은 가령, '구만리 장천(長天)', '구천(九泉)에 사무친다' 등으로 우주의 수, 이를테면 '천수'(天數)도 곧잘 써왔다. 그런가 하면 '구중궁궐'(九重宮闕)은 왕들의 궁궐과 같은 뜻이었는데 이 경우에도 구천(九天)이 얼마만큼은 함축되어 있었다고 보아도 좋을 것이다.

2 이순홍, 『한국전통 혼인고』, 학연문화사, 1991. p. 116.

간장 새 적다하고 대붕이 웃지 말아
구만리장천에 너도 날고 저도 난다.

한국인에게 9는, 아홉은 이토록 오묘한 기호다. 우주론이 걸려 있고 인생론이 연줄을 대고 있다. 한국인의 우주관, 공간관이나 토폴로지(topology) 그리고 시간론, 이를테면 크로놀로지(chronology) 등등에서부터 인생론에까지 수는 여실하게 또 깊고 넓게 관여하고 있다.

이런 한국인의 수에 관한 몇 가지 면모를 살핀 것을 발판삼아서 이제 그것이 삶의 현장에서 갖게 되는 구체적인 양상을 다음에서 살펴볼까 한다.

2. '가위 바위 보'의 삼세번

'가위 바위 보!'

두 녀석 중 누가 먼저 제기차기를 할 것인가를 겨루고 있다.

'가위 바위 보!'

소리치는 것부터가 이미 승부수가 만만치 않다. 돌쇠가 와락, 손바닥을 내민다. 갑돌이 불쑥 주먹을 내민다. 돌쇠가 갑돌의 주먹을 집어삼킨다. 그러나 가만있을 갑돌이 아니다.

'다시 해! 삼세번이야!'

어려서 누구나 해본 놀이다.

'나 두 번째도 또 떨어졌어! 그러나 삼수해서 붙고 말 거야!'

이게 무슨 소리? 물을 것 없다. 낙방한 대학 입시생이 다짐한 말이다. 인생살이의 가장 중요한 관문의 하나 앞에서 뜻밖에 무릎을 꿇은 재수생이 진지하고 또 열정적으로 자신에게 맹세하는 대목이다.

하나는 놀이고 다른 하나는 가열(苛烈)한 생의 투쟁이다. 한데 그 양쪽 모두에서 3이, 셋이, 또는 세가 팔을 걷어붙이고는 나서고 있다. 전자는 놀이의 법칙의 하나고, 후자는 입시생의 생의 철학의 한 대목이다. 거기서 3이 주역이고 감독이고 연출자 구실을 하고 있다. 그래서 같은 숫자 3이라도 놀이의 것과 생존 현장의 것과, 그 둘이 다르다고 볼 수도 있을 것이다. 겉은 같아도 속은 다르다고 할지도 모른다.

그러나 그건 잘못이다. 꼬맹이들에게 놀이보다 더 진지하게 덤빌 것은 없다. 공부 따위는 진지하기로는 저리가라다. 고 3을 마친 10대의 끝자락들이 대학 입시에 걸어서 지키게 될, 3수의 진지함보다 뒤지다니, 그건 말도 아니다. 그러니 열 살 앞뒤의 소년들의 놀이에서도 3은 재수(再修)에 실패한 대학 입시생들에게서 문제될 3만큼 중요하다.

세 번! 3회! 삼 단계!

여기서 3은 모두 무시무시한 힘으로 마술을 부리는 숫자다. 가위 바위 보에서는 '삼(三) 세 번'이라면서 3을 반복하고 있다. 3이 만만찮은 위세를 떨치고 있는 것이다. 3이 두 번에 걸쳐서 강조되고 있다. '가위 바위 보'를 하는 꼬맹이들이 '이(二) 두 번', 그런 말은 하지도 않는다. 재수생이

'사(四)수', 그런 말은 입에 올리지 않는다. 그러니 숫자 3에는 별난 개성이 있을 게 뻔하다. 다른 숫자가 못 누리고 있는 특권 같은 것을 뽐내고 있을지도 모른다.

이제 3에 관한 요만한 이야기를 실마리 삼아서 수(數) 또는 숫자의 비밀을 벗기고 숨겨진 괴물 같은 정체를 따지기로 하겠다.

3. 산수(算數)의 수와 그 별난 문화의 수

'일치단결'이라고 할 때의 일과 '일순간'이라고 할 때의 일은 사뭇 다르다.

전자에서는 1+1=1, 1+1+1=1, 더 나아서는 '1+1+1+……+n=1'이 통한다. 1에 또 다른 1을 무수히 덧붙일 수 있다. 1은 1 하나만으로는 존재할 수 없다. 어울려서 무리지어야 한다. 한데 참 묘하게도 아무리 덧붙이고 더하고 해 보아야 여전히 1일 뿐이다. 그러나 '일치단결'의 1이 낱개나 한 개가 아니란 것은 분명하다. 하지만 '일순간'이라고 하는 그 1은 '일치단결'의 1과는 딴판이다. 전자에서는 1=1일 뿐이다. 1은 다만 1일 뿐, 더할 수도 뺄 수도 없다. 무리가 아니다. 독야청청하다.

'일치단결'에서 1은 놀랍게도 다(多)나 중(衆)을 포괄할 수 있음에 비해서 '일순간'에서는 어디까지나 1은 끝내 1, 그것일 뿐이다. 다른 1은 물론 다른 모든 수도 배격한다. 전자의 1과 후자의 1은 전혀 다른 기호다.

우리들은 지금 이 같은 수(數)의 묘수(妙手), 그 술수(術數)에 대해서 알아보게 될 것이다. 수학을 하는 분들에게는 혹 그것이 수의 꼼수부리기로 생각될지 모르지만 인문학이나 기호학 분야에서는 뜻밖의 수에 또 다른 '파란 싹수'를 트게 할지도 모른다.

이 글은 계산 · 계측 · 계량 등에 관련된 수, 이를테면 '산수(算數)의 수'를 일차적인 고려의 대상으로는 삼지 않는다. 문화 범주에 속할 수, 그것도 문화의 제도 · 구조 · 체계 등에 관여하고 있는 수, 그리고 문화가 무엇인가 어떤 객체를 두고서 형성하고 있는 제도며 구조며 체계 등에 관여하는 수(數)를 주요 대상으로 삼는다. 이 수를 굳이 '문화 수'라고 부를 수도 있을 것이다.

인류학에서는 19세기 말 그리고 20세기 초에 걸쳐서, 가령 레비-브륄(L. Lévy-Bruhl), 타일러(E. B. Tylor) 등에 의해서 수의 인류학 또는 산술의 인류학이라고 부를 만한 업적이 이룩되긴 하였으나, 그것은 주로 일부 낙후된 지역의 원시적인 부족의 수 체계와 아울러서 그 산법(算法)을 대상으로 삼은 것이었다. 그 뒤 우리들의 시대에 들어서서는 별반 뚜렷한 진전이 있었던 것 같지 않다. 그러나 기호학을 기다려서 비로소 '문화의 수의 인류학'이 가능해진 것은 여간 다행한 일이 아니다.

한자의 수(數)는 제1절에서 논란되고 있듯이 그 뜻이 매우 다양하다. 초중고교의 수학 교과 시간에 학생들을 괴롭히는 그 수만이 수의 전부는 아니다.

수의 뜻매김을 할 때, 일차적으로는 수량, 계수(計數), 수치, 수리(數理) 등의 수를 필두로 내세워야 할 것이다. 절대 다수의 사람 머릿속에서 수는 그런 것으로 자리 잡고 있을 것이다.

수학 교과서에서 배우는 수, 물건을 사고팔면서 돈을 헤아리게 되는 수, 투기해서 늘린 땅의 평수를 따지는 그 수, 사랑하다가 여성 버리기가 몇 번인가를 따지는 돈 조반니의 수 등등은 모두 이에 속한다.

그러나 수학 교실을 떠나고 장사판을 떠나서 문화 또는 다양한 생활방식이나 사고방식 등에 들어서는 순간 수는 매우 수상쩍어진다. 그만 수는 그 뜻이나 쓰임새가 문자 그대로 수기(數奇)하게 된다. 수기(數奇)란 홀수를 의미하는 기수(奇數)의 앞뒤가 뒤바뀐 게 아니다. 운수가 기괴하다는 것이다. 가령, 수가 남을 나무라는 그 책망을 의미한다면 누가 믿을까? '수가 책망이다'라고 말하는 사람이 '공연한 소리 말라'고 남들의 책망을 받을지도 모른다. 하지만 그건 정말이다.

한데 이 야릇한 뜻 말고도 또 있다. 책망을 의미하다가, 돌변해서는 이치나 운명을 의미하게 된다. 역수(曆數)나 운수(運數)의 수가 그렇다. 역수라면 해가 바뀌고 달이 바뀌고 하는 그 순서 말고도 추위와 더위가 철 따라 변하는 이치도 의미한다. 다 자연의 운세나 운수라고 보아도 괜찮을 말이 곧 역수다. 이쯤 되면 앞에서 누누이 지적되었듯이, 수는 바로 '로고스'(logos)다.

역수는 당연히 연수(年數), 곧 한 해의 운수며 월수(月數), 곧 일 년 열두 달의 운수를 포함할 테지만, 이 두 말은 일수(日數)만큼 자주 사용되지는 않는다. 매일매일, 하루하루의 운수가 다름 아닌 일수이고 보면 결국 사람은 일수로 살아가는 셈이 된다. 그러기에 사람의 행불행, 잘되고 못 됨, 벌고 못 벌기, 그리고 인상의 좋고 나쁨도 하나같이 수에 걸려 있다. 재수가 좋고 나쁘다는 그 재수의 수도, 다름 아니고 수(數)다. 신수가 한자로는 몸신에 손수를 붙여서 신수(身手)라고 쓰나 '손 수' 대신 '숫자 수'를 붙여서 신수(身數)라고 써도 그 뜻에는 큰 차이가 없다. 신수(身手) 좋으면 신수(身數)도 좋게 되어 있다.

이처럼 앞에서 말한 역수 이하의 일수까지에서 수가 운수의 수를 의미한다면, 수는 명운(命運)이고 또 운명이다. 싫든 말든, 좋든 궂든 따르지 않을 수 없게 자연과 인간을 지배하고 있는 법칙 같은 게 수다.

한데 이처럼 필연성이나 법칙을 의미하던 것이 난데없이, 또 엉뚱하게도 '술수(術數)를 부린다'고 할 때의 그 수는 문득, 의미가 달라지고 만다. 술수는 술책과 같은 말이지만 그 말이 풍기는 분위기는 흉측한 편이다.

또한 흉하기로는 '꼼수'도 마찬가진데, 잔꾀나 약아빠진 꾀부림을 '꼼수'라고 하지만 이건 그렇지 않아도 흉한 술수의 또 다른 술수다.

4. 머리카락과 수(數)

이렇게 수는 별나다. 괴짜다. 하지만 이 정도로 그치지 않는다. 수의 풀이는 수다하고도 수기(數奇)하다.

그걸 제대로 다 알기는, 모르긴 해도 아예 '싹수'가 노랄 것 같다. 한데 그 '싹수'의 수도 수의 기호 풀이에서 사뭇 별난 축에 들 것 같다. 나무나 풀의 싹에다 숫자의 수를 붙여서 된 말일 것 같은데, 그렇다면 싹수의 수는 '갓 움튼 운수'의 수란 뜻이 될 것 같다.

이렇게 말썽 많고 까탈 부리고 하는 게 수(數)라서, 그런 속성으로는 그 많고 많아서 밤하늘의 별의 수보다 더 많을 한자 가운데서도 모르긴 해도 감히 수를 따를 글자는 매우 드물 것 같다. 그래서 새삼 한자 풀이를 전문으로 하는 책을 좀 살피기로 하자.

수(數)를 설문(說文, 한자의 구성 원리를 풀이하는 책)의 이론으로 풀이하면 '여자 머리카락 헝클어짐'을 의미한다.[3] 이건 도대체 무슨 해괴한 수의 글자 풀이란 말인가? 알다가도 모를 일이 아니라 아예 처음부터 끝까지 아무리 따져보아도, 시종일관 모를 일이다. 1, 2, 3 하는 그 수가 산발(散髮)과 같은 뜻이었다니? 이발소 바닥에 잘려서 흩뜨려진 머리카락을 한 가닥, 한 오리 셈하는 것도 아닐 텐데 이게 도대체 어떻게 된 영문일까?

한데 산발도 하필 여자의 산발이다. 책잡혀서 마땅한 아녀자의 머리를

---

3 白川 靜, 『字統』, 東京, 平凡社, p. 490.

쥐어박고 잡아끌고 해서 산발에 난발(亂髮)이 되게 한 것이 곧 수다. 이를테면 '머리카락 잡아끌기'나 다를 바 없다. 부부싸움에서 지아비가 못되게 굴고 또 사납게 굴어댄 것일까? 제 손으로 뜯어내고 뽑아낸 아내의 그 수북한, 얽히고설킨 머리카락을 사내가 일일이 계산하면서 기뻐 날뛰면서 셈한 데서 수라는 글자가 생긴 걸까? 설마 그렇지는 않을 것이다. 이게 법칙과 규칙을 의미하는 수(數)와 같은 글자라고는 도저히 믿을 수가 없다.

數를 '삭'으로 읽을 때는 많다는 뜻이 되는데 그 보기의 하나인 삭삭(數數)이면 '자주자주'이고 또 다른 보기인 삭뇨(數尿)면 오줌을 자주 누게 되는 딱한 경우를 의미한다. 이처럼 삭(數)은 산발(散髮)해서 헝클어진 머리카락의 많음에서 비롯한 것이다.

이처럼 수(數)는 어원으로 따져서 일차적으로 수학이나 수리의 수가 아니다. 그에서 유추해서 이차적으로 운수니 명수니 하는 수가 생겨난 것은 아니다. 이것은 수(數)가 '산수의 수'이기 이전에 '문화의 수'였음에 대해서 시사하고도 남는다.

더욱 산(算)에 대해서 언급하게 되면 이 점이 더 한층 강조될 수 있다. 算은 워낙 죽구(竹具), 곧 대나무로 만든 연장을 의미하는 글자인데, 점치는 데 사용하는 '산가지' 같은 것이 그 좋은 본보기다. 算과 같은 발음 같은 의미를 지닌 ?도 역시 산가지와 같은 주구(呪具)다. 점치는 도구가 산(算)이고 또 산(?)이다. 위에 들어 보인 역수(曆數)는 자연히 찾아드는 운수를 의미하는데, 이 역수를 가늠하는 도구가 곧 산(算)이다.

앞에서 보았듯이, 한국인은 그들 운세를 사주팔자(四柱八字)라고 한다. 누구나 알고 있다시피, 숫자로 표시되는 생년월일이 사주고 그것이 각각 두 자로 된 간지(干支)로 표시되면 곧 팔자가 된다. 여기서는 아예 수 자체가 주구고 점괘(占卦)의 지침이 된다.

이들 오래된 보기들은 하나같이 수(數)가 산수의 수이기 이전에 문화의 수였음에 대해서 말하고 있다. 가령, C. G. 융에 깊이 사사하고는 그 충실한 후계자가 된 폰 프란츠(Von Franz) 부인이 수 개념의 원형을 따지는 과정에서 '1과 3은 수가 아니다. 그것은 상징이다'라고 단언했을 때, 그녀는 수가 품은 무의식 차원의 의미며 기능과 함께 그 문화성을 강조한 것이라고 받아들여도 좋을 것이다.[4]

그래서 이 글은 수(數)를 수학에서 해방시켜서는 그에게 그 원상(原象)을 돌려주면서 수가 문화 범주로서 어떤 구실을 한국 문화 속에서, 한국인의 생활 속에서 도맡고 또 다해왔는가를 알아보고자 한다.

한국인은 '셈한다', '셈 놓는다' 또는 '셈 친다'라고 하면 그것들은 모두 우선 산수의 수를 다루고 있다. 계산하는 것이다. 한데 '헤아린다'면 '생각한다'와 같은 말인데도 그 '헤아린다'는 '셈한다'와 같은 뜻으로도 쓰고 있다. '돈을 잘 헤아려봐!'라고 할 경우는 명백히 계산이고 셈하다와 같다. 한국말에서는 '셈하다'는 '생각하다'를 겹쳐서 가지고 있다. 이것은 한국인의 수리철학, 그것도 문화적 수리철학을 말할 때 크게 강조되어도 좋을 것이다.

5. 7과 9, 그 까다로운 것들

하나, 둘, 셋, 넷, 다섯, 여섯, 일곱, 여덟, 아홉

이 수 계열에서 하나에서 넷까지와 다섯에서부터 아홉까지는 서로 다

4 Eberhard, *op. cit.*, p. 261.

르다. 하나, 둘, 셋, 넷까지는 명사로서만 사용된다. 한데 이에 비해서 다섯 다음부터는 명사와 관형사를 겸하고 있다. 하나에서 넷까지가 관형사로 사용될 때는 어형이 달라져서 '한, 두, 세, 네'가 된다. 동일 계열체 안에 이분자(異分子)가 함축되어 있는 꼴이다.

서구 언어에서 소위 수사(數詞)들은 명사와 관형사가 하나의 형태를 취하고 있다. 이웃 일본어에서는 한국어와 거의 같은 현상을 보게 된다. 그래서 우리 국어의 수사는 일본어의 그것과 함께 나름의 개성을 보여주고 있는 셈이 된다. 이것은 수 개념이 문화의 차이에 동조하고 있으리라는 추리를 하게 유도해줄 것 같다. 수는 그만큼 문화를 반영한다.

같은 문화 체계 안에서도 1에서 9까지의 수 계열에서 따로 별난 개성을 지닌 수사를 지적할 수도 있다. 앞에서 이미 인용된 바와 같이 폰 프란츠 부인의 말을 떠올리면 금세 알게 될 것이다. 1과 3은 그만큼 1~9의 수 계열에 속한 다른 수들, 예컨대 2, 4, 5, 6, 7, 8, 9와는 비교될 수 없는 절대적인 의미를 갖는 것이다. 그런가 하면 1, 3, 5에 버금해서는 7, 9가 2, 4, 6, 8을 뒤로 젖히고 앞으로 한 발씩 나서게 된다. 1, 3, 5는 황금 자리를 마련하고는 따로 모셔야 한다. 그만큼 수의 왕족들이다. 그에 비해서 내친 김에 여기서 조금 언급하게 될 7, 9는 수의 양반 사대부 정도로는 모심을 받아야 하는 편이다.

'럭키 7'이야 모를 사람이 없을 것이다. 우리 민속에서는 젖먹이를 위한 인생 최초의 통과의례가 '이레'(7일)다. 유아 사망률이 높았던 지나간 시절, 태어나서 처음 맞는 이레를 목숨을 부지해가는 가장 중요하고도 위험한 첫 고비로 떠받든 것이다.

그러한 이레의 행사를 세 번 반복한 것이 다름 아닌 '세 이래' 또는 '삼칠일'이다. 두 번째 이레와 세 빈째를 마저 치르고 나면, 그래서 스무하루가 탈 없이 지나고 나면 아기가 그런 대로 큰 탈 없이 자라줄 것이라고 믿었던 셈이다. 세이레는 태어나서 겪는, 최초의 가장 큰 난관 통과와 다를 바 없었다. 7은 위난의 수이면서도 젖먹이들에게, 인생의 첫 길목에서 가장 먼저 찾아든 통과의례에서 큰 몫을 맡아내는 수였다. 그것은 참 절묘하게도 중국인들이 죽은 이를 위한 통과의례에서 7이 도맡아 있었던 구실과 대비가 된다. 즉, 중국인들은 사자(死者)가 숨진 지 7일 만에 그 넋이 영영 저승세계로 가게 된다고 믿고 있었던 것이다.[5]

노인들의 경우는 '인생칠십고래희'(人生七十古來稀)라고, 곧 칠십 넘기가 드물다고 했을 때 그 노년의 70의 7과 젖먹이들의 세이레의 7은 서로 인생이란 연극의 서막의 7과 종막의 7로서 단짝을 이루고 있었던 셈이다.

7에 관한 화제는 이에 그치지 않는다. 한자 사전에는 7(七)이 머리에 붙은 낱말이 7×7=49를 넘는다. 그 중에서 일반적으로 자주 사용되는 것만 골라보아도,

칠거지악(七去之惡), 칠전팔도(七顚八倒), 칠성(七星, 북두칠성), 칠석(七夕), 삼칠일(세이레)

등이 금방 활개치고 나선다. 묵은 시절 못난 사내들이 마음에 안 드는 아내를 내쫓은 구실이 된 일곱 가지 여성의 악덕, 그나마 억지로 덮어씌운 악덕이 소위 칠거지악이다. 그 일곱 가지 악덕이란 게 주로 남편이나 시가에 불리한 것으로 해석된 것투성이었으니, 뒤집어 생각하면 그것은 사내들이 아내에게 핑계 대고는 저지른 악덕, 그나마 가부장제 사회의 남성들이 스스로 인간성을 저버린 일곱 가지 악덕이기도 했던 것이다. 그래서도 지나간 시절 우리 여성들, 우리 어머니들은 그야말로 '칠전팔기', 일곱

5 김이숙 · 이창식, 『화찬 민속지』, 화천군, 2004, p. 29.

번 여덟 번도 더 되게 엎어지고 넘어지고 코 깨지고 머리통 금가는 삶을 살아간 것이다.

칠성은 여름 밤하늘을 찬란하게 수놓는 그 북두칠성이다. 그건 장수(長壽)와 죽음 저 너머 세상의 안식을 다짐하는 신비한 힘 같은 것이었다.

칠석은 음력 7월 7일, 7이 둘로 겹친 경사스런 날이다. 그 밤에는 한 해 내내 헤어져 있던 견우와 직녀가 모처럼 단 하룻밤 만나는 에로스의 밤이다. 365분의 1의 사랑. 그래서 사랑은 무한대가 되고 무궁무진이 된다. 그래서 동양인에게 7은 꿈같은 사랑, 하늘같은 사랑이 된다. 뿐만 아니다. 헤어짐이 사랑을 더 한층 사무치게 한다는 그 가르침. 이별의 고독이, 그 고통이, 사랑의 텃밭이라는 가르침이 칠석에 또 칠에는 아롱져 있다. 칠성처럼 빛나고 있다.

7의 영명한 소리는 이에 그치지 않는다. 칠불(七佛), 칠보(七寶), 칠난(七難) 등등 불교에서는 유독 7의 공덕이 크고 무겁다. 유교에서는 칠경(七經)과 칠서(七書)를 말하고 있다. 그건 경전, 말하자면 유교의 고전들이기에 7은 유교의 전부이다시피 한다.

그런가 하면 9는 또 어떨까? 이미 제1절에서도 언급하고 있다시피, 하늘에 구천(九天)이 있고 땅 밑에 구천(九泉)이 있다. 하늘을 아홉 방위로 나눈 것이 구천(九天)이지만 다르게는 가장 높은 하늘을 의미하기도 했다. 인공위성이 돌고 있는 하늘이 구천쯤 될지도 모른다. 이에 비해서 구천(九泉)은 사람이 죽어서 그 영혼이 가게 된다는 지하의 세계다. 아홉 층으로, 또는 아홉 갈래로 깊은 샘이 퍼렇게 고여 있는 지하의 세계라면 살아서라도 한번쯤 관광을 가보고 싶을 것이다.

한편, 시선을 지금 당장 이곳의 지상의 세계로 옮기면 마을 이름에 숫자가 붙을 경우, 대개는 기수다. 3, 5, 7, 9가 머리에 붙은 마을 이름이 많다. 가령, 제주를 삼다도(三多島)라고 하는가 하면, 강원도 인제에는 '오색 약수'가 있다. 그런가 하면 강원도 화천군에는 곡운(曲雲) 구곡 (九谷) 이외에도 구운리(九雲里)와 구만리(九萬里)라는 두 마을이 있다.

한편 날짜나 명절에도 역시 구(九)가 단단히 한몫하고 있다. 중구절(重九節)은 9가 둘 겹친 명절날이란 뜻인데 음력 9월 9일이다.

> 구(九)월 구(九)일에 먹는 아침 약은
> 즈믄 해(천년)를 길이 살게 되실
> 약이라고 받들어 올립니다.

고려 가요의 "동동"은 이같이 아홉이 둘 겹친 날을 찬미하고 있다.

그런데 이웃 일본인들은 '삼삼구도'(三三九度)란 말을 혼례식을 두고서 사용한다. 신랑신부의 맞절 주고받기, 술잔 주고받기 등등을 각기 세 번씩 반복한다는 데서 유래한 말이다.

그러고 보면 중국의 고대의 수의 체계에서 구구(九九)는 수의 극치며 최상을 의미한다. 1에서 9까지의 수 계열에서 마지막이자 최정상이 바로 9인데 거기에 또 9를 곱한 것이라서 그 상승효과를 계산에 넣은 것이다.

6. 수의 만다라, 그 엄청난 '리좀'

7과 9의 이야기가 뜻밖에 길어졌다. 한데 차츰 이야기하게 될 1, 3, 5를 더불어서 생각하면 무언가 재미난 결론을 이끌어내게 된다.

그 사이 우리가 2, 4, 6, 8을 단 한 번도 제대로 다루지 못한 것이 새삼 눈에 띄지 않을지 모르겠다. 멘 기수만 VIP 대접을 해왔다. 이것은 한 걸음 더 나아가서 기수(奇數)와 우수(偶數) 사이에는 가로 넘을 수 없는 경계가 있을 수 있으리라는 짐작을 하게 할 것이다. 이제 본격적으로 홀수, 곧 기수의 왕국에 발을 들여놓아보자.

한국인들은 '한' 또는 '하나'의 어원 풀이를 하는 경우, 그것을 삼한(三韓)의 한과 대한(大韓)의 한과 겹치면서 절대적인 유일자(唯一者)인 하나, 그러면서도 위대함, 거대함을 의미하는 '한'을 연상하길 좋아한다. 그렇듯이, 3을 '삼세번'의 삼과 연관 지으면 누구라도 그게 예사 수가 아니리라는 짐작을 하게 될 것이다.

수치(數値), 일반적으로 수학에서 사용되는 의미의 수치와는 달리 '수의 의미의 가치'라는 뜻의 수치가, 이를테면 문화적 수치가 수에 따라서 달라지는 것이다. 이 점은 '문화의 수'를 말하게 될 때 늘 염두에 두어야 한다. 실제로 인류학에서 기수/우수의 듀얼리즘은 다른 듀얼리즘, 예컨대 좌(左)/우(右)의 듀얼리즘과 더불어서 매우 어려운 문제를 던진다.

뿐만 아니다. 때로는, 혹은 경우에 따라서는 기수/우수의 듀얼리즘은 음/양의 듀얼리즘 또는 남/여의 듀얼리즘, 더 나아가서는 성(聖)/속(俗)의 듀얼리즘, 그리고 길/흉의 듀얼리즘과 겹쳐서는 까다로운 말썽거리가 되기도 한다. 동양에서는 전통적으로 음양의 듀얼리즘에 대비된 것이 다름 아닌 기수와 우수의 듀얼리즘이다.

이것은 기수, 좌(左), 남, 성(聖)과 음이 일정한 맥락을 지니고는 한 무리의 패러다임을 이루고 있고, 이와는 상대적으로 우수, 우(右), 여, 속(俗)과 양이 또 다른 한 무리의 패러다임을 이루고 있음을 나타낼 수 있을 가능성에 대해서 사사하게 된다.

이 경우, 패러다임이란 말은 로만 야콥슨에서 빌려 쓴 것이다. 가령,

'내가 너를 골려준다'

라고 하는 문장에서 '골려준다' 말고도 '애먹인다', '욕보인다', '망신 준다' 따위를 쓸 수 있을 것인데, 이때 같은 문장 자리에 쓰일 수 있는, 뜻이 서로 통하는 한 무리의 말들을 패러다임이라고 한다.

한편 다음에 보일 신태그마는 이미 말한 바의 패러다임의 묶음에서 하나씩 골라낸 낱말을 문법에 맞게, 또 문장이 되게 나열할 때, 그 골라낸 하나하나를 의미한다. 이는 더 나아가서 그때그때 어느 문화 현장의 상황, 예컨대 어떤 퍼포먼스, 축제, 제의(祭儀)에 따라서 위에 제시한 두 무리의 패러다임에 속한 것 중의 어느 하나가 선택되어서 주어진 문화 텍스트의 신태그마의 연접 속에 각기 배열될 수 있음을 시사(示唆)하기도 할 것이다.

물론 같은 한 무리의 패러다임에 속한 것들끼리는 그 의미를 서로 교차할 수 있을 것이고 또 교체할 수도 있을 것이다. 가령 시골 마을의 서낭당에 왼 새끼가 둘러친 끝에 그 둘레를 제주가 세 번 왼돌이를 하였을 때, 이는 좌라는 방위와 3이라는 기수가 짝지어진 것임은 말할 나위도 없다. 이때 3은 좌와 짝을 지어서 성역을 위한 금기의 표시이면서도 동시에 여성 접근이 불가함을 의미하는 기호로서 작용하고 있는 것이다.

이 경지에서 수는 완전히 '문화화'한다. 그것은 주어진 그 사회의 세계관 · 가치관 · 이념 등에 관련된다. 수는 단순히 무엇인가를 셈하고 계산하고 하는 구실 이상의 것이 된다. 문화라는 텍스트를 엮어내는 '문화적 단위'가 된다. 남녀의 성차가 문화 현상이듯이 기수와 우수의 '수차'(數差)도 문화적이다. 성차와 수차가 겹친다. 물론 공간의 차 또는 방위의 차도 이에 겹친다. 문화의 수다한 영역에 걸친 시차성(示差性), 곧 차별을 보여줄 개성을 수는 향유하고 있고, 따라서 그 각은 각 나름으로 징표화 또는 특징화되어 있다.

이렇듯이 수를 에워싸고는 별의별 듀얼리즘이 서로 얽혀 있는 셈이다. 그것을 우리들은 '수의 듀얼리즘의 그물망'이라고 해도 좋을 것이다. 아니면 그물망 대신에 '리좀'(rhizome)이란 용어를 대체해도 무방할 것이다.

이 경우, 좌/우의 듀얼리즘은 특별난 의미를 갖게 된다. 로드니 니덤(Rodney Needham)이 그의 책[6]에서 보여주었듯이 한 공동체 내부에서 그 종교, 의례, 가치 체계 그리고 일상생활 등에 걸쳐서, 'X/non-X'의 대립을 이루고는 갖가지 상징체계에 좌/우의 듀얼리즘이 관여하고 있다는 것을 지적할 수 있기 때문이다.

7. 수가 이토록 체계적이되, 복잡할 줄이야

이로써 수의 신화성 · 종교성 · 사회성 등을 말할 수 있게 되고 나아가서는 위에서 이미 언급된 바와 같이 주어진 문화 안의 가치관 · 우주론 · 사회구성론 등에까지 논란이 파급하게 된다는 것도 말하게 된다. 이로써 수의 문화성은 본격적으로 부각되기 시작한 것이다. 수의 문화성은 그런 정도로 심각하다. 좀 과장해도 좋다면, 어떤 다른 종류의 언어 또는 기호와 비교될 수 없는 정도의 심각한 문화성을 가진 것이 수사(數詞)라고 말할 수 있게 된다. 이 점을 거듭거듭 강조하고 싶다. 언어는 소위 '사피어-워프 가설'(Sapir-Whorf Hypothesis)이 말하고 있듯이 문화의 기틀이 되고 문법이다. 수사라는 언어에서는 이 점이 더 한층 강하게 부각되어도 좋을 것이다.

여기에서 이상에서 펼쳐 보인 일련의 진술을 기호학적으로 다음과 같이 정리 · 요약할 수도 있을 것이다.

---

6 Rodney Needham, *Right and Left; Essays on Dual Symbolic Classification*, Univ of Chicago Pr(Tx), 1973.

〈일차적 기호 체계〉

기표(記表)	1	2	3	4
기의(記意)	!	!!	!!!	!!!!

〈이차적 기호 체계〉

	성(聖), 길(吉), 양	속(俗), 흉, 음	성, 길, 양	속, 흉, 음

이 도표에서 일차적인, 또는 직설적인 기호 체계는 수학에서 통용될 것이고 또 '산수의 수'에서 적용될 것이다. 이 일차적 또는 직설적인 기표와 기의의 관계를 이차적인 기표로 삼아서 다시금 또 다른 차원의 기의, 곧 함의(含意)의 기의를 나타내 보이면 그 결과는 '문화의 수'가 지닌 독자적인 기호성을 보이게 될 것이다. 이것은 적어도 문화적인 수에 있어서는 리차즈와 오그덴(C. K. Ogden)이 그들의 '의미의 의미'에서 범주화한 바와 같은 기호의 '지시 객체'(referent)는 일방 언어 또는 기호의 경우와는 비교도 할 수 없을 만큼 심각하게 퇴화하고 만다. 그리고 추상적이거나 상징적인 '지시 내용'(reference)은 지시 객체는 아랑곳도 하지 않을 만큼 독자적인 것이 되고 만다. 가령,

간장새 적다 하고 대붕아 웃지 말아
구만리(九萬里) 장천(長天)에 너도 날고 그도 난다

라고 했을 때, 90000은 상징일 뿐이다.

앞에서 이야기된, '구천'(九天)에 오른다든가 '구천'(九泉)에 사무친다든가 하는 경우의 9도 마찬가지다. 이것들은 셈해질 것도 아니고 계정될 것도 아니다. 계산의 수에서 까마득히 구만 리나 멀어져 있다. 이럴 경우, 당연히 '수사(數詞)의 수사(修辭)학'이 따로 논란이 되어야 할 것이지만 여

기서는 비켜가기로 한다. 다만 이에서는 위의 여러 가지 구(九)가 보여주듯이 우주론도 필경 수로써 그려지고 또 설계되고 있다는 것은 강조해두고자 한다.

위에서 길게 언급된 것을 되돌아보면서 내릴 수 있는 결론의 하나, 그것도 아주 요긴한 결론의 하나는 '문화의 수가 결코 수량의 수에 국한되지 않고 있다'는 것이다. 문화의 수는 질(質)의 수다. 이것은 수 개념을 말할 적마다 놓치면 안 될 중대한 명제다. 이에서 우리들은 1에서 9까지의 수 계열을 고쳐 나열해야 한다.

1, 3, 5, 7, 9

2, 4, 6, 8

과 같이 양분해서 두 계열을 전혀 다른 체계 또는 대립적인 체계로 잡아야 한다. 가령 1, 3, 5, 7, 9가 X라면 *2, 4, 6, 8*은 non-X다. 이것은 정(正)과 반(反)을 의미한다. 문화의 수 체계에서 이 둘의 계열은 절대로 서로 앞뒤해서 한 줄에 설 수가 없다. 이렇게 되면 1의 배수는 결코 2가 아니다. 1의 배수는 3이고 3의 배수는 5다. 두 계열은 같은 숫자이지만 그 신분, 계층 그리고 소속이 다르다. 1의 배수가 3이라는 명제는 계산의 수 체계에서는 절대로 용인될 수 없다. 문화의 수 계열은 아예 산수의 수 계열과는 절연하고 있는 듯이도 보인다.

그래서 1에서 9까지를 굳이 한 줄로 늘어세운다고 하면, 그것은

a/ non-a, b/ non- b, c/ non c ……………… n/ non-n

와 같이 되고 말 것이다.

그런가 하면,

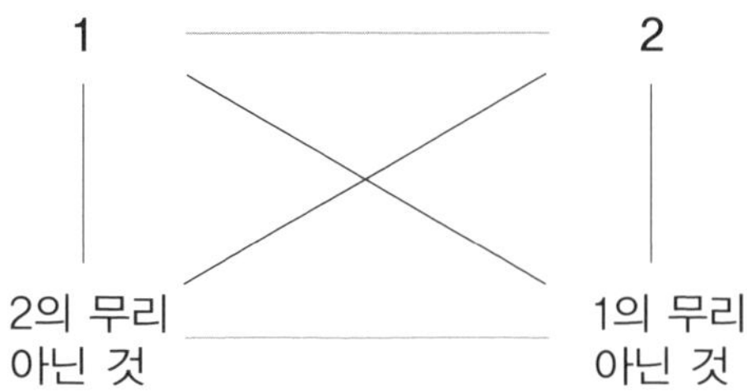

라는 그레마스 유(流)의 사각형을 그릴 수도 있을 것이다. 이것은 1과 2가 같은 범주에 들 수가 아님을 보여주고 있음과 함께 기수와 우수가 동족일 수 없음에 대해서도 말해줄 것이다.

현대의 기호론은 문화 기호론에서 그 진면목을 발휘하고 있다. 서로 시차성(示差性) 있게 분절(articulation)될 기호가 코드를 이루면서 전체 텍스추얼리티를 이루고 있는 한, 또 그와 같이 관찰될 수 있는 한 모든 인류 문화는 텍스트고 덩달아서 기호학의 대상이 된다.

그 기호학은 진작, 숫자 기호(numerical code)를 대상으로 한 '기호론적 수학'의 터를 닦아왔다. 이 이론은 수학을 기저에 깔고 또 그와 관련지어 가면서 언어기호학과 문화기호학의 차원에서 수를 다루어왔다. 수학이 인문학과 문화학(cultural studies)과 접속되는 '담 헐기의 지적 작업'의 빛을 보게 된 것이다.

지금 당장 필자의 진술이 그런 본격적인 '수 기호학'에 속한다고 장담하지는 않겠다. 다만 그 근처 언저리에서 수를 문화론과 기호학의 영역 속에 일부 끌어들이고자 보잘것없게나마 애쓰고 있는 것뿐이다.

한국에서도 '학제 간'(學制 間)이란 말이 자주 사용되어왔고 학문적인 시사성이 강한 로고가 되기도 하였으나 아직도 여전히 학문 영역 사이의 담은 요새요 성채(城砦)인 것을 유감스럽게도 전면적으로 부인하기는 어렵지 않을까 한다. 수를 문화 이론에 편입하고자 하는 노력은 언어가 서구의 수사학과 필로로지(philology, 언어사랑) 이래로 인문학의 제1차적인 안방을 차지하고 있었음에서 격려를 얻게 될 것이다.

8. 단군신화의 수: 그 영원한 내력

위에서 1에서 9까지만 나열한 것은, 달리 말해서 10을 뺀 것은 그게 바로 문화적으로 말썽을 피우기 때문이다. 10은 '산수의 수'로는 우수, 곧 짝수이지만 '문화의 수'로서는 그렇지 못하다. '한 열'은 '두 열'과는 달리 기수, 곧 홀수가 된다. 이 점은 백도 마찬가지다. 일백은 이백과는 다르게 기수다. 문화적인 수 체계에서는 그 기수와 우수를 결정짓는 기준이 다르다. 앞에서 이미 보인 바와 같이 1, 3, 5, 7, 9 / 2, 4, 6, 8이 서로 다른 계열체(패러다임)를 이루고 있는 것까지 고려하게 되면 문화적인 수 체계는 이중으로 산수의 수 체계와는 다르다는 것을 알게 된다. 뿐만 아니다. 앞에서 시석된 바저럼 1의 배수가 2가 아닌 3이란 점까지 고려하게 되면 문화의 수 체계가 산수의 수 체계에 대해서 삼중으로 달라지는 변화를 읽게 될 것이다.

이 점이 바로 한국 상고대 신화에서 문제가 된다. 단군신화는 수의 문제를 심각하게 제기하고 있다. 수에 관해서도 단군신화는 원초적인 신화다. 단군신화를 흔히들 '국조(國祖) 신화'라고 하는데 그 수의 주제를 부각시켜서 '수조(數祖) 신화'라고 불러도 무방할 것이다.

익히 알려져 있다시피, 단군의 어머니인 웅녀는 삼칠일 또는 100일 동안 굴속에 갇히다시피 해서 생활했다.[7] 별로 길지 않다기보다 아주 짧다고 해야 할 한 편의 신화 앞뒤에서 한 인물이 한 공간 안에서 보내어야 했던 같은 길이의 기간을 삼칠일 그리고 100일이라고 각기 다르게 표현하고 있다니 믿을 수가 없을 것이다.

둘 중, 어느 하나가 오기(誤記)일까? 저자인 일연선사(禪師)가 이 대목에서 무슨 착란을 일으켰을까? 이런 물음이 절로 신화 읽는 사람을 괴롭히게 된다. 뿐만 아니다. 둘 중 어느 쪽이 옳을 것인가? 삼칠일까? 아니면 100일까? 이런 따위 물음에도 시달리게 된다. 하지만 결론부터 말하자. 이 두 가지 수사는 짝지을 수 있는 그런 대로의 이유를 갖고 있는 것이다.

앞머리에서 이미 언급한 대로, '삼칠일'은 이레(이렛날, 7일)가 세 번 겹친 것이다. 이를테면 7×3이다. 말하자면 '세이레'다. 세이레는 오늘날에도 갓 태어난 아기를 위한 통과의례, 말하자면 '유아 통과의례'에서 중요한 구실을 다하고 있음은 앞에서 누누이 강조된 바 있다. 이것은 유아 사망률이 높았던 위기의 상황에서 아기가 최초의 삶의 험난한 고비를 넘긴 것에 바쳐지는 통과의례다. 이제 비로소 삶의 지속이 보장된 순간이다.

한데 그것이 일곱을 기준으로 하고 있다는 것을 간과하지 말아야 한다. 그리고 이 배수도 아니고 삼 배수로 마무리되고 있다는 점 또한 간과하지 말아야 한다. 이에서 3과 7은 주술적인 함축성을 갖춘 숫자라는 것을 헤아리기는 그다지 힘들지 않을 것이다. 그리고 이 헤아림은 3과 7 그리고 21 등 일련의 기수가 주술적임을 짐작케 해줄 것이다. 네 이레는 있을 수가 없다. 4와 28은, 둘 다 우수라서 그것은 금기의 숫자가 되고 만다.

이로 말미암아서 기수/우수의 듀얼리즘은 앞에서 누누이 강조된 바와 같이 길/흉, 주술/금기 그리고 성/속이라는 일련의 듀얼리즘으로 이어지

7 『삼국유사』, 고조선.

리라는 짐작도 해보게 된다. 7의 3 반복으로 이룩된 이 같은 수 체계, 수 관념에 의지해서 갓 태어난 젖먹이가 옥동자로 금지옥엽으로 자라주기를 한국의 어버이들은 소망한 것이다.

이 세이레의 관문, 바꾸어 말해서 세이레라는 삶의 과도기 또는 '리미노이드'(limonoid)의 시기, 또는 '경계의 시간'(marginal의 시간)을 넘기고 난 다음에, 아기는 또 다른 의미며 구실을 지닌 시기를 거듭 맞게 된다. 그것이 곧 백일(백날)이다. 그 다음은 첫돌이다.

이같이 젖먹이는 연쇄적으로 세 번에 걸친 '리미노이드'를 거쳐야 한다. 세이레→ 백날→ 첫돌은 차례로 예비 관문, 본격 관문, 보완의 관문이란 삼부 구조를 이루고 있는 것이다. 여기서 다시금 또 3이 고개를 든다. 세 고개 거듭거듭 넘고 세 관문 겹쳐서 통과하면서 '젖먹이'는 이제 '아기'가 된다.

한데 '세이레→ 백날→ 첫돌'로 엮어지는 큰 규모의 세 고비 안에는 작은 규모의 세 고비가 끈적댄다. '세이레'에 포함된 세 번의 이레가 그것이다. 길목을 지키고 버텨 앉아서는 크게 입을 벌리고는 으르렁대고 있는 세 마리의 대호(大虎) 앞에 세 마리의 이리가 당장이라도 덤빌 듯 노려보고 있는 것과 마찬가지다. 젖먹이는 그들을 이기고 살아남아야 한다.

돌의 경우, 물론 두 돌도 치르고 세 돌도 치를 수 있음이 지적될 수 있다. 하지만 돌은 역시 첫돌이라야 가장 뜻 깊은 돌이고 진성 돌이다. 돌은 모르긴 해도 '돌아옴', 어느 일정한 시간이나 기간이 돌고 돌아서 원점으로 돌아왔다는 것을 의미할 수 있지 않을까 한다. 이를테면 '일주년'이란 뜻을 돌은 간직하고 있을 것 같다.

백날에서 백은 순우리말로는 '온'이다. 전부라는 뜻을 곁에 두고는 '온'은 온전한 것, 완전한 것을 의미하고 있다는 것을 간과할 수 없다. 그렇다면 '온'인 백날은 원점으로 돌아온 '돌'과 그 뜻이나 구실이 겹쳐질 수 있을 것이다. 그 둘은 무엇인가 완결되고 온전해진 귀결을 뜻할 것이기 때문이다.

이처럼 탄생에 수반된 인생의 첫 통과의례 이후, 잇따라서 치르게 되는 두 번째와 세 번째의 통과의례가 각기 삼칠일이고 백날이다. 이 통과의례 행사는 단군신화에서 비롯해서는 오늘날에까지 놀랍게도 지속된 것이다. 이 점에서 멀치아 엘리아데가 신화를 '신성(神聖) 역사'라고 말한 것을 떠올리게 된다.[8] 신화는 결코 사라지지 않는다. 그것은 염연히 역사와 전통을 지켜내는 맥줄이고 또 힘이다.

여기에서 문제되거나 이에 관련된 수는 1, 3, 7이다. 오직 기수, 곧 홀수뿐이다. 따라서 우리는 기수를 성스런 수, 의례적인 수로, 그리고 길한 수로 범주화할 수 있게 된다. 단군신화에서 처음으로 한국적인 '문화의 수'의 관념이 싹튼 것을 여기에서 엿볼 수 있다.

이쯤에서 우리들은 7의 의미론을 살펴볼 필요를 느끼게 된다. '태아가 태어난 다음, 통과의례를 이레 만에 거치면서 처음으로 이승에서의 온전한 삶을 보장받은 것이라면, 그 이레는 성경의 창세기편의 그 이레와 어떤 간접적인 연관을 못 가진 것일까?' 하는 의문을 품게 되기 때문이다. 그 둘의 비교가 너무 비약적이고 당돌하기까지 한 것은 의심할 바 없지만, 그런데도 세상이 완결되는 데 들었던 이레와 아기의 목숨의 첫 보장이 된, 이레 사이에 만만찮은 유사성이 있다는 것은 눈치 챌 수 있을 것이다.

7은 달의 주기와 무관할 수 없다. 그것은 달의 결영(缺盈, wane and wax), 곧 기움과 차오름의 전 과정에서 7일이 일정한 단위가 되고 있다는 가정 위에서 이룩되는 달과 7의 관련성이다. 첫 7일에 반달, 다음 7일에 온달, 그리고는 다음 7일에 다시 반달이 되고 그 뒤를 이어서 다음 7일에

---

8 Eliade, *Myth and Reality*, New York, 1963, p. 92.

기울어지는 것이라면 7은 엄청난 상징성을 갖출 수 있게 된다. 달이라는 우주 생명체의 생의 주기에서 각기 '리미노이드' 구실을 하고 있는 것이 7이다. '달도 차면 기우나니!'는 7이 경계가 된다. 그리하여 4×7이면 28로 음력에서 엮어낸 달의 주기, 곧 월력(月曆)이 이룩된다.

한데 달은 영원한 '중단 있는 영생'의 상징이다. 달은 우리의 민속신앙에서 그렇듯이, 지구상의 인류가 누릴 수 있는 그의 이른바, 'fertility symbol', 곧 '생생력(生生力) 상징'의 원형이자 원점이다. M. 엘리아드 식으로 말하자면 여성과 달과 물은 삼위일체를 이루고는 지상의 모든 생명력의 원점으로 간주되어왔다. 해수(海水)의 들고 남도 여성의, 이른바 달의 것, 곧 월경도 , 일부 동물의 내장, 특히 쓸개의 팽창과 축약도 모두 달의 주기를 빼어 닮았다. 여성적 풍요와 생산력도 달의 몫으로 계산되었다.

이른바, 대지모(大地母, Earth Mother) 또는 대모(大母, Great Mother)는 달을 원조(元祖)로 삼는다. 달은 대지모의 모고 대모의 모다. 인류는 영생도 풍요도 달에 걸어서 빌고 또 빌어왔다. 우리들의 정월 대보름 행사가 몽땅 그렇거니와 그 중에서도 '강강술래'는 그 백미편이다.

그러기에 7은 단순한 산수의 수가 아니다. 주술의 수고, 종교의 수고, 영생을 마음하는 인류의 비원(悲願)이 담긴 수다. 그 자체가 이미 일종의 '신성(神聖) 기호'다. 성체(聖體)라고 해도 그게 과장될 것은 없다. 이 점은 1과 3도 마찬가지다. 1, 3, 5, 7은 인류의 성전(聖殿)에 모셔져 있었던 것이다.

그럼에도 불구하고 주역에 의지한 음양론에서는 기수는 양으로 우수는 음으로 치부하고 말았다. 그리하여 남성에 홀수를 배당함으로써 성(聖)과 길(吉)과 하나가 되게 하였고 역으로 여성에게는 짝수를 배정함으로써 속과 흉과 한 무리를 이루게 하였다.

오늘날 이 같은 숫자의 음양론은 주민등록번호에까지 파급되어 있다. 또 문화의 수의 보기는 전화번호에서도 찾을 수가 있다.

9. 3과 기수

세이레, 백날, 그리고 첫돌은 3과 7 그리고 1(00), 또는 1에 대응하고 있다. 이것은 한국인이 그들 삶의 중요한 고비를 '기수의 시간'을 따라서 영위하였다는 것을 의미할 것이다. 한국인의 거시적인 시간 개념은 홀수를 기준으로 삼았던 셈이다.

그 점은 세시풍속이라는 한국인의 '시간(chronos) 생활'에서도 확인될 수 있다. 세시풍속에서 시간의 '리미노이드'가 될 명절 또는 절후(節候)는 거의 예외 없이 홀수가 겹친 날에 들어 있다. 1월 1일을 비롯해서 3월 3일(삼짇날), 5월 5일(단오), 7월 7일(칠석), 9월 9일(중구절) 등이 그 보기들이다. 음의 숫자인 짝수가 겹친 명절도 없고 절후도 없다. 명절과 절후는 기필코 양의 숫자의 중복으로 주어진 그 계절의 양기(陽氣)가 가장 센 날을 골라서 매겨져 있다. 짝수의 달 가운데서 명절은 유일하게라기보다 예외적으로 추석뿐이다. 그나마 누구나 알고 있다시피, 8월 15일이다. 양의 명절처럼 음이 중복되어 있지는 않다.

온통 기수요 홀수다. 사람 사는 세상은 홀수 천지다.

'가위 바위 보를 하자면 삼세번은 해야지!'

'삼존불'

'천지인 삼재(三才)'

'신라의 삼산(三山) 오악(五嶽)'

'신라의 9주(州) 5경(京)'

'옛날, 옛날 그 옛날에……'

'비나이다, 비나이다, 천지신령께 비나이다'

'짝짜꿍, 짝짜꿍, 짝짝 짝짜꿍!'

'새야 새야 파랑새야'

이 보기들에서는 직접 3이나 3의 배수인 9 등과 함께 삼 반복이 눈에 띈다. 3 천지고 기수 천지다. 옛날 할머니들께서 신령 앞에 올리시던 기도, 동요의 노래마디, 동화의 시작, 아이들 놀이의 규칙, 불교 신앙, 동양적 우주관, 한 나라의 국가 체제 등등에 걸쳐서 우수는 아예 그림자도 얼씬 않고 있다. 뿐만 아니다. 비슷한 보기를 들자면 끝이 없을 것 같다. 강원도만이 아니고 전국적인 분포가 있을 것이지만 직접 강원도 화천에서 보기를 찾아보기로 한다.

가령, 화천군 하남면 삼화리는 마을 이름부터 3으로 시작하고 있는데 그곳의 박진이씨 사당의 사당제에서는 초헌례(初獻禮)-아헌례(亞獻禮)-종헌례(終獻禮)로 예배 올림이 3분절되어 있음과 함께 삼작(三酌), 삼상향(三上香)의 절차, 곧 술잔 올리고 세 번 향 사르기를 행하는 절차 또한 지켜지고 있다.[9]

이럴 경우, 사전(『국어사전』, 민중서림)을 뒤지면 놀라운 통계를 잡아낼 수 있다. 삼(三)으로 시작되는 낱말의 수는 사전의 17페이지에 걸쳐서 무려 576개인 데 비해서 이(二)로 시작되는 낱말은 27페이지에 걸쳐서 달랑 182개뿐이었다. 그 정도로 사전 안에도 3 천지다. 그것은 숫자와 관련된 국어 낱말 분포에서 3이 차지하는 압도적 우위에 대해서도 말하게 될 것이다. 1이 붙은 낱말 역시 사전에서 차지하는 수적인 우세는 절대적이다. 바로 옆의 2는 비교가 안 된다.

위의 보기들 말고도 민속신앙에서는 삼신(三神)과 삼재(三災)와 삼살(三殺)이 있고 동양의 또 다른 우주론에서는 삼계(三界)에 삼천(三天) 아니면

---

9 김이숙 · 이창식, *op. cit.*, pp. 161~163.

구천(九天)과 구천(九泉)이 있다. '구만 리 장천(長天)'도 무시할 수 없다. 역시 우주까지도 홀수 천지다. 신라의 황금 왕관은 왕관대로, 또 삼계의 관념을 오늘에까지 전해주고 있다. 또한 고구려 신화와 가락 신화도 우주가 물밑/땅위/하늘의 삼계로 이룩되어 있음을 보여주고 있다.

일본인들이 '삼삼구도'(三三九度)라고 하면 신랑신부가 한 잔으로 서로 세 번씩 술 마시기를 석 잔에 걸쳐서 반복해서 도합 아홉 번 마시는 절차를 말하고 있다. 또 그들이 삼헌(三獻)이라고 하면 우리와는 달리 과거에 궁중에서 세 개의 상에 각기 세 개식 술잔을 놓고는 도합 아홉 번 술을 마시는 공식 향연을 의미했다. 동양적인 우주론의 삼구(三九)가 일본에서는 술잔으로 옮아간 것이다. 기독교의 천지창조에 이미 7의 우주발생론(cosmogony)이 있듯이 동양에서는 3과 3의 3배수인 9로 이룩되는 우주구성론(cosmology)이 존재하고 있었던 것이다.

앞에서 이미 한국인의 시간론에서 3이 차지하는 우세함에 대해서 언급한 바 있지만, 그때 보인 보기 말고 달리 또 삼세(三世)가 있고 삼대(三代)가 있다. 단군신화에는 환인과 환웅과 환검의 삼성(三聖)으로 이어진 삼대가 등장하고 있지만 고구려 신화도 '해모수—주몽—유리'의 삼대를 보여주고 있다. 이 전통은 조선조 가계(家系) 소설의 삼대에 이어지고 최근으로는 소설 『토지』(박경리)의 삼대, 그리고 『혼불』(최명희)의 삼대에까지 접속되고 있다. 이 3의 시간론과 나란히 3의 공간론이 있음을 위에 보인 삼계, 삼천 등이 증언하고 있다.

신화와 소설의 삼대기(三代記)가 이미 서사 원리에 관여하고 있는 3에 대해서 증언하게 되는 것이지만, 동화의 줄거리는 철저하게 3에 의해서 구성되어 있다. 이른바, 동화 서두 진술의 법칙은 위에서 이미 보인 바와 같이 '옛날, 옛날, 아주 먼 옛날에'로 나타나는 삼반복의 원칙과 직접 관계되어 있다. 줄거리 중간중간에도 역시 삼 반복은 서사 진행의 대원칙으로서 작용하게 된다. 주인공에게 재난이 닥쳐도 세 번이고 그가 문제에 부딪친다고 해도 역시 세 번이다. 하다못해 고개를 넘어도 세 번이다. 이 삼 반복의 원칙이 시간의 축을 따라서 전개되는 동안 인물의 선/악, 살림살이의 부/가난, 사건의 불행/행, 물건의 상실/찾기 등과 같은 듀얼리즘이 사건의 진행을 돕게 된다. 이것이 동화의 거시적인 서사 진행 원리다. 그러나 동화에서 2는 3의 서사 진행을 도와주고 있는 것뿐이다.

이 점은 우주론 또는 공간론에서 수직으로는 3 또는 기수가 단연 우세한 데 비해서 수평으로는 동/서, 남/북, 좌/우 등과 같은 듀얼리즘이 우세하게 되는 것과 상응하고 있다. 그것은 '인체론'에서도 마찬가지이다.

머리 · 몸통 · 다리와 같이 우리 육신은 수직으로 삼 분절된다. 머리는 다시 또 이마와 눈 · 코 · 입의 안면과 턱으로 수직의 축을 따라서 삼 분절된다. 몸통은 또 몸통대로 가슴, 배꼽 위 아래로 수직의 축을 따라서 삼 분절된다. 하체는 또한 허벅지 · 다리 · 발로 역시 수직으로 삼 분절된다.

하지만 수평으로는 좌/우의 두 눈, 두 콧구멍, 두 귀, 두 젖가슴, 두 팔, 두 다리, 두 발과 같이 양분된다. 그러나 우주와 인체 구성에서 아무래도 수직의 축이 갖는 비중이 크다는 것을 고려하게 되면 역시 우수와 기수가 짝지어진다고 해도 여전히 기수에게 무게가 더 실리게 될 것이다.

한데 온 인류 문화 전체를 내다보면 우수와 기수의 상징성 또는 가치가 들쑥날쑥하고 있다는 것을 알게 된다. 가령, 아프리카 니요로 왕국에서 9가 종교적으로 길조를 의미하는 것으로는 한국 · 일본과 같다. 그러나 운요로 족의 경우에는 우수인 4가 남자를 상징하고 기수인 3은 여성을 상징하고 있어서 동양 삼국과는 사뭇 반대되는 현상을 보여주고 있다.

이처럼 여러 보기를 통해서 과거의 문화의 수의 의미론 또는 상징론을 전개해온 것이지만, 오늘날이라고 그것이 아주 사라지고 없는 것은 결코 아니다. 가령 숫자의 음양론은 주민등록번호 체계에서도 확인될 수 있다.

남자에게 기수가, 그리고 여자에게 우수가 배정되어 있는 것은 기수/우수의 듀얼리즘이 우/열(愚/劣)의 듀얼리즘이었다는 것을 생각할 때 영 떨떠름할 수밖에 없다.

뿐만 아니다. 지역에 따르는 전화번호 체계는 더 한층 떨떠름하다. 서울은 02의 2 단위고 나머지 소위 지방은 053(대구)과 같이 3 단위다. 그것도 서울에서 멀어질수록 031, 041, 051, 061 등과 같이 수가 커진다. 그것은 서울과의 상거(相距)를 의미하고 있다. 이것은 서울/지방의 듀얼리즘이 위/아래, 높은 곳/낮은 곳, 중앙/변두리라는 듀얼리즘과 일치하고 있는 사실과 무관할 수 없다는 뜻에서 매우 중앙집권적이다.

오늘날은 이같이 '악의 유산'으로서 수는 여전히 그 문화성을 견지하고 있다고 말하면 무슨 난센스 코미디의 대사처럼 들리게 될까? 매우 궁금하다.

10-1. 놀이판, 노름판의 수

곱새치기는 화천을 비롯한 강원도 북부지역을 중심으로 전승되는 노름이다. '긴 목' 또는 '진 목'이라는 숫자 기구의 끗수에 따라 여러 가지 노래를 하면서 노는 놀이다.

노는 방법은 진목 24장(한 끗에서 네 끗까지는 3장씩, 다섯 끗에서 열 끗까지는 2장씩 모두 24장)을 사용한다.

인원은 네 사람이 하지만, 다섯 명 이상이 모여서도 하게 된다. 그 중 한 사람은 빠져 있다가 판을 나서는 이와 교대하여 판에 들어간다. 바닥에 24장의 진목을 엎어 깔고 네 사람이 3장씩 우선 잡는다(12장 소요).

선이 된 이가 자기가 잡은 패 중에서 한 장을 골라 판에 던지면 나머지 3사람

중 선이 버린 끗수가 자기에게 있으면, 그것을 내보이면서 던져서는, 선을 인계 받는다. 이때 선이 버린 끗수가 나머지 3사람 중 아무에게도 없으면, 바꾸어 말해서, 가지고 있는 3장이 모두 다른 끗수이면 임의로 선택해서 다섯에서 열 끗 사이의 패, 하나를 먼저 버리면 된다.

그러나 같은 것이 두 장 있을 때는 그 중 한 장을 버림으로써 아무도 그것을 가지고 있지 않을 것을 예상할 수 있다. 그래야만 다음 선이 버리는 패를 잡을 수 있는 확률이 높아진다. 첫 번째 3장이 모두 버려지면 다음 판에 남은 12장을 다시 3장씩 가지고 위와 같이 되풀이한다.[10]

실제로 놀아보지 못한 사람으로서는 못 알아들을 대목이 많아서 놀이 전체의 진행 법칙이 쉽게 눈에 들지는 않는다. 하지만 전체적으로 3이란 숫자가 우세한 숫자놀이란 것은 짐작이 가게 되어 있다. 놀이나 노름에서도 숫자는 또는 수는 거의 주동(主動)적인 구실을 맡아 있다. 그 점은 위에 보인 강원도의 '곱새치기'가 아닌 다른 놀이에서도 마찬가지로 지적될 수 있거니와 윷놀이도 그 중에 들 것이다.

윷놀이는 한국민속 놀이의 왕자 중의 하나다. 설 · 추석 명절에 가장 흔하게 놀아진 놀이다. 그것은 전통놀이의 대왕의 반열에 오르고도 남을 개성을 갖추고 있다. 윷놀이는 첫째로 명절놀이인 것을 꼽아야 한다. 환하고 밝다. 신명도 예사 신명이 아니다. 마을 안 큰 마당이나 어느 집 뜰 앞마당은 흥청대고 떠벌려댄다. 부인네들의 경우는 안방이 모처럼 술렁대는 무대가 되기도 한다.

윷놀이는 명절이 당당한 통과의례, 그나마 계절을 따르는 '집단적 통과의례'라는 것을 한껏 살려낸다. 예컨대 새해 · 새봄을 맞아서, 또는 풍

10 김이숙 · 이창식, *op. cit.*, p. 659.

요로운 수확의 철을 맞아서, 아니면 한 해 중 가장 푸르고 싱그러운 한때를 맞아서 벌어지는 의식(儀式)이자 놀이인 것이 다름 아닌 '계절 통과의례'다. 계절의 변화, 철 가르기를 잘 치러내고는 좋게 통과해나가는 의례(儀禮)다.

대자연의 변화하는 기운을 인간이 빨아들이는 한편으로 인간의 기운이 자연의 기를 더 한층 출렁이게 하는 것이 계절적인 집단 통과의례가 갖는 가장 중요한 구실이다. 자연과 인간이 한 통속, 한 동아리가 되어서 어깨동무하고서는 신바람을 내는 게 여간 근사한 게 아니다.

설 · 단오 · 추석이야말로 명절이라는 통과의례의 대표자들이지만, 윷놀이는 그 중에서도 최상위의 대표자 노릇을 한다. 그것이 원칙적으로 흥분과 도취의 놀이가 되는 것은 바로 이 때문이다.

그러기에 둘째로 마을 놀이 또는 공동체 놀이라는 특색을 윷놀이에서 지적할 수 있다. 그 개성은 여간 두드러져 보이는 게 아니다. 윷놀이가 어떤 다른 놀이보다도 거나하고 거창한 것은 바로 이 때문이다. 편을 갈라서 여러 사람이 동시에 참여하고 구경꾼이 응원단을 겸해서는 판세를 거든다. 벅적대고 왁시글덕시글 요란을 떨고 해야 비로소 윷놀이 판다워진다. 소란과 아우성이 놀이의 본성이란 것을 윷놀이만큼 과시하는 보기도 드물 것이다. '야단 떨기'가 놀이의 또 다른 중요한 구실이란 것을 왕성하게 보여준다.

세 번째로 윷놀이의 개성으로서는 그게 겨루기이거나 편싸움임을 들 수가 있다. 다투고 경쟁하는 놀이라서, '아곤의 놀이'라 일컬어질 자질을 그것은 갖추고 있다. 이기느냐 지느냐가 요긴하다. 승리와 상대방 꺾기가 최종 목적의 하나다.

네 번째로는 '놀이하는 구경꾼'이 한 몫 크게 한다는 것도 윷놀이의 본바탕의 하나라고 해야 한다. 멍석이나 돗자리로 된 윷판, 때로는 맨 땅바닥의 윷판을 에워싸고는 구경꾼이 벅적댄다.

그들은 직접 윷판에서 '선수 노릇'하는 꾼들 못지않은 놀이패들이다. 갈라진 두 편의 선수들에 당연히 구경꾼도 껴든다. 구경꾼이라지만 멍청히 보고 있기만 하는 것은 아니다. 응원하고 거들고 떠벌이고 하면서 놀이판의 분위기를 살리는 것은 관중이다. 그들은 참여하는 관중, 적극적 관중이다. 그런 뜻으로 그들도 놀이한다.

이래서 윷놀이는 굿판이 된다. 이 경우, 굿이란 무당굿의 그 굿과 같은 글자다. 하지만 워낙 굿은 놀이를 겸하고 있는 개념이었다. 요즘 흔하게 쓰는 말로 하자면 '축제'일 테지만, 이건 좋은 말이 아니다. 본시 제(祭)는 귀신이나 죽은 사람에게 드리는 종교 행사다. 무엇보다 우리들이 제삿날 조상께 드리는 '기제'(忌祭)라는 말이 그걸 잘 말해주고 있다. 한편 축(祝)도 역시 신에게 빌고 제사 드리고 하는 것을 뜻한다. 따라서 '축제'를 영어의 '페스티벌'(festival) 또는 '피스트'(feast)와 동격으로 쓸 수는 없다. 하물며 '카니발'과 같기는 더욱 어렵다.

축제를 이들 서구의 말들과 같은 뜻으로 쓴 것은 이웃 일본인들이 먼저 시작한 것인데 그것은 그들이 한자 지식에 모자람이 있은 탓이거나 아니면 알고도 저지른 편법 탓일 것 같다. 중세기 내내 한문이며 한자를 가지고는 일본을 압도한 우리가 부턱대고 흉내낼 일이 못 된다.

그건 그렇고 이제 네 가지 속성을 앞세워서 윷놀이 판에서 수가 크게 한 몫 하고 있다는 것을 말하고자 한다. 윷놀이가 '숫자 게임'이고 '수의 놀이'란 것을 그 다섯째 특성으로 내세우면서 바로 그 '수 겨루기' 또는 '숫자 싸움'의 속내를 살펴보기로 한다.

10-2. 윷판의 수

윷놀이에서 윷을 던지는 판, 곧 '윷판'은 그 외곽선이 원을 그리거나 네모꼴을 그리고 있다. 네모의 경우는 야구 내야에 자리 잡은 네 개의 베이스와 그것들이 연결되어서 그려진 사각형을 닮고 있다. 다만 양쪽 다 사각형은 정사각형답게 바로 앉아 있질 않다. 야구로 치면 홈 베이스에서 바라보아서 기웃하게 또는 비스듬하게 자리한 '사(斜) 사각형'인 꼴을 하고 있다. 한데 윷판은 야구의 내야의 베이스와는 다르게 복잡하다.

첫째, 야구로 치면 네 개의 베이스에 견주어질 네 개의 '모서리'(각) 또는 '거점'(據點)이 있고 그것들이 연결된 사각형이 그려져 있되, 네 개의 각을 잇는 대각선이 사각형 안에 그려져 있는 것을 들 수 있다.

둘째, 두 줄의 대각선이 마주치는 지점에 또 다른 거점이 있음을 들 수 있다. 그래서 윷판에는 도합 다섯 개의 거점이 있게 되는데, 그것들을 나누어서 네 개의 '외각 거점'과 한 개의 '중앙 거점'이라고 부르기로 한다.

셋째, '중간 점'이 있다는 사실이다. 사각형의 바깥 테두리 선에서는 네 개의 거점과 거점 사이에, 각기 네 개의 중간 통과점이 그어져 있는데, 이것을 '외곽(外廓) 중간 점'이라 부르기로 한다. 그런가 하면, 네 개의 외곽 거점과 중앙 거점을 잇는 네 줄의 선 위에는 각기 두 개의 점이 자리하고 있는데 이것은 '내곽 중간 점'이라고 부르기로 한다.

말로만 풀이하면 매우 뒤숭숭한 것 같지만, 다음의 그림은 그런 인상을 지워낼 것이다.

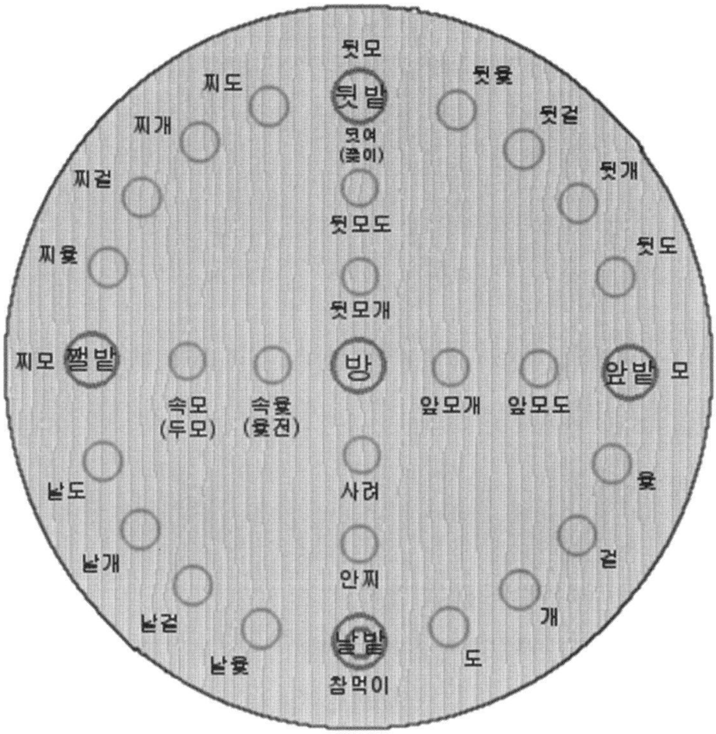

〈그림 4-1〉 윷판의 그림

이제 실제로 윷놀이 판을 들여다보자. 인원수에 제한이 있는 건 아니지만, 지금 당상 우리의 판에서는 셋이 한 패를 이루고 있다고 치자. 나무로 깎아 만든 작고 길쭉한 4개의 말, 곧 윷가락/윷짝을 던진다. 안쪽 윷 배를 드러낸 말(가락), 이를테면 뒤집힌 가락의 수에 따라서 '도(1), 개(2), 걸(3)' 등으로 끗수가 매겨진다. 네 가락이 다 윷 등을 보이면서, 엎어지면 그 끗수는 '윷'(4)이다. 이와는 대조적으로 네 마리의 말이 모두 윷 배를 벌렁 드러내고 누우면 그 끗수는 '모'(5)다.

윷놀이는 이와 같이 1, 2, 3, 4, 5의 '숫자놀이'가 된다. 야구에 견주면 도, 개, 걸의 셋이 각기 1루타, 2루타 3루타에 해당될 수 있다. 또 꼭 그만큼 진루하는 것도 다를 바 없다. 하지만, 윷이 홈런이 되는 것은 아니다. 모도 마찬가지다. 다만 진루하는 수를 늘리는 것뿐이다. 결국은 출발점으로 돌아와야 하는 것이지만 그러기까지 중간 길목이 여간 요상하지 않다.

* 원형 또는 사각형의 외곽선을 한 바퀴 돌기. 제일 멀리 우회하기.
* 대각선 때문에 그려진 사각형 또는 원형 안의 네 개의 삼각형을 통과해서 돌아오기.

크게 보아서 이처럼 두 가지 돌아오는 방식이 있는데, 이 두 번째가 대단한 말썽꾸러기다.

* 출발점에서부터 쳐서 오른쪽의 첫째 삼각형.
* 출발점에서부터 쳐서 오른쪽 첫째와 둘째가 합쳐서 그려내는 복합 삼각형.
* 출발점에서부터 쳐서 오른쪽, 첫째와 왼쪽의 네 번째가 합쳐서 그리는 복합 삼각형.

이렇게 세 가지 통로 중의 어느 하나를 거쳐서는 드디어 돌아오게 되어 있다. 네 곳의 외곽 거점과 중간점을 진루하거나, 아니면 하나의 중간 거점과 둘의 내곽 중간점을 진루할 수 있게 전체 윷판의 도형이 그려져 있다. 그 모든 진행이 곧 '홈잉'(homing)이 되지는 않는다. 그러기에 야구가 윷놀이와 '베이스 진루 경기'로는 마찬가지지만, 그렇다 쳐도 윷놀이에 비교하면 야구는 너무 단순한 경기다.

야구의 홈베이스에 해당되는 거점을 '집'이라고 한다면 윷놀이에서도 '홈잉'에 견주어질, '돌아오기' 또는 '귀가'(歸家)로 승점을 따게 되는 것이지만, 그 귀가의 과정이 그야말로 첩첩산중이다. 아니 고개를 타오르고

골짝을 기어오르내리고 산을 넘으면서 고비를 넘겨야 한다. 그러나 윷놀이나 야구나 그 기층 구조는 일종의 '홈 커밍 스토리'(home-coming story), 바로 그것이다. 온 인류의 동화가 거의 예외 없이 제 집 돌아오기로 마무리되고 있다는 것을 이에서 연상하면 이해가 빨라질 것이다. 주인공 소년이 어린 나이에 문득 집과 고향을 나서서는 외지로, 그나마 전혀 미지의 외지로 가서 수난과 시련과 모험을 거친 끝에 뭣인가 귀중한 것을 손에 넣어서는 무사 귀환하게 되는 것이 동화의 중핵이 되는 줄거리지만 야구는 물론 우리의 윷놀이 또한 이 같은 줄거리를 바탕에 깔고 있다.

한데 윷놀이에서나 야구에서나 그 줄거리를 이루어내고 있는 모든 과정을 필경은 숫자로 겪어내게 되어 있다. 야구에서는 그것이 1, 2, 3루타와 4루타 격인 홈런으로 겪어지게 되어 있다. 이와 비슷하게 우리의 전통 윷놀이는 1, 2, 3, 4, 5의 숫자로 겪어내게 마련되어 있다.

이미 앞에서 인류 문화 거의 전반에 걸쳐서 수가 어떤 기능을 발휘하고 거기서 어떤 의미를 갖게 되는가를 보아왔지만, 곱새치기를 비롯한 몇 가지 놀이 말고도 우리의 대표적인 민속놀이인 윷놀이 또한 수의 놀이라는 것이 이에서 새삼스레 확인된 것이다.

제5부
한국인의 육체

1. 육체의 역사와 초역사

1) 육체를 보는 시선들

인간 생리에도, 그 육체에도 역사가 있다. 몸을 보는 눈이 달라지고 시각이 달라지면서, 인간 육체는 변화를 겪고 그 모습이며 본태(本態)를 달리해갔다. 가령 그리스-로마 이래로 르네상스까지만 해도 줄곧 '여성 누드'의 미술사를 지켜온 서구인들의 육체와, 알몸이라고는 근세까지 단 한 번도 미술작품의 화폭에 오른 적이 없는 한국인의 육체가 같을 수는 없다. 한쪽은 육체가 심미적 가치에 의미를 두고 있는데 비해서 다른 한쪽에서는 숨겨지고 가려지고 있다. 미술사에서 근대까지, 한국인의 육체는 무(無)요 없음이다.

따라서 서구에서는 르네상스 이후에도 줄곧 인간 육체의 변화가 없을 수는 없었다. 가령 메를로퐁티의, 이를테면 '육체의 인식론' 또는 '감각의 인식론'을 여럿 있는 것 중의 하나의 계기로 삼는다면, 그 뒤 육체의 역사는 눈부시게 변모해갔다. 사물과 객체 그리고 세계는 다만 우리에게 감각되는 그대로 주어질 뿐이다. 그 존재성도 의미도 해석도 필경은 감각에서 비롯한다. 그래서 감각은, 그나마 육체적 감각은 인식론만이 아니라 존재론에서도 우선권을 향유하게 되었다.

'내가 감각한다. 고로 사물은 존재한다.'

이런 명제를 정립해도 좋을 것이다.

물론 부분적으로는 데카르트가 사고의 기틀로 육체가 참여할 여지를 열어놓기는 했지만, 그의 정신과 육체 사이의 이원론에서는, 그것도 사고와 관련해서는 정신이, 혹은 이성이 앞장서는 것을 부인하기는 어려울 것이다.

그래서 극히 근자에 이르러서 메를로퐁티의 전환이 일어난 것이라고 평가해도 좋을 것이다. 그러나 메를로퐁티를 앞지른 또 다른 전환을 지적할 수 있을 것이니, 후설(Edmund Husserl)이 생동하는 육체인 'Leib'와 생리적이고 물질적인 육체인 'Koerper'를 구별 지은 것이 그 좋은 본보기다. 후자에 비해서 전자는 감각하고 사고하고 판단하는 주체라고 우리들이 받아들여도 괜찮을 것이지만, 이 같은 인간 육체의 양분론은 그 자체가 육체에 가해진 또 다른 제약이라는 점을 면하기는 어려울 것이다. 그럼에도 이것이 후설의 현상학의 기틀이 되기도 한 것이지만 더 나아가서는 그 뒤의 현대 철학의 새로운 동력으로 작용했다는 것이 일반적으로 시인되고 있다.[1]

그 뒤를 이어서 인간 육체관의 변화는 여러 영역에서 여러 인물들에 의해서 지속되고 또 발전되어갔지만 이 변화는 인간 자아에 대한 시점이며 시각의 변화와 병행한 것이었다. 생각하는 주체, 욕망하는 주체, 행동하는 주체, 언어를 쓰는 주체라는 관념 등과 수반해서는 인간 육체는 각기

---

1 Donn Welton (ed.), *The Body*, Malden Massachusetts, 1999, p. 4.

다른 면모를 나타내고 또 향유하게 된 것이다. 그러면서 육체는 당연히 인간 문화, 사회 그리고 역사에서도 주동적인 구실을 도맡아하게 된 것이다. 그것은 실로 눈부신 인간 육체의 진화였다.

육체관의 이 같은 다양한 변화는 몇 가지 지적인 영역에 걸쳐서 추구되어갔다. 이미 언급된 바와 같이, 인식론과 철학에서는 말할 것도 없고 인간 존재론과 심층 심리학과 페미니즘에서 그리고 기호론이나 의미론에 걸친 언어학 분야에서도 현저한 변화가 모습을 드러낸 것이다. 물론 이들 몇 가지 지적인 영역들 가운데서는 서로 타협하고 절충된 양태로 인간 육체를 추구해나갔다.

가령 라캉(Jack Lacan)의 이론에서 인간 주체 또는 아이덴티티가 언어와 텍스트에 의해서, 또 이것들이 권력과 관련된 양태에 의해서 빚어지는 것으로 관찰되었으되, 그것들이 본질적이고 고정되고 불변의 항수(恒數)로서 파악된 것이 아니고 가변적이고 또한 다양한 변수로서 파악되되, 그것은 인간 의식과 무의식 어느 것을 두고 보아도 다를 바 없는 것으로 파악된 것이지만, 이런 맥락 속에서 인간 욕망이 짚어져 나오고 따라서 육체 또한 그 테두리 안에서 짚어져 나온 것이다.[2]

생리적이고 성적인 것까지 포함한 각종 인간 욕망이 그것들과 접속된 권력 시항과 합삭하면서 인간 존재가 파악되었을 때, 당연히 육체의 발언권은 커질 수밖에 없었다. 그런 면은 알튀세(Louis Althusser)에게서도 크게 다를 바 없다. 그 역시 인간 주체가 형성됨에는 문화와 언어의 구실이 결정적임을 지적하는 것과 동시에 그것이 복합적이고 분열적이고 해결을 못 볼 긴장이고 현실화될 수 없는 환상이란 것을 내세웠을 때,[3] 거기에는

2 cf. Philip Smith, *Cultural Theory*, Malden Massachusetts, 2001, p. 208.

3 *ibid.*, p. 209.

육체가 크게 한몫을 맡아 있었던 것이다.

하지만 이들의 이론과 병행해서 크리스테바(Julia Kristeva)가 그의 언어학 내지 의미론을 전개했을 때, 육체는 그 중추 개념으로 등장하게 된다. 그는 스스로 '기호적인 것'과 '상징적인 것'으로 인간 언어를 양분하였을 때, 전자를 여성적 육체의 몫으로 치고 여기에는 쾌감, 파괴적 충동, 통제 불능의 충동 등등을 귀속시킨 한편, 후자에서는 질서, 일관성, 조직, 권위 등이 귀속될 남성적 육체를 부각시킨 것이다.[4]

이런 일련의 흐름은 현대 철학의 언어학적 전환 이후, 기호론과 텍스트론에서 더 한층 강화되는 것을 따라서 육체로 하여금 의미론의 영역에까지 그 발언권을 넓히게 하고 만 것이다.[5] 이제 육체는 곧 인간 주체고 문화의 주역이다. 이 같은 새로운 육체의 등장은 이른바, 포스트모더니즘의 흐름 전체와 연관 지어질 때, 더한층 크게 부각될 수 있을 것이다. 가령, 이성에 대한 감정, 명확성에 대한 해석의 난해 또는 모호성, 통일성에 대한 차이 등과 나란히 마음에 대한 육체의 우월성이 제기될 수 있을 것이다.[6] 이처럼 육체는 인간 주체가 되고 문화의 주역이 되고 말았다.

이 글은 이런 육체론의 동향을 감안하고서, 전통적으로 이어져 내려온 한국인의 육체관을, 또는 육체론을 나름대로 살펴보고자 하는 것이다. 이 경우, 탈구조주의 이후에 일어난 여러 가지 육체관의 변화 가운데서도, 이를테면 '육체의 언어학' 그리고 '육체의 의미론'에 큰 비중이 주어지기를 바라고 있다.

---

4 *ibid.*, p. 209.

5 Horst Ruthrof, *Semantics and the Body*, University of Toronto Press, 1997, p. 3ff.

6 Max Silverman, *Facing Postmodernity*, London and New York, 1999, p. 21.

2) 신(身)의 복합성

오늘날 한국인의 육체는 매우 달라졌다. 오늘의 한국인의 육체는 어제의 그것과는 비교도 할 수 없을 만큼 변모했다. 여성 육체의 경우는 육체 자체가 패션이 되어버린 게 쉽게 눈에 들 것이다. 노출이 거의 서구 여성들의 수준으로 극단화되면서 그 관능적인 매력이 심미(審美)적 가치와 공존하고 있다고 해도 과언은 아닐 것이다. 오늘날이 가령, '시각의 시대'라고 일컬어진다면, 시각의 대상들 중에서도 육체는 가장 두드러져 있다. 시각 중의 시각의 오브제가 다름 아닌 육체다. 그래서 육체를 다듬고 가꾸고 하는 것이 여성의 경우는, 특히 젊은 세대의 경우는 삶의 지표가 되다시피 하고 있다. 몸 가꾸기가 인생 가꾸기 그 자체로 승격하고 만 것이라고 해도 말이 지나치지는 않을 것이다.

하지만, 문화 영역을 비롯해서 그 인접 영역의 학계에서조차 '새로운 육체'에 발맞춘 새로운 육체론을 넉넉하게, 또 소상하게 펼쳐낸 것은 아닐 듯이 느껴진다. 그게 실정일 것 같다. 그래서 이 글은 '새로운 육체'를 전제하고는 '전통적 육체관'을 회고하고자 하는 것이다.

몸, 몸통, 몸뚱이, 신체, 육체, 육신……

이런 낱말들이 문화 이론이나 연구에서 키워드의 자리에 올라설 가능성은 불과 반의 반 세기 전만 해도 예상하기 어려웠다. 이 점은 앞에서 이미 충분히 시사되어 있을 것이다.

'이 몸 하나 가눅 못하고……'
'몸뚱이 하나 먹여 살리기 위해서……'

이것은 거의 모든 한국인, 그나마 한두 세대 전까지의 한국인의 팔자 한탄의 한숨소리 같은 것이었다. 이렇듯이 몸에는 원망과 저주, 그러고도 모자라서 일종의 모멸감 같은 것이 누더기처럼 달라붙어 있었다. 이들 장탄식에서 몸이야말로 몸서리쳐지는 대상이었다. 하지만 일상적인 삶의 현장에서 듣게 되는 육신에 대한 이 같은 탄식들을 역으로 들어줄 수도 있을 것이다. 육신이 그만큼 간절하고 긴요한 실체였다는 추리를 해낼 수도 있기 때문이다. 설혹 끝까지 그 탄식들을 부정적인 것으로, 또는 소극적인 것으로 받아들인다 해도 그 발언이 한국적인 육체론의 전부일 수는 없다.

조선조 유학의 인간론에서 '신언서판'(身言書判)이 차지한 몫은 매우 컸다. 그것은 한 개인의 인격과 인품을 가늠하는 4대 지표 같은 것이었다. 그 중에서도 신이 최선봉에 나서 있는 것이 우리들의 눈길을 끌기에 족하다. 그래서 조선조에서도 매우 긍정적이고도 적극적인 육체론을 유도해낼 것 같은 예감에 사로잡히게 되는 것이다.

신언서판의 신은 신체 또는 육체 그 자체만을 가리키는 것으로 국한된 것은 아니었다. '신상'(身上) 또는 '신분'(身分)이란 말들이 시사하고 있듯이, 신언서판의 신은 육체나 육신(肉身)을 직접 가리키는 이상의 함축성을 갖추고 있었다. 그것은 몸가짐이란 뜻을 보다 더 강하게 간직하고 있어서, 소위 '언행'의 행(行)과 대등한 말이기도 했던 것이다. 이처럼 육신의 신(身)은 한 인간의 신분, 지체, 행동양식까지도 더불어서 의미하고 있었던 것에 각별히 유념하고 싶다.

그러던 뒤를 밟아서 이제 육체는 지적(知的) 탐색과 학문의 주역으로 올라설 또 다른, 그리고 새로운 계기를 맞을 가능성을 갖기 시작했다. 이제야말로 학문도 지식도 '몸가축'을 잘 해야 하고 '몸맨두리'에 마음을 써야 할 것이나. 몸맨두리는 사전에서 몸과 태도라고 밝혀져 있다. 학문 자체의 몸가축을 위해서도 이제 몸에 대해서 관심을 크게 드높여야 할 것이다. 전통적인 육체관을 새삼 따지고 드는 것도 바로 그 때문이다. 거기서도 가능하면 긍정적인 육체관이 이끌어내어지기를 기대하게도 된다.

신(身)이란 글자는 신(娠)한 여성, 곧 임신한 여성이 배부른 채로 앞발을 내딛고 있는 것을 본딴 상형문자다. 그러던 것이 따로 육체나 육신이란 뜻을 덧붙여서 가지게 된 것이다. 그런가 하면, 체(體)는 워낙 팔다리를 포함한 몸통 전체를 가리키는 말이어서, 사대육신(四大六身)을 하나의 조직체 또는 통합체로 보고서 체(體)라고 하게 된 것이다. 여기에는 소위, 육근(六根) 중의, 눈 · 귀 · 코 · 혀까지 포함시켜도 괜찮을 것이지만 육근의 또 다른 두 가지 요소인 심(心)과 의(意)까지도 포함시켜야 할지 어떨지는 망설여진다.

한데 여기에서 우리는 육근에서 심과 의가 눈 · 귀 · 코 · 혀 등의 네 가지 생리적인 감각과 한데 어우러져 있다는 데에 관심이 이끌리게 된다. 심과 의는 물론 '마음심'과 '뜻의'로 따로 구별될 수도 있는 한편, 심의(心意)란 낱말이 일러주고 있듯이 서로 크게 구별되기만 할 것은 아니다. 그래서 심의를 심리나 정신과 등가(等價)로 보게 된다면, 결국 육근은 생리적 감각과 정신을 동시에 포괄하고 있는 셈이 된다. 이를 근거로 삼아서 육체적 감각과 정신을 통합해서 바라보는, 또는 인식하는 시각이 한국의 전통 사회에서 운영되고 있었다고 말할 가능성이 열릴 것이다. 다만 계기에 그치고 단서에 그치고 만다 해도 그런 가능성을 헤아리는 것만으로도 보람으로 삼고 싶어진다. 이런 일련의 논지는 심신(心身)이란 말을 끝까지 마음과 몸으로 양분해서 읽지만 말고 그 둘을 하나로 어울려서 '심신일여'(心身一如)라고 읽어도 좋은 것을 시사하게 될 것이다.

한편, 인간 육체의 대유법이 될, '사대육신'(四大六身)은 비록 한자로 적혀 있지만, 웬만한 한자 사진에는 등재되어 있지 않은 것으로 미루어서는 다분히 한국 고유의 낱말로 인지되어도 큰 무리는 없을 것 같다. 그것은 따로 '사대삭신'이란 말이 사대육신과 같은 뜻으로 쓰이고 있는 것에서도 유추될 수 있을 것 같다. 아무튼 사대라면, 팔과 다리 그리고 머리와 몸통을 가리키는 것인데 이 경우, 두 팔과 두 다리는 그저 한 덩치로 잡혀져 있다. 이에 비해서 육신에서는 두 팔과 두 다리가 각기 독립적인 하나의 단위로 접혀져 있다.

그런데 사대란 낱말은 육체의 사대 아닌 다른 사대도 의미하고 있다. 곧 '지수화풍'(地水火風)의 우주론적인 사대가 바로 그것인데, 불교에서는 이 사대를 우주 만물이 형성되는 요소라고 보는 한편으로 인간 육신을 이루고 있는 요소라고도 보고 있다. 이와 같이 사대육신의 사대와 지수화풍의 사대가 서로 맞물리고 있는 데서, 앞에서 문제된 육근(六根)과 나란히 동양적인 인간 육체론 및 한국적인 육체론이 함축하고 있는 긍정적인 의지를 읽어내게 된다. 육근에서는 육체와 정신의 통합이라는 관념을 이끌어낼 수 있는 데 비해서 두 가지 사대의 맞물림에서는 인간 육체와 우주 사이에 은유법적인 유대를 유추해낼 수 있기 때문이다. 인간 육신과 우주와의 상호 교응(交應)에 관한 믿음이 거기 있을 것이다. 이것은 동양적인, 그리고 한국적인 육체론이 갖는 인간 육신에 대한 긍지라고 받아들여져도 괜찮을 것이다.

뿐만 아니다. 육체를 생각하는 오늘의 우리를 고무해줄 것이 또 있으니 그것은 다름 아니고 '체'(體)라는 관념에서 유도될 성질의 것이다. 체는 본이며 계(系)와 뜻이 맞통해 있다. 워낙 인간의 골육(骨·肉)을 통칭하던 체는 골격(骨格) 또는 체격(體格)을 거쳐서는 체격, 체제로 또 체계로 전의(轉意)되어서 사용되어왔다. 인간 육신의 체제며 체계가 체이듯이 사물과 세계며 어느 현상의 체제며 체계 또한 체인 것이다. 이 같은 전의를 위한 계기로서 우리들 인간의 체, 곧 몸이 작용을 해온 것이 동양적인 육체론이 갖는 또 다른 긍정적인 시각으로서 인지해도 좋을 것이다.

그런가 하면, 우리말, '몸'에서도 한국적인 육체관의 긍정적인 국면을 보아낼 수가 있다. 서두에서 인용된, 두 가지의 관용어를 소극적으로 수용했을 때, 몸이 천덕꾸러기로 읽혀질 가능성이 부분적으로 있는 것은 사실이다. 하지만, 한 중세기의 가사 작품이, "이 몸 삼기실 제 님을 조차 삼기시니, 천생연분이며 하늘 모를 일이던가"라고 노래했을 때, 그 몸은 인간 존재 그리고 인간 개체를 위한 당당한 대유법이다. 한 인간 존재의 개체성과 함께 주체성도 거기 함축되어 있을 것이다. '몸은 곧 나다'라는 명제를 이끌어내어도 좋을 것이다.

또한 우리들이 자주 쓰고 있는 말, '몸소'는 몸에 대한 최대한의 경의를 품고 있어서, 그것이 몸이란 낱말로 하여금, 신상(身上)·신분·품격 등에 걸친 함축성을 갖추게 하고 있다.

이렇듯이 우리는 한국인의 육체론에서 정신과 육체의 통합 이외에도 우주론적인 함의(含意)를 읽어낼 수가 있다. 그리고 또 일체의 체제며 체계에 관한 은유법을 거기서 읽어내고 더 나아가서는 인간 주체성, 또는 존엄성과 얽힌 은유법적인 발상을 읽어내게도 된 것이다.

3) 시뮬레이션의 육체

과거에도 몸과 신체는 호락호락한 개념이 아니었다. 비하(卑下)가 부분적으로 있는 반면, 존상(尊尙) 또한 육체의 의미론에는 개재하고 있었다. 과거에 이미 그러했던 여세를 몰아서 오늘날 육체가 갖게 된 의미론의 면모는 눈부실 지경이다.

자연 생태, 생리적인 실체로서의 육체 또는 물질적–물리적 육체며 소위 타고난 육체란 말이 의미할 것에 오늘날의 몸이며 육체가 갇힐 수는 없다. 이미 그것은 사회–문화적 유대를 갖춘 기호로 변모한 지 오래다.

육체는 이제 '타고난 것'도 아니고 '주어진 것'도 아니다. 인간이 스스로 만드는 것이고 창작하는 것이다. 능동적 · 적극적 창조물이다. 그것은 오늘날, 동영상의 스타의 하나고 심지어는 시뮬레이션이거나 시뮬라크라이기도 할 것이다.

이처럼 '타고난 육체' 또는 '주어진 육체'와 스스로 만든 육체 사이의 대비는 오늘날 육체론에서 큰 비중을 차지할 수밖에 없다. 뿐만 아니다. 잘하면 이성과 정신 혹은 영혼의 가우(假寓)이고, 잘못되면 이들 고상하고 거룩한 것을 잡아매고 있는 올가미에 불과하던 신세를 육신은 이제 면하고 있다. 주객의 전도가 일어난 셈이다. 사고와 인식이 육체적-생리적 감각에 의해서 촉발된다면, 인식론은 오관에 안방을 내어주어야 할 것이고 형이상학은 형이하학으로 기꺼이 내려앉아야 할 것이다.

미용이나 보철(補綴)이나 정형(整形), 장기이식 등만이 인간의 몸의 제작에 참여하고 있는 것은 아니다. 수태와 탄생의 과정에도 인위적인 가공 또는 공작이 작용하고 있다. 복제(複製)가 가능하고 유전자 조작도 이젠 인간 윤리를 넘보기 시작했다. 인간이 근원적으로 '사이보그'화되고 있다. 이젠 몸치장이란 말이 겉치장 또는 겉치레와 같을 수는 없다. 몸치장은, 또는 몸 간수는 한 인간 개체의 육신의 자기 창조에까지 다다르게 되어 있다. 오늘날 인간은 그 자신 그리고 그 자신의 육체를 두고도 'homo faber'이다.

이래서 오늘날 인간 육체는 '하이퍼 리얼리티'에 버금할 '하이퍼 몸뚱이'가 되어가고 있고 '버추얼 리얼리티'가 되어가고 있기도 할 것이다. 그런 예측은 적중하게 될 것이다. 육체와 의상(衣裳)이 캐릭터와 같아지고 판타지로 될 가능성도 능히 미리 내다볼 수 있다. 이제 타고난 그대로의 육체, 그런 알몸은 보기 어렵게 되어 있을 것이다. 몸을 치장하는 정도가 아니다. 아예 제작해낸다. 꾸미는 것과 만드는 것을 구별 짓기 어렵게 되어가고 있다. 그래서 이제 육체는 허구가 되는 것이지만 그것이 현실이 되고 실체가 되기도 한다. 이젠 인간 육체야말로 사이버스페이스를 앞지르는 버추얼리티가 되어가고 있다. 이 지경이 되면, 이제 인간 육체는 자연주의적인 현실이거나 실체가 아니다. 유전과 사회 조건에 의해서 피동적으로 이미 제약될 대로 제약된 것이 인간 육체라는 관념을 자연주의 문학에서 그대로 고스란히 물려받을 처지는 이미 아니다. 타고나는 것이 육체도 아니고 생태적으로 미리 제약된 것이 육체도 아니다. 이제 생리며 본능도 조절될지도 모르는 시대를 우리는 살고 있다. 이제 인간 육체는 매우 '현실적인 허구'다. 거리를 활보하고 있는 수다한 사람들의 몸차림은 '해체'와 '변이'(變異)의 표본이 되어가고 있다. 그 결과 육체는 어느 겨를엔가 그만 '작품'이 되어가고 있는 것이다.

이제 바야흐로 '신이 죽은 시대' 뒤를 이어서 '부모가 죽은 시대'가 올 가능성이 날로 커져가고 있다. 심지어 이제 '태모'(胎母) 다르고 생모 다른 사태가 벌어지고 있다. 잉태에 참여한 어머니와 출산을 하는 어머니가 서로 다른 사람일 수가 있다. 뿐만 아니다. 정자(精子) 아버지 다르고 키워주는 아버지가 다를 수도 있다. 육체를 에워싸고는 부모라는 그 막중한 개념에도 변화가 야기되고 있는 것이다. 몸이나 살이나 피나 이제 '수지부모'(受之父母)하게만 되어 있지는 않다. 우리의 개화기에 정부가 단발령(斷髮令)을 내렸을 때, 이에 반대하는 세력이 '신체발부(身體髮膚) 수지부모', 곧 신체와 머리칼과 살갗은 부모에게서 받은 것이라서 머리칼을 자를 수 없다고 나선 것은 이젠 그야말로 지나간 옛말일 뿐이다. 이젠 '신체발부 수지 유전자 공학'이라고 할 수 있는 시대가 부분적으로나마 열리고 있다.

이 같은 현실적인 육체의 변화와 육체 이론의 변화 또는 육체를 보는 시각의 변화는 거의 동반하고 있었다. 하이데거가 '인간이 육체를 갖고 있는 게 아니다. 인간이 육체적이다'라고 말했을 때, 현대의 육체론의 신기원의 전기를 마련한 것은 틀림없을 것이다. 앞에서 이미 본 바와 같이 인간 육체를 'Leib'와 'Koerper'로 양분해서 바라본 후설은 그 선구자가 될 것이다.

오늘날의 육체론에서 큰 몫을 맡아내기도 했던 푸코(Michel Foucault)가 성을 정치 · 경제 · 이념 · 권력 등과 다양하게 연계 지으면서 그것을 통해서 인간 육체의 본성에 우리들이 다가설 계기를 마련한 것이라고 보는 한편,[7] 당연하게도 인간을 성적 충동과 맺어진 '욕망의 주체'라고 간주했을 때 인간 존재에서, 또는 본성에서 육체가 차지할 비중은 압도적인 것이 될 수밖에 없을 것이다. 육체는 인간과 대체될 만한 개념으로 활개 칠 수 있는 것이기도 했다.

육체론이 관련되는 한, 이들 세 사람의 철학자들 말고도 이미 앞에서 논급한 바와 같이 메를로퐁티도 함께 논의해야 할 것이지만 그러한 여러 사람의 연장선상에서 이제 포스트모더니즘의 시각으로 육체를 '불안정한 것, 복합적인 것인 나머지, 그리고 조각나고 다원적인 나머지 흩뜨려지고 산만한 것, 착종된 것' 등으로 보게도 된 것이다. 이제 고전주의에서 르네상스까지 서구 인물화에서 본 인간 육신의 유기적 통합성, 균제의 미학 등은 포기해야 할 것이다. 육체는 이렇듯이 인류 문화사를 꿰뚫으면서 시대적 변이와 격차를 드러내 보이고 있는 것이다. 육체는 문화사의 증인이다. 인체는 결코 생체(生體)가 아니다. 문화체다.

4) 청동기 이래의 육체관

이제 절을 달리해서, 위에서 본 바와 같은 당대의 육체론의 추이를 전

7 M. Foulcault, *The History of Sexuality*, New York, Vintage Book, 1990, p. 146.

제하고는 새삼 우리의 문화 및 그 전통 속에서 몸이 겪은 문화-사회적 변천과 역사적 변화의 일단을 들여다보고자 한다. 그나마 의미론적인 시야 속에서 살피고자 한다.

우리는 예부터 '아버님 날 낳으시고 어머님 날 기르시니……'라고들 말해왔다. 그래서 자연스레 사회적 통념이 된, '부생모육지은'은 이 땅의 범인간적인, 범사회적인 인간관계 그리고 소위, 인륜이란 명분의 윤리에도 관여해왔다. 그것은 소위, 천륜(天倫)의 근본의 하나였다.

이 경우, 아버지-어머니의 이원적인 짝은 '씨앗/밭'의 이원적 대립과 맞먹고 있다. 아버지가 어머니라는 밭에 씨를 뿌려서 종자가 움트듯이 아이는 태어난다는 발상이 거기 엄연히 작용하고 있다. 그러니까, 전통 한국인의 몸은 아버지의 것이지 결코 어머니의 것이 아니다. 여기에 강력한 가부장제 사회며 그 문화의 자국이 끼쳐져 있는 것이다. 이때, 어느 밭이든, 밭은 밭이니까, 다른 밭과의 교체가 가능하다. 이 밭 아니면 저 밭이라도 씨 뿌림에 지장을 줄 까닭은 없기 때문이다. 거듭 가부장제 또는 남권 우월주의가 돋보이고 있다.

농경사회의 생산 원리와 한 가문 또는 가정 안에서의 아기의 출산 원리가 남권 사회의 이념에 의해서 지배되고 있다. 농경(農耕)이라는 경제적인 생산수단과 잉태, 출산이라는 인간 생명의 생산수단 사이에 있는 은유적인 연계가 인정되어도 좋을 것이다. 중세기와 그 이전 시대부터 이미 육체의 의미론은 사회적인 원리의 제약을 받고 있었던 것이다. 인간 육체는 개인의 것으로 끝나지 않고 사회-문화의 인수(因數)이기도 했던 것이다.

이 같은 발상은 한국의 경우, 이미 청동기시대부터 움터서는 중세기 내내 그리고 근세에까지 지켜져 왔다. 충남 지방에서 출토된, 한 청동기 시절의 토기, 그것도 부채 모양을 갖춘 토기에서 우리는 그것을 확인할 수가 있다. 이 책의 다른 대목에서도 언급되어 있다시피, 그 토기에는 한 사내가 새겨 넣어져 있는데 그는 농기구로 이랑을 일구며 밭갈이를 하고 있다. 한데 그는 알몸이라서 그의 양물이 노출되고 있는데 그게 그가 손에 잡고 있는, 따비라는 일종의 괭이와 나란히 돋보이고 있다. 그 둘은 서로 상사(相似)의 닮은꼴이라는 데 주목하게 되면 이 그림에서 밭갈이와 성행위 사이의 은유법을 발견하게 된다.

이 은유법 속에서 땅이며 밭 또는 흙은 에누리 없이 여성으로 간주되어도 좋을 것이지만, 이제 바야흐로 씨 뿌림이 행해질 것을 고려하게 되면, 파종(播種)과 남자가 성행위에서 도맡을 구실 사이에도 은유법을 보아내게 된다. 알몸의 사내는 여성에게 사정(射精)하듯이 밭(흙)에 파종하고 있는 셈이 된다. 한데 여기에서 더 나아가서는 머지않아서 움터 오를 싹과 출산되는 신생아 사이에도 은유법적인 상동(相同) 관계가 설정될 수 있을 것이다. '아버지가 날 낳으시고' 라는 그 중세 이래의 관용구를 거듭 여기서도 확인하게 되면서 우리의 몸이 우리의 육체가, 더 나아가서는 우리의 목숨이 아버지에게서 비롯한다는 것 또한 확인하게 될 것이다.

이처럼 전해 오는 관용구와 청동기 유물, 이들 두 가지 방증과 물증에 의해서 우리는 다시금, 또 아버지의 씨앗은 자식의 목숨과 몸을 가능하게 해주는 일차적이고 근원적인 계기가 되고 동인(動因)이 된다는 걸 알아차리게 된다. 전통 한국 사회에서 우리의 생명과 육체는 압도적으로 아버지의 생산품이다.

몸이라고 말하고 육체라고 말했지만, 구체적으로 뼈와 피는 아버지에게서 전수(傳受)하게 되는 것이었다. 아기의 출산에서 그 뼈를 이루게 하고 피가 흐르게 하는 결정적인 동기가 되는 것이 아버지다. 그러면서 넋의 계통도 아버지에게서 물려받게 된다. 이에 비해서 어머니라는 밭은, 그리고 그 흙은 우리들의 육신의 살의 기틀이 되는 것뿐이다. '죽으면 썩을 살……'이란 말에서 살은 뼈나 영혼과 대비되면서 일시적이고 잠정적인 것에 지나지 않게 된다. 여기서 한국인의 육체에서는 뼈와 살, 이를테면 골육(骨肉)의 이원적 대립이 지적되어도 좋을 것이다. 물론 영육(靈肉)의 대립도 이와 무관할 수 없다. 이들 이원론은 가부장제의 소산이다. 가문(家門), 가통(家統)과 동의어일 수도 있을 혈윤이나 혈통은 부계(父系)만의 외줄기다.

한데, 중세기 내내 그리고 근세의 말기에 이르도록 지속된, 이들 두 가지 이원론은 최소한으로 초기 신라시대로 소급해서 추적될 수 있는데, 이에서는 살을, 그리고 육체를 경시하는 한국적 시각의 원류를 구할 수 있게 될 것이다. 그래서도 살은 모계(母系)에 속할 수 있었던 것이다.

가령, 『삼국유사』가 전해주고 있는 탈해의 시신(屍身) 관리에서 이 점은 뚜렷하게 드러나게 된다. 앞에서도 보았듯이, 그는 사후에 스스로 꿈에 나타나서는 자신의 뼈만 따로 섬기도록 당부하고 있거니와 이것은 비단 탈해 혼자만의 일에 국한될 것은 아니다. 상고대 사회의 이른바, 중장제(重葬制)에 고루 걸쳐서 이 점이 지적될 수 있기 때문이다. 시신을 통째로 일단 매장한 다음, 일정한 시기가 지난 다음 살이 썩고 남은 뼈만 따로 추려서 거듭 장사 지낸 그 중장에서는 영육의 이원적 대립에 겹쳐서 골육의 이원적 대립이 지적될 수 있다. 탈해가 스스로 뼈의 '온곤'(ongon), 곧 우상 또는 신상(神像)을 갖게 되기를 바란 것은 이에서 유래하는 것이다. 부(父)와 골(骨)과 영혼은 같은 패러다임의 묶음으로 한 계열 체를 이루고, 모와 육이 또 다른 패러다임의 계열 체를 이루고 있음을 대할 때, 앞의 것은 불변이고 본질이고 교체 불능인데 비해서 뒤의 것은 가변(可變)과 무상과 일시적인 것 등과 등가(等價)가 되고 만다. 부모의 짝은 골육의 짝이고 피와 살의 짝이기도 하고 또 영육(靈肉)의 짝이기도 했던 것이지만, 이 듀얼리즘은 당연히 남녀의 짝에도 미치게 된다. 한마디로 육체라고 하지만, 그 속에 내재한 골육의 이원론적인 대립에는 이처럼 가부장제 사회의 이념이 개입하고 있었던 것이다. 이래서 골육의 양자 사이에는 부모 사이와 남녀 사이와 마찬가지로 X-non X의 관계가 설정될 수 있다. 긍정될 것, 가치가 주어질 것과 그렇지 못한 것 사이의 관계가 매겨질 수 있게 된다. 그러면서 부모의 이원적 대립이, 곧 골육의 대립이 되는데서 읽을 수 있는 본질과 가상(假象), 영원과 일시 사이의 대립관계 역시 확인되기도 한다. 부계(父系)는 뼈와 피로 또 씨앗으로 일관되게 지속되지만, 모계에는 그런 것이 없다. 자꾸만 별종이, 다른 것이 일시적으로 번갈아드는 것뿐이다.

머리 -------------------------- 하늘 또는 산
머리칼 ------------------------ 숲
뼈 ---------------------------- 바위
살 ---------------------------- 흙
피 ---------------------------- 물줄기
숨 ---------------------------- 바람

이것은 한국인이 전통적으로 인체와 자연 사이에서 설정해 보인 그 상호관계다. 인간 육체와 자연 지리 사이에 은유관계를 설정한 것이지만 그것은 더 나아가서 인체와 우주 사이의 은유관계에까지 승화될 수 있을 것이다. 인류는 이처럼 거의 예외 없이, 인간 육신의 토포그라피를 우주 및 자연의 토포그라피에 실어서 생각해온 것이다. 한데 위에 보인 대비의 표에서 여성 또는 어머니의 몫으로 돌아갈 것은 불행하게도 살-흙의 짝, 그것뿐이다. 우리 전통문화며 사회에서 하늘은 가부장제의 압도적인 우월성 그 자체이다시피 했거니와 숲 이하에서 흙을 제외한 나머지는 모두 남권(男權) 상징이 될 것들이다.

우리들 육체에 우주론적 은유가 매겨진 것은 좋은 것이었고 반길 만한 것이었다. 그것은 어김없는 사실이다. 하지만 거기 가부장제 이념의 일방적인 횡포며 독선이 작용을 끼치고 있었다는 것을 간과할 수는 없다.

하지만 줄잡아서 청동기 이래로 중세 · 근세까지 그것은 한국인의 육체관을 휘어잡고 있었다. 그러던 것이 극히 최근에 와서야 기울게 되었다. 청동기 이래로 중세 · 근세까지 줄잡아서 팔천 년에서 만 년에 미치는 그 기나긴 시간에 걸쳐서 일관되게 제자리를 지켜온 한국인의 육체 그 자체, 그리고 육체관이 이제야 겨우 변화를 보이기 시작한 것이다. 육체 말고 또 다른 무엇이 이토록 길고 긴 역사성을 간직해온 것이 있을까 하고 물을 때, 육체의 그 막중한 의의가 잡히고 또 떠오르게 될 것이다. 육체는 그 사이 역사적이면서도 초역사적이었던 것이다. 이제 그 초역사가 변동하기 시작하고 역사에 문을 열어주게 되었다.

2. 육체의 언어

지금껏 앞의 '1. 육체의 역사와 초역사'에서는 육체의 변화를 짚어내면서 그것에 따라서 잡힐 수 있는 육체의 역사를 살피는 것으로, 크게 보아서 의미론적인 시야 속에서 육체를 들여다 본 셈이다. 이제 그 뒤를 이어서 '2. 육체의 언어'에서는 언어로서의 육체를 눈여겨볼까 한다. 일종의 육체의 언어학이 전개되기를 바라고 있다.

여기서는 이제부터, 정신-신경적인 징후들, 예컨대 고통이나 감정상의 아픔을 포함한 여러 가지 징후를 육체적 또는 생리적인 징후에 걸어서 표현하는 언어를 '신체 언어' 또는 '육체 언어'라고 부르기로 한다. 마음의 징후를, 아픔을 또는 인상을 몸의 아픔 또는 인상으로 나타내 보이는 언어들이다. 그것은 인간 심리며 정신이 실린 언어인 셈이다.

이와 함께 이 글에서는 다시 또 육체 언어를 세 가지로, 곧 '장기(臟器) 언어'와 '동작(動作) 언어' 그리고 '몸통 언어'로 나누고자 한다. 크게 보아서는 육체 언어로 범주화될 수 있을 것이므로 이 셋은 물론 부분적으로는 중첩될 수도 있을 것이다. 두 번째 것은 '몸짓 언어'로 이름 지을 수도 있을 것이다.

1) 장기 언어

머리 터지다(아프다)
목이 타다
가슴 쓰리다(미어지다, 찢어지다, 타다)
애가 끓다(타다, 끓이다)
애간장이 타다
속이 터지다(끓다)
간이 뒤집히다(탄다)
똥줄 타다

이들은 대표적인, 또 자주 사람들 입에 오르내리는 비속어이자 관용어들이다. 이렇게 표현되거나 호소되는 징후들은 직접 장기 그 자체의 것은 아니다. 물론 장기 그 자체의 병리도 아니다. 가령, '머리가 터질 듯이 심사가 복잡하다'라는 말이 있을 수 있는 것을 고려하게 되면 이들 장기 언어는 비유법의 언어라고 불러도 무방할 것이다.

즉, 머리며 목 또는 가슴은 그 일차적 '리퍼런트'로는 각기 장기들에 걸려 있을 것이지만, 함의의 '리퍼런스'는 정신 또는 감정에 걸려 있다고 보아야 할 것이다. 이 점은 이들 장기 언어의 의미작용이 지시적 시니피에를 넘어서 함축적인 시니피에로 내면화하고 있음을 나타낼 것이다.

정신적인 고통과 증상이 장기로 전이(轉移)된 이들 장기 언어는 '육체화된 정신 또는 감정'이 한국인에게서 경험되고 있음을 의미할 것이다. 아니면 역으로 '정신화 또는 감정화된 육체'를 한국인들이 향유(享有)하고 있음을 의미한다고 해도 좋을 것이다.

감각은 워낙 육체의 몫이다. 그것이 생각이며 사유를 앞서고 그것들을 제약하고 견제한다는 것을 이들 장기 언어는 말해주고 있다. 감각은 지각과 쉽사리 교체하고 또 서로 중첩되기도 한다는 것을 지적해도 괜찮은 것이라면 인식이며 지각에 앞선 육체가 여기 있다고까지 지적해도 무방할 것이다.

한국인의 '고통론'(tocology)에서, 또는 정신적 병리론에서 이 점은 매우 중요할 것이지만 드디어는 이 논리는 화증 또는 화병이라는 이름의 한국인 특유의 질환을, 그 '사이코소마틱'의 병증을 앓고 있는 한국인의 육체를 말할 때 중요하게 부각되어야 할 것이다.

2) 동작 언어

고개를 숙이다, 주억거리다, 젓다, 젖히다, 들다, 흔들다, 외로 돌리다
머리를 조아리다
얼굴을 찡그리다
눈웃음치다
눈을 찡그리다
눈싸움
눈높이

코가 시큰대다

콧방귀

콧대 높다

입이 실룩대다

입을 오므리다

입술을 깨물다, 앙다물다

목에 힘주다

목을 매달다

목이 메다

목이 마르다

목구멍이 크다

어깨에 힘주다

가슴을 펴다, 부풀다, 열다

등을 돌리다

배를 내밀다

허리를 굽히다

허리가 끊어진다

엉덩이를 흔들다

팔을 내밀다

팔이 안으로 굽다

손잡다(떼다)

손발 떨리다

(손아귀에) 휘어잡다

발을 (세상에) 담그다

발을 빼다

발버둥치다

이 한 무리의 언어, 그것도 비유적으로 사용되는 이들 동작 언어는 한국인의 머리에서부터 발끝까지 상하 어디 할 것 없이, 그들 육신의 모든 부분이며 토막이 서로 어울려서 '동작 기호론(kinetic semioiogy)의 체계'를 이루고 있음을 의미할 수 있을 것이다.

그 중에서도 눈이 갖는 비중은 다른 장기나 생체기관의 부분들이 따를 수 없을 만큼 크다.

눈가림
눈에 남
눈대중
눈도장
눈독
눈에 듦
눈 밖에 남
눈맞춤
눈 매움
눈비음
눈 사나움
눈살
눈썰미
눈어림
눈인사
눈짐작

눈총

눈치

눈치레

눈코 뜰 사이

눈이 휘둥그레짐

눈이 아물거림

모두 20개의 이 낱말들은 그야말로 눈이 부실 지경이다. 너무나 다양하고 각양각색이다. 이 낱말들은 거의 대부분 비유법으로 사용되고 그래서 상징적인 의미를 갖추고 있다. 눈을 두고는, 이를테면 '은유 언어'가 매우 풍족한 셈이다. 이것은 말할 것도 없이, 한국인들이 다른 감각에 비해서 시각에 보다 더 크게 더 많이 기대어서는 스스로 생각하고 판단하고, 그리고는 남들과 의사소통을 했다는 것을 의미할 것이다.

이렇게, 또 이토록 다양한 동작 언어는 당연히 한국인을 위한 '동작 기호학' 그리고 그 텍스트며 디스코스 차원의 문젯거리가 있을 수 있음을 시사하고도 남을 것이다. 이들은 장기 언어와 마찬가지의 기호적 속성을 갖추고는 비슷한 의미작용을 하고 있다. 하지만 그것만은 아니다. 한국인의 대인관계, 그리고 커뮤니케이션 차원으로도 한국인은 그들 육체를 활용하고 기호화하고 있다는 것을 의미하고도 있을 것이다. 이로써 인생은 무대가 되고 한국인의 동작은 연기(演技)가 될 것이지만, 이런 생활 현장이 기호론적 맥락, 곧 콘텍스트가 될 것도 부인할 수 없을 것이다.

3) 몸통 언어

몸이 달다

몸을 사리다

몸을 맡기다

몸을 주다

몸을 아끼다

몸을 꼬다

몸을 받다

몸을 버리다

몸담다

몸부림

몸서리

몸시중

몸가짐

몸가축

몸 간수

몸닦달

몸단속

몸맨두리

몸알리(知己)

이들은 모두 몸, 곧 신체 전체를 두고 형성된 관용어들이다. 물론 낱낱이 비유적인 전의(轉意) 위주로 사용되는 낱말들이다. 팔다리를 비롯한 신체 각 부위가 연출하는 동작과는 다른 차원으로 이들은 하나같이 몸 시늉 또는 몸 사위, 아니면 몸짓 그 자체가 어떤 의미작용을 하는 기호 노릇을 다하고 있다. 신체는 인간 주체에 의해서 놀려지기만 하는 것은 아니다. 몸은 그때그때 맥락 또는 상황에 따라서 분절이 가능하게 징표화(marked)

되고 시차성(示差性)을 갖춘 의젓한 기호가 된다.

이상 세 가지 범주의 육체 언어 어느 것을 두고 본다 해도 한국인의 몸은 다양한 '육체 기호론'(body semiotic)이 전개될 소성(素性)을 갖추고 있는 것이다. 한국인은 내장, 동작 그리고 몸통 등 세 범주에 걸쳐서 '기호화된 몸'을 남달리 진하게 또 다양하게 갖추고 있다는 것을 강조해도 좋을 것이다.

4) 몸의 욕설

이렇듯이 육체 언어가 매우 풍부한 것을 한국어의 큰 특색의 하나로 보아도 괜찮을 것 같다. 구체적으로 비교해보지 않아서 장담할 것은 아니지만 육체를 두고 형성된 비유법이 한국어만큼 풍성한, 다른 인류나 인종의 언어를 찾기는 쉽지 않을 것 같다.

그 여세로 한국어에서는 육체를 두고 이룩된 욕설 또는 악담 또한 풍요하다.

눈 ------------------------ 눈깔
귀 ------------------------ 귀때기
코 ------------------------ 코빼기
입 ------------------------ 주둥아리, 아가리
턱 ------------------------ 턱주가리, 턱아리
목 ------------------------ 모가지
팔 ------------------------ 팔때기
베 ------------------------ 배때기
등 ------------------------ 등짝

가슴 ---------------------- 슴패기

머리 ---------------------- 대가리

다리 ---------------------- 가랑이

이처럼 이 땅에서는 인신 그 자체가 완벽한 체계를 갖춘 한편의 욕설의 텍스트를 이루고 있다. 온 육신 전체를 비속어나 욕이 감싸고 있다고 해도 좋을 것이다.

이 같은 육체를 두고 비속어가 항다반사로 사용되고 있는 현상이 무엇을 의미할까? 라는 물음에 대해서 답이 쉽게 나올 것 같지 않다. 이것들이 우리들 각자가 자기비하를 할 때나 남들을 비하할 때 사용되는 말인 것은 어김없는 사실이란 데서 답을 이끌어낼 실마리를 잡게도 될 것 같다. 자기 자신의 것이든 남의 것이든 간에 우리들 각자의 육신에 대한 평가절하가, 그 수다한 육신에 관한 비속어를 만들어내는 계기가 되었다고 말해도 좋을 것 같다.

제6부

음식 만들기, 차리기 그리고 먹기

1. 신화와 음식문화

이 글은 음식문화를 다루되, 일차적으로는 텍스트로서 다루어가고자 한다. 그것에 버금해서 음식문화의 어느 국면과 관련되어서는 퍼포먼스로서, 특히 상차림과 먹기 부분과 관련되어서는 퍼포먼스로 보아가고자 한다. 그런 끝에 드디어는 상차림과 음식 먹기가 사회적 담론이기도 하다는 것에 착안하고자 한다.

밥상에 자려진, 그릇에 담긴 음식물들은 그 재질, 그 색채 그리고 모양새며 조리법에 따라서 서로 어울리면서도 차등이 나는 기호들이다. 그 기표(記表)가 다르고 그래서 당연히 기의(記意)가 달라짐에 따라서 그 먹을거리라는 기호는 밥상이라는 페이지 또는 콘텍스트 위에서 텍스추얼리티를 갖추게 된다. 그러기까지 상차림 하는 사람은 이미 이루어져 있는 어떤 규범을 따라서 음식물을 배치하면서 퍼포먼스를 시행하게 된다. 그런 절차며 과정을 밟고는 마침내 둘 이상 여러 사람이 자리를 함께 해서 식탁에서 먹게 되면서 형성될 상호 관계는 사회적 담론의 자질을 갖추게 될 것이다. 이런 맥락 속에서라면, 밥상 앞에 앉아서 수저를 놀리고 있는 사람은 음식을 먹는 한편 기호도 먹는 셈이 된다.

이런 전제를 앞세울 때, 한국 음식문화의 역사는 역사 이전으로까지 소급하고 있다. 우리 한국의 신화는 식음(食飮)으로, 이를테면 먹고 마시기로 시작하고 있다. 북으로는 고조선의 단군신화가 그렇고 남으로는 가락왕국의 신화가 또한 그렇다. 전자에서는 웅녀가 쑥과 마늘을 먹고 있고 후자에서는 수로부인이 신행 오는 데 맞추어 신랑 후보자인 가락의 왕은 신부 측 일행을 맞아서는 '난액'(蘭液)과 '혜서'(蕙醑) 따위의 향기 나는 음료와 술로 대접하였다고 기록되어 있다. 뿐만 아니다. 후세에 수로왕을 사모해서 벌이는 행사에서는 음식이 크게 한몫을 다한 것으로 기록되어 있다.

한데 이 경우, 가락왕국에서는 이미 상고대의 혼례 절차에서 신랑 측에서 신행 오는 신부 일행을 중도에서 맞아서는 마실 거리로 접대한 것을 알게 되어 있다. 잔치 음식이란 말의 시작을 여기까지 가지고 올라가도 괜찮을 것이지만, 이때, '난액', 곧 난초 즙 또는 물을 특수한 차라고 간주해도 좋을 것 같다. 차가 술만큼 잔치 음료로 위상을 높이고 있었을 것이지만, 이 경우, 이른바 명절에 올리게 되는 제사인 다례(茶禮)와는 별도로, 또 다른 다례가 이미 가락왕국의 초창기에 그 의식(儀式)의 일부로 치러지고 있었다고 보아도 큰 무리는 없을 것 같다. 이때, 음식의 의례화(ritualization)를 얘기해도 좋을 것이다. 한국 문화 전반에서 음식의 의례화가 갖는 비중은 매우 큰데, 그것이 이미 가락왕국의 태동과 때를 함께하고 있는 것이다.

웅녀가 먹는 쑥과 마늘 먹는 일도 차츰 알게 될 테지만 의례의 일부다. 물론 얼핏 보는 것만으로도 이 쑥과 마늘을 먹기가 정식, 곧 일상적으로 식단(食單)이 정해진 먹을거리에 들 수는 없다는 것은 자명하다. 말하자면 그건 특별난 경우의, 이를테면 '별식'(別食)에 해당될 것이다. 아니면, 약식(藥食)이라고 보아도 괜찮을 면이 있다. 그것만이 아니라 그 두 가지는 서로 풀 또는 약초와 양념거리라는 그 차이에도 불구하고 같은 기의를 가진 동일한 기표일 수도 있다. 그것은 일차적으로는 어떤 의미에서든 '의례화'(儀禮化)의 먹을거리로서 공통성이지만, 이외에 또 다른 공통의 기의가 있을 수 있다.

이 책의 다른 대목에서도 언급되고 있듯이, 웅녀의 쑥과 마늘 먹기는 그녀가 시집가기 직전에 시행되었다. 그것도 시집가기의 전제로서, 달리 말하자면, 성인이 되는 데 필요한 절차의 일부로 치러지고 있다. 여기서 추측을 하게 되면 웅녀는 흔히 여인들의 '몸에 것'이라고들 하는 경도(經度), 월경(月經)을 겪은, 그것도 태어나고 처음으로 겪은 소녀였던 것 같다.

그 당시로도 이미 부정(不淨)한 것으로 금기의 대상이었을지도 모르는 월경을 겪은 몸을 정화하는 데에 필요한 일종의 약물로서 웅녀는 쑥과 마늘을 먹은 것 같다고 추리할 수 있다. 그녀로서는 쑥과 마늘은, 말하자면 정화제(淨化劑)였다고 보아진다. 이 정화제 먹기는 물론 웅녀 혼자만의 일은 아니었을 것이다. 고조선 사회의 모든 소녀에게 짐 지워진, 사회적 규범이고 제도였을 것이다.

웅녀의 쑥과 마늘 먹기는 한 인간의 삶의 진행 가운데서 매우 중요한 몫을 차지하고 있는 시점에서 시행되고 있나. 비성년에서 성년으로, 여식 아이가 혼사 적령기의 처녀로, 또는 신부 후보자로 변신하는, 전환하는 그 결정적인 과도기에, 이를테면 '리미노이드'의 시점에 그것이 실행된 것이다. 여성 통과의례의 절대적인 절차로서 쑥과 마늘 먹기가 요구된 것이다. 따라서 그녀의 쑥과 마늘 먹기는 공동체의 어느 규범과 정석과, 그리고 속신(俗信)이 지켜진 엄연한 의례(Ritual)요 의식(儀式)이다. 웅녀의 쑥과 마늘 먹기는 민속신앙의 함축성까지 갖춘 일종의 종교적 식전이었던 셈이다. 이것을 그저 신화의 줄거리의 일부로 가볍게 보아 넘길 수는 없다.

쑥은 오늘날에도 민간의료에서 큰 몫을 다하고 있다. 그래서 민간약제 또는 약물로서도 그 비중이 매우 높다. 한데 쑥이 냄새며 맛이 강하고 자극적이듯이 마늘 또한 그 냄새며 맛이 매우 강하고 독하다. 그래서 둘 다 부정을 쫓고 액을 물리는 효과가 있는 것으로 기대된 것이다. 불과 한두 시대 전까지만 해도 농촌에 염병, 곧 전염병이 돌 때 그것을 예방하기 위해서 마을 어귀에 다른 잡풀에 섞어서 쑥불을 피워댄 것은 그 때문이다.

이런 일련의 추정을 거쳐서 우리는 하루 세 끼 또는 두 끼의 끼니인 정식과 별도로 별식이며 약식이라는 먹을거리를 한국인이 향유하기 시작한 그 원형을 단군신화에서 엿보게 되는 것이다.

'정/별'
'끼니/약식'

등의 의미론적인 대비가 여기에서 유추되어도 좋을 것 같다. 약식(藥食)이 식보(食補)란 기능도 포괄할 수 있는 것이라면, 고조선에서 이미 정식(끼니) · 별식 · 약식 · 식보라는 한국인의 먹기의 4대 범주가 시행되고 지켜져 있었다는 것을 헤아리게 된다.

그 중에서도 약식은 따로 주목할 만할 것이다. 대부분의 봄의 산채(山菜)들, 예컨대 고들빼기 · 씀바귀 · 냉이 · 달래 · 쑥이 약을 겸한 먹을거리인 한편, 몇 가지 육고기 고음국에 인삼이나 더덕 등의 약제, 특히 보약을 넣어서 가미한 것들도 당연히 약식에 들 것이다. 영어로는 억지로라도 '메디컬 푸드'라는 직역의 낱말을 생각해낼 수도 있을 것이다.

그러나 유감스럽게도 여성 생리를 금기시하고 부정으로 몰고 간 악습이 웅녀의 쑥과 마늘 먹기에 엉켜 있다는 것은 놀랍지 않을 수 없다. 그것은 극히 현대까지 끈질기게 이어져온 여성 민속의 일부였기 때문이다. 이 점은 한국의 페미니즘에서 대서특필되어야 할 것이지만, 요행스럽게도 바로 그 때문에 한국인의 음식 역사를 상고대까지 소급시킬 수 있게 되는 것이다.

그러나 오늘날 우리들이 얻어낼 보람은 적지 않다. 크게는 자연과 인간의 상관관계, 작게는 자연생태와 인간생리 사이의 매듭에 관해서 웅녀의 신화는 일러주고 있기 때문이다. 인간생리의 운영에, 또는 그 관리에 자연의 생리며 생태가 직접 관여하고 있다고 믿어마지 않았던, 고조선인들의 자연관과 세계관이 거기서 읽혀지는 것이다.

한편 가락왕국 신화에서 차(茶) 또는 그 비슷한 다류(茶類)를 대하게 된 것이지만, 신라에서도 또 다른 차의 기록을 발견하게 된다. 이 점에도 각별히 주목하고 싶다.

> 당나라에 갔다가 돌아오는 사신이 차의 씨앗을 가지고 왔다. 왕이 지리산에 심게 했다. 차는 이미 선덕왕 때부터 있었던 것이지만, 이번 일을 계기로 더욱 번성하게 되었다.[1]

앞에서 이미 지적된 바와 같이 삼국시대 상차림에서 다과류(茶菓類)의 상은 밥상과 주안상을 너불어서 삼위일체를 이루었거니와 중상류의 식문화에서 뺄 수 없는 위상을 차지하고 있었던 것이다.

고조선을 이어서는 신라와 고구려의 식문화가 극히 일부이자 부분적으로나마, 또 단편적으로나마 전해져 있는 것은 여간 다행한 일이 아니다.

> 물고기잡이와 소금 그리고 대추 · 밤이 넉넉하다. (『한서지리지』 낙랑군)

1 『삼국사기』, 신라본기, 10, 홍덕왕 편.

서로 상처를 입히면 곡물로 보상하다. (『한서지리지』 낙랑군)

그 농사짓는 사람들은 음식을 콩으로 한다. (『한서지리지』 낙랑군)

산을 등지고 바다를 향하고 있어서 오곡(五穀)이 잘 되고 밭에 씨 뿌림도 곧잘 한다. (『후한서』, 동옥저)

좋은 밭이 없어서 밭갈이에 힘써도 입과 배를 채우기 어렵다. 그 풍속은 먹기를 절제(節制)한다. (『삼국지』, 동이전 고구려)

밤낮으로 술 마시고 먹고 해서는 무천(舞天)이라고 했다. (『삼국지』, 동이전 예〔濊〕)

큰 밤이 나는데 그게 배만한 크기다. (『삼국지』, 동이전 한〔韓〕)

그 풍속은 귀신을 믿고 항상 오월에 밭 갈고 씨 뿌리고 나면 무리지어서 춤과 노래로 신을 받든다. 시월에 농사가 끝나면 이를 되풀이한다. (『진서』〔晉書〕, 마한〔馬韓〕)

토지가 기름지고 아름다워서 오곡(五穀)을 심기 좋다. (『양서』〔梁書〕, 제이전〔諸夷傳〕, 신라)

부세(賦稅)는 천이나 삼 등으로 물게 하나 쌀로 물기도 한다. (『주서』〔周書〕, 이역전〔異域傳〕, 백제)

오곡(五穀), 소, 돼지, 닭이 있는데 화식(火食)은 많이 하지 않는다. 커다란 밤

이 난다. (『수서』〔隋書〕, 백제)

과일과 채소 그리고 조수(鳥獸)는 중국과 거의 같다. (『수서』〔隋書〕, 신라)

그 집이 가난해서 느릅나무 껍질을 먹다. (『삼국사기』, 열전, 온달)

가을에 가뭄이 들어서 백성이 서로 잡아서 먹다. (『삼국사기』, 고구려 본기, 봉상왕)

봄에 기근이 들자 사람들이 서로 먹다. (『삼국사기』, 고국양왕)

이들 수다한 기록에서 우리는 아래와 같은 것을 알게 된다.

1) 지역에 따라서는 쌀이나 콩을 주식으로 삼고 있었다는 것.
2) 신라는 곡식 · 채소 · 과일 · 육류 등 먹을거리가 다양했다는 것.
3) 기근이 들면 느릅나무나 소나무 껍질로 연명했다는 것.
4) 쌀이나 곡식으로 피해보상을 하거나 세금을 물었다는 것.
5) 백제에서는 화식(火食)이 많지 않았다는 것.

이 중에서 항목 4)에서는 곡물이나 쌀이 화폐처럼 사용되었다는 것을 알게 되지만, 『삼국사기』 고구려전에서 '백성들이 기근이 들면 서로 잡아먹었다'는 대목은 아무래도 소위, 중화(中華)가 동이(東夷)를 보는 사시(斜視)의 결과라고 받아들이는 게 좋을 것 같다.

한편 비교적 체계가 잡힌 식문화에 관한 삼국시대 기록이나 자료가 남아 있는 것은 여간 다행한 일이 아니다.

2. 먹기라는 것

왕의 식사는 하루에 쌀 세 말, 꿩 아홉 마리로 하였으며, 경신년에 백제를 무너뜨린 뒤로는 점심을 그만두고 다만 조석(朝夕)뿐이었다.[2]

김인수 씨와 그 공저자들이 관심을 이미 보인 이 『삼국유사』의 기록에서 우리는 몇 가지에 걸쳐서 신라의 식문화에 대해서 유추하게 된다.

첫째는 말〔斗〕이라는, 곡물을 되는 단위의 용량이 오늘과 달랐을 것이라는 점이다. 둘째는 하루 끼니가 세 끼, 쌀이 세 말, 꿩이 아홉 마리로, 각각 수량이나 횟수의 단위가 일단 홀수로 되어 있다는 점이다. 이것은 위에 든 인용문에서 왕의 식사가 일상적인 것이라고 해도, 그 평상시의 상차림에서마저도 상당한 의례(儀禮)적인 요소가 가미되어 있었다는 것을 암시하고 있을 것 같다. 이 대목에서는 이 점 말고 또 하나, 야생 꿩이 이미 육고기의 먹을거리로 활용되었다는 것에도 유념해두고 싶다. 이것은 먹을거리가 사람 손으로 '기른 것'(가꾼 것)과 사람 손을 떠나서 자연에서 얻은 것으로 양분되기도 했다는 것을 일러주고 있을 것이다.

셋째는 신라에서는 구태여 하루 세 끼로만 끼니가 국한되어 있지 않고, 두 끼가 경우에 따라서는 세 끼와 병행하고 있었다는 점이다.

세 끼에서는 낮이 중간 매개가 되어서는 '아침/저녁'의 이원적 대립 사이에 끼어 있게 된다. 그러나 두 끼가 되면 직접 '아침/저녁'이 이원적 대립을, 곧 듀얼리즘을 이루게 된다. 이 차이는 하루의 시간을 단위로 자르고 매김 하는데 있어서 결정적인 차이를 빚게 될 것이다. 시간의 처리 방식에서 양자 사이에서는 변화가 있게 될 것이다. 비교적 단조로운 편이었

2 김수인 · 이양수 · 박연진 · 이영순 공저, 『한식조리와 상차림』, 서울: 효일, 2008, p. 8.

을 고대 사회에서 이 같은 하루의 시간 단위의 차이는 큰 구실과 의미를 가지고 있었을 것이다. 끼니가 하루의 시간을 재는 기준이 되기도 하던 시대에서는 두 끼와 세 끼의 차이는 컸을 것이라고 짐작된다.

이에 비해서 고구려에서는 또 다른 고대의 식문화의 특성에 대해서 눈뜨게 된다. 김인수 씨와 그 공저자들은 고구려 벽화에서 다음과 같이 그 식문화에 대해서 언급하고 있다.

> 무용총 접견도를 살펴보면 다리가 긴 식탁에 걸상이 한 세트를 이루는 식탁문화로 이것은 개인용 입식방상, 즉 지금의 네모난 독상이라고 할 수 있다. 오른쪽과 왼쪽으로 주인과 남자손님이 식탁을 마주하고 각각 의자에 앉아 있으며 제법 화려한 식탁을 올리는 아이와 시중드는 여자가 있다. 이렇게 다리가 긴 탁자형 상에 음식을 놓고 의자에 앉아 식사를 한 것으로 보아 당시는 시계열형의 독상 문화였으며 좌식 문화가 아닌 입식 문화 상차림을 하였음을 알 수 있다. 상위에 놓인 음식 중 식사자가 앉은 자리로부터 멀리 떨어진 음식은 큰 그릇에 많은 양의 음식이 높이 괴여져 담겨져 있고 식사자 가까운 식탁의 것은 작은 양의 음식이 작은 그릇에 담겨져 개인 별로 제공되고 있음을 알 수 있다.[3]

이같이 언이로 재현되고 보니, 고구려 벽화에 그려진 식사 장면이 일종의 퍼포먼스라고 말해도 괜찮게 될 것이다. 하기는 먹기 이전에 이미 상차림이 음식문화의 일차적인 퍼포먼스가 될 것에 견준다면 이 이차적인 퍼포먼스의 의미는 더욱 커질 것이다.

구체적으로 언어화되어 있거나 아니면 아예 언어화되어 있지 않는 시나리오, 또는 대본이 전제되고 그것을 일련의 행동으로 구체화하는 것을

---

3 김수인 외, *ibid.*, p. 9

퍼포먼스라고 부른다면, 고구려 벽화의 음식 먹기의 절차야말로 전형적인 퍼포먼스가 될 것이다. 미리 예정된 어떤 자질 또는 가능성이 구체화된 실현이라고 퍼포먼스를 정의한다고 쳐도 위에 그려진 고구려 벽화에서 음식 먹기는 훌륭한 퍼포먼스를 이루게 된다. 언어적 모델 또는 기호적 모델에 맞추어 구체화되고 또 현실화된 일련의 행동이 그 그림에는 그려져 있다.

위의 인용문 가운데 잘 드러나 있듯이 주인과 손님이 각기 독상(獨床)을 앞에 놓고는 마주보고 자리 잡아서 앉는 것부터가 이미 음식 먹기의 퍼포먼스다운 속성을 드러내 보이게 된다. 좌우로 마주 앉은 것과 주/객의 위상은 일치하고 있다. 오늘날의 한국인의 세속적이고 일상적인 맥락 속에서는 왼편의 '외'는 잘못되다와 같은 뜻으로 쓰이고 있는, '외로 되다'의 그 외와 또는 '왼손잡이'의 그 외와 맞통해 있다. 시인 이상이 그의 작품에서 시적 자아를 두고 '외로 된 사업에 골몰할 게요'라고 말한 것을 여기서 연상해도 좋을 것이다. 그러나 종교적인 문화 맥락 속에서는 전혀 반대의 의미론이 대두하게 된다. 각 가정에서 기제사를 모실 때, 남녀 두 신위의 지방(紙榜) 중에서 남성 신위가 좌에 좌정(坐定)하는 것 말고도 사찰에서 이른바, 탑돌이를 할 때, 으레 좌 선회를 하게 되는 것까지 고려한다면 좌가 보다 더 우월한 방향 또는 성스런 방향을 차지한다는 것은 쉽사리 헤아리게 되어 있다. 뿐만 아니다. 한국 민속춤의 여왕 격인 호남지역의 '강강술래'에서도 좌 선회가 우세하다는 것에도 유념할 수 있을 것이다.

이처럼 좌/우의 이원적 대립은 극과 극으로 그 의미가 달라지는 것이지만, 이런 보기들에서 유추해서 고구려의 반상(飯床) 차림에 왜 주인이 굳이 왼편 상에 앉았는가를 헤아리게 될 것이다. 그것은 자리 잡기의 방위, 곧 오리엔데이션부터가 이미 막중한 의미론적, 또는 기호론적인 함축성을 갖추고 있다는 것을 일러주고 있을 것 같다.

그 두 사람 사이에는 눈에 직접 띄지 않게 어떤 커뮤니케이션의 주고받음이 치러지고 있다. 그야말로 주거니 받거니 하면서 주/객은 맞대응하고 있다. 그러나 그림은 굳이 주인집 시종(侍從)이 객에게 시중드는 것으로 시종의 구실이며 위상을 강조하면서 그로써 객을 그만큼 존중해서 대접하고 있다. '좌/우'와 '시종 받고 / 시종 안 받기'가 주/객 사이의 역학적 관계를 한쪽으로 치우치지 않게끔 균형을 잡아주고 있는 셈이다.

이 점을 거듭 강조해보자. 주/객의 자리가 각기 좌/우로 배정되어서는 '주좌객우'(主左客右)인 셈인데, 이때 좌가 우보다 우위에 있는 것으로 해서 그만큼 주인의 주인다움이 부각되어 있다. 이때, 대접 주고받기에서 객이 선점하는 우위와, 좌에 앉음으로써 주인이 점하게 되는 자리의 우위는 서로 상반되면서도 상호로 보완하고 있다는 데에 다시금 또 주목하고 싶다. 이처럼 자리의 주좌객우는 그 양자 사이의 커뮤니케이션이 시계바늘 움직이는 방향을 취하게 될 것을 예상케 하는 것이지만, 이를 두고 위의 인용문에서는 '시계열형'이라고 일컫고 있는 것이 아닌가 싶어진다.

한편 위의 인용문에서는 그 상차림에도 유념하게 된다. 음식 먹을 사람에게서 먼 쪽의 상 위에는 음식이 많이 담긴 큰 그릇이 차려지고 있는데 비해서 가까운 편에는 작은 양의 음식이 작은 그릇에 담겨져서 놓여 있는 점에 눈길이 가게 된다. 이것은 보다 더 귀하고 맛난 먹을거리와 그렇지 못한 먹을거리를 구별하되, 그것을 먹을거리와 먹을 사람과의 상거(相距)의 멀고 가까움으로 나타낸 것이라고 생각된다.

한편 김인수 씨와 그 공저자들은 위에서 그들이 언급한 고구려 무용총의 벽화 말고도 각저총의 벽화에 대해서도 언급하고 있다.

> 두 명의 여자가 각기 방바닥에 앉아 수반을 받고 주인공 남자는 의자에 앉아 음식상과 술상을 받고 있다. 그리고 남자가 받은 음식상은 그림에서 떨어져나가

보이지 않고 음식상은 네모인데 술상은 네발 달린 둥근 상이며 주전자가 놓여 있는 것을 볼 수 있다. 이와 같이 좌식과 입식의 밥상이 아울러 쓰이고 있으나 중국에서는 당나라 시대부터 입식으로 바뀌고 우리나라는 통일신라시대 이후 좌식으로 고정되어 갔다.[4]

인용문에는 보이지 않고 있으나, 이 그림에도 '주좌객우'의 자리정하기는 무용총의 그림에서와 마찬가지인 것 같아 보인다. 따라서 그들 두 사람의 커뮤니케이션의 방향 또한 위에서와 마찬가지로 시계열형을 취하게 될 것이다. 탑돌이나 강강술래와 다를 바 없는 오리엔테이션이 거기에도 작용하고 있다.

한데 상차림의 경우, 무용총이나 각저총이나 그 어느 그림에서나 마찬가지로 '밥상－다과상(?)－주안상(酒案床)'의 삼위일체에 주목하게 된다. 그나마 그 셋은 밥상을 기점으로 비교적 정연한 이등변삼각형을 그리고 있음이 눈에 든다. 이에는 미리 설계도가 갖추어져 있는 것이나 다를 바 없다고 여겨진다. 이 세 가지 상의 좌표(座標)에서 밥상이 차지하고 있는 위치가 돋보이고 있다.

좌석에 앉아서 상을 받을 사람의 바로 앞에는 입식의 네모난 제일 큰 밥상이 놓이고 그 조금 뒤에, 다과상으로 보이는 것이 놓여 있는데, 밥상보다는 조금 작은 이 네모난 입식의 상에는 수북하게 과일류로 보이는 것이 담겨 있다. 이 다과상을 왼편에 두고 그 오른편의 지척에 술 주전자로 보이는 둥근 물체가 놓인 주안상이 차려져 있다. 제일 작은 이 상은 세 다리가 달린 입식의 원형 상이다.

이처럼 이들 두 무덤 속의 벽면에 그려진 상차림에는 그 위치의 '앞/

4 김수인 외, *ibid.*, p. 10

뒤'와 '좌/우' 말고도 상 모양새의 '대/소'와 '장방형/원형'을 따라서 상들의 위치며 그 상호관계가 조직적으로 조정된 것으로 보인다. 이에 덧붙여서 '주좌객우'라는 음식 먹을 사람의 위치정하기까지 고려한다면, 상차림에 작용하고 있는 강한 질서의식을 바탕삼은 퍼포먼스가 시행되고 있는 것을 시인해도 좋을 것 같다. 말할 것도 없이 거기에는 체제(體制)가 있고 질서가 작용하고 있다. 각각의 기호를 엮어내는 텍스추얼리티가 작용하고 있기도 한 것은 새삼 말할 필요도 없는 일이다.

3. 먹기라는 것, 그 정체

신화시대와 상고대와 중세를 거친 뒤 근현대에 들어서서 한국인의 먹을거리 또는 먹거리를 비롯해서 요리하기, 차리기, 먹기 등에 걸친 갖가지의, 이른바 음식문화를 말하기는 실로 난감하다. 확언할 것은 못되지만 다른 온갖 종류의 한국 문화에 대해서 논하기보다 한결 더 성가시고 까다로울 것같이 느껴지기도 한다. 그것은 이른바, '의식주'(衣食住)의 가사(家事) 문화를 말할 때도 식이 나머지 둘, 이를테면 의와 주에 비해서도 그 다양하고 다사(多事)로움이 결고 뒤치지지 않음을 얘기하게 될 것이다. 뿐만 아니라 여러 외국이나 다른 문화권의 음식문화와 비교한다고 쳐도 우리 음식문화를 논란하기가 상대적으로 난감할 것 같다. 우리의 상차림은 공시(共時)적인 만큼 통시(通時)적인 상차림, 이를테면 시간의 격차를 따라서 차례차례로 음식을 내놓게 되어 있는 차림에 비해서 비교도 안 될 만큼, 주어진 시간 내에 일시에 다채롭고 다양하게 또 복잡하게 먹을거리가 배열되게 되어 있다. 이 점은 이웃 일본인들의 독상(獨床)과 우리의 독상을 비교할 때도 드러나게 된다. 이럴 경우, '상다리가 휘어지게……'라고 일컬어지곤 하는, 저 푸짐한 상차림을 크게 부각시켜도 좋을 것이다.

한데, 한마디로 '먹기'라지만 그게 그렇게 쉬운 것이 아니다. 우선 한자의 식(食)만 해도 그렇다. '먹을 식'에 겸해서 '마실 식'이고 또 '밥 사'(食)에 '먹일 사'(食)이기도 하다. 뿐만 아니다. 생계를 꾸려가는 것에 겸해서 생활하여 나가는 일 자체가 식(食)이기도 하다. 이것은 물론 식이 생명 유지의 근본으로 간주된 것을 의미할 것이지만, 결과적으로는 '먹을 식'이 대유법 중에서도 제유법이 되면서 생계며 생활 전반을 의미하게 된 것이다. 이에서 '식즉경제'(食卽經濟)라는 등식을 세워볼 수도 있게 된다. 우리가 관습적으로 자주 쓰고 있는, '먹고 산다'가 이에 대해서 능히 시사(示唆)하게 될 것이다. 먹기는 곧 살기다.

이 같은 논란에서 식객(食客) · 식솔(食率) · 식구(食口) 등의 낱말은 사사하는 바가 커진다. 식객은 객은 객이고 또는 손은 손인데 끼니를 먹게 될 객이나 손이란 뜻이어서, 객이나 손 치고도 각별한 존재로 부각될 것이다. 그만큼 식의 비중이 커져 있는 것인데 이 점은 식솔이나 식구에서 더 한층 두드러지게 된다. 식솔은 가솔(家率)과 마찬가지로 가족(家族)이란 뜻을 가졌지만 가사(家事)의 일부여야 할 식사(食事)가 가사 전체와 동격이 된 점에 유념하게 되면, 식이 곧 가(家)고 집안이 곧 식임을 지적할 수 있게 된다. 식이 가의 제유법(提喩法)이 되어 있는 셈이다. 부분이 전체가 되어 있는 것이다. 이 같은 점은 식구에서 한결 더 크게 부각된다. 새삼 말할 것도 없이, 문자 그대로 식구는 먹기를 할 사람의 입이다. 먹기를 할 입이 곧 사람이 되어 있으니 이 또한 제유법이다. 식솔에서는 식이 가족의 제유법이 되어 있지만, 식구에서는 먹기를 하는 입이 사람의 제유법이 되어 있다. 식이 곧 사람이고 아울러서 집안이 되어 있다.

그래서도 '식력'(食力)이란 낱말에 유념하게 된다. 이 말은 누군가가 먹을거리를 스스로 해결하는 능력만을 의미하고 있지는 않다. 더 나아가서 자력으로 생계(生計) 전체를 꾸려나가는 것을 의미하고 있다. 이 경우에도 식이 인생 그 자체의 제유법이 되어 있는 셈이다. 한데 그런 사고방식의 연장선상에서 '식자민지본'(食者民之本)이란 관용어도 이룩된 것이다. 뿐만 아니다. 식이 곧 생계 꾸려가기가 되다 보니까, 식은 영생(營生)이나 자산과 거의 동화하게 되고 그 결과 '식화'(食貨)란 말이 파생하게도 된 것이다. 이 경우, 식화라는 것은 일차적으로는 먹을거리와 재화(財貨)를 의미하지만 종국적으로는 재산이나 자산을 의미하게 된다. 여기서도 다시 한 번 더 식의 제유법이 지적될 수 있을 것이다. 식은 이처럼, 여러모로, 또 여러 겹으로 경제 · 생활 · 생명 그리고 인생의 대유법이자 제유법을 겸하고 있다.

이에서 우리들은 식에 관련되어서 여러모로 제유법이 작용하고, 또 기능하고 있음에 대해서 새삼스레 유념하게 된다. 익히 알려져 있는 것처럼 제유법은 대유법(代喩法)의 종개념, 곧 하위 개념이다. '돛대가 사라져간다'에서 돛대가 배를 위한 대유법이란 것은 쉽게 지적될 것이지만, 돛대가 배의 일부라는 것을 따로 고려하게 되면 제유법이란 용어를 대유법 대신에 쓰게 된다. 한데 제유법은 으레 강조법을 겸하게 된다. 한 개체 또는 한 존재에서 그 어느 한 부분이 개체 또는 존재의 전체를 대변하게 되기 때문이다.

그런 점에서 식이 가정 · 가사(家事) · 가족뿐만 아니라 생계와 가정경제, 그리고 가산(家産) 전체를 위한 제유법이란 점에 거듭 각별히 유념하게 된다. 먹기는 입과 배에만 걸려 있는 게 아니다. 인간 생명과 그 생활 전반에 걸쳐 있다. 그야말로 '식자민지본'임을 되새기게 된다.

> 감 장수야 감 장수야 감이라곤 팔고 가소.
>
> 외치지만 말고 팔고 가소.

시금시금 시어머니 열쇠 차고 밭으로 가고

시금시금 시아버지 쌀독 지고 밭으로 가네.

외치고 돌지만 말고 팔고 가소.[5]

전라북도 곡성군에 전해져 있는 이 '시집살이 노래'는 '식자민지본'임을 일러주고도 남음이 있다. 노래하고 있는 시적 자아인 며느리는 굶주리고 있는 것 같다. 시어머니가 가져가버린 열쇠는 어쩌면 먹을거리가 간직된 부엌과 고방에 채워진 자물쇠를 따는 데 쓰이는 것으로 짐작된다. 시아버지는 아예 쌀독을 지고 가버렸으니 며느리는 이제 아무것도 먹을 게 없어지고 말았다. 시집살이 그 자체의 가혹함이 바로 먹는 것에 걸려 있다고 보아진다. 굶주림 그 자체가 시집살이라는 인생살이나 다를 바 없는 것이다.

이것은 김삿갓의 시에서도 마찬가지다.

직장지모난영척(織將至暮難盈尺)	베 짜기는 바야흐로 해질녘인데도 한 자에 미치기 어렵고
식매과조시세반(食每過朝始洗盤)	매양 아침을 넘기고야 밥 먹고는 밥상을 씻는구려.

이 시에서 가난한 궁색한 집 아낙은 추측컨대, 하루 세 끼 아닌 두 끼의 먹기로 겨우겨우 허기를 면하고 있는 것 같다. 이에서도 가난은 먹기로 집약되어 있으니 식이 곧 경제요 살림살이기로는 민요와 다를 바 없다.

이런 문학작품의 보기들은 식이 비록 의주(衣住)와 함께 인간 생활의 3

5 서영숙, 『시집살이 노래연구』, 서울: 박이정, 1996. p. 110.

요소를 이루기는 해도 그 상대적인 비중에 있어서는 의주를 압도하고도 남음이 있다는 것을 보여주고 있다. 식이 있고서야 의도 주도 비로소 부각될 수 있는 셈이다.

4. 요리의 몇 겹의 듀얼리즘

이 같은 추론은 '식론'(食論), 이를테면 음식이며 먹는 일에 관한 담론 또는 논란이 결코 단조로울 수 없으리라는 것을 시사하게 될 것이다. 식론은 인간 문화론에서 매우 복잡하고 다난한 과제며 영역에 속하게 되리라는 것을 미리 헤아리게 된다. 그것은 문화론이며 인생론 전체에 걸쳐서 식론이 차지해야 할 막중한 비중에 대해서 말하고 있을 것이다. 식론은 문화론 가운데서도 독립된, 비중이 큰 분야라야 한다.

가령 우리들은 전통적으로 '음식 만들기'라는 말이 조리(調理)하기 또는 요리(料理)하기를 의미해온 것이지만, 그 만들기 또는 손질하기가 여간 다사다난한 게 아니라고 해도 조금도 과장이 아님을 말함으로써, '식론'(食論) 또는 식의 담론의 복잡한 속내의 일부에 다가들게 될 것이다. 가령 음식문화의 기호론에 선편을 가한 레비스트로스가 이룩한 성과, 그나마 그 방면의 학계에서 기왕에 널리 알려진 성과와 비교해보면 이내 그 점을 알아차리게 되어 있다. 서구문화권의 경우는 우리의 것에 비교하면 예사 단조로운 게 아니다.

가령, 주부들이 음식 만들기를 하면서 일상으로 자주 쓰는 용어만 들어 보아도 그 다양, 다채(多彩), 다색(多色)이 여간 아니란 것이 금방 눈에 들게 되어 있다. 보기를 낱낱이 들자면 눈이 어지러울 지경이다.

(밥) 짓기, (떡) 찌기, (국) 끓이기, (고기, 산적) 굽기, (수육) 삶기, (어육) 조리기, (육고기, 생선) 지지기, (채소) 데치기, (나물) 삶기, (전) 부치기/부침개질, (콩) 볶기, (기름) 튀기기, (채소나 고기 살) 덖기, (보리 이삭) 그을리기 등등

이들은 먹을거리를 요리하는 과정에서 열을 가하는 손질이 작용하고 있음을 의미하고 있지만 모두 해서 자그마치 열다섯 가지다. 필자가 미처 생각해내지 못한 것까지 치면 더 많아질 것이다. 이 같은 조리법을 따라서 밥, 떡, 국, 구이, 조림, 고움, 숙채(熟菜)/나물, 부침개, 전(煎), 산적, 볶음, 튀김, 덖음 등등 다양한 음식이 반상(盤床) 위에 차려질 것이다.

동양 삼국에서는 물론 다른 먼 여러 나라나 민족들에서도 이토록 다양한, 이른바 '레시피' 또는 '레시페'가 있을 것 같지 않다. 한국이야말로 온 인류를 통틀어서 가장 다채롭고 변화 많은 조리법을 가진 집단의 하나로 그 자리매김이 이루어져도 괜찮을 것 같다. 그 점을 강조해서 한국의 경우는 '복합 조리법'이라고 말해도 괜찮을 듯싶다.

이렇듯이 다양한 이들 열다섯 가지의 손질을 두고는 일단, 한국인의 요리 절차에서 '가열(加熱)/비가열(非加熱)'의 듀얼리즘을 지적할 수 있게 된다. 여기에는 음식 손질하기라는 공통분모가 있고 그것을 발판으로 삼아서 가열/비가열의 대칭적인 차이가 포착되어 있다. 그레이마스의 이론을 빌리자면 동일한 의미론의 축을 따라서 두 개의 상이한 분절이 대비되어 있다고 말해도 좋을 것이다. 이하에서 상호 대비적인 듀얼리즘이 논란이 될 적마다 이 점이 굳이 언급되지 않는다 해도 거기에 내재해 있게 될 것이다.

한데 위에 든 열네 가지의 보기들과는 대조적으로 다음에 보기를 든 조리들은 비가열하는 손질들이다.

(나물) 무치기, (육고기, 생선) 회치기, (고명을 더하여) 다지기, (콩나물) 다듬기, (양념) 끼얹기, (김치/젓갈) 담그기, (소금에) 절이기, (나물) 썰기, (생고기) 재우기, (젓갈) 삭히기 등등

이들 '비가열 조리법'은 또 그것대로 하고 많은 가짓수의 먹을거리를 만들어내고 있다. 나물/생채, 무침, 회, 김치/젓갈, 절임, 자반 등이 여기에 들 것이다. 여기에 보기로 나와 있는 것들만 해도 '가열/비가열'은 '15 대 10'이 되니까 양자 사이에 격차가 제법 있는 것임을 알 수 있다.

한데 가열은 가열 그 자체 내부에서 또 작은 단위의 듀얼리즘들을 형성하고 있음이 지적될 수 있다. 대체로 보아서 철물(鐵物)로 만든 용기에 불기운을 가함으로써, 그 속에 든 먹을거리를 가열하는 것과 그렇지 않는 것이 대비를 이루고 있다. 후자를 '직화(直火) 가열', 또는 '불 쏘이기 가열'이라고 해도 좋을 것이다. 이들의 두 가지의 대비를 '간접 가열/직접 가열'의 듀얼리즘으로 범주화할 수 있을 것이지만 위에 든 15개의 보기들 가운데서, 굽기와 그을리기, 그 단 둘이 직접 가열에 들게 될 것이다. 이 경우 석쇠도 용기라면 용기일 테지만 불기운이 석쇠의 가느다란 쇠줄에 의해서는 별로 막히지 않는 것이라고 보아도 좋을 것 같다. 그런가 하면 그을리기는 아주 특별하고 또 그 보기도 많지 않을 것이다. 농촌에서 아이들이 갓 익은 보리 이삭을 불에 그을리고는 군것질삼아서 먹는 것이 고작이기 때문이다.

한편 가열 요리의 경우, 그 자체 내부에서 또 다른 듀얼리즘이 지적될 수 있다. 수증기, 곧 김을 쐬어서 가열하는 것과 물을 끓여서 그 열탕(熱湯)으로 직접 가열하는 것의 대비가 있을 수 있으니, '(떡) 찌기'가 전자의 보기에 속할 것이다. 이 경우는 '수증기/열탕'의 듀얼리즘이 형성되어 있는 셈이다. 한데 뿐만 아니다. 한편 열탕 가열의 경우라도 국을 흥건히 고

여 있게 끓이는 것과 국물을 바싹 죄어서 조리는 것 사이의 대비도 눈에 들 것이다. 이걸 '끓이기/조리기'의 듀얼리즘으로 잡아도 괜찮을 것 같다. 그런가 하면 '데치기'가 또 다른 가열 내부의 듀얼리즘을 유도해서 이끌어내게 하고 있다. 더운물에 채소나 나물을 살짝 적시다시피 하는 것이 데침이니까, 콩나물국 끓이는 것과의 사이에서는 '장기 가열/단기 가열'의 듀얼리즘이 성립될 것이다. 뿐만 아니다. 번철에 기름 두르고 열을 가하는 것과 기름 따위는 두르지 않고 직접 번철에다 대고 덖는 것과의 사이의 대비도 지적될 수 있을 것이다. 이에는 부분적으로나마 '덖음/볶음'의 양분적 대립이 있음을 지적해도 좋을 것 같다.

한데 '가열/비가열'의 듀얼리즘으로 포섭할 수 없는 조리법도 있다. '익히기'가 그 보기다. 익히기는 그 사전상의 의미가 다국적(多局的)이고 복합적이다. 과일이나 곡식이 자연적으로 숙성하는 것을 '익다'라고 하는 한편으로는 가령, "잘 익은 밥 먹고 선소리 한다"라는 속담에서 그렇듯이 먹을거리를 열을 가해서 먹기 좋게 하는 것 또한 '익다'라고 한다. 그게 관행이다. 한편 인간이 만든 먹을거리에서 가열하지 않고 익게 하는 보기가 있다. 가령, 각종 젓갈붙이는 '삭힌다'라고도 하지만 지역에 따라서는 '익힌다'라고도 한다. 이 같은 보기들은 '익히기'가 가열과 비가열 두 범주에 걸쳐 있음을 지적하게 해주고 있다. 그렇듯이 자반이라는 생선반찬의 경우, 소금에 절이기만 한 게 있는 한편으로는 불에 구운 것도 있어서, 이 경우에는 '비가열/가열'의 양분적 대립이 절충되어 있는 셈이 될 것 같다.

열기(熱氣)와 관련된 이런 여러 겹의 듀얼리즘은 한국인들의 음식 조리가 불 다루기 또는 화기 다루기와 다양하게 갖가지로 얽혀 있다는 것을 의미할 것이다. 전통 한국 여성들에게 조리는 곧 불 다루기와 크게 다를 바 없었던 셈이다.

더운밥이라야 밥이었다. 식은 밥이라면 뭔가 모자라는 밥이었고 천덕

스러운 것이었다. '찬밥 먹이기' 또는 '식은 밥 먹이기'는 누군가를 천대한다는 뜻이었다. 하루 세끼, 모두 더운밥이라야 제대로 된 밥이었다. 그렇듯이 국도 찌개도 오히려 뜨거워야 했다. 한두 세대 전만 해도, 각 집안의 할머니들이 그 학생 손자-손녀의 점심 도시락이 찬밥인 것을 늘 언짢아한 것은 바로 이 때문이다.

그런 면에서는 우리가 음식을 먹으면서 항용 쓰는 '아, 시원하다'는 암시하는 바가 적지 않을 것이다. 가을바람이 시원하고 부채 바람이 시원한 한편으로 아주 뜨거운 국 또한 우리 한국인의 입에서는 시원한 것이다. '시원함'이 '냉(冷)/열(熱)'의 양분적 대립 쌍방에 동시에 걸쳐 있는 것인데, 이 경우 열을 두고 시원하다고 하는 것은 모순어법, 곧 '옥시모론'(oxymoron)이다. 이런 모순어법의 수사학이 한국인의 음식 먹기에는 통용되고 있었다는 것을 각별히 크게 내세우고 싶다.

후후! 밥이며 국 또는 찌개에서 피어오르는 더운 김 불어가면서, 이마와 콧잔등의 땀을 훔쳐가면서 먹어야만 제대로 된 '끼니'였다. 그러기에 한국인의 감각에서는 더운 것과 뜨거움은 맛이기도 했다. 이를테면 미미(美味)였던 것이다.

밥그릇마다 뚜껑이 있고 찌개 냄비에도 뚜껑이 필수품으로 붙어 있던 것은 그 때문이다. 이것은 지구촌의 별의별 인종들의 상차림에서도 드문 일이 아닌가 싶다. 상에 놓일 그릇마다 거의 빠짐없이 뚜껑이 씌워져 있었다는 것은 우리 식문화 그 자체의 아주 특별난 개성으로 지목되어도 좋을 것이다. 그 뚜껑의 주된 기능의 하나는 물론 심미(審美)적인 외양을 부각시키는 데 있었을 것이다. 그것은 그릇 또는 식기의 '의관(衣冠)정제(整齊)'였다. 사람들은 몸에는 옷을 입고 머리에는 관을 써야만 제대로 차림새 차린 게 되었다. 그런 상황이며 맥락에서 그릇 뚜껑은 관에 비유될 수 있었다. 굳이 드러내놓고 직유법을 쓴 것은 아니지만 거기 은연중 은유법이 작용했던 것이다. 이 같은 '관개(冠蓋) 일체', 곧 관과 뚜껑이나 덮개의 동화에 작용한 은유법은 한국 문화 일반의 어떤 특성으로 잡혀져도 좋을 것이라고 생각되기도 한다.

그러나 외양의 심미적 가치 말고도 또 다른 중요한 기능이며 의미를 그릇 뚜껑은 갖추고 있었다.

공교롭게 끼니 때 출타중인 가족을 위해서 주부들이 밥그릇을 두꺼운 수건이나 보에 감고 싸고 해서는 구들방 아랫목 이불 밑에 묻어둔 것은 상차림에 버금가는 일이었다. 이에서 우리들은 거듭 전통 한국 주부들에게서 조리는 곧 화기 관리였음을 강조해도 좋을 것이다.

5. 상차림의 코드

조리가 끝나면 다음은 상차림이다. 이제 반상기(飯床器)의 배열이 문제되고 따라서 거기 일정한 배열 법칙이라고 해도 좋을 코드가 작용하게 될 것이다. 어떤 음식이 담긴 어떤 그릇이 어느 자리에 놓이되, 그 각각의 위치가 서로 함수관계를 갖게 되기 때문이다. 그것은 상차리기의 법칙이다. 거기에 기호체계가 있을 것은 말할 나위도 없다.

한데 음식 만들기, 또는 손질을 의미하는 조리(調理)나 요리(料理)는 그 조어법(造語法, Wortkunde)이 문제를 내포하고 있다. 조(調)나 요(料)나 이(理)가 모두 하나같이 음식 또는 음식 만들기와는 직접 연관되어 있지 않기 때문이다. 조(調)는 음식 만들기와 가장 가까이에서 문제될 때, '고를 조' 또는 '잘 어울릴 조'다. 한편 요(料)는 '헤아릴 요'에 '요량할 요'라고 읽을 때, 겨우 음식 만들기와 근접하게 된다. 한데 이(理)는 '이치 이'에 '다스릴 이'니까, 거기서 요리의 이가 적출될 것 같지는 않다. 그럼에도 불구하고 조리와 요리를 각기 음식 만들기와 짝을 짓게 하자면 '먹을거리를 잘 고르고 가려서는 또 요량해서는 사람 입에 어울리게 만들다'라는 정도의 의미를 가진 낱말로 헤아려질 것 같다. 그러나 이 같은 조어법 상의 난관이나 걸림돌에도 불구하고 현실적으로 조리 또는 요리가 음식 만들기 또는 먹을거리 손질하기와 같은 뜻으로 쓰이고 있는 것은 어김없는 일이다.

아무튼 조리되거나 요리된 음식을 그 용기와 위치를 따져서 밥상의 표면에 배열하는 것이 이른바, '상차림' 또는 '반상차림'이다. 이 경우, 이 차림이란 말에 각별히 유념할 필요가 있다. 차림은 옷차림이 그렇고 매무새 차림이 그렇듯이 조직적이고 균형 잡히게, 그래서 가지런히, 정연하게 정리하고 또 정제(整齊)한다는 뜻이다. 단순히 모양을 가다듬고 겉치레를 꾸미는 것 정도만을 의미하는 데 그칠 수는 없다. 거기에는 구성, 질서, 조직 등의 의미가 함축되어 있다. 우리들은 반상차림을 이 모든 '차림'의 의미론을 더불어서 생각해도 좋을 것이다.

뿐만 아니다. 한 가정을 꾸미는 것을 '살림 차림'이라고 하니까, 당연히 신혼부부의 신접살림은 '새 살림 차림'이라고 한다. 그것은 살림살이의 규모를 잡고 생활을 영위하기 위한 기본 설계나 기획과도 같은 것이다. 요즘말로 하면 가정을 위한 '블루 프린트'고 기본적인 인프라라고 해도 좋을 것이다. 한데 이 같은 밥상차림을 두고는 밥상의 평면에 눈에 안 보이게 그려진 설계도의 선들을 연상해도 좋을 것이다. 가령, 앞에서 들어 보인 몇 가지 반상차림에서, 그것이 '책상반(통영반)'이나 '해주반' 등, 네모반듯한 '장방형'(長方形)일 경우,[6] 실제 상차림에서는 그 평면을 4등분 하면서 눈에 안 보이게 그어져 있는 선과 공간을 따라서 그릇들의 위치가

6 김수인 외, *ibid.*, p. 21.

정해져 있다.

그 결과 평면은, 눈에 안 보이게 그 가운데 그어진 십자형의 줄무늬에 의해서 전/후, 좌/우로 각기 4등분될 수 있을 것이다. 그것이 차려질 그릇들의 좌표를 결정하게 된다. 정연한, 규칙적인 도안(圖案)을 따라서 반상차림이 이루어져 있는 것이다. 물론 이 도안이란 말은 설계도라는 말로 바뀌어도 괜찮을 것이다.

그 눈에 안 보이는 선을 기준삼아서 3첩 반상차림을 보게 되면 주식인 밥이 맨 앞을 차지하고 있는데 비해서 부식인 반찬과 그 부속품인 양념 등은 그 자리가 뒤에 처져 있다. 한데, 다 같은 반찬이라고 해도, 윗반찬은 보다 더 앞으로 나서 있는데 이에 비해서 밑반찬들은 가장 뒤로 물러나 있다.

이에서는 '주식/부식'이 '전/후'로 대비를 이루고 있어서 그것은 '보다 더 중요한 기본 먹을거리/그에 버금할 먹을거리' 사이의 대비라고 보아도 무방할 것이다.

한데 다 같은 부식인 반찬이라도 3첩의 윗반찬은 밑반찬 앞으로 나서 있다. 장류의 양념을 제외하고 나면 3첩 반상차림은 앞에서부터 차례대로 '주식－윗반찬－밑반찬'의 순서로 정연하게 차려져 있다.

이렇게 그 세부를 들여다볼 때, 반상차림은 마치 군대의 사열을 보는 듯한 느낌을 갖게 할 것 같다. 누구든 정신을 가다듬어서 꼼꼼하게 차려야 할 것이다. 그러기에 반상차림에는 '마음 차린다'거나 '정신 차린다'고 하는 경우의 차림의 의미며 뉘앙스가 끼쳐져 있다고 보고 싶을 정도다.

이렇듯이 반상차림은 음식을 마땅히 담을 것에 담아서는 바로 놓일 데 놓는 절차며 과정을 겪어야 한다. 그것에서는 매우 엄격한 법칙이 지배하고 있다. 이것은 이것대로 조리법에 뒤지지 않을 만큼 다양하고 복잡한 게 사실인데, 이 경우는 위에 들어 보인 대로 상/하, 전/후, 좌/우 등의 공간 분할에 어떤 황금률이 작용하고 있음을 크게 어렵지 않게 지적할 수 있게 된다. 그것은 다름 아니고 '반상차림의 코드'라고 불러도 무방할 것이라고 생각하고 싶다.

상차림, 그것도 다과상이나 주안상과는 달리 밥상차림은 이처럼 엄연하고 조직적이다. 매우 규칙적이다. 코드라는 말을 절로 쓰게 된다.

한편 밥상차림을 지금까지와는 다른 시각으로 볼 수도 있다. 반상차림은 기본적으로는 독상(獨床, 외상)을 전제하고 있다. 3, 5, 7, 9첩 반상이라고들 할 때, 어느 경우나 혼자서 상을 받는 독상을 원칙으로 삼고 있다. 이때, 첩은 쟁첩, 곧 찬을 담는 그릇, 그 중에도 접시를 의미하고 있다. 한데 이른바 왕의 수라상의 12반상을 제외한 민간인들의 상차림은 3, 5, 7, 9첩 밥상이 원칙이다. 이들은 모두 홀수라는 데 우선 관심이 가게 된다. 이것은 앞에서도 언급된 바와 같이 기수(奇數)가 갖가지 문화 텍스트 속에서 성(聖)스러움이나 상서로움을 의미하고 있는 것과 무관하지 않을 것 같다. 물론 아주 세속적이고 일상적인, 생활 맥락 속에서는 반드시 그렇지만도 않다는 것을 고려한다 해도 3, 5, 7, 9첩 반상차림의 홀수의 의미를 소홀하게 대할 수는 없을 것 같다. 이것은 가령 3, 5, 7, 9첩 어느 반상차림에서나, 다같이 밥상 맨 앞에 차려진 밥과 국 가운데서 주식인 밥이 왼편에 위치하고 있나는 사실과 연관될 것 같다. 좌는 종교나 제례(祭禮)에서는 신성 방향이고 우세한 방향인데 이것이 홀수들과 짝을 이룰 수 있기 때문이다.

그러나 3, 5, 7, 9첩은 각기 신분과 처지 그리고 빈부의 차이에 의해서 그때그때 좌지우지되는 것이라서 그 숫자를 정하는 절대적인 기준을 세우기는 어려울 것 같다.

한데 여기에서 3, 5, 7, 9 어느 첩의 반상차림에 있어서나 공통으로 눈에 띄는 게 있다. 그것은 '밑반찬/웃반찬'의 듀얼리즘이다. 이것은 밥상

전체에서 보게 되는, '주식(밥)/ 부식(반찬)'의 듀얼리즘, 그것도 '숟갈/젓가락'의 듀얼리즘을 포섭하고 있는 듀얼리즘 이외에 따로 문제될 것이지만 반찬 전체가 부식에 든다는 점에 유념하게 되면 '밑반찬/윗반찬'의 듀얼리즘은 '주식/부식'의 듀얼리즘의 하위 범주에 든다고 보아도 괜찮을 것 같다.

밑반찬이란 용어는 관례적으로 각 가정에서 사용되고 있지만 윗반찬은 그렇지가 않다. 밑반찬과 대비시키기 위해서 필자가 짐짓 꾸며낸 말이다. 밑반찬은 어느 경우의 상차림에서나 기본적으로 빠질 수 없는 것들이어서 김치 · 깍두기 등이 원칙이지만 이에 청장과 초간장 따위를 덧붙여도 좋을 것이다. 이들은 그때그때 따로 장만하지 않아도 되게끔 상비(常備)로 갖추어져 있는 것들이다. 이에 비해서 그때그때, 경우나 사정에 따라서 일시적으로 장만하는 반찬이 윗반찬이 되는 셈이다. 이에서는 '상비/비상비', 아니면 '기본/특별'이라는 듀얼리즘이 적용되어도 좋을 것이다.

6. 공시적 상차림과 통시적 상차림

왜 상차림의 바닥에 이처럼 엄격한 그리고 질서 정연한 코드가 작용하게 된 걸까? 궁금하지 않을 수 없을 것 같다.

그 일차적인 원인은 우리 상차림이, 이를테면 '공시적 상차림'이어서 '통시적 상차림'과는 크게 대조를 이루고 있다는 데서 찾아질 것 같다. 이 경우, '통시적인 상차림'이란 서구의 '테이블 세팅'이 그렇듯이, 음식 가지가 시간차를 두고 차례를 좇아서 차려지는 것을 의미한다. 가령, 일례를 들어서 '① 아페르티프(apertif) → ② 살라다 → ③ 메인 디슈 → ④ 디저트 → ⑤ 음료(飮料)'를 나열해놓고 보면 그것이 일종의 계열체(系列?)를 이루고는 앞뒤로 시차를 두고 테이블 위에 차려지는 것인데, 이것이 서구식의 '통시적 상차림'의 한 가지 본보기다.

이 상차림은 테이블에 앉아서 식사를 하는 사람 눈에는 들지 않는, 제법 다양한 절차며 과정을 밟아서 비로소 형성된다. 그것은 ①에서 ⑤까지에 두루 해당된다. 각 항목마다 다양한 선택의 가능성이 주어져 있다. ①에만 해도 ①′, ①″, ①‴, ①⁗ 등등의 묶음에서 어느 하나를 골라서 테이블 위에 올려지게 된다. 이 점은 ② 이하도 다름없다. 가령, 구체적으로 보기를 들자면, '③ 메인 디슈'의 경우, 일차적으로 자료로서 쇠고기 · 돼지고기 · 양고기 · 닭고기 등에서 어느 하나를 고르게 될 것이지만, 이차적으로는 스테이크 · 로스트 · 훈제 등 요리 방식에서 어느 하나를 선택하게 될 것이다. 이것을 로만 야콥슨의 이론을 따라서 '신타그마'의 무리에서 특정한 것이 하나 선택되는 것이라고 해도 좋을 것이다.

그리하여 테이블 위에는 ①′→ ②″→ ③′ → ④‴ → ⑤″와 같이 골라지고 손질된 음식 가지가 앞뒤 시간의 순서를 따라 차려질 것이다. 이것을 거듭 야콥슨 식으로 규정하자면 '패러다임'의 계열체라고 해도 좋을 것이다. 이 같은 서구식 상차림은 하나의 문장 더 나아가서는 한 편의 글이 편성되는 것과 같은 코드를 갖추고 있다. 가령,

'내가 밥을 먹는다.'

라는 문장이 있을 때, '내'의 자리에는 '저', '본인' 등의 신타그마가 들어설 수가 있다. 그런가 하면 '먹는다' 자리에는 '든다', '잡순다' 등이 대체될 수 있다. 그 같은 한 무리의 신타그마에서 어느 하나가 골라져서 패러다임의 계열에 놓이게 되고 그 결과로 실제의 하나의 문장이 엮어지는 것이다. 이 점은 서구식 상차림의 과정과 똑같다. 한 문장이 엮어지는 통

사법(統辭法) 또는 문법과 식탁 위에 음식이 놓여지거나 배열되는 방식이 서로 상사치(相似値)를 보이고 있다. 그만큼 서구의 테이블 세팅에서는 시간에 크나큰 의미와 비중이 주어지게 된다. 그들은 시간을 먹고 있는 셈이다.

한데 우리의 상차림에는 이 같은 통시론적인 계열체는 없다고 해도 무방하다. 다만 숭늉과 과일을 두고는 예외적이라고 말해야 한다. 일단 밥과 반찬을 배불리 먹은 다음에 비로소 숭늉이 밥상에 오르지만, 전체 식사 과정에서 그것이 차지할 비중은 미미하다고 해도 좋을 것이다. 한데 밥상 위의 시간적 계열을 굳이 따지자면, 그것은 먹는 사람 자신이 먹기를 시작한 처음 단계에서 잠깐 눈에 들 뿐이다. 가령, 청장이나 초간장 같은 양념을 혀끝에 살짝 적시다시피 해서는 맛본 다음, 국 한 술 뜨고 이어서 밥 한 술 뜨고 그리고는 반찬 한 입 무는 게 개인차를 비교적 넘어선 다분히 보편적인 밥 먹기의 절차다. 여기에서 비로소 잠시 한동안 시간차를 둔 먹기의 계열을 말해도 좋을 것이다. 그러나 이 통시적인 먹기의 절차가 상차림의 공시성을 가리거나 그것에 영향을 끼치지는 못한다.

이처럼 통시적 상차림에서는 시간에 따라서 일정한 코드가 관여하게 된다. 하지만 우리의 '공시적 상차림'에서는 공간이, 또는 공간성이 일정한 코드를 엮는 바탕이 된다. 서구인은 시간을 먹고 우리 한국인은 공간을 먹고 있다.

이 같은 '공시적인 공간의 상차림'은 먹는 사람으로 하여금, 그야말로 저, '진수성찬'(珍羞盛饌)의 성찬 바로 그것을 일시에, 한 상 위에서 만끽하게 해줄 것이다. 풍성과 다채(多彩)로움을 일정하게 주어진, 시간 안에서 즐기게 할 것이다. 이것은 먹기가 입이나 미각에만 의지해 있지 않다는 것을 시사하고 있다. 미각의 충족을 앞질러서 시각과 후각 등 나머지 두 감각도 상차림에서 그 충족을 추구할 수 있다는 것을 의미하고 있을

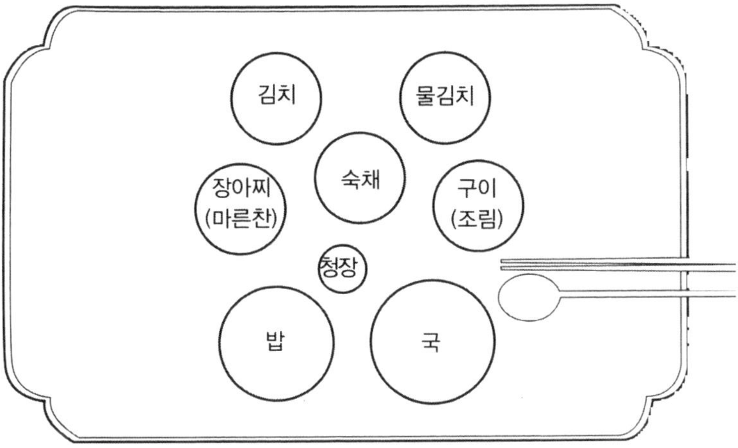

〈그림 6-1〉[7]

것이다. 냄새와 눈으로 먼저 먹고 그리고는 입으로 먹은 셈이다.

가장 간솔한 3첩 반상만 해도 그런데, 나머지 5첩, 7첩, 9첩이 되면 오히려 요란할 지경이다. 가장 조촐한 편인 3첩 밥상의 경우만 해도, 다음의 그림이 보여주고 있듯이, 밥 · 국 · 청장 · 장아찌 · 숙채 · 구이 · 김치 · 물김치 등등 자그마치 여덟 가지 음식이 제각각 다른 반상기(飯床器)에 담겨서 차려진다. 한데 이때 따로 유념해야 할 게 있다. 밑반찬 아닌, 3첩의 윗반찬은 그것의 3첩나움이 강조되고 또 부각될 수 있도록 반상의 중앙에 덩두렷하게 배치되어 있는 점이다.

그게 5첩이 되고 7첩이 되고 마침내 9첩이 되는 것에 따라서 반상기의 수는 기하급수적으로 늘어간다고 해도 큰 과장은 아니다. 5첩, 7첩, 9첩에 따라서 반상기가 12, 14, 18로 늘어난다.

7첩과 9첩의 경우는 위에 보인 대로 첩들이 수북이 놓아진 장방형의 독

7 김수인 외, *ibid.*, p. 35 〈그림 11〉에서 전재.

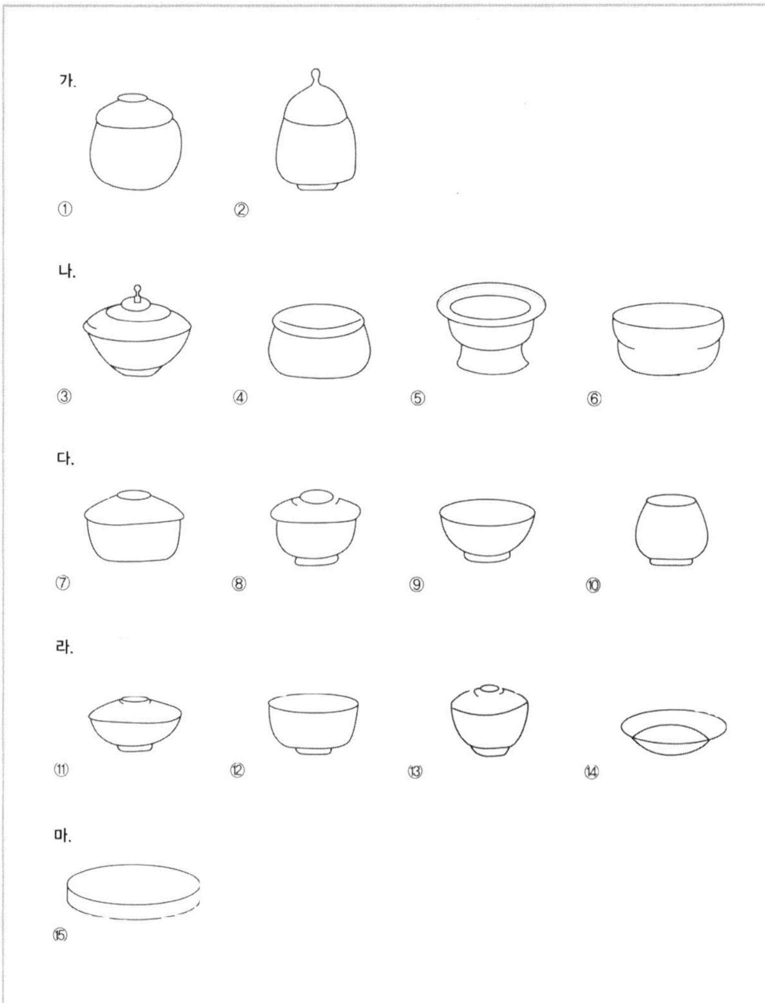

가. 진지그릇: ① 주발(남자용), ② 바리(여자용)
나. 떡국, 면, 약식 등: ③ 조반기, ④ 합, ⑤ 밥소라, ⑥ 반병두리
다. 국물 있는 음식: ⑦ 탕기, ⑧ 보시기, ⑨ 대접, ⑩ 옴파리
라. 반찬그릇: ⑪ 쟁첩, ⑫ 조치보, ⑬ 종지, ⑭ 접시
마. 음식을 놓거나 나르는 데 이용: ⑮ 쟁반

<그림 6-2>[8] 조선시대 반상기

상 말고 그 옆에 또 둥근 모양의 원반이 곁상이라는 이름하에 차려지고, 거기는 거기대로 또 따로 3첩 정도의 음식이 차려지곤 했던 것이다. '공시적 공간 차림'의 위력이 충분하게 시위(示威)되고 있다고 말해도 별로 큰 과장은 아닐 것이다.

반상 차림에 또 하나 빠뜨릴 수 없는 것이 있다. 그것은 각종 반상기(飯床器), 상에 차려지는 갖가지 그릇이다.

조선조 같으면 밥그릇에 남자용의 주발이 있고 여자용의 바리가 있는 것부터가 반상기의 다양성에 대해서 시사하고도 남을 것이다.[9]

조반기 · 합 · 밥소라 · 반병두리 등 지금으로서는 이름도 생소한 그릇들은 떡국이나 면이나 약식을 먹는 데 사용된 것이고 탕기 · 보시기 · 대접 · 옴파리 따위는 국을, 또는 국물 많은 음식을 위한 것이다. 이것들은 주로 주식용인 데 비해서 부식인 반찬용의 그릇 또한 제법 다양했다. 쟁첩 · 조치보 · 종지 · 접시 등이 그 보기들이다. 그밖에도 중지 · 종발 · 사발 · 주발 등이 그 일부는 오늘날에도 가정에서 사용되고 있다. 여기 열거된 것만 해도 18가지나 된다.

이들은 첫째, 그 쓰임새에 따라서는 각기 '주식용/부식용'으로 2분절되지만, 다르게는 국이나 찌개 따위의 국물 있는 것에 쓰이는 것과 국물 없는 것에 쓰이는 것으로 양대분될 수도 있다.

그런가 하면 둘째, 모양새로는 작은 옹기의 생김새같이 배가 부르고 동그스름한 것에 비해서 넓적하고, 납작한 것도 눈에 든다. 또 다르게는 뚜껑이 덮인 것과 뚜껑이 없는 것, 크고 작은 것 등의 대비도 쉽사리 눈에 띈다. 수직으로 선 게 있는 것과 대조적으로는 바닥에 깔리다시피 한 것

8 김수인 외, *ibid.*, p. 20에서 전재.

9 김수인 외, *ibid.*, p. 20 〈그림 3〉 참조.

도 있다. 운두가 오므라든 것은 넓게 열린 것과 대비되고 있다.

이처럼 용도와 모양 등, 두 가지 면에 걸친 몇 겹의 듀얼리즘은 전체적으로 반상기의 차림을 여간 다채롭고 다양하게 만드는 게 아니다. 공통점을 바탕에 두고는 차이가 그 개성적인 징표를 강하게 드러내 보이고 있다. 이런 징후들이, 또는 형태의 특색이 여러 겹으로 듀얼리즘을 이루면서 반상 차림은 성대하게 또 다양하게 꾸며내어지고 있다.

7. 제상차림(1): 전체적 부감

살아 있는 사람들의 반상차림도 이같이 다채롭고 다양하지만, 돌아가신 이의 영전에 바치는 제상(祭床) 또는 제사상(祭祀床)은 전자가 근처에도 미치지 못할 만큼 복잡하다. 제상차림과 제향(祭享) 올리기는 의례(儀禮)화된 퍼포먼스(ritual performance)다. 거기에 일정한 규범을 지키고 절차를 따르는 행동이 작용하게 된다. 뿐만 아니라 신위(神位)에 앉은 분과 살아남은 가족 사이에 물리적인 차이를 넘어선 커뮤니케이션이 오고 간다. 그러기에 제상차림의 텍스추얼리티는 복잡하다 못해 다난(多難)을 극하기도 한다. 제수(祭需) 하나하나가 서로 독자적인 기호가 되는 한편으로 서로 종횡으로 얽힌 체계를 이루게 된다. 그 체계를 따라 상차림 하는 일련의 행동 또한 퍼포먼스의 범주에 들 게 될 것이다. 뿐만 아니다. 제상을 가운데 두고는 마주하고 있는 신위와 살아 있는 사람 사이, 다시 말해서 제사 받는 사람과 드리는 사람 사이의 커뮤니케이션은 제사로 하여금 멀쩡한 담론이 되게도 할 것이다. 그나마 생사를 넘어선, 또는 저승과 이승의 상거(相距)를 넘어선 초월적인 담론이 되게 할 것이다.

그 결과로 제사는 줄곧 계속되는 세속적인, 또는 일상적인 시간과 공간에서 일단 절연되어 있다. 그 시공이 별도다. 시간은 보통, 한밤의 열한시와 다음날 한시까지에 걸친 자시(子時)에 제한되어 있다. 하루가 교체되는 시간인데 그것은 죽은 이의 영혼의 시간으로 간주되어 있다. 그 시간대에서 살아 있는 자와 죽은 자 사이의 교령(交靈), 곧 영혼의 교류가 일어나는 것이다. 그것은 '영시'(靈時)라고 불러도 좋을 것이다. 공간은 또 공간대로 세속과 절연된다. 제석(祭席)과 제상(祭床)과 제병(祭屛) 등 세 가지가 다 갖추어진 제청(祭廳)이라는 공간은 일상생활의 공간과 확연하게 구별된다. 이렇게 해서 '영시'와 '영장'(靈場)이라고 불러볼 만한 영혼의 터전이 마련됨으로써 제사는 그 자체의 시공을 갖게 된다. 시간에 따로 금이 그어지고 공간은 사방으로 구획된다.

이로써 한국 전통문화 상으로는 성(聖)과 속(俗)이 가장 확연하게, 또 엄격하게 준별되는 것이다. 돌아가셔서 신주(神主)의 자리에 좌정하고 있는 영혼은 문자 그대로 신이다. 그를 에워서 전통 한국인들은 가장 구체적으로, 또 가장 전형적으로 성과 속을 가려온 것이다. 따라서 제청(祭廳)은 우선 분위기부터가 보통 일상생활의 그것과는 판이하게 다르다. 경건함이 깃들이고 거룩함이 자욱하게 마련이다. 제일(祭日) 며칠 전부터 집 안팎을 청소한다. 제청(祭廳)이 차려질 대청은 걸레질을 해도 수차례 하게 된다. 여기서부터 제자(祭資), 곧 제사 비용으로 제사장 보기, 제수(祭需)며 제물(祭物) 장만하기까지가 예비 단계에 해당된다. 여기에는 당연히 제기(祭器) 손질과 준비하기가 포함될 것이다.

당일은 제주 · 제관을 비롯해서 온 식구가 미리미리 목욕재계하고 대기 상태에 들어간다. 제관들이 정갈한 제복(祭服)으로 갈아입고는 설위(設位)를 하는데, 제석(祭席)을 대청에 깔고 제병(祭屛)을 제상(祭床) 뒤로 세운 뒤, 제주병(甁), 모시(茅沙), 향로(香爐), 향합(香盒) 등을 제상 앞에 차린다. 그런 다음, 제수(祭需)의 진설(陳設), 곧 제상차림이 시작되면서부터 제사는 바야흐로 무르익어가게 된다. 이 사이 내내 제상 둘레에서는 입을 여는 사람이 없다.

한데 제사 모시기의 절차는 매우 복잡하다. 제사를 통상적으로 가례(家禮) 또는 가가례(家家禮)라고 하는 만큼, 지역에 따라서 차이가 생기는 것 말고도 가문마다 집안마다 변화가 있게 마련인 것이 제사다. 그래서 보기도 다양할 테니까, 모든 지역, 모든 가문의 제사를 고루 다룰 수는 없다.

그래서 여기서는 경북 안동에 있는, 한국의 대표적인 명문 집안의 제사를 보기로 들기로 한다.

설위(設位)

제사를 모실 자리의 주위를 깨끗이 하고 병풍과 제상을 가지런하게 한다. 제주병을 제상 아래에 놓고 모사 · 향로 · 향합을 제상 앞에 차린다.

1. 진설(陳設)

제수를 차린다. 방문과 대문을 활짝 열어놓고 조상님을 모신 다음 지방(紙榜)을 붙인다.

2. 분향(焚香)

제주가 신위(神位) 앞에 무릎을 꿇고 두 손으로 분향한다.

3. 강신(降神)

모든 제관이 두 손을 모으고 선다. 제주가 신위 앞에 꿇어앉으면 집사자가 제주(祭酒)를 잔에 차지 않도록 부어 제주에게 주면 제주는 모사 그릇에 세 번에 나누어 부은 다음 재배(再拜)하다

4. 참신(參神)

제주 이하 모든 참사자(參祀者)가 함께 신위를 향하여 재배한다. 여자는 4배 한다.

5. 초헌(初獻)

제주가 신위 앞에 꿇어앉아서 술잔을 받아 집사가 술을 가득 따르면 오른손으로 잔을 들어 집사에게 주면 제자리에 올리고 재배한다.

6. 독축(讀祝)

모두 고개를 숙이고 엎드리며(俯伏) 축관은 동쪽으로 앉아서 축문을 읽는다. 읽기가 끝나면 잠시 후 모두 일어서고 제주는 재배한다.

7. 아헌(亞獻)

두 번째 올리는 잔으로 주부(맏며느리)나 제주의 제일 근친자가 잔을 드린다.

8. 종헌(終獻)

마지막으로 제주가 지명한 친빈(親賓)이 잔을 드리는 것으로 사위 · 형제 · 차자 · 조카가 할 수 있다. 이때 술잔은 가득 채우지 않는다.

9. 첨작(添酌)

종헌자가 가득 채우지 않은 술잔에 제주가 다른 잔의 술을 조금씩 따라서 잔을 채운다.

10. 계반(啓飯) 삽시(揷匙)

메그릇의 뚜껑을 열고 수저를 메 위에 꽂는다. 숟가락은 속이 국그릇 방향(동쪽)으로 향하도록 꽂고 젓가락은 포 위에 올려놓는다.

11. 개문(闓門)

참사자 일동은 제상 앞에 꿇어 엎드려 조용히 기다리다가 마루로 나와서 문을 닫고 보복한다. 음식을 흠향(歆饗)하시도록 메를 9번 뜨는 시간 동안 기다린다.

12. 계문(啓門)

축관이 헛기침을 하면 일어서거나 문을 열고 들어간다.

13. 유식(有食)

갱(국그릇)을 물과 바꾸어 제자리에 올리고 메를 조금씩 떠서 물에 말아 드린 후 숟가락을 메그릇에 기대어 국그릇에 놓고 정저(整箸)한다.

14. 국궁(鞠躬)

모든 참사자가 허리를 구부려 읍(揖)을 하고, 축관이 헛기침을 하면 몸을 바로 세운다.

15. 철시부반(撤匙復飯)

갱그릇에 있는 숟가락과 젓가락을 거두고 메그릇의 뚜껑을 덮는다.

16. 사신(辭神)

참사자 일동이 재배하고 지방과 축문을 불사른다. 제관들은 대문 밖까지 나가서 조상님의 편안한 귀로(歸路)를 빌며 인사한다.

17. 철상(撤床)

제상의 음식을 모두 거두어 물린다.

18. 음복(飮福)

참사자와 가족이 모여서 제상의 제주와 음식을 시식한다. 이때 친족과 이웃에게도 나누어준다.

이것은 예안이씨(禮安李氏) 집안이 충효당(忠孝堂)에서 올리는 제사 절차를 당대의 종손인 이준교(李駿敎) 님께서 직접 보내준 자료를 원본 그대로 옮겨놓은 것이다. 엄숙함과 존엄함 그리고 경건함이 더불어서 느껴지는 이 절차를, 그나마 설위를 제외하고도 자그마치 18항에 이르는 절차를 재정비할 수 있을 것 같다.

1~4, 5~9, 10~15 그리고는 16~18을 각각 한 덩치로 결속될 수 있는 묶음으로 보게 되면, 1~18까지의 전체 계열체가 4개의 단위로 나누어지게 된다. 그 4개의 단위는 각각, ① 예비 단계, ② 본격단계(1), ③ 본격 단계(2), 그리고 ④ 보완 단계로 이룩되는데, 이 경우 두 본격 단위를 한 동아리로 본다면 제사의 진행 절차는, 예비－본격－보완의 세 단위로 재정비하게 된다. 전체 절차가 삼 분절되는 셈이다.

그 가운데 첫 분절은 차림이 끝난 제상 앞에서 신령과 산 사람이 하나로 재결합하는 과정이고, 둘째 분절은 신령을 제주(술)와 메(밥)로써 모시고 대접하는 과정이다. 제사에서는 앞에서 고구려 벽화가 보여주고 있었듯이 반상(飯床) 가까이에 곁상으로 주안상이 차려지지 않기 때문에 고인을 피치 못하게 술대접 따로, 메(진지) 대접 따로, 별개의 절차로 대접해 올릴 수밖에 없는 것이다.

8. 제상차림(2): 진설(陳設)

한데 이처럼 제사의 절차가 까다로운 중에도 진설, 곧 제상 차림은 한결 더 까다롭고 어렵다. 거기 엄정한 규칙이 작용하고 있어서 제사상의 표면 면적 전체에 걸쳐서 눈에 안 보이는 '진설 설계도'가 엄격하게 그려져 있는 셈이 된다. 한국인의 상차림 중에서는 그 위상이 최고의 자리에 오르고도 남을 것이다.

진설에 즈음해서는 일정한 제물이 담긴 모든 제기(祭器)는 하나도 예외 없이, 미리 정해진 자리에 놓아지게 마련이다. 눈에 안 보이는 선과 점과 구획을 따라서 미리미리 자리를 지키게 되어 있다. 그건 매우 엄격하다. 이미 켜진 향촉(香燭)은 성스러운, 경건한 분위기를 더 한층 돋우게 된다. 제문(祭文)을 낭송하고 제례(祭禮)가 올려지면 제사는 이제 절정에 달한다. 모든 절차가 그 하나하나마다 이미 정해져 있는 시나리오를 지켜나간다. 철저한 퍼포먼스가 실연된다. 그러는 동안 내내, 모든 제사의 절차는 줄곧 제상 앞에서 이루어지고 제상에 놓인 제수와 관계 지어지면서 진행된다.

진설이 이루어질 제상은 일단 제상 위의 공간 질서며 조직을 따르게 되어 있다.

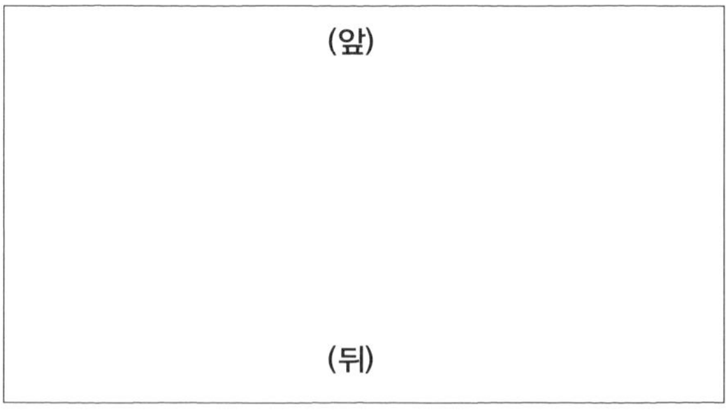

이 그림에서 사각형의 외각선은 제상을 나타내고 있다. 앞/뒤의 두 방위는 북/남의 방위와 일치하게 되는데, 북을 앞이라고 간주한 것은 바로 거기에 제사를 받을 신위(神位)가 좌정(坐定)할 자리가 있기 때문이다. 따라서 북과 앞은 죽음의 방위로서 제사 모시는 산 사람들의 자리가 있는 남과 뒤와는 대극(對極)적이다. 제상의 북/남의 방위는 어디까지나 자연적인 방위이지만 앞/뒤의 방위는 '제사 받는 신위/제사 모시는 산 사람'의 대립에 의해서 매겨진 것이다.

그런데 우리들은 제상의 표면 면적을 4등분해서 구획할 수 있다.

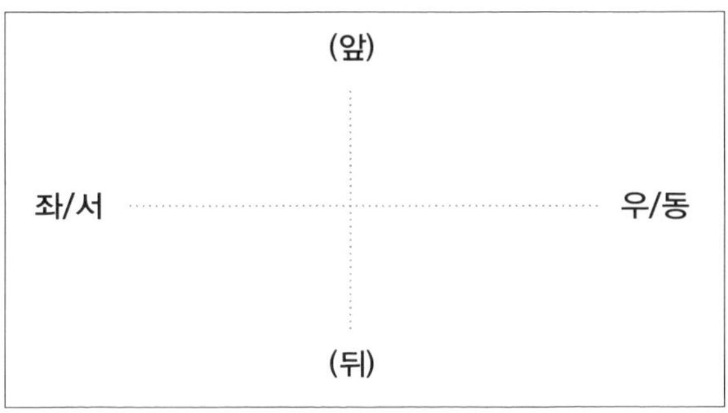

이 그림에서 직선으로 외곽선이 그어진 큰 사각형은 제상을 나타낸다. 이에 비해서 큰 사각형 안에 가로, 세로, 십자로 교차하고 있는 점선은 제상 평면이 이 점선으로 해서 넷 영역으로 구분되어 있음을 나타내 보이고 있다. 그리하여 외곽의 큰 사각형 안에 다시 또 작은 네 개의 사각형이 구획되어 있다. 실제의 진설, 곧 제상차림은 안의 네 개의 작은 사각형에 의해서 규제된다.

이 작은 네 개의 사각형을 전제로 하고는, 제상 위의 방위는 앞/뒤 그리고 좌(서)/우(동)로 구분되고 있는데 이 방위가 제상 차림에서 결정적인 기능을 맡아내고 있다. 예컨대, 홍동백서(紅東白西), 어동육서(魚東肉西), 두

동미서(頭東尾西), 생동숙서(生東熟西) 말고도 다시 또 좌포우혜(左脯右醯)며 좌반우갱(左飯右羹), 좌건우습(左乾右濕) 등등으로 표현된 진설의 대원칙은 진설자가 이 작은 네 개의 사각형을 머릿속에 상정하는 것을 전제로 하고서 비로소 실천될 수 있을 것이다. 이 진설 방식에서는 과일 빛깔의 홍/백이 대조되어 있는 것을 비롯해서 물고기/살코기, 물고기의 머리/꼬리, 그리고 날것/익힌 것 등이 각기 대조되면서 동/서로 그 진설 위치가 잡혀져 있다. 제상의 표면 면적 전체가 철저하게 동/서의 이원적 대립, 곧 듀얼리즘으로 구획되어 있음을 알게 된다.

이때 전통적인 동양적 방위론(方位論)에서, 과일에서 그렇듯이 색채의 홍과 백이 각기 동서의 방위와 일치하고 있었음을 쉽사리 연상하게 되는데, 여기에서 유추해서 몇 가지 제수 진설의 동서 방위가 잡혀지게 된 것이라고 생각해볼 수 있을 것 같다. 그럴 때, 두 글자로 된, 여러 낱말들, 예컨대 어육, 두미(머리와 꼬리), 생숙 등에서 낱말의 앞머리로 나서 있는 것은 동으로 배정되고 뒤로 물러나 있는 것은 서로 배정된 것이다. 그 점이 바로 동서 두 글자의 순서와 맞아떨어진 것이다.

한데 여기에서 좌포우혜며 좌반우갱을 두고서는, 각각 서포동혜 또는 서반동갱이라고 해도 좋을 것인데도 굳이 서/동을 피하고 좌/우의 대조로 잡혀져 있는 것이 관심을 끌게 된다. 제상의 동/서가 곧 우/좌임을 새삼 부각시킬 필요도 없는 일이다. 일차적으로는 배정 위치를 일방적으로 동서로만 국한시키는 대신 표현에 변화를 부여하려는 의도가 거기 작용하였다고 생각해볼 수 있을 것이다.

그러나 이것만이 유일한 답은 아닐 것 같다. 좌/우의 대립은 전통 한국 문화의 방위론에서는 두 가지 차원, 곧 세속적 차원과 종교적(또는 신화적) 차원에 걸쳐서 서로 다르다. 전자의 차원에서는 좌/우는 열(劣)/우(優), 곧 열등한 것/우월한 것이 되지만, 종교나 신화의 차원에서는 성(聖)/속(俗)

의 대조가 곧 좌/우의 대조로 잡히도록 되어 있다. 종교 또는 신화의 테두리 안에서는 좌가 우로서는 어림도 없는 극진한 대접을 받게 되는 것이다. 바로 이 때문에 주식인 반, 곧 메는 좌에 배정되고 부식인 갱은 우에 배정되어 있음이 눈에 들게 된다. 이 점은 포/혜에서도 마찬가지다. 말린 고기인 포와 육장인 혜를 두고 반/갱의 경우처럼 쉽게 그 자리매김의 숨은 뜻을 찾아내기는 어려울 것 같다. 그러나 제상에 메를 올리게 되면서 젓가락이 다른 제수도 아니고 포에, 이를테면 혜도 아니고 또 다른 찬들도 아니고 압도적으로 우세하게 포에 얹히게 되어 있음을 생각한다면 포/혜의 이원적 대립이 반/객의 이원적 대립에 준해서 수용되어도 좋을 것이다.

그러나 다음 그림을 자료로 삼게 되면 또 다른 진설의 위치 배정의 원칙이 잡히게 된다.

(앞)

.... 일렬 ....

.... 이열 ....

.... 삼열 ....

.... 사열 ....

.... 오열 ....

(뒤)

이 가운데 다섯 개의 점선 줄이 그어진 사각형은 또 다른 진설의 원리에 대해서 증언하고 있다. 첫째 열에는 메, 둘째 열에는 숙채, 셋째 열에는 탕, 넷째 열에는 어육 그리고 맨 나중의 다섯째 열에는 과일 붙이가 질서정연하게 위치를 잡고 진설된다. 물론 지역에 따라, 또는 가문에 따라서 이 점선의 줄의 수효는 가감이 되고 줄에 따라서 진설될 제수의 종류에도 부분적인, 또는 국지적인 변화가 있게 된다.

그런가 하면 다 같이 다섯 줄이 그어질 경우라도 줄에 따라서 조금씩, 또는 제법 큰 규모로 변화가 있게 되는데, 앞에서 이미 인용된, 김수인 외 공저의 책에서는 둘째 줄에는 적과 전, 넷째 줄에는 포와 나물이 진설되는 것으로 되어 있다.[10] 이에 비해서 강원도 명주군 학산리의 한 민가에서는 1열에 면과 잔이 놓이고 메와 탕은 2열에 진설되면서 제수 중의 으뜸인 메가 차지하는 줄에 큰 변화를 보이고 있다. 그런가 하면 4열에 침채, 채, 식해 등이 진설되어서 역시 위의 그림의 경우와는 차이를 보이고 있다.[11] 그러나 줄의 수효에 변화가 있고 또 각개 줄에 진설될 제수 종류의 차이가 있음에도 불구하고 우리는 어떤 일관된 진설의 원리를 찾아낼 수가 있다. 극히 적은 예외를 빼고 나면 1열은 주식의 몫이고 2열 이하 3~4열은 부식의 몫이고 마지막 5열은 후식 또는 별식이라고 범주화됨직한 제수의 몫이라서, 전체가 3단위로 재통합될 진설의 원리가 읽혀지는 것이다.

이 같은 진설의 원리는 신위와의 멀고 가까움으로 결정되는 것이다. 상거가 아주 가까우면 주식의 자리고 아주 멀면 후식의 자리이고 그 중간은 여러 부식의 자리로 제수 진설은 마련되어 있다. '주식/부식'의 이원론적 대립과 나란히 '밥+반찬/과일'의 이원론적 대립이 거기서 발견될 것이다. 이것이 신위가 자리할 곳을 어디까지나 앞으로 보고 그것에서 먼 쪽을 뒤로 보고 나서야 비로소 성립될 수 있음은 말할 나위도 없는 일이다.

---

10 김수인 외, *ibid.*, p. 48.

11 윤덕인, 「강릉지역 추석 다례 상차림과 제례음식에 관한 연구」, 관동민속학 제10~11합집, 관동대학교 강릉민속학연구소, 1995, pp. 105~207.

9. 그 다양성 속의 엄혹함

이 같은 일련의 관찰은 제상 차림이 일차적으로 각종 이원론적 대립의 상호 관계이자 연계라는 결론을 내리게 유도하고 있다.

각개의 제수는 다른 것과 공통분모를 나누어 가지고도 대립적으로 판별될 이분자(異分子)라는 개성을 갖추고 있다. 그래서 제수는 거의 낱낱이 하나의 기표가 되고는 기의를 갖춘 기호로 고쳐 읽혀질 수 있게 되어 있다. 그나마 거기에는 제상의 앞/뒤, 그리고 좌/우, 또는 근(가까움)/원(멂)이라는 세 겹에 걸친 좌표의 이원적 관계가 짙게 관여하고 있다. 제수의 이원론적 대비는 일차적으로는 제수의 재질(才質) 또는 질료(質料) 및 조리법으로 이루어져 있지만 이차적으로는 제사상의 좌표의 함수관계라는 속성을 갖추고 있다. 재질과 좌표가 제수의 이원론적 쌍립에 깊이 관여하고 있다.

그리하여 진설이 끝난 제상은 기호들이 엮어져서 이룩된 텍스추얼리티를 바탕으로 거대한 텍스트를 이루게 된다. 더 나아가서는 이미 지적된 바와 같이 제사 받는 사람과 제사 드리는 사람, 이를테면 사자(死者)와 생존자 사이에 대화가 오고가고 그래서 필경은 그것이 가정=사회의 차원의 담론이 되기도 하는 것이다. 물론 거기 퍼포먼스라는 개념이 관여하게 될 가능성도 널리 열려 있을 것이다.

제수는 그 재질에 겹친 조리법을 따라서는 메/부식(찬[饌]), 채/어육(+살코기), 생/숙, 어/육, 건(乾)/습(濕), 씹을 거리/마실 거리 등등의 이원적 대립이 지켜지도록 제상의 앞/뒤, 좌/우 그리고 근/원에 걸친 이원론적 대립이 좌표 노릇을 다하게 되어 있다. 이처럼 제상 위의 좌표의 이원론과 먹을거리의 재질과 조리법에 걸친 이원론이 서로 맞물려서는 제상은 진설되게 되어 있다. 거기에는 제주나 제관이 임의로, 또는 자의로 변화를 가할 여지는 전혀 없다시피 한다. 거기에는 아주 엄격한, 그리고 치밀한 메타 구조가 기능하고 있다. 그것은 눈에 안 보이는 한 치의 융통성도 없는 황금률이다. 제상이라는, 별로 크다고는 할 수 없을 그 사각형은 개헌이 불가능한 헌법 같은 것이다.

이처럼 제사의 분위기며 그 다양한 절차 등에 걸쳐서 일단 개괄적으로 보아온 것인데 이를 계기로 삼아서 그 세부를 들여다보면, 제사는 그 전체에 있어서 대단히 복잡하다는 것을 알게 된다.

제사와 관련해서 그 각종 명칭부터가 이미 다양하고 또 복잡하다. 진설의 절차에 한 치의 융통성도 없다. 엄숙하고 정갈해야 하기에 '부정(不淨)탐'은 눈곱만큼도 용납되지 않는다. 한국인 특유의 종교적 의례요 신앙상의 퍼포먼스다.

한국 전통 문화 가운데서는 제사는 성(聖)/속(俗)의 준별이 가장 엄혹하다. 그러자니 금기가 따를 수밖에 없다. 제관은 물론이고 여성 가족들도 색채 있는 옷은 금물이다. 웃음도 말소리도 금해져 있다. 제수로는 거의 전국적으로 '치'자로 끝나는 물고기는 금기의 대상이다. 멸치 · 갈치 등이 그 본보기다. 개고기가 안 되고 복숭이도 제수 과일에 들지 못한다. 그런 반면 조기나 청어는 빠져서는 안 될 필수품이다. 이것이 '금기/필수'의 이원적 대립을 이루고 있음은 말할 나위도 없다.

이렇게 여러 차원에 걸쳐서 드러나는 까다로움과 복잡성은 제사에서 쓰이는 각종 용어에도 곧잘 반영되어 있다. 제 · 제사 · 제례 · 제향이라는 총괄적인 명칭부터가 이미 만만치 않다. 그리고는 제일(祭日)을 앞두고는 장보기를 위한 밑천인 제자(祭資)로 제수(祭需) · 제물(祭物) · 제주(祭酒)를 사들이거나 장만해야 한다. 그리고는 제사에 쓰이는 기물인 제기(祭器) · 제구(祭具)도 준비해야 한다. 여기까지만 해도 이미 각종 명칭이 다양하다. 뿐만 아니다. 제상(祭床) · 제병(祭屛) · 제석(祭席)이 갖춰져야만 비로소 제사 모시는 공간인 제청(祭廳)이 마련된다. 또 제사 모시는 제주(祭主)와 제관(祭官)들은 정갈한 제복(祭服)과 제관(祭冠)을 갖춰 입고는 제문(祭文)을 읽고 쓰고 해야 한다. 제(祭)자가 붙은 용어들이 여간 다양한 게 아니다. 제자가 붙은 말만 그렇게 다양한 게 아니다. 메 · 갱 · 탕 · 메탕 · 탕국 등 이런 제사에서만 전문적으로 쓰이는 용어는 밥이나 국, 아니면 찌개 등의 일상의 먹을거리 이름과 대체되는 말들이다.

이토록 다양한 제상 차림이며 제사 올리는 절차, 그리고 기명(器皿) 등에 걸쳐서 제사는 커다란 다양성을 보이고 있다. 그러면서도 거기에 내재하고 또 그것들을 통어하고 있는 원리는 매우 엄혹했다. 이처럼 다양성과 엄혹함이 공존한 종교적 의례요 텍스트요 퍼포먼스였기에 제사는 장장 반세기 가까이 거의 변함없이 지켜져올 수 있었던 것이다. 오늘날 불행하게도 일부 지역이나 일부 가정에서 제사가 소홀하게 다루어지기 시작했다는 것은 전통문화의 흉보(凶報)라고 해조 좋을 것이다. 가령, 해외로 가서는 호텔방에서 현지 먹을거리로 제상이 대충 차려지기도 한다고 알려져 있다. 그런가 하면 국내의 경우라도 그 방면의 전문업체에서 제수를 사다가는 제상 차림을 하는 사례도 보고되어 있다. 이런 현상은 단순히 제사 그 자체의 기울어짐에 대해서만 증언하는 데 그칠 수는 없다. 한국이라는 공동체의 가장 전통적이고도 가장 기본적인 문화양식이, 그리고 그 철리(哲理)가 허물어지고 있다는 것을 뜻할 것이기 때문이다. 한국 문화 그 자체의 붕괴가 거기 있을 것이다.

찾아보기

메타 스토리 56

ㅂ

ㅅ

ㅇ

ㅈ

ㅊ

ㅋ

ㅌ

ㅍ

ㅎ